经济民族学研究丛书

主编 郑宇

经济民族学

陈庆德 杜星梅 等/著

社会科学文献出版社
SOCIAL SCIENCES ACADEMIC PRESS (CHINA)

云南大学民族学一流学科建设项目

总　序

　　经济民族学是一门立足民族学视角，聚焦世界各民族主体的生产、交换、分配、消费全经济领域的过程，通过经济现象的文化解释和文化事项的经济分析，来揭示各民族经济生活、经济制度及其演变规律的新学科。

　　当然，经济民族学与经济人类学、中国少数民族经济学科之间显然存在不可割舍的密切关联。但经济民族学学科的提出，绝非简单的表达形式的置换，或者为迎合当前某些畸形学术时尚的、所谓的概念创新，遑论谋取某种学术话语权；而是提请我们要清晰看到，无论是源自西方 20 世纪 60 年代兴起并于 80 年代中后期系统传入中国的经济人类学，还是我国于 80 年代在本土诞生的中国少数民族经济学科，都在我国近年来的发展过程中面临不同程度的、来自他者甚至自我的质疑，并遭遇了一系列明显障碍。

　　让人诧异的是，在经过 30 多年的发展后，中国少数民族经济学科至今仍在相当程度上挣扎于学科属性、研究对象和范围界定、基本理论方法运用等当属学科初创阶段的泥潭。大部分人应该都会认同，这一系列难题的产生直接源于对该学科归属的争议。即这一理所当然应该从属于民族学的学科，却因为历史渊源、理论脉络、研究机构与成员构成等诸多因素的影响，造成了在经济学与民族学两大学科之间摇摆不定。结果自然便是，作为交叉学科的应有优势不仅没有能够充分展现，反而无论是经济学还是民族学，似乎都难以接纳它作为自己的有机构成部分。然而，难题的实质其实并不在于所谓的学科定位或归属问题，因为那不过只是个结果表象而已。

　　除了屈指可数的几位学者有价值的探索之外，从当前规模不容小觑的成果总体来看，它们中的大部分虽然具有一定的数据整理、政策效果评估、区域发展建议等实践意义，但对于学科建设而言，大量的应景之作所呈现的问题非常明显：在民族学领域，由于大部分研究并没有开展民族学人类学视为立身之本的参与式田野调查，因此与民族学人类学各分支学科之间出现了几乎难以对话的尴尬。即便在经济学领域，由于缺乏对少数民族经济长期的深度体验、感知和把握，甚至完全没有民族志田野调查资料的支撑，既有研究大多只能囿于区域经济学、政治经济学等有限范围和方法展开讨论，从而极大解构了创建富有创新性的理论或分析模型，进而开辟一块分支学科独有领地的可能性。循此路径继续前行，曾经理想的经济学与民族学的联姻几乎注定会遭遇失败的结局。

可资借鉴的是，西方经济人类学早在 20 世纪六七十年代，就已经历过与之类似的、长达十余年的学科性质与研究方法的争论，并已在相当程度上回答了经济学与人类学如何结合的问题。作为与实体论派相对立的、力主采用主流经济学方法的形式论派，虽然与前者之间存在直接的理论预设、分析视角、核心观点等诸多尖锐对立，但它们却具备基本无可争议的一致前提立场，即将研究建立在坚实的民族志资料基础之上，即便资料可能是二手的甚至是三手的。于是，形式论派构建了渔猎采集生计运作模型、家庭劳动力配置分析模型、农村市场地理结构模型、迁徙部落流动工资测算及商业企业决策模型，以及生态资源、牲畜存量与文化变迁关系模型，提出了影响深远的、基于边际效益递减的农业"过密化"学说，等等。它们不仅推动了人类学的显著发展，同时也在修正、补充、挑战主流经济学的过程中，构成主流经济学不可或缺的重要组成部分。

这场争论向我们明示了，无论是采用民族学人类学擅长的整体性视角的文化阐释，还是采用经济学建构模型的形式分析，甚至更多不同学科背景对同一研究对象的切入，都能够殊途同归地直击民族经济问题的实质。但必要的共识起点在于，在扎实、深切把握民族经济生活真实状况的基础上，聚焦、追问具有学术深度和理论创新的真正问题。

当然，西方经济人类学中也不可能自然而然地演化出经济民族学这一学科。从发展历程来看，虽然人类学传统上注重对边缘群体的调查研究，但其中的少数民族从来都只是边缘群体中具有代表性的一个类别而已。尤其发展到当代，在历史学、人类学、经济学、社会学乃至精神分析学等多学科理论方法的共同滋养中，该学科已经扩展到全球化背景下的，囊括世界经济权力结构、国家交换体系，以及包括西方社会在内的经济制度演化、生态保护与消费文化批判、贫困与发展、社会性别、传统文化的保护与发展，以及旅游、食品与文化产业等众多领域。虽然仍在一定程度上坚守着对于边缘族群的重视，但学科显著泛化的结果，是日渐远离了对民族这一实体的聚焦和关注，从而导致了民族经济与族群经济研究成果的日益匮乏。

更值得重视的是，西方经济人类学中一些关键理论预设是需要审慎反思的。例如，该学科传统上对互惠交换高度重视并由此形成深远的影响，其间却隐藏着如下理论预设，即前现代社会各族群经济环境具有极高程度的封闭性，即便是像"库拉""波特拉赤"那样的跨区域大型交换现象亦是如此。而其目的，是揭示异于现代市场经济的"另一种"交换体系的存在。然而，这一普遍预设却与中国民族经济的状况有所不同。因为无论是从历史还是从现实来看，中国各民族经济除了存在内部互惠交换体系之外，同时还以正统制度中的国家与市场的"二重性"深度互嵌运作，早已将绝大部分少数民族裹挟其中，并由此形成了经济层面的"多元一体"事实。可见，成长于乡村、市场与国家三重维度交织之中的、具备多层面立体结构的民族经济，离开任何一方都难以有效阐释中国民族经济问题的实质。类似的建立在历史事实与坚实调查基础之上的理论批判，正是构筑经济民族学学科理论核心的重要基石。

经济民族学因此是在既有学科多重困境的语境中，尤其是在民族经济依然影响、制约乃至决定着各国经济社会发展水平这一基本背景下应时而生的。必须强调的是，在民族这一庞大概念之下，具体承载的实体和实施单位是族群、支系、村寨、家族，乃至一个个活生生的个体家庭；在各民族经济生活的内部，除了在市场中流通的商品、庞大的产业结构等之外，还有深度嵌入他们社会生活的传统生计方式、礼物与劳动力的交换、社区再分配机制、仪式与习俗消费以及民族价值观等的长期存在。正是在此意义上，各民族的经济研究绝不可能简单等同于区域研究，也绝非单纯的量化统计所能胜任。

经济民族学的学科构建，因此是学科性质与架构的根本转变，是从研究对象到基本理念，从调查分析方法到逻辑体系的深刻变革。当然，这并不意味着对传统经济人类学、少数民族经济等学科的简单摒弃，而是在它们的基础之上的批判性地继承和发展。因此，它既具有学科历史积累的坚实基础，同时又旨在通过相关学科的有机整合实现质的超越。

这一学科呼吁研究的主体回归民族主体，聚焦的核心回归民族经济问题的本真场域，学科的属性回归民族学本体。从民族主体出发，从多学科交织的视角切入，将经济活动视为一个子系统并关联于相应的社会文化背景，一方面从不同的经济事项中挖掘其深层的文化动因，另一方面力图从不同的社会行为或事项中揭示其经济因素的制约与互动机制。由此，去深入理解处于同一时空中的不同民族经济发展类型，处于同一经济过程中的不同民族的经济体系，以及不同民族经济体的不同经济行为和不同的价值追求。

在这种学科旨趣的指引下，经济民族学秉持民族学田野调查参与式观察法，并积极采纳人类学、民族学、经济学、社会学、历史学等学科富有成效的理论方法，在对各民族经济生活的"深描"中书写民族志作品，它们将涉及民族传统生计的现代转型、民族经济文化类型及其当代演化、发展背景下的国家扶贫战略与发展实践反思、族际流通与民族关系、跨国经济流动与海外经济民族志、"非遗"与民族文化产业、全球化时代的民族经济协作、民族消费与物的民族志、民族经济行为及家庭经济等方面，从而最终构建一门具有整体性、透视性与反思性的经济民族学学科理论体系。

郑　宇

目 录

下篇
经济民族学的分析范畴

经济民族学的理论担当与问题指向

一　经济民族学构建的理论前提

　　人类的存在，是由不同历史与文化的人会聚而成的，个体也由此而获得了"人的类本质"的存在。① 正是在这样的存在条件下，"自然界的人的本质只有对社会的人来说才是存在的；因为只有在社会中，自然界对人来说才是人与人联系的纽带，才是他为别人的存在和别人为他的存在。只有在社会中，自然界才是人自己的人的存在的基础，才是人的现实的生活要素。只有在社会中，人的自然的存在对他来说才是自己的人的存在，并且自然界对他来说才成为人"。②

　　如果说，衍生于生物性基点上的无声的合类性表达了类存在的直接性，那么，人的社会存在的条件，从一开始就扬弃了这种直接性，而表现为一种"不再无声的合类性"，它总是需要有意识的中介才能执行其职能，作为"人确证自己的现实的社会生活的"类意识③，虽然也以自身的变动性趋于不断扩展的进程，却始终未能摆脱局限性与分离性的困扰。这样，"个人与类之间的关系就陷入了一种无法扬弃的矛盾状态，在这种状态中，不可能形成个人与类（因而也与他的合类性）之间的直接的、一般的、直

---

① 马克思：《1844 年经济学—哲学手稿》，人民出版社，2000，第 58 页。
② 马克思：《1844 年经济学—哲学手稿》，人民出版社，2000，第 83 页。
③ 马克思：《1844 年经济学—哲学手稿》，人民出版社，2000，第 84 页。

截了当的关系"。①

　　人类不再是无声的合类性，作为对自然限制的突破，实现了人的社会存在。它使人类从或大或小的共同体联合中，产生出同类实际联合的现实需要。

　　人最初是依凭血缘共同体的维系而行走于大地的。但这种直接认同的基点，使人们从未能通观世界，也从未把"人类"视为同一整体。在血缘纽带的维系下，个体追溯他们的血统直至某个共同祖先。在这其中，"个人的个体同一性也通过与氏族集团的同一性而得到发展，这种同一是作为在相互作用范畴中被译解为自然的一部分而被依次领悟的。由于社会现实还未能清楚地从自然现实中区分出来，社会世界的边界就消失在自然世界的边界之中"。②

　　这样，人的社会本质的同一性，仅在血缘共同体的意义上得到体现；个体也仅在这一框架内才实现了相互的认同。由于"人们对自然界的狭隘的关系制约着他们之间的狭隘的关系，而他们之间的狭隘的关系又制约着他们对自然界的狭隘的关系"。③ 在此双重的制约中，只要一脱离共同体，一般说来也就被剥夺了任何一种作为人的地位。由此而形成一个简单社会的存在，简单到这个共同体之中不再包含其他更小的集合体，而是直接以非独立的个体结合为自身的存在，并以其自身构成一个社会集合体。

　　而当人的不再无声的合类性，从血缘共同体扩展到地缘共同体，即人对自己类本质的认识超越了直接的血缘认同，而代之以一种更为广泛的、对间接关系的认同时，从小群体到较大的群体，从血缘氏族到部落联盟，从部落联盟到种族、地域，也就为当代民族、国家等合类性借以存在的共同体的形成，铺筑了最初的基础。

　　回溯历史，人类社会经历了从"自然共同体"到"社会共同体"的演化，人的发展亦呈现了由"人的依赖关系"到"以物的依赖为基础的人的独立性"过程。然而，在如何走向"自由人联合体"，而最终实现"个人

---

① 〔匈〕卢卡奇：《关于社会存在的本体论·上卷——社会存在本体论引论》，白锡堃、张西平、李秋零等译，重庆出版社，1993，第230页。

② 〔德〕哈贝马斯：《交往与社会进化》，张博树译，重庆出版社，1989，第115页。

③ 《马克思恩格斯选集》第1卷，人民出版社，1972，第35页。

全面发展和自由个性"的提问下，尽管现代社会曾以"人的发展和解放"为主题，获得并证明了自身存在的合理性，但是这种"靠牺牲多数的个人，甚至靠牺牲整个阶级"来获取人类才能的方式，"以牺牲个人的历史过程为代价"来实现"个性的比较高度的发展"的过程，却不一定必然地导致人的全面性发展；而与人的个别才能的高度发展并存的，仍是扭曲了的人的存在。"人的异化和非人化"也由此成为对现代社会批判的主题。

　　在人的回归、解放甚或"人的类本质"实现的根本性基点上，我们可以看到，尽管人的这些不再无声的类存在的客体化，也变得愈来愈大；尽管社会实践已大大扩展了人们对其类本质认同的范围，但又没有完全停止把处在这种客体化以外的人排除于人类之外。正是在对这一本质性关系的深刻洞察下，马克思在把迄今为止的历史视为人类史前史的认识基点上提出："每一个单独的个人的解放程度是与历史完全转变为世界历史的程度一致的。"[1] 可以说，人类社会迄今所获取的一切，既是作为实现人的类本质的具体结果而存在的，又在不断地产生出真正实现最终普遍的人的合类性的障碍。当人们超越其直接的血缘关系和单一的地方局限，借助于更具文化追忆和象征意义的间接血缘纽带或更为广泛的地缘联系，来构建自身类存在的共同体形式时，"民族"这一历史性范畴便应声入场，它所表达的不过是人的不再无声的合类性获得了对纯自然状态的超越，而拓展社会化进程的一种存在；也同时作为对人的类本质的一种分离而呈现出多样性存在的特征。如果承认，考察人类发展的根本性基点，就是人的类本质的实现；那么，各种社会经济形态的演变，无非是这种不再无声的合类性发展所借以表现的形式而已。

　　在拓展"人的类本质"的认同进程中，民族范畴的形成，在一定程度上展现出从"person"的个体实存向"human"渴望的转换，其核心是从individual rights出发，着重强调了human rights的意义，基于此，马克思把民族视为对"部落制度"和"地域局限性"的超越。[2] 当人们借助于民族这一社会标识来表达人们亲手创造的"社会"存在，并以此为依托而寻求有力的保护力量时，表达了人对意义的追求，以及对身份感和归属感的获

---

[1]　《马克思恩格斯选集》第1卷，人民出版社，1975，第42页。
[2]　《马克思恩格斯选集》第1卷，人民出版社，1975，第56页。

取，显示出"民族"概念是在一种新形式上的、与众不同的认同成就。它为人的群体存在提供了可归属性和可调适性，也为个体社会角色的演变提供了可能性和现实性。然而，它依然表现为一种局限性的认同。它不仅以这种局限性提供了群体认同的基础，而且正是基于这种局限性，使人的发展从来就是在一定的共同体形式中实现的；他的发展权利及其利益的保护，也是依凭于一定的共同体形式而获得的。同时，也使人们对其群体或共同体的看法，与其对他群体、他共同体或局外者特性的看法密切关联，使群体认同的感情无论何时何地都表现出排他性。这样，不同共同体之间在道德、信仰、思想、感情上的种种龃龉的相应产生，反映了人类分立性发展所导致的、不同共同体最基本的生存利益的冲突。这些类群体的成员依然只是全球人类的一个特例，而这些成员也总是要把"我们"与"他者"区别开来。在把"民族"作为历史性范畴存在的基点上，人们当然可以提出民族消亡的假说。但值得强调的是，必须在大尺度视野的基点上，才能体会到这一假说的深刻含义。我们既不能以眼下即刻的感受甚或以数百上千年的经验来证实民族亘古不变的恒定性，也无法拥有足够的知识来预测民族演化的轨迹和归宿。以安多藏区而论，会聚于此的众多民族，就是在数千年多民族的交往、交流与交融乃至战争、杀戮和冲突中，为自己选择了藏族这一社会性标识，其中，今天生活于四川阿坝的嘉绒藏族可谓一典例：藏语"嘉"蕴"汉"之意，"绒"指"农"之识，当藏区之外的人们把他们认定为藏族的同时，藏区腹地却有人把他们视为"汉族农民"。再看中国西南地区，当在千百年中以西南夷、罗罗、聂苏、纳苏、山苏、腊鲁、仆拉、拉乌、罗卧、花腰等数十种他称或自称而存在的数百万之众，在 20 世纪 50 年代获得了彝族这一统一族称时，也就为他们的现实存在带来了前所未有的变化，给他们的社会标识注入了新的内容。我们更可以看到，以民族国家这一形式为现代社会提供了最基本的政治组织框架的法国大革命，当其首倡 Nation（民族）理念时，初始的吁求是"凡生活于法兰西土地上的人皆一国之公民"，是"一个单一且不可分割的民族"。然而，民族实存的局限性却依凭对主权文化感受的形式，提出了族裔疆界与政治疆界重合的反向吁求，与当今世界的基本政治组织模式形成了尖锐的冲突。

上述事例向我们揭示了一个基本事实：民族并非一个固定的模式，它的实存既有在文化流变长河中的历史积淀，又有现实中由不同关系与位置而引发的各种吁求与力量的合力作用；民族并不拥有一条明确且固化的边界，重叠、聚合与分化的多向性变化在不停地轮番上演。从文化谱系，到政治、经济等方面的生存策略选择，乃至到想象的共同体等不同角度与层面对民族的阐释，不过是显现了民族实存的复杂性。不论你对民族充满敬慕之情，还是突生厌烦之意，它的存在与演变就是我们无法回避的一个基本事实。人在回归或实现类本质进程中所遭遇的历史与现实的局限性的社会条件，已经并且继续在把不同的民族置于同一时空中的不同社会位置上，今天的民族群体如同其他由利益构成的群体一样，在实行有效的利益追求和生存吁求，民族共同体由此成为追逐群体和个人利益的动员中心。民族也由此成为考察社会经济问题的一个根本性基点。本书以"经济民族学"为标识，意在以民族为基点的研究并突出对民族问题的关注。

把民族作为研究基点，是因为我们看到，人类片面性历史存在的狭隘框架，一方面使人们对自身及其类本质的认识和理解的精神努力的成果（如历史学、哲学等学科体系），从一开始就具有深刻的内在缺陷；另一方面，在人生而平等的伦理基础上所产生的、试图使人的差别合理化的理解努力中，也使自己不得不同时面对由这种社会联系而带来的一切具有人性的存在，而从内心产生出深刻的情感忧虑。这一研究基点所强调的是"人类"视野。把人视为类的存在，是人的社会性存在的产物，是人的世界历史性已经成为一种经验的存在的观念反映。应该说，是"首次开创了世界历史"[①] 的现代社会，为经济民族学铺筑了现实的基础。这一"基础"的涵义在于：以世界性的统一框架，第一次为人类全面实现自我理解及其对类本质的认识提供了可能；使经济民族学成为我们对自己的生活进行展望并获得变易的方法。这个新的基点，最终归结到在人类的广泛差异中寻求类存在本质的学术努力上，为人类的自我理解和自我复归开拓了新的方向。

---

① 《马克思恩格斯选集》第 1 卷，人民出版社，1975，第 67 页。

二　经济民族学研究的理论源流

在人类的历史实存中，一个无可争辩的事实是："人们为了能够'创造历史'，必须能够生活。但是为了生活，首先就需要吃喝住穿以及其他一些东西。因此第一个历史活动就是生产满足这些需要的资料，即生产物质生活本身。"① 面对如此基本的事实，经济分析在力图解释不同民族的社会组织的方式和机制的过程中，展示出其基础性的作用。经济民族学的理论聚焦点是在民族层面上所展开的社会经济活动，并非一个充满了张力的、拼凑的新词，而是一个具有深厚渊源的历史存在。它的理论传统溯源于经济学和民族学/人类学两大场域。

经济学是经济民族学得以立足的一个重要场地。尽管在今天的肤浅印象中，经济学是一门教人发财致富的学科，但事实的真相是，经济学是在经济的社会关联性中才得以展开和形成的。中文"经济"一词的最初涵义是"经邦济世"，透出了把物质生产的行为、过程与结果视为社会管理和控制的一种工具或手段的意向。"经济学"一词在古希腊得到最初表达时，oeconomicus 也仅指"管理家庭的实际智慧"；而亚里士多德把它引到所有物或财富这种更为具象化的对象上。② 威廉·配第则以"政治算术"之名为英国古典政治经济学奠定了最初理论基石，由此发展起来的政治经济学，在很长时期中的聚焦点是财富的生产与分配所引发的社会问题，而非财富的生产本身。"对历史的分析，对社会整体性的理解，对道德哲学、社会价值及理想的社会秩序的研究，以及对社会介入和社会实践的论述"③，成为政治经济学理论构建的四大重心。由此形成了经济分析的两个基点：一是手段－目的的分析；二是财富的生产与分配所引致的社会关系和社会结果，也就是"经济"对维系社会存在条件的寻求和努力。在后一个基点上可以看到，社会由不同的人类群体所组成，当人们以民族分类的

① 《马克思恩格斯选集》第1卷，人民出版社，1975，第79页。
② 参见〔美〕约瑟夫·熊彼特《经济分析史》第1卷，朱泱等译，商务印书馆，1991，第87页。
③ 〔加拿大〕文森特·莫斯可：《传播：在政治和经济的张力下——传播政治经济学》，胡正荣等译，华夏出版社，2000，第17页。

方法来归属这些不同的群体时，民族就成为不同社会存在的一个基本特征，从而，经济分析在本质上就是"民族"的。

现代社会经济的一个根本性变革，就是以往一直局限于家庭经济的主动性和依附性冲决了家庭与地域的樊篱，整个经济活动的基础外在于家庭单位，从而使经济领域成为一个公共领域，经济活动所具有的公共目的性质，也从一开始就赋予了经济学浓厚的"公共管理"的色彩。正是基于此，"个人利益是为公共利益服务的"成为法国重农学派的口号①；亚当·斯密的《国富论》依赖于《道德情操论》关联到的神学、伦理学、法学和政治学等所奠基的更深的思想源流；西斯蒙第"宣讲这样一种福音：经济学的真正客体是人而不是财富"，从而"再一次鼓吹国家干预经济事务"②；在19世纪的知识领域发挥了主要和普遍影响的约翰·斯图亚特·穆勒，在《政治经济学原理及其在社会哲学上的运用》中，再三强调了该论著与其他经济学论著的不同之处在于"具有道德的情调或气氛"③；马克思的经济理论体现出强烈的阶级意识，在19世纪"所有的主要分析家中，就只有马克思在原则上自觉地保留着经济类型的范畴的阶级涵义"④，从而着力凸显了经济理论的社会内容。而许多经济理论被人们定格于"庸俗"，尽管这是一个充满感情色彩的词汇，却也透露出这些理论为特定阶级利益辩护的关联性……

现代经济的一个重要特征，是把每一个人"都自身反映为排他的并占支配地位的（具有决定作用的）交换主体"。⑤在经济活动的公共领域内，每一个人的经济行为都直接立于个体利益的基点，但却同时紧密地关联于公共利益。"表现为全部行为的动因的共同利益，虽然被双方承认为事实，但是这种共同利益本身不是动因，它可以说只是在自身反映的特殊利益背

---

① 参见〔美〕约瑟夫·熊彼特《经济分析史》第1卷，朱泱等译，商务印书馆，1991，第353页。

② 参见〔美〕约瑟夫·熊彼特《经济分析史》第2卷，杨敬年译，商务印书馆，1992，第178页。

③ 参见〔美〕约瑟夫·熊彼特《经济分析史》第2卷，杨敬年译，商务印书馆，1992，第236页。

④ 参见〔美〕约瑟夫·熊彼特《经济分析史》第2卷，杨敬年译，商务印书馆，1992，第269页。

⑤ 《马克思恩格斯全集》第46卷（上），人民出版社，1980，第197页。

后，在同另一个人的个别利益相对立的个别利益背后得到实现的。……同别人利益相对立的个别利益的满足，正好就是被扬弃的对立面即一般社会利益的实现。"① 这种二重性在形式上使经济活动表现为个体的自由选择，而在实质上却使民族或国家成为个体利益博弈最为基础性的背景条件和保障。哈贝马斯就认为，早在重商主义阶段，"民族经济和地域经济随同现代国家一起发展起来了"，它开启了"城市经济民族化进程"。② 也正是这种实质内容，使现代经济的进程同时表现为现代"民族"的形成过程。

唯其如此，作为英国政治经济学之父配第的最有才干的追随者达文南特，曾在 1699 年发表了《关于在贸易差额中使一个民族成为赢家》的论文③，到了 1881 年，杰文斯也直接以《理查德·坎蒂隆与政治经济学的民族性》为题，把坎蒂隆以不同民族历史为背景而撰写的《商业性质概论》评价为"关于经济学的第一篇论文"，是"政治经济学的摇篮"。④

在经济学领域中，历来存在着"普同性"原理与"相对性"原理的分歧。前者认为较抽象的经济科学原理是普遍适用的。经济理论建立在一些假设和抽象的条件上，并不是要完全复述经验现实。这些原理在分析和解释实际经济现象时受到假设条件的制约，但至少有一部分能贯穿到所有的经济推理中。而后者认为，适合于任何一个特定时代的经济理论，只是相对于那个时代的特殊条件而言的，不能把它视为永恒不变的、适合于任何一个时代的真理。如先于《国富论》9 年而出版《政治经济学原理》的詹姆斯·斯图亚特，第一次以相当规模的篇幅阐述了这一学科名称的定义，并坚持"相伴环境几乎使一般规则毫无用处"的观点，而提出由于政府形式、法律和风俗习惯等的不同，每一个国家都有自己的"政治经济学"。⑤

---

① 《马克思恩格斯全集》第 46 卷（上），人民出版社，1980，第 196 页。
② 参见〔德〕哈贝马斯《公共领域的结构转型》，曹卫东等译，学林出版社，1999，第 16 页。
③ 参见〔美〕亨利·威廉·斯皮格尔《经济思想的成长》（上），晏智杰等译，中国社会科学出版社，1999，第 123 页。
④ 参见〔爱尔兰〕理查德·坎蒂隆《商业性质概论》，余永定等译，商务印书馆，1986，第 161～162 页。
⑤ 参见〔美〕亨利·威廉·斯皮格尔《经济思想的成长》（上），晏智杰等译，中国社会科学出版社，1999，第 186～187 页。

恩格斯也曾明确指出："政治经济学本质上是一门历史的科学"①，它不可能对一切民族和一切历史时代都是一样的。英国的理查德·琼斯特别强调了李嘉图地租理论的运用具有时空的局限性：这个建立在个人所有制和自由竞争假定上的理论，既不适合于以联合所有制为基础的东方社会，也不适合于诸如永佃制和分益佃耕制；从时间上说，也不能在中世纪那样的经济形态中成立。李斯特1841年问世的《政治经济学的国民体系》就明确指出，宣扬自由贸易的英国古典经济学的立场，是把只对英国正确的东西错误地适用于全世界；他认为决定一个社会的经济生产率的条件是相对的②。

　　经济民族学的理论基点，就在于坚持每个社会都是独特的，都有自身复杂的发展史，都有各自的"精神"或"本质"，这是由民族特殊的生活模式、特定的历史经验基础或条件所决定的。这一理论基点表明，在世界历史的格局或全球化的联系中，各个国家或民族的经济发展，并不存在唯一的方式、道路和方向。正是基于这一理论支持，德国在历史实践中摒弃了亦步亦趋的现代化赶超战略，以区别于英国并适合于本民族实情的独特方式和道路，迅速崛起为经济发达国家。在更深的理论层面上，立于民族基点和历史特殊性的主张，把经济分析引上了更为广阔而丰富的社会和文化的分析进路。李斯特就区别了经济分析中的价值理论和生产力理论，认为任何一个民族经济发展的根本性基础是生产力的发展，分别论述了个人、社会、政治、自然等不同的生产力状态，指出"这些力量的综合主要决定于社会和政治情况"③，甚至辟"民族精神与国家经济"之专章。

　　然而，基于出发点差异，在任何公共领域空间，并非所有参与者都是同质而平等的；在任何公共领域空间，都存在主流与边缘，支配者与被支配者的张力。现代经济在资本力量的主导下，"在承认人、人的独立性、自我活动等等的假象下开始，并由于把私有财产转为人自身的本质而能够不再束缚于作为存在于人的本质之外的私有财产的那些地方性的、民族的

---

① 《马克思恩格斯选集》第3卷，人民出版社，1975，第186页。
② 参见陈庆德《发展经济学的一支独特源流》，《学习与探索》1989年第6期。
③ 〔德〕弗里德里希·李斯特：《政治经济学的国民体系》，陈万熙译，商务印书馆，1961，第149页。

等等规定，从而使一种世界主义的、普遍的、摧毁一切界限和束缚的能量发展起来，以便自己作为唯一的政策、普遍性、界限和束缚取而代之"①，由此形塑了以资本强势力量和利益为核心的普世话语。进而衍生出诸如"现代化理论""发展理论"等的变形表达。在人类社会经济的存在中，以先进－落后的对应为前提预设，以落后赶超先进为基调，终于构建起人类社会经济发展的唯一道路、唯一模式、唯一方向的神话。然而，在主流经济学对一般原则的声言中，总是隐含着对某种特殊利益的强调。这在当下的全球化已把世界纳入一个统一市场体系的格局下尤为耀眼。应该指出的是，这一普世话语的实质是把资本内含的特殊性提升为一般性要求，把生成于西方的某种特殊性构组成一种与传统相对立的独特文明模式，并以反对传统文化在地域上或符号上的差异的声音，将自己作为一个同质化的统一体强加给全世界。而其"所谓普遍标准实际上只有局部的有效性"②。

正是在这种现实的文化优势和权力框架的支配下，民族经济深层的这些理论光辉和丰富内容，被西方主流经济学的普世话语所淹没，"民族经济学"（National Economic）的标识，也被译为人们普遍熟知的"国民经济学"。遗憾的是，以"国民经济学"面目出现的经济分析，也长期变形扭曲为主流经济学一般原理在具象层面的表达。

如果说，历史学派基于历史进程的差异性对古典经济学所倡导的普适性提出了挑战；那么，随后的边际学派把价值判断领域引入到经济分析的事实中，作为经济学理论核心的价值理论便遭遇了文化差异的问题；而20世纪的凯恩斯学派对自由放任的挑战也把制度要素引入经济分析中，同样直面了文化表达的特殊性问题。可以说，即便在以同质性倡导一般原则的主流经济学中，也始终无法回避经济的民族性存在的问题，在"一国或穷或富的因素是什么"的命题下而展开的诸多不同民族国家的比较研究，实际上已呈现了一个基本事实，即民族群体不同的历史、文化以及他们在特定经济体系中所遭遇的地位和关系的配置差异，呈现了不同的经济类型、不同的行为方式、不同的利益诉求和不同的目标差异，等等。其所隐含的

---

① 《马克思恩格斯全集》第42卷，人民出版社，1979，第113页。
② 〔德〕尤尔根·哈贝马斯：《后民族结构》，曹卫东译，上海人民出版社，2002，第139～140页。

要求是，不同的民族国家需要一种基于不同制度与文化环境的不同的经济学。主流经济学自身的衍变，都在不断地向这一基础的合理性提出质疑，从而使经济学面对着更为广阔的文化背景的探究。基于此，现代经济的同质性并不否认民族经济的存在资格，也就凸显了民族经济研究的重要性。

在民族经济研究获得拓展的民族学/人类学场地，民族经济研究的"真实"历史，与民族学/人类学学科同样古老。它从一开始就是民族学/人类学研究中的一个重要内容，如摩尔根在1877年写成的《古代社会》，就是以经济的分析为聚焦中心，而展开的对财富和政治关系的一个分析。在无数先驱学者的努力下，随同学科起步而展开的民族经济分析，形成了具有丰富资料性的经济民族史研究。

进入20世纪后，人类学对民族文化的解释，已不再满足于对仪式、风俗等一些文化事项的表象描述，而是把不同的文化事项关联于特定民族的经济生活，经济成为这一学科进行民族文化解释的一个重要内容、途径和要素。不少的民族志正是依凭这种深入的关联性分析而成就为经典。如威廉·科珀斯在1915~1916年的《人类学》杂志就发表过《文化人类学的经济研究》，马林诺夫斯基也以其对"库拉圈"交易的文化解读而闻名于世。而马克斯·乔治·施密特在1920~1921年所贡献的《文化人类学的国民经济学大纲》，则堪称人类学领域的一本杰出的经济分析著作[1]。20世纪50年代，不仅苏联学者提出了"经济文化类型"的概念[2]，而且也产生了以 Ethno-Economic 来表达的民族经济学，如波尔·博汉南（P. Bohannan）就在这一术语概念下发表了《提夫人的交换与投资原理》，用共同体内部特有的符码去解读不同民族的经济行为。以卡尔·波拉尼为代表的实体主义分析，强调了经济活动与社会制度的整体关联性，他们对货币、市场与贸易各自不同，以及内部和外部的起源的探索及其有关交换模式就是"社会整合模式""社会系统的重要支柱"的理论论断，把民族经济问题的研究引向了社会整体性分析的进路。而在形式主义、功能主义、实体主义、马克思主义和形式范式、功能范式、制度范式、生态范式

---

① 参见〔美〕约瑟夫·熊彼特《经济分析史》第3卷，朱泱等译，商务印书馆，1994，第54页。
② 参见林耀华《民族学通论》，中央民族大学出版社，1997，第79页。

等不同的学派与范式的论辩中，把民族经济的研究或经济民族学确立为一个值得理论关注的领域。

在中国，对民族经济的研究大体上可分为三大阶段。

第一阶段：20世纪初~20世纪50年代

1840年的鸦片战争，把古老的中华帝国裹挟进世界经济体系的旋涡，民族存亡和国家安全的政治要求，成为民族经济研究的根本性基点。在此历史总背景下，这一阶段的民族经济研究表现出如下特点。

其一，在民族存亡和国家安全的政治性基点上，民族经济的研究是在不同学科和不同实践领域的多元力量推动下兴起的。其中最重要的，一是清末民初普遍兴起的边地、边政的考察、研究和建设实践，如云南殖边机构的设置等；二是20世纪30~40年代不同学科的前辈学者对不同区域的农村经济和部分民族群体所做的田野调查和研究。如20世纪30年代由杨成志率领中山大学和岭南大学对广东北江瑶族和海南岛黎族、苗族的调查[①]；1934年佤山班洪部落对英军入侵的抵抗所引发的中英滇缅未定界考察，带来了凌纯声、芮逸夫、陶云逵等对滇缅未定界内的佤族、傣族、傈僳族、拉祜族等民族的调查[②]；1935年费孝通和王同惠在广西大瑶山对花篮瑶的调查、费孝通对吴江县开弦弓村的调查；1940~1945年云南大学社会学系"魁阁"工作室对禄村、易村和玉村所进行的系列调查[③]；江应樑对云南傣族、四川凉山彝族的调查；任乃强、马长寿等对川藏地区藏彝走廊的藏、彝、羌等民族的调查；等等[④]。

其二，这一时期可称为中国民族经济研究的资料收集与起步阶段。经济资料大多杂陈于民族调查的整体性资料中，主要呈现为前辈学者基于学科、学术等个人旨趣而展开的个别性和零散性的研究，尚未形成规模化的专门性研究队伍。

但值得强调的是，这一总体性的状况，并不会由此而贬损这些调查所具有的资料性的重要价值，也不会遮掩其研究成果的学术光辉。其中，费

---

① 参见江应樑《江应樑民族研究文集》，民族出版社，1992，第1页。

② 参见王建民《中国民族学史》，云南教育出版社，1997，第181~182页。

③ 参见费孝通《费孝通学术论著自选集》，北京师范学院出版社，1992，第48、121~123页。

④ 参见任乃强《任乃强民族研究文集》，民族出版社，1990，第1页；马长寿：《凉山罗彝考察报告》上，巴蜀书社，2006，整理前言，第1页。

孝通的《江村经济》对华东、华北和华南的众多乡村调查和研究，展现了中国传统小农经济在外来强力支配下急剧变迁的动荡状态。江应樑在 12 年内数度进入傣族区，遍及西双版纳经临沧而至德宏的广大区域，为我们贡献了研究成果《摆夷的经济生活》①。田汝康用持续将近一年的时间对芒市傣族的田野考察，在此基础上写出了调查报告《摆夷的摆》。② 马长寿两度进入凉山，经近一年之久实地调查而完成了《凉山罗彝考察报告》。③ 芮逸夫参与长达 3 年的中英滇缅未定界考察获得后续成果《拉祜族的经济生活》，对虽已受到外力影响，但仍主要囿于旧有轨道而运行的傣族、彝族和拉祜族的经济生活常态，第一次给出了一个较为系统的全面勾画。这些研究成果无论在资料价值还是研究方法上，都为当前中国民族经济的研究提供了深刻的启示意义。

第二阶段：20 世纪 50~70 年代

中华人民共和国成立后，国家为了实现保障民族平等，实行民族区域自治，促进各民族共同发展繁荣的政治目标，在 1953 年启动了民族识别这一"国家工程"。来自民族学/人类学、社会学、历史学、政治学等不同领域的中国学者以及许多不同专业的大学毕业生参与了这一国家任务，也同时使其成为中国民族学的创举，中国民族经济研究也由此推进到一个崭新的阶段。

无论从学术的角度还是从社会实践的角度，民族识别工作或许尚有不尽如人意的地方，也会有众多不同的评说。如整个民族调查是立足于政府基点、主要聚焦的是阶级关系，等等。但无论从任何角度，都不能低估或贬损民族识别工作在理论和实践上的伟大贡献、丰富的价值和深刻的意义。首先，中国 56 个民族的社会经济生活面貌第一次得到了系统全面的展现，为中国民族经济乃至整个民族问题的研究奠定了坚实的资料基础。其次，正是中国学者对民族识别工作的积极参与，构建了中国民族经济乃至整个民族学成规模的专业性研究队伍，当年的参与者成了中国民族研究队

---

① 参见江应樑《摆夷的经济生活》，清华印书馆，1950。
② 该书由重庆商务印书馆于 1946 年出版，后来书名改为《芒市边民的摆》（云南人民出版社，2008）。
③ 参见马长寿《凉山罗彝考察报告》上，巴蜀书社，2006，整理前言，第 2~3 页。

伍的基干力量。

可以说，20 世纪后半期中国民族研究，都是在 50 年代民族识别工作所奠定的资料搜集和人才储备的基础上展开的。作为一个后来者，笔者向这一伟大的工程及其前辈参与者表达最深的敬意。这一阶段的研究也为后人留下了一个深刻的启示：50 年代的民族识别完全立于政治性基点的推动，虽然取得了辉煌的成就，但由于政治基点的转换，也导致了整个中国民族研究在"文革十年"几乎全面停顿。

第三阶段：1978 年至今

20 世纪 70 年代末，中国步入了改革开放时期，"以经济建设为中心"的基点确立，使中国各少数民族的经济状况和发展的问题得到了社会广泛的关注。同时，50 年代民族识别中所完成的大量民族调查资料，在 80 年代初作为国家民委五种丛书之一先后大量公开出版；由于经济学领域学者的加盟而引致众多学科的加入，也促进了民族院校对民族经济研究人才的培养。由此开启了中国民族经济研究的第一个高潮期，中国民族经济研究的专业性队伍也在此时初具规模。

这一阶段可细分为两个时期：

1978 年至 90 年代中期，这一时期主要集中在西部及少数民族地区经济学者的研究成果。大体呈现为对少数民族经济概述，以及立于政府基点、地域基点和具象基点对这些区域经济发展问题的对策性研究。这样的基点使"民族地区经济"成为一个普遍流行的提法；而在具体的对策性研究中，财政收入也成为最普遍运用的考量指标。这样的基点，忽略了在最近百余年中获得普遍优势的进化论预设，使现实的民族场域在得到了诸如先进与落后、传统与现代化等一系列的分割和变形表达的基点上，民族经济的观察与研究受到了初次预设的潜在规约。在把这种理论预设视为理所当然的现实的"真实"，进而从"政府"或"区域"的基点来面对民族经济现实的具体问题时，实际上又进一步预设了民族与政府、民族与区域的绝对的同一性或一致性。然而，从民族的基点出发就会看到，在同一地域、同一经济进程中，只要有不同民族集团的参与，由于各自参与的方式不同，所处的地位不同，利益的分配不同，他们得到了什么，得到了多少的问题就马上凸显出来。

正是这样的研究基点的局限性，使该时期的民族经济研究也遭遇了尴尬：它使主流经济学领域的不少人误认为"民族经济"或"民族地区经济"是与区域经济学的简单叠加，从而断然否定民族经济的特殊性；而在民族学领域，也由于它缺乏文化与社会的分析，使一些人长期不愿意接受它。但应该指出的是，在这一起步性的研究中，形成了规模化的民族经济研究的专业队伍。

从 20 世纪 90 年代中期至今，中国民族经济研究进入了一个多学科加盟、多元化研究视野的新时期。在理论、历史与现实问题等方面，都产生了不同理论、不同视角的交流与论辩。这种多元化的研究局面表明了这样一个基本事实：民族经济问题是一个特殊的存在；民族经济的分析在本质上是一个总体性的分析；民族经济研究的发展，有赖于更多的学科、更多的学者的参与。

经济民族学是在与其他学科的交叉与融合中实现的。但是，如果仅仅把这个新学科的产生，视为原有的经济学与传统人类学简单相加的结果，则是一个根本性的错误。因为一个新研究领域的拓展，往往也意味着对一种新视野的寻求和新的研究方法的确立。经济民族学的产生，就是看到了，无论经济学还是文化人类学都存在着严重的缺陷；看到了经济所具有的物质的、数量的属性，并不是经济的原因，而是它的结果；以往人们在各种社会关系上所做的那些表层分析，并不能洞悉经济的结构。正如多尔顿所说："只是因为长期共同生活在一起的人群和组织中间具有一种结构化的生活方式（mode），社会才有了'经济'"[1]，以此为人们的生存需要提供了连续不断的和周而复始的结构化供给，产生了若干为保证这种供给的制度。经济民族学的意义，就是要跨越原来的学科樊篱，去探寻潜藏在经济制度底下的深层动因，以及决定这些动因的系统。

经济民族学所聚焦的是对"经济"的关注和以民族为基点的分析。"经济"意指人们为控制生产、消费和衣食住所的循环流通而构建起的社会关系。而民族基点的分析意指对活生生的人们的直接观察和对其最近历史资料的整理。其首要的是关注于原始资料的整理与分析。如奥蒂兹等人

---

① 参见〔日〕栗本慎一郎《经济人类学》，王名等译，商务印书馆，1997，第 8 页。

认为，理论性的论辩，从最好的情况看，对关注经济的田野调查者只具有次要意义，从最坏的角度看，则是一种不相干。[1] 而格雷戈里和奥尔特曼则认为，理论论辩的焦点，是"理论"与"原始证据"间的一种区分。不同的首倡者站在适用性和解释力的立场，主张其特殊的理论。对经济民族学来说，田野调查并非对事实的被动记录，而是一个卷入直接观察，甚至有可能是参与被调查者日常生活的分析过程。每个具体环境在某些方面都有其独特性，而这种独特性给予了田野调查者收集新资料、形成新思想并发展新的研究方法的机会。马林诺夫斯基所强调的，是在深厚的原始资料基础上，以历史、政治和理论的运用，形成比较的方法[2]。

如果说，经济民族学关切的是微观存在，那么，它所需要的并非微观视野，而恰恰是宏观视野。换句话说，它往往以总体人口中的一小部分为聚焦，但其并非是一个无形的隔离种群。以此而展开的比较分析表明，我们已不能把其研究视野，界定在按"原子"式的分类所给出的狭窄范围内。它提示人们关注各种社会判断和认识背后的文化机制，为人类从整体上把握社会、实现对自身境况的理解和展望，开辟了更为广阔的道路。该方法"含有需要对社会科学的宽泛议论进行相关调查的一种认识，并进而认识到社会调查特有的缺乏及其特殊困难"[3]。这也表明，尽管经济民族学首要的关切是原始资料的整理和分析，但所有研究经济的人都必须介入某些类型的二次资料分析。如早期人类学者的重要代表泰勒，在 1888～1889 年的《人类学研究所杂志》发表的《论对制度的发展进行调查研究的方法》，就强调了统计方法的运用[4]。"从理论上说，人类学分析的直接观察方法，陷入了一系列明显矛盾的综合：它是一个规范的科学探讨，却又包容非规范的探测和试验；它使用统计资料的收集技术，又对不可量化的关系给予特别的关注；它关注本土的观点，却又采取了外来者的视野；它是

① S. Ortiz（ed.），*Economic Anthropology*：*Topics and Theories*. Lanham，MD：University Press of America and Society for Economic Anthropology，1983，pp. 27–34.

② B. Malinowski，*Coral Gardens and Their Magic*：*A Study of the Methods of aTillingthe Soil and of Agricultural Rites in the Trobriand Islands*，London：Allen and Unwin，1935，p. 317.

③ M. M. Postan，*Facts and Relevance*：*Essays on Historical Method*，Cambridge：Cambridge University Press，1970，p. 21.

④ 参见〔美〕约瑟夫·熊彼特《经济分析史》第 3 卷，朱泱等译，商务印书馆，1994，第 54 页。

理论的表述，但又摆脱理论的偏见；它的方法是归纳和经验性，而又包容推理的演绎；它是政治性的表述，而又不从事不加批判的鼓动。说到底，人类学研究的直接和间接的方法构成了一个辩证体：对特殊性的直接观察是一般分析的基础，而一般理论也表述了直接的观察"①。这样，也有不少学者展开了宏观的分析，如莫斯的《礼物》、波拉尼的《大转型》等，他们虽未能参与原始资料分析，但却以宽厚的时空视野，进入到二/三次资料的分析中；进而在人口和地理的限域中，进入了一个更大的范围。

这些事实，便是我们相信经济民族学的研究能为经济思想的发展有所贡献的基础。基于经验基础实地考察和运用比较方法发展起来的一般理论，并非是相互排斥的。它们在经济民族学中结合为一种相互反馈的关系，使人们从经验的、概念的和理论的水平上，彻底改变了对不同类型的社会经济的理解。因此，对以狭窄范围的扩展，来获得对经济关系复杂状态更大理解的经济民族学来说，这些不同的方法与其说是对立的不如说是互补的。

例如，在对一个具体村庄的研究中，谈论家庭的"平均"便站不住脚，因为这个结构含混了经济不平等的事实。在这种情况下，"平均"的方法与比较方法是相矛盾的，比较的方法会去审视有地和无地家庭之间的关系；又如，巴布亚新几内亚的托莱人使用"贝币"传送氏族土地的同时，也为世界市场生产诸如可可、椰肉干等商品性农作物，像工资劳动者一样工作，并经营商务企业。这样，经济民族学聚焦于所有复合状态中的具体经济的分析，而不是去验证诸如抽象的工资劳动的属性。有关经济的原始资料是更高层次抽象的基础。但原始资料分析与三次资料分析之间的关系并不意味着简化，也并不成为哲理论争的主题。

如果把理论理解为以证据支撑的一种观点或提出一种观点，那么，显而易见，经济民族学的研究是一个理论构建的过程。如果田野调查在一个开放的思想和创造性的方式中进行，就必将展现新的概念、理论和证据。理论著述及其术语应被视为许多输入中的一套装置，而不是视为一个用于一般性资料的机械工具。正如马林诺夫斯基所指出：

① C. A. Gregory and J. C. Altman, *Observing the Economy*, London, New York: Routledge, 1989, p. 9.

先入为主对任何科学工作都是致命的危害，而对问题的预示则是一个科学思想者的主要资质[1]。

直接观察与原始资料的收集和具体观点的检验相关联，并以间接分析的方法来完成研究；这就关联到检验更具抽象观点的二次资料的收集。二次资料分析的更为广阔的比较视野能指导人类学的调查；同时，原始资料分析也能促进新的一般理论的发展。没有"自我"的知识，也就不能理解作为研究对象的"他者"，反之亦然。这样，对经济的本质所提出的问题和假设的公式化，有关经济史的知识，以及对世界经济中当代政治发展的意识等，为经济民族学理论预设了一个全面性的基础。资本主义的成长与扩张，已造就了一个由许多民族国家构成的全球经济，同时也造就了一个确切的经济阶梯层次。这便是需要作出解释的多样化经济差异和经济不平等的持续性。而这一论证并不仅仅是哲理性的。如果说，经济民族学的中心原理是生产者、产品及其社会和经济环境构成了社会存在[2]，那么，它对微观个案和一般理论的分析，就呈现了直接和间接研究方法之间的互补关系。

对经济民族学而言，一个至关重要的问题是研究的理论性指导问题。经济民族学的田野调查经常被问到的问题是，"什么是你的理论视野？"在一定程度上这意味着"用什么思想指导你的调查？"基于此，经济民族学也充满了理论的论辩。如果一个学科只能限于对表层事项的描述，而不能对这些事项的深层意义有所阐释，那么，就只能形成一个浅薄的学科。因此，经济民族学建立的真正本质，是对人们学术视野的一个新开拓，是对新的理论工具和方法的渴求。正是这种新的性质和特征，使经济民族学成为理解社会与文化人类学的一个主要枢纽；成为现代民族学与人类学的核心领域。

经济民族学为之努力的，实质上是要基于具体资料的分析，来建立一

---

[1] 参见 C. A. Gregory and J. C. Altman, *Observing the Economy*, London, New York: Routledge, 1989, pp. 10 – 11。

[2] 参见 J. Nash, *Ethnographic Aspeccts of the World Capitalist Systerm*, Annural Review of Anthropology, 10, 1981, pp. 393 – 423。

个关于生产方式的理论。作为对整体性文化进行解读的工具，它不是把研究的对象一开始就界定在一个有限的、充满目的性的理论框架中，而是从揭示经济活动和各种制度的本原出发，尽可能地将视野拓展到不同的领域。这一学科不仅把其研究的范围从原始社会，扩及整个人类在各个不同时期普遍的社会经济活动；而且它在一个极为广阔而深远的视野中，对经济的观察所提出的问题，实质上已向整个社会科学提出了挑战。经济民族学因此而成为一门研究广义人类社会行为的基础与动因的学问；成为一个从总体结构上，考察满足社会物质需要的结构化"经济"活动的科学；成为有自己独立范畴体系、理论框架、方法论和更为广阔的研究领域的一门相对独立的新兴学科。

上述理论溯源表明，民族经济是一个总体性的存在。不管是力图从不同的社会行为或事项中挖掘其深层的经济原因，还是努力把经济作为一个子系统而关联于不同的社会文化背景，都充分表达着：民族经济的研究应该是从不同的视角来理解不同民族的不同经济类型、不同经济行为、不同价值追求。这些研究在 National Economic，Ethno-Economic 以至 Economic Anthropology 或 Anthropological Economics 等不同学科名称的衍变中，都在不断地引导着人们去充分地了解不同民族的现实利益、特有环境以及在全球化经济格局中的发展诉求。以经济因素的分析来解释不同民族历史文化现象的努力，坚持强调不同民族自身论述的重要性，它对不同社会制度的演化及其在不同文化中呈现的不同形态作了双重的强调。这就是经济民族学学科精神努力和理论诉求的聚焦点。

三 经济民族学研究的问题指向

长期以来，在被意识形态扭曲了的进化论的浸染下，有关民族的研究存在着两条歧路。一是"把共同体以外的'非我'事先放置在历史长河的'原始'一端，以确立现代'我类'一端的文明优势。其对'非我'在时间上的排拒（temporal distancing）造成时间的空间化（Spatialization of time），使其整个研究的大前提表现为把'他们'作为'我们'人类的过去来研究，而不是关注'他们'存在的现实意义。'他们'的现实状况必须翻译成'我们'的过去才能获得其存在的意义"①。这种在背离其学科基本精神的歧路上的行进，把民族研究挤压到局限于对"原始"人群和"低级社会"研究的狭小范围，把对人类自我理解具有重要意义的民族研究，歪曲成似乎远离我们的现实存在、对人类发展难以产生实际作用的奢侈的"贵族学科"。二是从研究显赫的祖先到断言自我的至高无上，把人类整体的一个部分割裂出去，来强调和塑造自我历史的优势和合理性的学科语境，由此而滋生出一种庸俗的文明偏好。

经济民族学研究的基本意义，并非只为人们贮存下对那些已经消亡的或者正在消亡的以及实存的个别民族的记忆和知识；经济民族学研究的基本问题，也并非是否要提"民族"理念或提什么"民族"理念的问题，而是最终落脚在对人类整体性发展的全面理解上。"民族"理念作为弱者对不平等抗辩的意义在于：它不仅要求我们在现实的发展框架和发展方式内，寻求趋利避害的发展途径，而且更重要的是，通过对人类发展方式的反思，探寻人的类本质实现的历史道路。可以使我们在深刻地理解相互承认民族文化的差异，既不是"同化"，也不是纯粹的"共处"，而是以此启发我们怎样才能建立一种越来越抽象的"团结他者"的模式。正如汤因比所说："在任何民族的框架内都不可能找到一个可理解的历史研究领域；我们必须把我们的历史地平线扩展到整个文明的视野上来加以考虑"②。必须把人类作为一个整体来加以领悟，才能去理解社会的历史与现实。经济民族学对以民族为研究基点的强调，实际上是聚焦于同一时空中不同民族的关系与位置，把其对"另一个"和"另一处"的探寻和研究，最终归结到对人的类整体的全面理解上；而面对民族研究出发点的差异性存在，需要我们对以往研究的旧有语境和客观诉求提出一个根本性的疑问，即：怎样重新认识"学科行为"中的认识论机制？人们何以取得他们所取得的知识？这些知识背后的认识论前提是什么，以及话语和知识又怎样参与历史的真实创造？等等。

经济民族学对民族经济问题的关注，实际上是当今世界成千上万的主体性突然都说起话来的一个折射、反映和要求，它需要从历史维度、文化

① 刘禾：《理论与历史　东方与西方》，《读书》1996 年第 8 期。
② 〔英〕汤因比：《文明经受着考验》，沈辉等译，浙江人民出版社，1988，第 3 页。

维度和生态维度来展开。

历史维度的分析直指作为"边缘"的不同民族参与当代主流社会和经济的必要性和条件问题。它要求我们看到，当下基于主导地位的理论体系或话语机制，蕴含着几个世代沉积下来的物质层面的内涵；它是在与不同形式的权力进行不均衡交换的过程中，被创造出来并且存在于这一交换过程之中。在某种程度上，它的发展与演变也受制于它与政治权力、学术权力、文化权力、道德权力之间的交换。由此而建构了今天全球化格局中的主流－附属、中心－边缘的权力支配关系。所以，一度视全球体系为自然本质的"大理论"模式，已显然无法解释生活于地方社会中的人们对全球体系运作而作出的变异性反应，也无法解释社会现实的细节。

如果说，经济民族学实际上是对自19世纪以来，以自我为中心说的历史认识观支配整个社会科学的那一套话语机制，进行根本性质疑的产物，也是在对人类所形成的与自身类本质实现要求相背离的、分离性的现实发展方式反思过程中所得到的一个硕果，那么，如同葛兰西所说："批判性反思的出发点是认识到你到底是谁，认识到'认识你自己'也是一种历史过程的产物，它在你身上留下无数的痕迹，但你却理不清它的头绪。因此，找出这一头绪就成为当务之急"①。所以，在整个时代的社会政治背景和知识背景中，来考察经济民族学的成长，是十分必要的。

针对以往的社会科学普遍地用自己的文化价值体系"外在地"去诠释历史，或带着浓厚的感情色彩来解读文化的做法，如何把握各民族共同体固有的根源意识和深层理念；如何揭示不同民族共同体所独有的认知体系等问题，导致了对所有知识总体模式质疑的理论挑战。这些新的研究"提出了对于社会而言有价值、有意义的批评，启发我们对他族人民潜能的认识，使我们摆脱对其他文化可能性的偏见，使我们认识到我们自己的社会仅仅是众多人类群体或文化中的一种类型或模式，使我们自己所持有的以及在与其他社会文化的成员接触时所产生的、未经检验的一般普通假设变得易于理解"。这样一个脱离权威范式的实验时代，"提倡展示与反省，对于实践中的事物采用开放的态度，对于研究方向的不确定性和不完善性

_____

① 〔意〕安东尼奥·葛兰西：《狱中札记》，曹雷雨等译，中国社会科学出版社，2000，第234页。

采取宽容的态度"。①

　　恩格斯在发掘黑格尔思想的革命性意义中，把"凡是现实的都是合理的"这个命题，扩展为"凡是现存的，都是应当灭亡的"。并从中发现了"一个伟大的基本思想，即认为世界不是一成不变的事物的集合体，而是过程的集合体"。从而揭示出人们获取知识的环境对这些知识的制约性、一切知识必然具有的局限性，以及人类认识的相对意义：

　　　　今天被认为是合乎真理的认识都有它隐蔽着的、以后会显露出来的错误的方面，同样，今天被认为是错误的认识也有它合乎真理的方面，因而它从前才能被认为是合乎真理的。②

正是人类知识体系的这种本质特征，使当代学者称之为"真理与谬误的游戏"。当米歇尔·福柯（M. Foucault）把这种"真理的游戏放到自我与自我的关系以及自我形成主体的过程中"进行研究时，便对其提出了一系列的质疑："对知识的热情，如果仅仅导致某种程度的学识增长，而不是以这样那样的方式或在可能的程度上使求知者偏离他的自我，那么它归根到底能有什么价值可言？""如果思想不是用以向它自己施加压力的批评工作，那它又是什么？它要不是在于努力弄清如何以及在何种程度上才能以不同的方式思维，而是去为早已知道的东西寻找理由，那么它的意义究竟何在？""面对真理的历史给所有思想带来的危险"，"如果要不断观察与思考，有时候关于了解自己能否采取与自己思维不同的思维方法去思考，能否看到与自己的所见不同的事物这样的问题便会变得绝对必要。"于是，"了解在何种程度上为思考自身的历史所作的努力能使思想摆脱它所思而不悟的东西，使它能够采取另外的思维方法"③，便成为这些大师们思想探寻以及当代知识追求的主流倾向。

———————————

①　〔美〕乔治·E. 马尔库斯、米开尔·M. J. 费彻尔：《作为文化批评的人类学》，王铭铭等译，三联书店，1998，第 11、12 页。

②　恩格斯：《路德维希·费尔巴哈和德国古典哲学的终结》，载《马克思恩格斯选集》第 4 卷，人民出版社，1975，第 216、244 页。

③　〔法〕米歇尔·福柯：《性史》，张廷琛等译，上海科学技术文献出版社，1989，第 160、163、164 页。

从认识论的角度来看，问题的关键并非一种认识的正确与否，而是这种认识为什么会产生以及这种认识背后的文化机制。我们的知识是以语言来表达、构建和积淀的，一个语词只有进入特定话语的范畴才能获得意义，也才有被人说出的权力，否则便要被贬入沉寂。特定的话语总是体现着一定时期的群体共识，一定的认知意愿，一定的集体记忆选择，从而形成了一定的"知识型构"。特定时期社会群体的一种总体关系的存在，决定着那一时期解决问题的可能途径与范畴；决定着那一时期提出问题的可能方式与思路。话语在内部进行的调整，赋予内部事物秩序与意义，本质上便是赋予它有产生意义的权力，有进入特定序列的权力。要获得这种权力，就必须进入赋予权力的话语并受其控制。这样，福柯越过了人们以主权、政府、国家机器等来理解权力的表层认识，看到"权力和知识是在话语中发生联系的"，"不同形式的话语是不同形式的抑制和知识图式不停地来回运动的载体"，"话语传递着、产生着权力；它强化了权力，但也削弱了其基础并暴露了它，使它变得脆弱并有可能遭受挫折"[①]。

这样，权力产生于话语的机制，同时，话语又是权力所争夺的对象。权力的关系把不同的话语形式联成网络，建立起这些话语形式的共同点和运作条件。权力运作的重要形式，便是以话语对它所未陈指的事物进行排斥与压制，也就是不赋予这些事物（语词）伸张意义的权力。然而，被压制的事物又不是这样被打入永劫而从此消失，而是被权力戏弄于掌心。倘若被压制的事物一下子消失，权力也就立即失去了压制的对象，而不再成为权力。因此，权力是让被压制的事物在其话语的外缘活动，或者说是为它创造另一种话语，提供另一种说法的机会：一方面被压制的事物必须贬入冷宫，另一方面，它又必须时时露面，时时伸张自己的意义。于是，被压制的事物又在另外一种意义上得到了"权力"，区别在于，它所伸张的意义与主流话语内的事物不同：主流话语内的事物得到现行权力的认可，具有的是自称为真理的权力，而被排斥的事物只有自认为谬误的权力。

在上述理论层面上的历史维度分析，充分揭示了它的主要指向，是去理解"弱势"的民族群体在多大的程度上真正接受或拒绝现存的世界秩

---

① 〔法〕米歇尔·福柯：《性史》，张廷琛等译，上海科学技术文献出版社，1989，第96、98、99页。

序；以及如何从被排拒的边缘转变为参与的边缘。民族经济的可能性既生成于"边缘"参与"主流"的过程中，也强调了不同的民族共同体只有在"参与"中才能获得自我保护与生存的基本条件，也就是规定了"边缘"参与"主流"的必然性和必要性。这也揭示了，在人类历史上的任一普遍性，都是一种特殊性或地方性的提升。如果说，生成于资本特殊性的，也是第一次具有全球意义的，同时又是神话化程度最高的现代普遍性，确立了追求普遍意义和普遍价值的主导性地位。那么，一方面，这种"普遍性"构成了我们一切实践和理解的平台；另一方面，这种"普遍性"从来都是不完全的。在这种主导价值观下，始终存在着不同类型的价值标准，它们既可以成为这种社会主旋律的和弦，也包含着反抗和冲突的存在。因而，普遍性并非一种全称判断而具有不可反驳性；普遍性只是一种理论假说而并不现实地存在。普遍性的自身前设性条件预先认定了中心-边缘、主导-从属等对应关系。这个自身前设性条件社会排他性地将其自身定义为人类，并且将其自身的秩序定义为文化。

约瑟夫·熊彼特把经济分析的技术分成历史、统计和"理论"三类。对经济民族学最具重要意义的，就是要从民族实存的历史进程出发，来深刻理解经济发展与人类共同体存在及其行为产生的基础性关系。经济发展是一个连续的历史过程，从而经济学在本质上就是一门历史的科学。诚如约瑟夫·熊彼特所说：

> 如果一个人不掌握历史事实，不具备适当的历史感或所谓历史经验，他就不可能指望理解任何时代（包括当前）的经济现象。目前经济分析中所犯的根本性错误，大部分是由于缺乏历史的经验，而经济学家在其它方面的欠缺倒是次要的。更重要的是，历史的叙述不可能是纯经济的，它必然要反映那些不属于纯经济的"制度方面的"事实。①

因此，历史提供了最好的方法，让我们了解经济与非经济的事实是怎

---

① 参见〔美〕约瑟夫·熊彼特《经济分析史》第1卷，朱泱等译，商务印书馆，1991，第28~29页。

样联系在一起的，以及各种社会科学应该怎样联系在一起。基于历史过程分析的经济民族学，就是要通过学科及其分析技术的综合，从研究过去的、我们尚未认识或认识不清楚的经济实践出发，升华出人类存在关系的理论总结，反映出人类发展最起码的历史面貌和最基本的方向意义。经济民族学田野调查的准备，最好是用于研究相关时代的政治和经济的历史，因为这种在研究方向意义上的所获是极有价值的。历史是对过去与现在双向性联结的一种比较分析的形式。正如马克·布洛赫所指出的："对现实的曲解必定源于对历史的无知；而对现实一无所知的人，要了解历史也必定是徒劳无功的"①。在此意义上，经济民族学的发展，不仅具有丰富经济学理论宝库的意义，而且有助于我们澄清对马克思唯物史观的曲解，重新认识这一精美学说的真实涵义。

对社会科学的任何一门学科来说，如果仅仅限于某一历史时段的研究，或者仅基于最近的人类的行为实存关系，而全力倾注于抽象的理论演绎和模型塑造，无论其怎样正确，怎样有创见，怎样严密或怎样优雅动听，都非但不能正确把握人类发展的整体性问题，反而会产生出一系列有害的、空耗人类研究能力的"假问题"。以自我中心论为核心的历史认识观，借助于社会科学的这种人为分割，在唯物史观形式下歪曲出单一直线型社会发展模式的做法，为此提供了一个无可辩驳的确证。应该看到，尽管人类社会的发展，表现出不同的社会形态之间的相互取代，但在这种变化的最初阶段，对立力量的形成和发展，往往是以原存社会原则的极端形式来拓展其道路的。而这种量变与质变的过程，又是极为漫长和极其错综复杂的。当我们习惯于把某一历史时点上的事实抽象为一个长期社会的原则时，在这种基点上所作出的种种所谓"社会性质"的分析，仅能说明人类社会发展历史的几个小片段。这种理论分析基点的局限，把大量的人类社会发展历史塞进一些与其无关的概念模式中。人类历史的连续性由此而被割裂，人类历史的丰富性亦由此而被抹杀。约瑟夫·熊彼特在对封建时代的考察中，发现了"两种社会制度的共生，这两种制度在本质上是不同

---

① 〔法〕马克·布洛赫：《历史学家的技艺》，张和声等译，上海社会科学院出版社，1992，第36页。

的，而且在很大程度上是相互对立的，尽管不是完全相互对立"①。应该看到的是，"任何社会形态都有它本质的东西，非本质的东西，还有异质的东西"②。这实际上已蕴含着人类对多种社会发展方式选择的可能。当我们把对经济进程的分析，扩展到具体民族的历史实存关系中时，就可以看到，不同民族在制度变迁和社会发展的过程中，"没有奴隶制者有之，没有封建制者有之，越过'卡夫丁峡谷'者更有之"③。人类社会的非线性发展，及其发展方式和道路的非唯一性限定，从中得到了体现。

因此，要对人类历史的发展作出整体性的说明，经济民族学必须把其研究扩展到人类经济发展的全过程。如果说，人类经济的核心问题是资源的配置，那么，对其进行的社会性理解，可以把资源配置分为财产权利制度、技术组织制度和运行机制三个方面。只要经济民族学对其存在的关系进行客观的分析，就可以揭示出它们不同的组合存在；进而展示出并非唯一性的人类发展方式及其可选择性。如在云南少数民族中，"共耕"这一资源配置的技术组织方式，就并非专属于某一社会形态，而是在不同的公有制和私有制中，找到了它与不同的财产权利制度的结合点，获得了富有个性的存在表现。再如作为经济运行形式之一的市场机制，经济民族学的分析不仅可以追溯出它古老的形成之源，而且可以展现出它在闭塞的地域经济体中的运作，与中国皇权专制的政治制度的结合，在近代西方资产阶级社会中的演化，以及在当代不同社会制度中的实存，等等。这使我们认识到，以某种特定的经济运行形式，作为判定人类社会阶序的标准，并否定人类社会不同存在的普遍性及其功能的多样性，甚至奉为唯一的教义，实在是荒谬可笑的。

由此，经济民族学把分析聚焦于人类社会的"历史合力"基点上。这使我们认识到，各个民族在某一历史时期中社会经济的差别，并不意味着他们本身有孰优孰劣之分；各民族在社会经济水平方面的差异，也并非一成不变；不同民族在社会经济繁盛期各领风骚数百年本为世界历史上的正常情况。固守于某一民族的实存经验，而竭力炫耀其"优越性"，同时把

---

① 〔美〕约瑟夫·熊彼特：《经济分析史》第1卷，朱泱等译，商务印书馆，1991，第119页。
② 吴承明：《市场·近代化·经济史论》，云南大学出版社，1996，第40页。
③ 吴承明：《市场·近代化·经济史论》，云南大学出版社，1996，第113页。

其他民族的实存关系视为现实的"障碍"，而加以无情地贬低，在取得暂时的宣传效果的同时，也就为未来埋下了更大的隐患。甚至在"主义"概念的基本涵意尚未弄清的情况下，就纠缠于"主义"问题的讨论，进而形成某种全民意识，并误导现实的进程。这一切不过表明，我们是在人的类存在本质实现的意义上，提出人类社会的必然性问题的，但若把这种必然性僵化为具体方式的排列，就将进入死胡同，而无法对人类社会历史的丰富内容作出全面的审视。

文化维度的分析是经济民族学以跨文化的研究所提出的挑战，它实质上是看到人类学者自身带有社会和文化偏见的可能性，而对久已形成的、现实的知识和社会体系提出质疑。如何使一个在急剧变迁世界中的社会现实得到真实表述的中心问题，将人类学置于当代各种话语（discourses）争论的旋涡中心。经济民族学对民族的研究，实质上是跨语际的，是在多种文化和制度的接触和碰撞中展开的。

在经济学领域的分析中，生产、资源配置方式和收入分配是最基本的相关变项。而它们都无一例外地关联于一定的制度框架。尽管"经济理性"是经济学最基本的分析手段和最重要的假定，它视每一个社会交换和经济过程的参与者，都具有使其价值最大化的目的追求。但不论人们把经济理性视为一种心理活动还是一种生活原则，它本身已隐含着某种社会性的制约关系。而当我们一旦把这种经济理性扩展到人类历史的全过程时，就可看到，它并非是某种一成不变的原则或假定，更多的是显现出作为一种变项而存在的性质。这似乎使我们更有理由将经济学最重要假定的"经济理性"，视为一种制度化的价值观念。所以，一谈及经济过程，就意味着某种共同的价值标准通过制度化而得到确立和稳定化；并在更大的范围内，使个体的评价和行为选择得到同一性的联结。物质的和客观的经济过程产生了特定的价值内容，制度则在社会意义上提供了价值最大化的秩序稳定性。它一方面为经济过程提供了一个互惠的合作环境，另一方面又制约着具有不同利益的经济参与者，在追求差异极大的目标中不致出现共同毁灭性的公然冲突。

可见，经济过程绝非冷冰冰计算的合理性，它总是沉浸在文化环境的汪洋大海之中。在此文化环境中，每个人都遵守自己所属群体的规则、习俗和行为模式，并凝结出共同的社会价值目标，激励着该共同体成员对经济和社会作出自己的贡献。更为重要的是，就人类整体而言：

> 经济增长不过是手段而已，各种文化价值是抑制和加速增长的动机的基础，并且决定着增长作为一种目标的合理性①。

因此，为经济过程提供方向的，最终还是养育经济于其中的文化价值系统。经济不仅表现为一种物质资源的变动关系，而且是一种精神上的状态。它必然受到现存的并且不断演变着的、制度化了的文化价值标准的约束。制度模式不仅为生产、交换、分配和消费的客观过程提供了一个稳定性的框架，而且为经济主体性力量的努力、选择、出发点差异、随机因素的作用发挥，设置了一个规范性的调节机制。由此，制度构成了经济过程的核心结构，并造就了在此框架中人们行为的动力规范及其独立存在的形式，使不同的民族文化特点充分展现出来。全面阐释人类经济过程本质的关键，在于了解制度要素是如何组织起来的，以定义社会关系及其所包含的利益关系，以说明多变的社会体系中各种复杂而多元化的价值计算，以及各种象征性的、难以衡量的文化价值目标对人类经济活动的影响。制度的设置与变迁支配着所有社会的和个人的行为，规范着他们行为方式的选择，影响着利益的分配、社会资源配置的效率和人力资源的发展。制度要素是作为经济过程中的一个动力塑造和约束机制的结构而存在的。由此出发，可能会使我们从一种新的、总体性的角度来认识人类活动的多样性与有序性。

在人类社会中，人的各种活动很难区分为经济性的、宗教性的、政治性的或家庭性的，各种性质常常混为一体：

> 社会是由众多非经济因素和经济因素交织在一起而组成的，任何一组因素都无法决定整个社会生活的特色，也不能代表整个社会生活。②

---

① 〔法〕弗朗索瓦·佩鲁：《新发展观》，张宁等译，华夏出版社，1987，第15页。
② 〔美〕尼尔·斯梅尔瑟：《经济社会学》，方明等译，华夏出版社，1989，第40页。

　　逻辑的和一般的经济关系，不排拒在特定环境中与经验的和偶然关系的关联；而具体经济状态则揭示了形式与特征的一种混乱差异，并且总是表达着人们之间的关系。如英国的工资和特罗布里恩岛的收获礼物，作为总产出的分配是相似的，但工资是雇主和雇佣者之间关系的一种表达，而礼物是姐妹及其丈夫之间关系的表达，在这一方面它们又是不同的。父母与子女、男性与女性以及群体中的关系，在每个地方都形成了劳动和产出的分配意向；而这些关系的内涵及其关联的社会学意义，仅能经验地确定。而马克思在强调其从抽象到具体的研究方法，并坚持历史与逻辑的一致性时，可以说是肯定并结合了两种方法在某种程度上的合理性。因此，经济民族学的目的，"是经济理论的去蔽而不是简化。对抽象经济理论的理解有助于此，领悟到人类学的研究对经济思想的发展能有所贡献，也是重要的"①。

　　因此，经济民族学的研究，并非仅仅是对经济学现成分析技术的简单移用。尤其当现代经济学以构造人类行为同经济现象的最大或最佳化关系的抽象模式，为其主要的理论目的而作出自我限定后，也就偏离了经济学从一开始就把财富的产生、运用和增长的研究归结到对人类整体性发展关心的本质意义。这种偏离，已使得凯恩斯把经济学称为"一种方法，一种思维工具，一种构想技术"②。且不说其隐含着使经济学丧失辉煌的历史学术成就的可能的危险，重要的是"这些抽象本身离开了现实的历史就没有任何价值，它们只能对整理历史资料提供某些方便"③。因此，对民族历史过程的经济分析，不仅要包括制度因素的分析，而且要实现经济学与人类学的有机结合；同时它也使人们充分认识到，"人类学并不等于盲目搜集奇风异俗，而是为了文化的自我反省，为了培养'文化的富饶性'"；在全球框架中不同社会之间的相互依存，带来了不同文化之间的彼此认识程度的提高，这就要求我们把描述异文化的单纯兴趣"转移到一种更加富于平衡感的文化观念上来"；"其目的在于获得对文化整体的

---

①　C. A. Gregory and J. C. Altman, *Observing the Economy*, London, New York: Routledge, 1989, p. 3.

②　参见吴承明《市场·近代化·经济史论》，云南大学出版社，1996，第102页。

③　《马克思恩格斯选集》第1卷，人民出版社，1975，第74页。

充分认识"①。这种基本特征，使人们"试着去了解那些使他们感到吃惊的事情"②。

经济民族学文化维度分析的现实指向，在经济的价值导向基点上提出了不同民族如何参与同一经济过程的问题。而问题的重点不在于参与的形式，而在于参与的目标要求。因为仅就形式而言，无论积极或被动，也无论合作或抗拒，既可能成为囿于旧框架中的资本主旋律的和弦，也可能从游戏的参与者转化为游戏规则的共同制定者。可见，如何参与的实质内容，不是要求资本的一般性和全球性屈从于民族的特殊性与地方性；也并非以资本所实现的某个具体实存为目标而亦步亦趋地实施所谓的赶超战略，而是如何充分挖掘其内在的资源，以自己的特殊性进入资本所统领的整个的艺术、经济和生活的众人参与的夷平化过程，使培育我们鉴赏能力、影响我们生活、统领我们发展的不再只是一个毕加索、一类品牌、一种经济模式，由此构成人类的整体性。

"如何参与"问题的核心，就是不同的民族共同体要求获得对商品、对生活进行签署的文化平等权利。它也提出了文化或制度的融合与创新的问题。这一问题的提出直面民族文化的差异，解决这一问题的两个支撑点是：我们既不能轻信在普遍性幌子下所推崇的某个社会所许诺和标榜的那些最高美德；同时应该认识到，把任一民族文化的特性提升到涵盖一切的普遍性层面，仍然不过是在旧有理论平台或框架内的形式变换而已。这样，相互承认民族文化的差异，既不是"同化"，也不是纯粹的"共处"，而是以此启发我们怎样才能建立一种越来越抽象的"团结他者"的模式。它不是化异为同，不是求同存异，甚至也不是和而不同，而是以一种历史性的思维进入各种差异内部，用它们各自擅长的方式去参与和把握那些被现代"普遍性"话语所把握的特殊经验，来形成人类现实整体性的更宽阔、更深入、更丰富的叙事。立于这一基点，才能在改变既存的全球化市场框架的同时，不断为自己创造存在的条件，才能在现实的发展实践中，

① 〔美〕乔治·E.马尔库斯、米开尔·M.J.费彻尔：《作为文化批评的人类学》，王铭铭等译，三联书店，1998，第27、11页。
② 参见〔英〕约翰·伊特韦尔等编《新帕尔格雷夫经济学大辞典》第2卷E-J，经济科学出版社，1996，第23页。

不是单向的盲从，而是相互的学习，从而以一种新的结构或具有新结构萌芽的趋势，为人类的生存和发展提供一个新的平台。只有在此基础上，我们才能够进行"发展谁、保护谁？""为谁发展、为谁保护？""谁来发展、谁来保护？"等深层的追问与思考。

民族经济问题的生态维度所揭示的是，生物物理条件中的有限性、熵和复杂生态系统的相互依赖性这三个相互关联的因素，制约着经济增长的可能性。这一新的分析视角使我们清晰地看到，尽管现代社会以其经济技术体系的"进步"和"效率"而标榜，并以此证明自身存在的合法性，但其所依赖的评价标准却是极其片面的。这一维度为我们带来了大尺度的时空视野；带来了整体性关系的强调。但是，这种整体性关系并非外化于人，而是以人为基点展开的。进而应该意识到，它并不止步于对一个物种是怎样运行活动及其与周边环境相互关系的阐释，这一分析的重点必须说明，为什么会出现这种关系以及怎样出现这种关系？谁是生态剧场表演中的真正角色——生态系统、生态群落抑或是某一实体？这就强调了环境和文化并非既定而是相互界定的关系存在。这一分析的出发点是看到生物圈的种种变化与我们现存的生活方式、经济技术类型所发生的不断的变化产生了严重的不一致或不协调。但"这并不是一项要把自然界封锁起来放入博物馆以永远将其冻结的计划；相反，却是一种行为模式，是立足于这样一种观念的模式：应站在我们价值体系的高度上来保持变化的多样性"①。它意味着，在我们的价值观、世界观和经济组织方面，需要一场真正的革命。它的扩展使我们看到，活生生地存在于社会中的传统，形成了制度的生态环境。既然承认"现在"就是一种选择的存在；既然承认即使未来外切于过去，也不内切于现在；那么，这一维度就要求以对现在的反思为基点，才能开拓未来的选择之路。由于造成当代生态危机的内在结构是由资本所主导的不平等结构的构建，这一维度所面对的也就并非是一个纯粹自然的局部性问题，而是关联到富人与穷人、现世与后世、发达国与不发达国等的人的现实状况的总体性问题；其所追求的要点当然也就不再是人与自然的平等，而是人与人的平等。一句话，它是从生态的角

---

① 〔美〕唐纳德·沃斯特：《自然的经济体系》，侯文惠译，商务印书馆，1999，第498页。

度对现代社会或现代性所提出的具有颠覆性的质疑、反思和批判；揭示了人与自然是一出共同生存的戏剧，在二者的共舞中，"双方都得到了改变，改变了他们共同的命运"[①]；我们面对的一切，是自然与文化的共同创造。

在实践性上，民族经济是一个要求理论层面和实践层面相互交叉融合才能得以共同解决的论题；在理论性上，它是经济民族学乃至人类学/民族学研究内容的深化和研究领域的拓展。经济民族学的理论价值和意义在于以下层面。

在最直接的层面上，它通过对不同的民族经济文化类型的展现和结构分析，丰富着人类知识的宝库。如果说民族学/人类学的学科基本精神，是通过对人类相异性的研究，去发现"另一个"和"另一处"来实现自我理解；使其成为我们对自己生活的社会和时代进行展望并获得变革方法的一条重要途径。那么，当民族经济的研究不再是把他民族当作我们的历史，而是在共时的格局中体会这些差异性的存在，它的知识贡献就对实现学科的基本精神具有不可忽视的意义。

在实践层面上，民族经济研究对不同民族经济问题特殊性的凸显，有助于边缘的、弱势的或后发展的民族群体积极参与到现实的全球一体化的经济进程中，并在这一进程中获取他们的发展权力和利益，进而对当前不平等的国际政治经济秩序的改善作出应有的贡献。

民族经济研究最深刻的理论价值和意义在于，它以对民族经济特殊性问题的彰显，再次强调了人类社会的演化在方式、道路和方向等方面的多样性、多线性和多向性，再次确认了人类社会对"人的自由"这一崇高理想的追求。如果说，文艺复兴确立了"人是万物的尺度"，由此把人的自由确立为现代社会的核心价值，那么，这一核心价值得以确立的一个更深前提在于承认人类的命运不是只有既定的唯一结果，而是具有多变性和多种可能。这正是人从神那里追回自己的权力和自由的基本理由。我们不再把自己的命运交由上帝之手的目的规划，也不再把自己的前途交由所谓的社会精英来支配，而是明确宣告，人类的美好未来，是在全人类的共同参

---

① 〔美〕迈克尔·波伦：《植物的欲望：植物眼中看世界》，王毅译，上海人民出版社，2005，第18页。

与中才能实现的。

十分清楚，经济民族学正在重塑其研究的新基点，正在重新认识自己的研究范围。民族的社会性存在既然包含着多重的发展关系，必然获得多重的观念反映。经济民族学只有对这些现实的多重关系作出深刻的理解，才能获得与其他社会科学学科进行对话的广泛基础，也才能把其研究真正扩展和贯穿到整个历史过程。民族范畴及其实存，是人的不再无声的合类性演化的产物。既然这个过程无法扬弃的基础始终是经济的发展，那么，在人类学的研究中，尽管经济分析不是唯一的，也不可能完全取代其他的分析，但在归根到底的意义上，问题的说明都会回归到实存的经济关系中，而要展开对这种经济实存的分析与说明。这样，经济民族学成为人类学整体发展中一个不容忽视的重要组成；也已实际地挑起了人类学应担当的历史重任。然而，在过分强调理论的"应用"倾向时，人们往往忽视了其一个深层的伴随：知识与权力的结合。它使人类学的应用研究项目、评估和研究建议等成果，囿于对某一特定社区或可能出现的赞助人的需要的满足，落入了另一个狭隘的陷阱，而忽略了对其深层的知识危机的思考。上述知识与权力的关系使我们看到，不仅不同时期的知识型构大不相同，而且不同时期即便在时间上前后相连，知识型构也未必相互联系。因此，在一定程度上可以这样说，从一个时期进入另一个时期，不是由于"发展"，而是由于"转型"，不是由于"延续"，而是由于"断裂"。当前人类学学科发展中的学派合流现象，以及全球现实的政治、经济和社会变迁，正在最直接地对人类学知识的实践反应提出挑战。因此，当前人类学所面临的主要任务，并不是对学科进行分割，而是通过对其知识型构的反思，努力建立一种综合研究人类文化的广义的"人类科学"。正如埃文思·普里查德（E. E. Evans-Pritchard）所说："每一个伟大的文化人类学者同时也是一个伟大的思想家。"① 人们为此寄予了厚望。但是，一些人类学者至今依然陶醉于那些鲜为人知的"实地"（Field）知识，于表层精雕细琢着一些所谓的"文化比较论"的东西，甚至把对民族特殊性或差异性的强调奉为其研究的主旨，实在是令人遗憾。

---

① 〔日〕栗本慎一郎：《经济人类学》，王名等译，商务印书馆，1997，第66、72页。

　　经济民族学在其深层本质上，一开始就把对人的类本质实现的关怀和对人类演化方式的反思，包容了自己的研究中，它是通过对人类相异性的研究，来理解自己生活的社会和时代的。因此，经济民族学进一步发展的生命力，在于永不封闭自己的研究领域，永不拒绝新的理论工具和方法的运用。这便要求我们实现对人类学、经济学、历史学、社会学等多学科的超越和新的融合。这种超越和融合，不仅使经济民族学深入到有关人类社会的基本理论中，而且广泛涉及经济史、各种具体的和现实的经济问题，以及当代世界经济体系中的贫穷、不平等等问题。"经济民族学的独特贡献主要不在于它所提供的答案，而在于它所提出的令人兴奋的、经验丰富的新问题"①。

　　经济民族学的理论方法是多元且开放的，多样化的学科和解释理论，赋予其方法的基本特征就是：经济过程的文化解释和文化事项的经济分析，成为新思想和新观念的策源地。这一新形势下所包含的实质性内容，是对以往在社会科学中占支配地位的那些观念进行重新评估，开始挑战以往的那些观念。这表明了这样一个问题，任何一个社会科学学者，只要脱离了对人的类本质实现要求的思考，无论其对某一专业学科的技巧掌握得如何娴熟精湛，充其量只达到了工匠的水平。相反，正是基于对人类发展终极目标的关怀，马克思的学说才以其巨大的创造力长久地保持了震撼人心的力量；同样于此投入了应有关心的其他学者，无论是宏著或短文，也无论其论说是否存有可商榷之处，也总是能带给人以启迪的清新之风。愿跨入经济民族学领域的朋友们能从此基点出发，在对人类社会的反思和对人类统一性前景的展望中，把自己平凡的点滴汇入人类思想的长河中。

---

① 　约翰·伊特韦尔等编《新帕尔格雷夫经济学大辞典》第 2 卷 E－J，经济科学出版社，1996，第 28 页。

上 篇

经济民族学的理论工具

第一章

结构－功能理论在民族经济分析中的运用

一　社会研究中的结构－功能理论

无论在历时还是共时的背景下，人类社会所展示出的不同样貌，源出于其结构的差异，而社会又表现为一种系统化的存在。这一简单但影响深远的观念，构成了结构－功能理论的基本起点。由此出发，社会可以被理解为由不同的结构部分所组成，在一定的规范原则的指导下，不同部分在相互联系、相互制约与作用的过程中分别承担和发挥着相应的功能和效用，从而让不同人类群体社会的构建与存续成为可能。自 20 世纪 20 年代以来，功能分析凭借其广泛的阐释力以及在其他分析模式中的拓展，逐渐演化为 20 世纪社会研究中极具代表性的、主导时间最久的重要理论方法之一。

结构－功能理论发端于孔德（1798～1875）。他主张建立一门关于"社会的科学"，并创造了社会学一词。运用实证主义方法，借用生物学的术语和概念，在一系列的生物学有机体与社会有机体的对应比较中，他把"结构分解为要素、组织和器官"①，进而催生了功能分析的社会系统之间的相互依赖性及其动态平衡这两个核心命题。除了同样强调系统的内部关

---

① 〔美〕乔纳森·特纳：《社会学理论的结构》上，邱奇泽等译，华夏出版社，2001，第9页。

联之外，斯宾塞（1820～1903）更在一种组织原理可比性的基础上提出了"分化"（differentiation）概念，即认为社会如同生物体一般，必然持续地处于阶段性扩张与进化的状态之中。

涂尔干（E. Durkheim，1858～1917）试图改进初期功能分析社会生物论直接类比的方式，为社会本身的研究寻求更为充分的合法性。从对现象的共时性客观研究出发，涂尔干认为："一切社会过程的最初起源都必须从社会内部环境的构成中去寻找。""历史发展的主要原因不是在社会环境的外部，而是在社会环境的内部，各种社会现象也是同样"[1]。他不仅强调社会整体性的研究"要考察社会现象的原因，或者社会现象的产生，不能在那些组成集体的各个分子中去寻找，而必须对这个已经组成的集合体进行研究"[2]。而且从社会现象的分类出发提出"社会类型"的概念，并由此开启了比较研究之路。在进一步提炼出一种综合了共同信仰、道德价值观、文化符号象征指向、情感与美感倾向等集群的"集体表象"的基础上，他把社会区分为规则层面与不规则层面，并指出两大层面以不同的方式发挥着巩固、规范和调整社会的相同作用，从而展开了对社会"整合"的功能分析。而他对社会原因与功能的区分向我们警示：一是基于某种需求的事物效用的分析与社会本身存在的分析是根本不同的；二是对社会事实的研究不能还原到生物学和心理学的层面，因为它们只是假设事物具有某种属性进而说明其特征，但不能真正解释事物存续的根源[3]。在以上研究基础上，他发展出了具有深远影响的三个概念范畴："反实利主义"、"反个体主义"与"类型学进化论"[4]。

马林诺夫斯基和拉德克利夫－布朗是把结构－功能理论拓展到民族研究场域的重要学者。这两位人类学家都把社会和文化看作整体性的功能系统；都坚持任何系统的部分必须按它们置身其间的总体结构来理解；都具

---

① 〔法〕爱弥尔·涂尔干：《社会学方法的规则》，胡伟译，华夏出版社，1999，第89～90、94页。
② 〔法〕爱弥尔·涂尔干：《社会学方法的规则》，胡伟译，华夏出版社，1999，第84～85页。
③ 〔法〕爱弥尔·涂尔干：《社会学方法的规则》，胡伟译，华夏出版社，1999，第71页。
④ R. R. Wilk and L. Cliggett, *Economies and Cultures*: *Foundations of Economic Anthropology*, Colorado: Westview Press., 2007, p. 89.

有一定的反对进化论、反对重构历史并注重共时性研究的特征，甚至在一定程度上使依凭"历史解释来探寻起源的研究方式被抛弃"①；也都倡导学术研究的实用价值，并开启了实地研究方法的一代新风。1922 年，他们的《西太平洋的航海者》和《安达曼岛人》同时出版，使人们对不同民族社会与文化的审视展现出崭新的面貌，并为今天的民族研究奠定了一些最基本的方法与规范。

从人的基本生存需要出发，受马赫现象主义哲学、冯特心理学及实用主义哲学的影响，马林诺夫斯基以他对"库拉"交换的研究为起始，相继作出了两个突出贡献：以生物系统、社会结构（工具）系统和文化（符号）系统的划分，提出了系统层次的问题；指出经济适应、政治权威、教育社会化和社会控制是四种普遍存在的功能需要，从而提出系统需求在各个层次上的复杂多样性，以此细化了功能分析的基本框架，并勾勒了人类学现代功能分析的大致轮廓。他的研究还凸显了三个显著特点：一是通过田野工作，解说日常生活的意义，在聚焦微观过程中暗示研究者的深度"参与观察"；二是通过对异族他乡的文化和语言进行跨界翻译（或文化置换），表现出对土著文化意义及其主体性的掌握；三是赋予文化以整体观的意义。而尤为让人瞩目的成就，是民族志和田野工作技术方法的革命性创新。从某种角度上说，这种技术方法的卓越贡献绝不亚于理论分析的突破。有人称其为人类学里的一场革命②；亦有人称之为对旧的人类学的再创造③。在其代表作《西太平洋的航海者》中，马林诺夫斯基便以其对"库拉圈"的经典分析，不仅实践了其理论主张，更呈现了一种迥异于现代市场经济的，融荣誉、象征、地位、社会交往、物品流动等于一体的交换制度，从而在民族经济研究场域引发了对"礼物""交换""互惠""市场"等核心概念的持续聚焦与批评性反思。

---

① 〔挪威〕弗雷德里克·巴特等：《人类学的四大传统——英国、德国、法国和美国的人类学》，高丙中等译，商务印书馆，2008，第 29 页。

② I. C. Jarvie, *Revolution in Anthropology*, New York：Humanities Press, 1964. 参见〔美〕乔治·E. 马尔库斯、米开尔·M. J. 费彻尔《作为文化批评的人类学》，王铭铭等译，三联书店，1998，第 39 页。

③ 参见乔治·E. 马尔库斯、米开尔·M. J. 费彻尔《作为文化批评的人类学》，王铭铭等译，三联书店，1998，第 39 页。

功能分析的另一位代表人物拉德克利夫－布朗（也作拉德克里夫－布朗），认为"文化科学或者社会科学的基本问题之一，就是社会整合的特征的问题"①。这样的基本逻辑引导着其研究旨趣始终指向社会本身的整体存续。他因而更凸显了功能分析对区别于大型"文明社会"的、相对封闭共同体进行共时研究的理论主张。正如在对安达曼岛人的礼物交换与社会生活的关联性分析中所体现的，他坚持认为"社会生活方式的延续取决于结构的延续"②，社会是能够进行经验实证研究的实体，并由此强调从制度的角度出发，去比较、阐述和揭示社会结构所具备的自我延续与维护机制。其分析主要在三个方面展开：社会类型的比较；社会不同系统与结构的关系，亦称社会生理的分析；社会结构的演变与新结构的产生。在这些研究中，他区分了社会结构与社会组织，认为结构是关于人的配置，组织是关于活动的配置；并且逐步地从把文化视为社会人类学的学科内容，转向只把文化视为社会体系的一个特征，即以"结构"取代了"文化"。他所全面深入阐述的"结构－功能"的系统分析方法，不仅为20世纪40年代以后的英国社会人类学提供了一个主要的理论框架，而且成为列维—施特劳斯"结构人类学"的一个生长点。

正是这些理论特征，导致功能分析"特别喜欢向人们表明，社会的表层性经济制度如何通过亲属制度或宗教信仰制度而得以建构，仪式系统如何促进经济的生产、如何组织政治行动，宗教迷信如何不是一种毫无根据的天方夜谭而是调控社会关系的宪章"③。例如，经济过程与亲属制度便可以得到如下结构性理解：

在置身于这种经验主义（功能派）传统的人类学家所撰写的专著里面，"社会结构"通常体现为姻亲和血统模式。这显然是因为事实明显表现为，在几乎所有自在长存的均衡社区之中，亲属关系提供了经济贸易赖以流通的基本网络。因此，亲属关系被视为经济关系的一

---

① 〔英〕拉德克利夫－布朗：《安达曼岛人》，梁粤译，广西师范大学出版社，2005，第3页。
② 〔英〕拉德克利夫－布朗：《原始社会的结构与功能》，潘蛟等译，中央民族大学出版社，1999，第31页。
③ 〔美〕乔治·E. 马尔库斯、米开尔·M. J. 费彻尔：《作为文化批评的人类学》，王铭铭等译，三联书店，1998，第50页。

种"变换"。①

　　总体来看，人类学在 19 世纪的关注点，主要在于文化特质的传播过程，以及独立于社会情境之外的社会制度的演化过程。在此学术氛围中，从功能分析的角度提出问题，便"充满着开创性发现的意义以及对民族志作者角色的自我意识"②。这种为现实主义旨趣而设计的、进行文化整体性描绘的理论工具，一度成为 20 世纪支配社会人类学的主流话语和指导经济民族学研究的主要框架。

　　此后，以帕森斯、默顿（R. K. Merton）等为代表，推动了功能分析在社会学中的拓展，同时也为经济民族学功能分析提供了新的理论资源。帕森斯以行动为聚焦点，分析了行动者、人格、文化、社会四个系统的功能性关联，强调了适用于所有系统的普遍的功能必要条件，并且按满足功能必要条件的后果来解释现象。具有代表性的是，他以"表达型"与"工具型"两种行为预测模型分别对应于传统与现代两种社会关系，并进而扩展出相互对立的五对范畴③。而贝夫（H. Befu）也对礼物交换作出了类似的功能区分。默顿的"中层理论"则提倡对功能必要条件作出经验性判断。他认为，早期功能分析以社会系统的功能一致性、社会事件的功能普遍性和功能事件对社会系统的不可或缺性这三个假定来构建宏大理论是有疑问的，然而，选其反面来构建低层次的经验命题同样没有意义。对默顿而言，作为一种整体概念的功能分析，应该强调的重点是社会整合的类型、方式、程度、范围以及社会系统各部分中既存事件的各种影响。进而，他还提出了制度可能产生类似社会冲突的某种"反功能"，隐藏于显功能之下的"潜功能"以及"功能替代物"等，并由此强调了对婚姻、家庭、边缘社会群体等领域研究的重要性④。这种理论倾向与主张，与现代人类学

① 〔英〕埃德蒙·利奇：《文化与交流》，卢德平译，华夏出版社，1991，第 8 页。
② 参见乔治·E. 马尔库斯、米开尔·M. J. 费彻尔《作为文化批评的人类学》，王铭铭等译，三联书店，1998，第 50 页。
③ 参见〔美〕鲁思·华莱士、〔英〕艾莉森·沃尔夫《当代社会学理论——对古典理论的扩展》，刘少杰译，中国人民大学出版社，2008，第 25～28 页。
④ 参见〔美〕鲁思·华莱士、〔英〕艾莉森·沃尔夫：《当代社会学理论——对古典理论的扩展》，刘少杰译，中国人民大学出版社，2008，第 39～44 页。

的研究旨趣是遥相呼应的。

在马林诺夫斯基与拉德克利夫－布朗的共同启发下，结构－功能理论民族社会经济的研究场域获得了空前深化和极大进展，产生了以马塞尔·莫斯（M. Mauss）、弗士（R. Firth, 1902～）、埃文思－普里查德、埃德蒙·利奇（E. Leach），以及贝特森（G. Bateson）、格鲁克曼（M. Gluckman）、沃纳（W. L. Warner, 1898～1970）、雷德菲尔德（R. Redfield）等为代表的旨趣不同、形式纷繁和观点各异的论说。

功能分析从一开始便隐晦而大胆地表达了这样的意图，即它可以用于一切现存人类社会的普遍阐释。基于此，拉德克利夫－布朗提出了一种不同文化体系对比的"比较社会学"的构想。然而，这样的普遍性理论建构的宏大设想，却遭遇了来自其自身内在矛盾的挑战。以1929年的《新西兰毛利人的原始经济》和1936年的《我们，提科皮亚人》等为代表，莱蒙德·弗士聚焦于前资本主义的非西方群体的经济关系及其特点，并对其经济、生态、环境和社会结构等展开了综合研究。其首要贡献在于，推动人们把经济现象的研究视为了解社会生活的一个重要环节。他着力强调了"他们"的"经济组织是一种社会化的反应，而不是个人的反应"[1]，以及其劳动、分配、交换以及资本、货币等观念与西方社会的诸多差异。然而，为了突出非西方经济体系存在的合理性及其功能效用，他在指出经济学概念不能直接用于"原始经济"分析的同时，却又广泛地借用了新古典经济学的理论框架及其分析工具，来架构、设计和分析非西方群体的经济活动与现象。例如在对莫斯礼物理论的批评中，他便认为互惠与毛利人的"均等报酬"或"补偿"观念紧密相关[2]。由此，他进一步把社会行为或社会制度的结果性功能，视为这些行为或制度产生和存在的基础。这种功能分析的理论倾向与其经济学深厚造诣的结合，一方面开启了形式主义分析的理论先河；另一方面正是在将功能分析理论普遍化的努力中，也显露了以西方话语体系来解释非西方世界的自我中心论的危险。

尽管被冠以统一的称谓，但功能分析的具体模型框架与方法却不尽相

---

① 〔英〕雷蒙德·弗士：《人文类型》，费孝通译，商务印书馆，1991，第61页。
② R. Firth, *Economics of the Zealand Maori*, Wellington, New Zealand: Government Printer, 1959, p. 412ff.

同。如拉德克利夫 - 布朗的以社会秩序的整体建构为基点与旨归的分析模式，就与马林诺夫斯基以个体需求及其满足为出发点的分析路径相区别。有如福忒斯等学者，尤其是埃文思 - 普里查德的《努尔人》，则在有别于前辈的、主张亲属体系兼具家庭与社会政治双重特质的基础上，揭示了没有中央集权的大型社会存续的运作机理。对经济民族学尤具启发性的是，他以努尔人生产生活的中心——牛为起点，在牛的圈养、生产、再分配与争夺中，看到了牛与努尔人的兼具血缘和地缘双重性的、不断裂化的政治社会组织之间，存在着一种高度同构的相互对应与作用的关系。牛因而成为努尔人"血与土"相结合的社会政治结构及其功能的物质载体与象征性表达[1]，并因此获得了环境适应、财富、荣誉、礼物赠予、献祭物、艺术活动载体等多向功能的丰富表达[2]，尤其是作为再生产其社会结构的关键要素的价值。埃文思 - 普里查德因而体现出一种区别于大多数功能分析模式的理论风格，并开启了对功能分析经验主义研究模式的反思并使之转向结构主义。

埃德蒙·利奇则意识到传统功能分析所内蕴的均衡预设的缺陷，试图融合功能分析经验研究方法与结构主义理性思维方式的优势，以发展一种更具动态与弹性的分析方法。这种意愿充分体现在他的《缅甸高地的政治制度》（1954）一书中。他指出，缅甸克钦人的政治制度在贡萨和贡老之间来回循环往复，正如一只挂钟的摆针维持着一种动态的平衡。此外，利奇还在他的《文化与交流》等著作中，尝试了将功能分析、结构主义与象征分析相融合。贝特森在对新几内亚部落"纳文"仪式的系统研究中，认为功能分析不能只注重社会结构的研究，还应当揭示社会秩序、精神气质与个人情感之间的互动关系[3]。

尽管作为涂尔干继承人的马塞尔·莫斯（M. Mauss）通常未被列入功能分析的队伍，然而，莫斯却最成功地延续了涂尔干为功能分析所架设的最为根本的理论逻辑，并为功能分析开启了新的方向。他虽然同样强调社

---

① 参见夏建中《文化人类学理论学派——文化研究的历史》，中国人民大学出版社，1997，第 143 页。

② 〔英〕埃文思 - 普里查德：《努尔人——对尼罗河畔一个人群的生活方式和政治制度的描述》，褚建芳等译，华夏出版社，2002，第 20 ~ 62 页。

③ 参见〔英〕格雷戈里·贝特森《纳文》，李霞译，商务印书馆，2008，第 2 ~ 3 页。

会现象的整体性和功能分析，认为社会中的各种事物甚至最特殊的事物都有其功能，必须把每一事物和整个集体而不仅是与特定部分相联系；但莫斯的卓越功绩在于，他不接受进化论的公设，而教授一种带有严谨的比较方法论特色的现场研究方法。在影响深远的《赠礼：古式社会中交换的形式与理由》一书中，不同于马林诺夫斯基与拉德克利夫－布朗社会等文化功能先行的分析模式，莫斯的研究从礼物本身开始，其研究的主要意图，是在人格化的礼物中探讨人类与礼物、主体与客体、个体与社会之间的关联机制。也正是因此，莫斯才可能超越功能分析仅仅把目光集中在个人心理或群体利益最大化的功利性诱因——各种各样的报酬欲望与心理的满足，以及不同群体秩序的构建与情感的慰藉等[1]。这样，莫斯第一个从"交换与货币的启动"这种社会行为中，展开事物运动与人类心理、行为、社会结构、制度文化等多个层面的互动探讨，开辟了功能分析的多样途径，开阔了经济民族学的研究视域，展现出他的开创性的重要地位。

自从功能分析诞生后，便在后来者的推广与拓展中得到迅速发展，并至今在人类学、社会学等领域持续发挥着广泛影响。如在美国，沃纳从20世纪30年代开始，便将这种方法引入了对现代企业制度的研究，从而开创了人类学研究现代工业文化的先例[2]。另一位受功能分析影响的人类学家雷德菲尔德，则提出了"大传统"与"小传统"的比较分析框架，并将功能分析引入了不同社会形态如部落、村落、乡镇、城市等的比较与变迁研究中[3]。在对中国的研究中，弗里德曼的宗族理论以及施坚雅的中心地理论等同样清晰体现了功能分析的影响。而中国学者吴文藻、费孝通、林耀华、杨庆堃、田汝康等，从20世纪三四十年代开始便大量吸收借鉴了功能分析方法。在《江村经济》《金翼》《芒市边民的摆》等作品中，他们分别对特定共同体中的农业经济与社会结构变迁、家族经济与社会均衡、宗

---

[1] 在20世纪80年代以来的经济民族学中，达蒙（F. H. Damon）、古德利尔（M. Godelier）等，尤其是韦娜（B. A. Weiner）关于礼物"不可让渡性"的研究，便可以视为对莫斯礼物研究方法的一种回归。参见 Annette B. Weiner, *Inalienable Possessions: The Paradox of Keeping-While Giving*, University of California Press, 1992, pp. 44–46。

[2] 参见夏建中《文化人类学理论学派——文化研究的历史》，中国人民大学出版社，1997，第154页。

[3] 参见夏建中《文化人类学理论学派——文化研究的历史》，中国人民大学出版社，1997，第154~156页。

教消费与社会构建等进行了深入分析，从而使功能分析在当时中国民族学/人类学的研究中占据了极为重要的位置。

在当代的民族经济研究中，功能分析仍或隐或显地以多种方式与其他理论交杂在一起，在发展中国家问题、农民问题、生态环境、性别研究乃至商品交易、股票市场、赌博、快餐连锁店等更为丰富多样的领域中存留并继续发挥影响。

二　结构－功能理论的基点与反思

功能分析总体上通常强调三个方面：（1）社会系统各部分之间紧密的相互关系或者相互依赖；（2）系统中的各部分在相互作用中达致事件的"正常"状态或者说平衡状态；（3）为了使系统保持或恢复正常，系统内各部分制度化地分解为相互关联的要素并不断重组[①]。这就将不同文化及其构成要素视为具备独特功能的活生生的制度系统，从而为它们的存续找到了相当的合法性。功能分析还至少体现出以下主要理论特征或贡献：一是把进化论和传播论中的历史因果关系转换成共时函数关系；二是社会功能的结构性差异假定，为不同文化之间的比较提供了可能，从而将文化要素的比较转变为文化体系之间的整体性比较；[②] 三是强化了整体观与结构关系分析方法。尤其是整体与部分、制度及其组件、系统内部文化要素等之间的依存关联得到普遍重视，这种强调整体性关系分析方法的基本特质，也为功能分析理论解释的普遍性及其自身扩展的多向性提供了可能。

如对于经济民族学而言，在简单社会中，因为经济是与其他种种社会因素交织在一起而得到表现的，这就意味着简单社会中的礼仪行为或其他社会行为，常常是具有"经济"活动的功能的。实地考察中的经济功能分析，也就蕴含着使人类学研究视野从对与世隔绝的"原始"生计的描述，延伸到所有类型的人类社会活动的潜能。如果把这种潜能肯定为功能分析的主要优势的话，同时必须看到的是，这种优势本身尤其是其理论预设也

---

① 参见〔美〕鲁思·华莱士、〔英〕艾莉森·沃尔夫《当代社会学理论——对古典理论的扩展》，刘少杰译，中国人民大学出版社，2008，第15页。

② 参见庄孔韶《人类学通论》，山西教育出版社，2007，第53页。

从根本上限制了功能分析理论深度拓展的可能。

"结构"概念源于类型的划分，而"功能"概念则是出于整体性的预设，结构与功能就是一种互为前提的进行社会研究的一套理念和方法。这一套理念和方法在本质－现象、内容－形式的对应关系中，根本性的预设是把文化视为一种功用性的设备，把文化看作一个由物体、活动和态度构成的体系。伴随着韦伯对主观含义和社会结构类型及理想类型的强调，研究"社会有机体"属性的方法也同样塑造了现代功能分析。从而，一种可以观察到的系统状况或结构的变化，可以无须依赖一个外部提出的参照点，而只用完成这种变化的功能来说明。在这样的状态下，功能分析能够说明各个社会为什么能够在特定的水平上选择不同的发展和变化，如家庭的同一组织原则能以母系或父系，甚或父母双系的不同形式来表现。但其不足却同时深蕴于这种可供模式化扩展运用的优势之中①，它源于从孔德、斯宾塞开始的有机体类比思维逻辑，并在涂尔干为之确立的理论根基之中已经显现。

涂尔干在他的《社会学方法的规则》《宗教生活的初级形式》《自杀论》等系列著作中，其理论目标便始终遥指将社会不断抽象甚至趋向于将它提升至一种本体的地位。他宣称，"总体概念就是社会概念的抽象形式：社会是包容一切的整体，是包括所有其他类别的最高类别"②。他的社会本体论既为社会学、人类学的功能研究提供了合法性，但同时也给目的论留下了一席之地，使后随者容易简单接受类似"社会事实是由这一事实试图满足的社会秩序的需要引起的"表象结论。针对功能分析的这种目的论危险，拉德克利夫－布朗承认了"社会系统的功能统一（即社会整合）是一个假设"，从而使结构和功能分析奠基于三个假定之上：（1）社会存在的必要条件之一就是使其组成部分实现最低限度的整合；（2）功能一词是指维持这种必要整合或团结的过程；（3）因此，可用对维持社会必不可少的一致的作用来说明每一个社会的结构特征③。这一假设唯一可能的出发点

① 参见〔英〕阿兰·巴纳德《人类学历史与理论》，王建民、刘源、许丹译，华夏出版社，2006，第67页。

② 〔法〕爱弥儿·涂尔干：《宗教生活的基本形式》，渠东、汲喆译，上海人民出版社，2006，第578页。

③ 〔美〕乔纳森·特纳：《社会学理论的结构》上，邱泽奇等译，华夏出版社，2001，第14页。

是：现存的社会系统因为它存在和维持着，所以它实现了最低限度的整合。从而，他以"存在的必要条件"替代了"需要"一词，来尽量避免目的论的纠缠；同时，他反复强调功能的观念"并不要求教条地断定社会生活中的每一事物都有功能"，以试图避免循环论证。然而，尽管他们从不同的角度，以不同的方式界定了功能分析的理论前提及其应用范围，但一种目的论即基于"手段－目的"的逻辑及其功利因子却始终笼罩于功能分析的根底深处。

问题植根于其社会结构与社会功能的同一性假定。它导致了社会整合过程、社会均衡结果，以及作为约束的共享价值观与制度规范之间的一种循环论证，让功能分析的核心概念出现了同义反复，并由此形成了一个可供操作的精密、细致但却自我封闭的框架体系。对于马林诺夫斯基来说，它体现为需求与文化互为前提的关系，即需求导致了文化的产生，而文化也是为了需求的满足。于拉德克利夫－布朗而言，它则呈现为这样的论证逻辑，即社会结构的存续由社会过程的实践来维系，而社会过程同时在社会结构中运行并实现自身[①]。这样，因果链条便被淹没于循环互证之中，它造成系统内部要素联系和相互依存的必然性、要素配置的合理性、系统均衡性等都成了不证自明的先验存在。因此，功能分析才总是倾向于证明事物存续的合理性，倾向于"对平衡的系统，社会的内部稳定以及永恒的结构形象的强调，导致偏爱安定平衡、'整合良好'的社会，喜欢强调人们社会习俗的功能因素，而不是它们暗含的机能障碍"[②]。它似乎遵循着人类学尊重异文化的伦理基点，但却带来了相对主义绝对化的泛相对论危险。

这样的逻辑还可能误导人们认为，正是社会系统特性的某种需求，以某种方式产生了一些力量，从而导致了某种适当的或功能性的反应，从而形成了"社会活动→功能需求→功能后果"的呆板模式。尽管诸如默顿等在提出反功能、潜功能等理论中表明，功能分析已经认识到这种社会及其功能同一性预设的缺陷，但他们仍只是将威胁这种预设的冲突和矛盾等因素，视为社会整合的一个附属功能来看待。功能分析由此产生了两种常见

---

① 〔美〕乔纳森·特纳：《社会学理论的结构》上，邱泽奇等译，华夏出版社，2001，第57页。
② 〔美〕克利福德·格尔兹：《文化的解释》，纳日碧力戈等译，上海人民出版社，1999，第165～167页。

倾向，即一是对非功能因素特别是威胁社会整合因素的预先排除或者合理化，二是在一种社会文化决定论的氛围中，提前设定了某种大同小异的整合结果。

一系列的疑问随之浮现，比如，如何证实或证伪社会结构的存在将必然导致其产生整合功能，或者说某种功能必然对应于某种社会结构？如何理解社会系统在其结构变化和状态变化的交替中的同一性与变异性？怎样解释新的结构的形成及其与旧的结构的关系？尽管这些疑问长期悬而未决，但"整合"却在人类学中早已成长为一个司空见惯、至今仍屡试不爽的常识性分析工具。然而，以上问题却让我们警醒：按照不同参照点的选择，同样的过程可能具有十分不同的功能；而在固定的参照点上，不同的过程则可能完成同样的功能。进而，不同的社会存在不同的社会整合的文化模式、不同的社会整合机制及其运作方式，它们并不必然导致千篇一律的社会整合结果……可见，正是功能分析在方法层面的局限性，即源于对象结构中的目标价值的等同性或社会系统均衡状况的等同性，带来了它分析深度与理论扩展的困难。

功能分析是在反对进化论、历史学派与传播学派的过程中成长起来的，尽管他们声称并不排斥变迁的研究，但在事实上，功能分析总是倾向于将社会视为一个封闭共同体来展开共时研究。正如拉德克利夫－布朗明确指出的，"在某种程度上，共时性问题的研究必然要优先于历时性问题的研究"，即社会功能的研究优先于变迁的研究①。回到理论起点，涂尔干在其社会类型的研究中一方面看到，"在以往的历史哲学中，都是按照一种直线图形去寻找人类文明进化的原因和结果，而不从各时期社会中一些共存的条件去研究"②。这是对社会进化论话语机制的一个反叛。但不幸的是，这一共时性研究倾向，使其滑落到另一极端而声称："实际上，人类进步是不存在的。存在什么，唯一可考察的是什么——这就是互不相关的在产生、发展和消亡的各种社会。"③ 另一方面，在弥漫于 19 世纪的一种

---

① 〔英〕A. R. 拉德克利夫－布朗：《社会人类学方法》，夏建中译，山东人民出版社，1997，第 64 页。

② 〔法〕爱弥尔·涂尔干：《社会学方法的规则》，胡伟译，华夏出版社，1999，第 94 页。

③ 参见黄淑娉、龚佩华《文化人类学理论方法研究》，广东高等教育出版社，1996，第 90 页。

关注社会进步的意识形态气氛的裹挟下，却可窥见潜藏在其理论深层的社会进化论的话语机制。"他提出的区别社会类型的方法，同样属于他所反对的那种单线进化论"①。E. R. 利奇就此评判道，功能论者在原则上并非真正的"反历史"；问题很简单，是在于他们不知道如何把历史资料嵌入其概念框架②。

功能分析的理论方法拒绝考虑其研究对象的任何历史资料，或由相邻的或遥远的社会引入的比较研究的资料。这种满足于通过内心的深思，从对文化单位的孤立研究中得到的"普遍性的真理"、从文化整合的研究中"得到的那些最普遍的概括，结果却是一些司空见惯的东西，这种危险是始终存在的"③。然而，只有通过对历史演变的研究，人们才可能去衡量和评价现时社会的各个构成成分之间的相互关系。在更深的理论层面上，这种普遍性特征的概括，也只"属于生物学与心理学范畴"④。从博厄斯的批评或历史学派开始，便对功能分析的这种理论缺陷提出了不同的批评。弗士已经意识到这种不足，因此在多次调查后完成了《提科皮亚的社会变迁》来作为一种回应。威廉·奥格本（F. O. William, 1886～1959）等社会学家，则仍在均衡的预设中提出了"文化滞后"的概念，以试图修正功能分析变迁研究的不足⑤。"文化滞后"等理论虽然并不能真正解决功能分析变迁研究的不足，但它让我们认识到功能分析在自身既定理论框架中的可能拓展，即发现来自共同体内部功能层面的变迁动力及其机制。

格尔茨（C. Geertz, 也作格尔兹）也认为，社会变迁的研究是功能分析理论体系中最为薄弱的一环，并以爪哇岛一个小镇中的一个小男孩混乱尴尬的丧礼仪式中断的案例来进行说明。在变迁的社会背景中，他认为该个案的冲突源于"意义的文化框架与社会互动模式之间的不一致"；进而指出，正是因为无法理解和认识文化体系与社会结构之间的这种差异，才

---

① 〔法〕若益·塞尔维埃：《民族学》，王光译，商务印书馆，1996，第 108 页。
② 参见〔美〕克利福德·格尔兹《文化的解释》，纳日碧力戈等译，上海人民出版社，1999，第 166 页。
③ 参见〔法〕克罗德·列维—施特劳斯《结构人类学》，谢维扬等译，上海译文出版社，1995，第 15 页。
④ 〔法〕克罗德·列维—施特劳斯：《结构人类学》，谢维扬等译，上海译文出版社，1995，第 15 页。
⑤ 参见〔美〕史蒂文·瓦戈《社会变迁》，王晓黎译，北京大学出版社，2007，第 55 页。

导致功能分析"不能区别逻辑－意义的整合与因果－功能的整合",特别是个体在生活世界中所产生的与社会机体的需要之间的某种偏离①。所以功能分析表现为:

> 不能平等对待社会过程和文化过程;二者之一几乎不可避免地被忽视或被放弃,仅成为对方的简单前缀和"镜像"……在这样的情景下,由于文化模式和社会组织形式不完全和谐而产生的社会变迁的动因,就多半得不到公式化表述。②

格尔茨的批判同样揭示了,功能分析的问题源自它未经深刻自检的诸多理论预设。

功能分析所遭遇的困扰还包括如何审视与处理社会与个体、文化模式与能动性的问题。由于功能分析通常把"结构"理解为社会关系或社会现象的某种"模式化",就使"结构"体现为人的行动的"外在之物";进而,"功能"概念所表达的潜在意涵,是认定社会系统具有某种目的论的特性;这样,"结构"通过"功能"的发挥,规约着对主体的自由创造。这种专注于社会的系统整体性而对个体能动性的忽略,演变成了把个人行为视为完全被动的存在的理论倾向③。贝特森、利奇、帕森斯、卢曼、吉登斯与布里奇(K. Burridge)等,都曾先后以不同的折衷或改进方式来试图填补功能分析中社会与个体之间的沟壑。而互动论的代表人物费雷德里克·巴特(F. Barth)针对功能分析指出,该学派过分强调了制度、社会对个体的束缚和决定力量,从而未能正确看待个体通过可选择性决策,能够对制度、社会的生成与改变发生作用。在《斯瓦特巴坦人的政治过程》一书中,他便对传统功能分析的单向决定论提出了挑战④。此外,布迪厄关

① 〔美〕克利福德·格尔茨:《文化的解释》,韩莉译,译林出版社,1999,第203～204页。
② 〔美〕克利福德·格尔兹:《文化的解释》,纳日碧力戈等译,上海人民出版社,1999,第165～167页。
③ Richard R. Wilk and Lisa Cliggett, *Economies and Cultures: Foundations of Economic Anthropology*, Colorado: Westview Press, 2007, p. 91.
④ 〔挪威〕费雷德里克·巴特:《斯瓦特巴坦人的政治过程》,黄建生译,上海人民出版社,2005,第1～3页。

于"惯习"的研究尤具启发性。他指出，文化以习惯的方式实现对个体潜移默化的全面渗透与编码；同时，个体作为文化符号的表达载体与实现媒介，也在实践中或者无意识或者策略性地能动地决策、选择和活动着，从而持续地影响、维护或修改他们的文化模式①。

对功能分析的反思和批评，在当代社会学中得到了积极回应。作为一个延续的传统，在20世纪80年代，当大多数人激烈批评功能分析时，亚历山大（J. C. Alexander）则提出了新功能分析理论。他认为，系统需求或必要条件的基点不能充分解释在这些系统中运作的社会过程；至少，功能必要条件对人们的社会行动和社会组织的运作方式设置了广泛的限制。他以"一般性话语"和"研究项目"的松散分类，来探索经验陈述与理论演绎的关联，面对社会世界的多维度性，力图实现微观－宏观的沟通，而提出了"明细化方法"，并建议把传统功能分析所忽视的冲突、偶发性因素、社会互动的创造性等引入新功能理论②；克罗米（P. Colomy）把文化当作社会现实范畴，考察导致社会秩序整合或解体的力量，并确认了社会分化是社会变迁的核心特点；卢曼（N. Luhmann）则使用一般系统方法，提出所有系统都存在于多维环境中，潜在地体现了系统必须应付的无尽复杂性社会系统，必须发展出降低环境复杂性的机制，因此，基本的功能必要条件是"对减少与某相关与某相关行动系统有关的环境复杂性的需求"。他由此提出降低环境复杂性的三个基本维度：时间维度、物质维度和符号维度；并划分了社会系统的三个类型：互动系统、组织系统和社会系统。上述这些理论努力，促进了功能分析向社会具体领域和问题的扩展与深化。

正是这种积极反思而非简单否定，让功能分析能够在社会研究中长期延存并不断得到发展。这样，尽管功能分析的理论缺陷使其"后来变得十分程式化，它们的描述形成固定的连续性程序（生态学、经济、亲属制度、政治组织和宗教信仰），对调查者角色不再重视，死板地将制度的概念切割为泛文化比较的类型学窠臼"③。然而，一种理论工具或学

---

① 参见〔法〕皮埃尔·布迪厄《实践感》，蒋梓骅译，译林出版社，2003，第80~100页。
② 参见〔美〕鲁思·华莱士、〔英〕艾莉森·沃尔夫《当代社会学理论——对古典理论的扩展》，刘少杰译，中国人民大学出版社，2008，第46页。
③ 〔美〕乔治·E. 马尔库斯、米开尔·M. J. 费彻尔：《作为文化批评的人类学》，王铭铭等译，三联书店，1998，第50页。

派的形成，是不会轻易地"过时"，或被完全"废弃"的；简单的"正确"或"错误"，也是不能对其进行全面评价的。因此，"必须在解释的功能分析理论和方法的功能分析研究之间作出区分。前者是有疑义的，并在今天已有些过时，而后者是，并将永远是一种极为有用的方法论的研究"。①

人类学对功能分析更具革命性的反思，出现在 20 世纪 60 年代以来人类学的理论话语向观念文化、象征符号的翻译和解释这一转向过程中。功能分析在这场针对支配整个社会科学话语机制进行质疑的反思运动中首当其冲，遭遇了一系列的激烈提问：诸如功能是谁的功能？是为谁的功能？人类学家如何认知、理解和阐述这些功能……批判者们认为，功能分析倾向于遮蔽共同体内部丰富的边缘群体利益的表达，因为社会结构对某个群体的功能性发挥，对另一群体却可能意味着某种功能性阻碍，甚至毁灭性打击。进而，由于功能分析预设社会共同价值观及其目标的一致性，从而容易导致对权力、高压统治等作为制度体系构建部分重要性的最小化②。更进一步，在一种全能视角的叙事遮蔽中，人类学家在科学与客观的外表下，以西方文化重构了他者文化。例如，在文化的理解与解释上，马林诺夫斯基尽管公开提出"引出土著人观点"的目的，但他依然允许文化的置换或翻译模糊，去掩盖土著文化体系的独特逻辑。他在自身的文化意向中，过度地解释和重新创造了土著人的文化，其结果是把描述的文化归于西方的文化逻辑之中。马歇尔·萨林斯（M. Sahlins）曾指出，这些大师从未真正地克服深藏于他们概念框架中的实践理性，从而使英美人类学风格从未真正地领悟到，他们所关注的文化的核心及其意义的深层结构，也难以提供一种强有力的、批评性的文化理解和解释模式③，而更多卷入到他者文化构建的过程中④。他们所叙述的"现实主义乃是塑造人类学中那种支配性的历史叙述的母题

---

① C. A. Gregory and J. C. Altman, *Observing the Economy*, London, New York: Routledge, 1989, p. 12.

② 参见〔美〕史蒂文·瓦戈《社会变迁》，王晓黎译，北京大学出版社，2007，第 56 页。

③ 参见〔美〕乔治·E. 马尔库斯、米开尔·M. J. 费彻尔《作为文化批评的人类学》，王铭铭等译，三联书店，1998，第 199 页。

④ 参见〔美〕詹姆斯·克利福德、乔治·E. 马库斯编《写文化——民族志的诗学与政治学》，高丙中等译，商务印书馆，2006，第 48 页。

（motif）的副产品"①，这最终更为根本地强化了西方文化的基本逻辑、意识形态与霸权地位②。

这样的自我追问表明，研究不同民族社会的学术聚焦已倾向于从强调行为和社会结构的"社会的自然科学"，转移到关注意义、符号象征、话语、权力，以及转移到承认社会研究的核心是把社会生活当成"意义的协商"的认识上来③。这种转变的最根本意义，并不在于这些研究是否正确无误或完美无缺，而在于这些思想努力不仅是各种人类学知识的基础，而且是其他社会科学在现代表述危机刺激下，用以解决自身困境的途径。它是对建筑在"我们－他们"比较之上的民族学人类学理论方法的重要修正，是对学者与他者沟通可能性的反思，甚至是对民族学/人类学自身存在合法性基础的重构。它表明文化需要被不断重新发现；也表明民族学/人类学在自身思想进程中的开放性。它让我们进一步认识到功能分析的真实价值，即如果我们把结构视为使社会系统中的时空束集在一起的那些结构化特性，那么，正是这些特性，使相当类似的社会实践存在于千差万别的时空跨度中，并赋予它们以"系统性"的形式。在此，结构的特性并非是在场的某种模式化，而是在场与不在场的相互交织，得从表面现象中推断出潜在的符码。如果看到，"结构指的是一种各种关系脱离了时空所构成的虚拟秩序。只有在处于具体情境中的人类主体运用各种知识完成的活动中获得了具体体现，结构才能得以存在。正是通过这些活动，结构被再生产为根植在时空跨度中的社会系统的结构性特征"④。那么，我们便可把功能分析的许多"功能"断言或解释，接受为一种潜在的反事实的条件句；或者说，所谓"功能"，是为经济民族学建立了一个有待研究的课题，确立了一种尚待解释的关系。正如格尔茨所指出的："社会结构不是文化的一个方面，而是一个特定民族根据特殊理论框架

① 〔美〕乔治·E. 马尔库斯、米开尔·M. J. 费彻尔：《作为文化批评的人类学》，王铭铭等译，三联书店，1998，第 45 页。

② 参见〔美〕马歇尔·萨林斯《甜蜜的悲哀》，王铭铭、胡宗泽译，三联书店，2000，第 1~2 页。

③ 〔美〕乔治·E. 马尔库斯、米开尔·M. J. 费彻尔：《作为文化批评的人类学》，王铭铭等译，三联书店，1998，第 47、48 页。

④ 〔英〕安东尼·吉登斯：《社会的构成》，李康等译，三联书店，1998，第 436 页。

把握的整个文化。"①

　　以此为基点，把文化看成有序的意义系统和符号系统，人们以此达到沟通、延存和发展他们对生活的知识和态度，围绕这一核心而发生着社会互动，进而把社会结构或系统看成社会互动模式本身，将有助于我们关于功能分析实质的理解和认识。同样，经济民族学也必须在新的理论工具的寻求与综合中，获取发展的活力。如果说，经济民族学最初的"经济民族史"范本，主要是描述和分析"经济"活动和规范在不同社会中的已表现出来的不同方式，那么，当前经济民族学的一个基本任务，便是解释它们；同时，既然政治、经济和自我利益作为社会生活事象的基本解释构架，并在社会科学中占有主导性的地位，经济民族学便要促使解释的视野能够说明这样的政治、经济和历史问题。

① 〔美〕克利福德·格尔兹：《文化的解释》，纳日碧力戈等译，上海人民出版社，1999，第165～167页。

第二章

民族经济研究中的制度视野与实体分析

一 波拉尼与实体主义

民族经济研究中的实体分析，是由美籍匈牙利犹太学者卡尔·波拉尼（K. Polanyi，1886~1964）开创的。他以一种新的视野、新的理论工具或新的研究方法，以一种相对于资本主义市场经济的经济理论，给经济民族学带来了根本性的思想变革。1940~1944年，他在佛蒙特的柏宁顿学院作客座学者时写了《大转变》，由此坚定了他对人道主义的社会主义所宣告的计划经济优越性的信念，因为这将会使社会能够再次支配经济，以取代自19世纪以来的市场经济对社会的支配。

约翰·莫里斯·克拉克对这一自由资本主义盛衰的理论总结颇为欣赏，遂在1947年邀请波拉尼到纽约哥伦比亚大学任经济史访问教授，他在这里决定着手于探究经济的制度起源，并进一步使自身远离于当代经济的问题，把其注意力转向了人类学和古代历史。在他周围逐渐形成了一个包容着人类学家、远古历史学家、社会学家和经济学家的团体，而他引导他们的研究从三个分离的方向展开：以对习惯性的交易，自由市场，货币的不同使用等范畴的特别关注，形成了经济理论的批判，经济体系类型学的结构研究，以及经济制度的历史和起源的研究。1957年，这些探索的成果以《早期帝国的贸易与市场》一书问世。该书清晰地表述了这样一个事实：经济学家对经济范围内社会学问题的定义及其结果，反映了今天我们对除我们自己之外的经济几乎一无所知；而我们对缺乏市场社会学的理解，甚至仅仅是片面的。

1957 年后，波拉尼全身心投入于达荷美经济与社会的历史研究，自1949 年起，他便开始为此收集了相应的人类学和历史学的资料。他以"贸易港"（Port of Trade）的理论展开了对西非达荷美王国的研究，这一专题研究，在他身后由多尔顿编辑为《经济与文明》于 1966 年出版。波拉尼在理论方法上，深得马克思和韦伯的熏陶；而赫斯科维兹 1938 年出版的《古代西非的王国——达荷美》的丰富史料，则成为波拉尼的名著《经济与文明》的直接基础。经济史学的深厚根底和独特视野，使波拉尼的研究直指人类社会经济中的实存关系。

作为一名卓越的学者，波拉尼的论著继续为人所争论。他所接受的是法学和经济史的训练，但人类学家、经济学家和历史学家都公认，他是一个对所有社会科学都有广博兴趣的学者。波拉尼既从历史学、人类学和考古学的报告中，也从社会理论家的著作中汲取营养，他为理解经济体系创建了一个框架，而改变和发展了经济民族学、经济史和比较经济学。作为经济学家的西弗斯（A. Sievers）把波拉尼的《大转变》同斯密的《国富论》和马克思的《资本论》相比；汉斯·蔡塞尔（H. Zeisel）写道："他的异端的预见力，时时都是令人惊讶的分析。"汉弗莱写道："他的研究力量，源于其方法的独创性和宽广的比较范围。"[1]

波拉尼指出，"经济"一词是一个具有不同起源的双重涵义的复合概念，其"形式"（Formal）涵义源于以"经济性""经济化"等术语表达的"手段 - 目的"关系的逻辑特质；而其"实体"（Substantivist）涵义则源于人的生活对自然，及其对他人的依赖关系。在实体层面上，经济无非是"就以自然和社会环境的相互交换的结果而言，是为人提供了实现满足的物质手段"[2]。

苏珊娜·内诺茨基（S. Narotzky）认为"聚焦于物质需求与方式"的

---

[1]　参见 R. H. Halperin, *Economies across Cultures*: *Towards a Comparative Science of the Economy*, New York: St. Martin's Press, 1988, pp. 29 - 30。

[2]　K. Polanyi, C. M. Arensberg and H. W. Pearson（ed.）, *Trade and Market in the Early Empires*, New York: The Free Press of Glencoe, 1957, p. 243.

实体定义表达了经济"是维系社会连续性的一个过程；也是在一个制度化的、因而也就是在社会的结构化方式中进行的"①。波拉尼明确指出："人的经济活动总是被淹没在他的社会关系中。他的行动并不是为了保卫他在物质产品的占有方面的个人利益；他的行动是为了保卫他的社会地位、社会权利，以及社会资产。"因此，"经济制度是靠非经济动机来运转的"②。

对波拉尼而言，完全基于市场基础而组织起来的经济，同其他社会机构形成了根本性的分离，通过其自身分离性的确立，迫使社会的其他部分屈从于它的法则而运作。正是在这一点上，显现出他以原始社会和诸如理查德·桑沃德（R. C. Thurnwald）、马林诺夫斯基和布朗等人的著作为首要参考的线索。他提出，在这些社会中，经济并不作为一个独立整体而存在；它是"嵌合"于诸如亲属关系或宗教的其他制度中；在前现代社会，贸易与市场并不是必然存在的；即便存在，它们也是与种种混杂的关系交织在一起而"嵌合"（embed）在社会中。

"经济被嵌合在社会之中"的涵义，不仅是说，人类社会生活的各种要素错综复杂地交织于一体，也意味着，在由这些制度性存在所决定的人类行为中，实际上潜伏着财物的生产、分配等经济功能。但这些制度，起初并不是以其"经济"上的功能为目的而存在的，它们在物理意义上对共同体生存的维持，只是其非目的性的结果。这些社会行为或制度性的存在，的确在结果上起到了向社会持续地进行结构性供给的作用，但绝不能从这种结果上来判断它们的涵义。为了使这一过程真正存在，并发挥提供实现满足的物质手段的功能，所有这些散布于各种制度中的状态和要素，必须融合为一个确保其连续性和稳定性的机制；这些因素支配着有意识的个体行为方式以及人与人之间的关系，表达着社会结构及其运作逻辑的现状。

波拉尼力图从社会、自然环境与人类之间的交换、代谢关系的角度来考察经济。他认为，"交易的形态和货币的种种用法与市场的形成无关，毋宁说它们是先于市场而出现并逐渐在我们的经济生活中成为举足轻重的东西"；即便在有市场的地方，需求－供给的机制也未必就是联动的，最

---

① S. Narotzky, *New Directions In Economic Anthropology*, Pluto Press, 1997, p. 3.
② K. Polanyi, *The Great Transformation*, New York: Holt, Rinehart & Winston, 1944, p. 46.

初的等价是由传承与权威来决定的。因此，交易、货币、市场三者在起源上互不相关，各自依附着不同的社会关系。同时，这三个要素无论在共同体的内部发展上，还是在共同体的外部关系中，都经历了各自独立的发展过程，它们的内部性起源和其作为制度的外部性发展也是各不相同的[1]。这便击破了"市场经济三位一体"的分析方法，也击破了支配整个社会科学话语机制的"近代"的神话。

波拉尼的基本理论聚焦于经济在社会中的"位移"。从而提出了有关经济关系的"作用"，及其对社会的运行和演变"影响"的问题，最后落脚到要弄清经济关系的结构是什么，并通过什么决定了这种演变机能的根本性问题上。这便不得不考虑各种社会关系类型对其所属的再生产体系，对不同"生活方式"再生产所依赖的特殊分量的问题，以确定其功能原理和结构的关系。这样，通过比较已被分离和鉴别的不同因素，人们将获得一个基点，去建立经济系统所碰到的不同"模式"的类型学。

波拉尼对理论思想主体的"重构"，涉及于历史上所碰到的、经济体系的差异及其功能后面的基本因素的性质。同马克思一样，对波拉尼来说，经济过程仅只在一个特定的、具体的或是他所说的"制度化"的社会型式中，才拥有"真正的实在"。在这种型式中，过程被刻记在一个以某些方式构建其形式和功能"语义学"的"社会结构的范围"中，并以此确保其"统一和稳定"。进而，波拉尼注意到"依赖于时间和空间"，经济过程可被"置于和陷入"大多数形形色色的制度中，置于亲属关系、政治或宗教中，从而就不单纯是"经济的"。他坚持非经济的包容是不可或缺的事实。这种建立在经济理论和经济史关联中的阐述，是"对充满于社会的经济位移的研究……也正是对经济过程在不同时空中的构建方式的研究"[2]。

对波拉尼而言，关键之点"并非是摒弃经济分析，而是把其置于历史的和制度的制约中，（并在）一个经济组织的综合理论中超越其限制"[3]。

---

① 参见〔日〕栗本慎一郎《经济人类学》，王名等译，商务印书馆，1997，第32~34页。

② K. Polanyi, C. M. Arensberg and H. W. Pearson (ed.), *Trade and Market in the Early Empires*, New York: The Free Press of Glencoe, 1957, p.250.

③ K. Polanyi, C. M. Arensberg and H. W. Pearson (ed.), *Trade and Market in the Early Empires*, New York: The Free Press of Glencoe, 1957, pp.234-235.

他否定了把一般化的市场概念运用于特定制度和历史的经济范围之外的做法。他认为，运用这样的市场理论去解释前市场经济的运作，甚或用市场机制描述那些其经济基本上依赖于非市场机制的社会，将会是空泛而荒谬的。由于当代的经济理论没有基本的历史视野，它们不能为经济制度的总体理论构建基础。只有比较的理论，才能做到这一点；而一个比较的理论，必须从历史和民族学中获取其质料与模式。所以，不仅要以民族学的关键模式补充历史，而且，最近的研究也认定，民族学和经济史要融合于一个仍然要进行构建的新学科——经济民族学，它将被要求既提供一个一般的经济理论，又提供一个人类经济制度的历史比较。

阿拉斯代尔·麦金太尔（A. MacIntyre）指出：

> 假设我们能够独立地从意识形态或理论的角度鉴别经济或社会的成分，确实存在作出这种区分的不止一种的途径。但当我们试图在这些区分的任何一种意义上，来理解历史变化的叙述时，所得到的因果解释总体上是难以置信的。仅仅当我们以这样的方式，即把行为者和参与者对社会和经济行为的理解视为整体和这种行为特征的特殊构成，来理解社会和经济的现象并予以分类，我们才能得出能给解释性表述以合理辩护的鉴别。卡尔·波拉尼正是这样一种描述。[1]

波拉尼分析框架的特征、理论概念的伪装性和含混性，使他的论著极其难读，甚至更难以理解；使他的概念的科学运用被赋予了一种多面向的方式；并解释了为什么他的论著遭遇了赞誉、误解、拒斥等如此极端的反映。然而，他的论著很少会被忽视，并继续为不同的社会科学中的当代论者所运用。如芬尼（M. I. Finley）的《古代经济》，金德尔伯格（C. Kindleberger）的《卡尔·波拉尼的伟大的转折》，诺思（D. North）的《历史上的市场与其他分配体系：卡尔·波拉尼的挑战》，布迪厄（P. Bourdieu）的《实践理论大纲》，斯塔尔（P. Starr）的《美国医学的社会转变》，斯坦菲尔德（J. R. Stanfield）的《卡尔·波拉尼的经济思想：生

---

① 参见 R. H. Halperin, *Economies across Cultures*: *Towards a Comparative Science of the Economy*, New York: St. Martin's Press, 1988, p. 54。

活与生计》等，都从不同的学科、不同的角度、不同的层面关联到波拉尼的论著。波拉尼的读者基于他的论著常常会反对他们自己的学科基础：功能解释的人类学家已反对英国的功能主义，如博汉南夫妇的《提夫人的经济》；历史学家把他读作人本主义者和某种程度上的浪漫主义者，如汉弗莱的《历史、经济与人类学：卡尔·波拉尼的世界》等。霍尔珀林曾指出：

> 波拉尼在社会科学中的地位充满了反讽性。他不是一个经济学家，但他的论著对一门跨文化的经济科学有决定性的意义。波拉尼不是一名人类学家，但他的思想对人类学比对其他任何学科都有更大的影响。[1]

波拉尼及其追随者的观点和学派思潮的复杂网络所导致的直接冲突，在所有的方面以及杂志和书籍中所燃起的论辩，一直持续至今。波拉尼的论战显然首要地针对那些声称对经济理性一般原则进行定义和为一般经济理论奠定基础的经济学家，但这也对所有那些采用经济学家的话语，并分享其"欧洲民族中心主义浅见"的社会学家、人类学家和历史学家提出了挑战。

波拉尼一生的研究，主要是在赫斯科维兹所提供的丰富史料基础上展开的，其所涉及的范围也并不宽泛。但正是其方法和视域的更新，使他成为一个对人类学发展提供了启发性指导的伟大学者。他强调了近代的市场经济社会，在人类发展史中是一段极其特殊的断代，在任何意义上，它都不是历史发展所要经过的必然阶段；近代社会是一个被"拟制"出来的社会。在这个人为杜撰出来的近代市场经济社会的深层，仍然残存着非市场社会的运行机制，并且它理所当然地要表现出来。在资本主义下，当经济由市场制度来组织时，盗用了社会的所有其他制度。的确，波拉尼隐含地采纳了马克思的异化分工、商品拜物教、剥削劳动等一类的概念，而悲叹社会为经济所支配。从根本上说，他抓住了由市场机制——简言之，由资

---

[1] R. H. Halperin, *Economies across Cultures：Towards a Comparative Science of the Economy*, New York：St. Martin's Press, 1988, p. 30.

本主义——所创造的一个不人道的和不道德的社会，隐含地陈述了对此的关切。布罗代尔认为："以往的社会学家和经济学家，今天的人类学家不幸已使我们习惯于他们对历史几乎一无所知。惟其无知，他们的任务便变得容易了。"[①] 这便提出了"实体"研究如何更全面地面对历史实存的问题。这也表明，经济民族学要全面实现实体分析带来的方法论上的革命或认识论上的深化，还有着极为漫长的道路。

二　实体分析的兴起

实体分析的兴起，可溯及卡尔·波拉尼的《大转变》。而实体主义学派形成的契机，则是由波拉尼、阿伦斯伯格（C. Arensberg）和皮尔逊（H. W. Pearson）在 1957 年共同编撰的《古代帝国的贸易与市场》所提供的。作为编撰者之一的阿伦斯伯格，是以研究爱尔兰乡村而著称的人类学者，在实体主义以后的发展中未有显著的表现；而另一个编撰者皮尔逊，是波拉尼生前颇为赏识的嫡传弟子，他除了编撰该书和在 1977 年整理出版波拉尼的遗著《人的生计》（Livelihood of Man）一书外，几乎再没有其他著述。但他最重要的理论贡献，是作为实体主义基本理论观点之一的"经济无剩余"概念的首倡者。在为《古代帝国的贸易与市场》提供的《经济无剩余》一文中，他论证了"剩余"在社会中是一种制度性的存在，而不是"掠夺"或"剥削"的对象，也不是资本积累的源泉。本书的重要文章，除了波拉尼等人撰写的《亚里士多德所发现的经济》和《作为制度过程的经济》外，还有丹尼尔·法斯弗德（D. Fasferd）的《被误用的经济理论——原始社会的生活》，威尔塔·纽尔（W. Niele）的《理论上与历史上的市场》等。纽尔后来还写了《社会中的各种货币》一书，成为实体主义货币分析的重要文献。

波尔·博汉南（P. Bohannan）虽然不自认其为实体主义者，但在实体主义早期的发展中却居重要一席。1955 年，他发表了一篇探讨"民族经济学"（Ethno-Economic）的重要论文——《提夫人的交换与投资原理》，用

---

① 〔法〕费尔南·布罗代尔：《15 至 18 世纪的物质文明、经济与资本主义》第 2 卷，顾良等译，三联书店，1993，第 230 页。

共同体内部特有的符码去解读共同体，与波拉尼颇有学术共识；在此基础上，形成了博汉南夫妇 1968 年的《提夫人的经济》一书。这可视为波拉尼传统的一部经典之作。1963 年，他又与乔治·多尔顿（G. Dalton）合作编写了《非洲的市场》。但在波拉尼去世后，他转攻心理人类学，而他对提夫人法律的较深研究，也使得人们有时把他称为法律人类学者。

作为波拉尼嫡传弟子之一和现代波拉尼学派首要人物的乔治·多尔顿，对波拉尼思想的普及流行可谓功不可没，在 20 世纪 60 年代初期，尽管实体主义的兴起具有革命性的意义，但在与形式主义的论战中，他们并没有得到众多的支持者。多尔顿不仅有《经济学理论与原始社会》《经济人类学的理论争端》《经济人类学研究》等一系列著述，尤其是在任《经济人类学研究》年刊主编期间，积极支持和广泛宣传了波拉尼的思想，使之为大多数人所接受；而且他培育了一大批实体主义的继承者，壮大了实体主义分析的阵容。如他的学生栗本慎一郎，在 80 年代中期以"栗本现象"引起社会的强烈反响，使实体主义的分析方法得到广泛的传播。同时，他还继承了皮尔逊的"经济无剩余"的观点，指出在人们所使用的"剥削""支配"和"权力"等概念中，带有浓厚的感情色彩或价值判断。在《农民是怎样受剥削的》一文中，他指出，在以往多学科的研究中，一些人在使用"剥削"这一术语进行分析的时候，不问马克思最初的"剥削"定义是什么，而片面地将这一术语主要归结为"不合理待遇"或"压迫"等不确定性的范畴。问题的另外一面还在于：有什么样的作为基本假定的"生存条件"和"直接必要劳动"，就能够计算出什么样的"剩余"。因此，多尔顿认为："不合理"或"压迫"等概念不属于科学的客观范畴，它们是研究者把自己价值体系中的"不合理"观念，不合理地强加给共同体的一种"外部性"的观念，它们并不存在于共同体成员的宇宙观中。在任何社会中，都必然存在着一定的禁忌与强制。出现在社会表层上的人们之间的社会交往关系，只是在这些禁忌与强制的规范和推动下，才得以形成和维系，所谓的"经济行为"当然也不例外。至于这些强制是否违反共同体成员意志的问题，不能由局外人判断，只能从"内部"寻求答案①。

① 参见〔日〕栗本慎一郎《经济人类学》，王名等译，商务印书馆，1997，第 60～61 页。

当然，这种论说有着重大的缺陷与局限。但多尔顿的这些论说，并不在于否认"不合理"的暴力性支配和压迫的历史存在，而是指出，以往的讨论并未从本原涵义的角度，对"剥削"与"剩余"提出一个历史性的分析概念。

马歇尔·萨林斯（M. Sahlins）是受教于波拉尼的一位最年轻的弟子。在波拉尼的影响下，他先后发表了《原始社会中的政治权力与经济》《论原始交换的社会学》《石器时代的经济学》等著述。他又曾一度投学于列维—施特劳斯门下，博采结构主义方法；而后又"成了进化主义的当代领袖"[1]。或许可把其视为继承和发展波拉尼思想的另一种形式；或许正是他的理论方法的多样性和开放性，使其成为以波拉尼思想为起点，有独特风格的伟大学者，并使其学术的发展从经济民族学扩展到文化论辩的重点上。他为当前人类学文化批评提供了一个坚实的贡献，他有效地论证道："我们不能根据单一的特质把自己与其他文化截然地区别开来。在历史的背景中，所有文化都提供大量的可能性。如果我们要把它们并置起来，我们就面临一个将相似性和差异性相混合的艰巨任务，而相似性和差异性的混合必须根植于对被比较民族志的历史和政治背景的彻底的理解。"[2]

在实体分析队伍中，既有经岁历年地与波拉尼合作，对古代东方，16世纪的玛雅社会和阿兹台克社会，18世纪的印度或达荷美王国，或19世纪末期马格里布的柏柏尔部落中的各种不同的贸易与货币的古老或异国的形式，进行经济制度历史探索的一批历史学家、人类学家和经济学家，如安妮·查普曼（A. Chapman），罗斯曼利·阿莫尔德（R. Amold），哈里·皮尔逊（H. Pearson），罗伯特·里维尔（R. Revere），弗朗西斯科·贝尼特（F. Benet），沃尔特·尼尔（W. Neale）和利奥·奥本海姆（L. Oppenheim）……他们的研究都意趣盎然，并在波拉尼所提出的基本概念基础上获得了初步的成果；也有当波拉尼在哥伦比亚大学教书时受其影响的马歇尔·萨林斯，埃尔曼·塞维斯（E. Service），埃里克·沃尔夫（E. Wolf），莫顿·弗里德（M. Fried），以及美国所有的新进化论者，他们把波拉尼所

---

① 〔日〕栗本慎一郎：《经济人类学》，王名等译，商务印书馆，1997，第29页。

② 参见〔美〕乔治·E. 马尔库斯、米开尔·M. J. 费彻尔《作为文化批评的人类学》，王铭铭等译，三联书店，1998，第198、200~201页。

描述和分类的"整合形式"的存在或缺失问题，扩展为对这些形式的支配或从属关系的阐释，因而把这些形式的特定层次，解释为人类经济和社会组织的演进所达到的一个阶段性结果。实体主义队伍的这种庞大阵容，或许在一定程度上反映了波拉尼学说的感染力。

三 实体分析的主要理论范畴

实体分析在开辟比较经济研究的视域中，围绕着对共同体进行整体解读的核心，直接挑战于以往的历史解释模式，形成了一套独特的分析工具或概念范畴；并以强调组织生产、分配和消费的变量所形成的制度范式，构筑起基本的理论分析框架。对制度要素的强调起源于马克思，又为波拉尼详尽地阐释。对马克思来说，在两种不同的社会关系中，一个人所从事的同样工作，是在做两件性质不同的事情。这样，社会就意味着制度。波拉尼的论著中也包含着制度一词含意的不同表达。他写了"制度型式""制度安排""制度过程"和"制度性。"尽管波拉尼从未为该术语指出一个明确而简洁的定义，但其所有论著都清楚地表明，制度是经济分析的关键单位。

这样，制度一词成为涉及一种组织原则或机制的分析结构。可以假设一系列的机制，来解释不同地区和群体在贸易和交换过程中的关系。关键之点在于，可以发现组织这些经济物流要素的变量。在本质上，机制设置了单位之间，地点之间的型式和关系。单位可以是不同规模和水平的组织复合体：它们也可以为了分析的目的和作用而进行纯粹的构建，因而作为启发式的手段。制度最重要的特征之一是，尽管其明显地涉及于个体，但它们独立于特定的个体而存在，这些个体的行为是由制度所组织的。基于制度是经济分析的关键单位的思想，成为波拉尼对经济本身定义及其经济运行分析的核心概念。

对波拉尼和马克思来说，所有社会中的经济由一个生计的物质供给过程组成。"个人的一定社会性质的生产"[1]，是马克思分析的出发点，即以

---

[1] 《马克思恩格斯选集》第 2 卷，人民出版社，1975，第 1 页。

个人的特定的社会联系来考察物质生产。同样，波拉尼认为："作为服务于满足物质需求的相互作用的一个制度过程的经济，形成了每个人类共同体的一个至关重要的部分。没有一个这种意义上的经济，社会就得不到任何时点上的存活。"① 波拉尼关于作为一个制度过程的经济的思想，起源于马克思关于个体生产由社会所决定的思想。然而，"制度过程"涉及了具体的单位类型和具体的经济过程之间的关系。对波拉尼而言，"制度"意味着组织。但是，组织的原则和相关单位因跨文化而有极大的不同。因此，经济必须作为文化系统的部分来予以分析。经济过程拥有文化的成分。以一定的社会单位类型和一定的社会结构类型，便可组织起经济过程的特定类型。"有鉴于马克思的参照构架是资本主义、或资本的与非资本的经济，波拉尼没有把他的概念限定于经济组织的任何特定形式；事实上，他的概念框架，在覆盖了人类社会中所有已知的经济类型的意义上，是真正跨文化的。然而，他的参照点是欧洲的资本主义，并为分析目的的多样性使用了隐含的和明确的资本主义概念"②。

波拉尼的"过程"概念为其论著提供了历史的向度，并使其同马克思的论著联系起来。过程隐含着穿越时间的运动——活动经常发生于复杂的组合中，但却是前进的和变化的以及连续性的。而无论是循环或是线性、无论是革命的或历史的、渐进的或突发的，都标识了连续的变化。他把经济作为"服务于满足物质需求的相互作用的一个制度过程"的定义表明：

> 人类的经济，是嵌合并陷于制度、经济的和非经济的因素中的。非经济的包容是至关重要的。因为对经济的结构与功能来说，宗教和政府可能与金融机构或减轻劳动辛苦的工具和机器本身的有效性同样重要。③

对波拉尼来说，市场体系并非一种唯一的经济制度；在文化演化中，

---

① H. W. Pearson (ed.), *The Livelihood of Man*, New York: Academic Press, 1977, p. 31.

② R. H. Halperin, *Economies across Cultures: Towards a Comparative Science of the Economy*, New York: St. Martin's Press, 1988, p. 33.

③ K. Polanyi, C. M. Arensberg and H. W. Pearson (ed.), *Trade and Market in the Early Empires*, New York: The Free Press of Glencoe, 1957, p. 250.

价格决定的市场只是相对较晚的存在。对这一概念的推论是，一种制度无须显现出"经济性"，而是以传统准则，来实施其作为生产、分配和消费的组织者的作用的。例如，波拉尼把宗教和政府命名为这样的两种制度，在制度范式的框架中，推论出了"经济嵌合"的概念。然而，他关于经济嵌合于非经济构造中的陈述，紧密的关联于马克思的论述："举例来说，最简单的经济范畴，如交换价值，是以人口、以在一定关系中进行生产的人口为前提的；也是以某种形式的家庭、公社或国家等为前提的。"① 因此，"经济嵌合的概念真正是马克思的。通过波拉尼、马林诺夫斯基、弗士、戈德利耶和其他人，它已经在不同的方式中得到了装饰"②。

实体分析认为，经济处于不同的社会关系中，"对经济在社会中位移的研究，与对经济过程在不同时空的制度化方法的研究，完全是一回事"③。实体分析把不同文化中的物质与非物质过程之间的关系，视为高度变异性的，因而就需要比较的研究。资本主义表现为一种极端：经济的和社会的制度在这里几乎完全重合。与此相对照，在前资本主义社会中，经济与社会的关系是极为不同的。波拉尼笔下的古代社会——希腊、埃及和美索不达米亚——是作为经济嵌合于政治制度，尤其是国家中的社会的例子；而特罗布里恩岛的情况则是以亲缘为基础的经济和社会的原始模型。而所有这些案例，都被他置于跨文化的视野中，以对经济与社会之间的关系变化作出一个更大的、比较性的论述。

实体经济的思想有两个既有各自的分析又有经验性关联的构成：一个是生态的和技术的；另一个是制度的。如波拉尼把生态的构成直接归为"自然"，而把制度的构成归为"他的伙伴"："经济的实体涵义源于人基于自然及其伙伴而生存的依赖性。就以物质需要满足的手段对其供给的结构来说，它指出了与其自然和社会环境的相互变化。"④ 因此，"实体经济

---

① 《马克思恩格斯选集》第 2 卷，人民出版社，1975，第 19 页。

② R. H. Halperin, *Economies across Cultures: Towards a Comparative Science of the Economy*, New York: St. Martin's Press, 1988, p. 34.

③ K. Polanyi, C. M. Arensberg and H. W. Pearson (ed.), *Trade and Market in the Early Empires*, New York: The Free Press of Glencoe, 1957, p. 250.

④ K. Polanyi, C. M. Arensberg and H. W. Pearson (ed.), *Trade and Market in the Early Empires*, New York: The Free Press of Glencoe, 1957, p. 243.

必须理解为在两个层面上的构造：一个是人与其周围环境的相互作用；另一个是过程的制度化。实际上，两者是不可分离的"①。

这两个构成回应了马克思的两个基本范畴：生产力与生产关系。前者对应于波拉尼的生态构成，而后者则对应于他的制度构成。可以把这一概念的产生视为对斯密的看不见的手的批判性反映。实体分析认定，经济体系成长于具体的历史和制度条件中，这既不能以普同性的心理特征的假定，也不能以理性行为的普同性逻辑的援引来予以解释。仅适用于市场经济的传统经济分析的概念和假说，不能处理组织经济过程的制度安排的领域。因此，波拉尼指出："一开始，我们就必须抛弃支撑斯密关于原始人具有对有酬工作的偏好假说的某些 19 世纪的偏见。"② 霍尔伯林认为："波拉尼使用实体经济的概念强烈反衬了传统形式经济学的文化特异性。并强烈地抵制把市场的'表征'强加给基本上是非市场的经济。这一拒斥的宗旨是双重的：（1）伪装他对资本主义本身的批判；（2）继续他对人类经济的跨文化的分析。事实上，波拉尼反对把传统经济学的概念用于非资本主义的范围，也反对在工业化经济中的现实的资本主义的制度安排。但却采取了一个对分配机制和原始市场的分析形式，和一种对非资本主义经济的浪漫描画和美化的形式。"③

出于为鉴别能与特种制度安排相联系的经济活动型式的分析目的，实体分析的制度范式基本框架，进一步衍生出一些具体分析的概念范畴。

首先，波拉尼提出了"互惠"（Reciprocity）、"再分配"（Redistribution）、"市场交换"（Market Exchange）三个概念范畴。共同体成员在内部经济中的三种交易方式的类型（Transactional Modes）揭示了，在劳动与资源、生产和消费的链接中，关键性的因素是交换体制。因此，它们作为"社会整合模式"（The Patterns of Integration），是"社会系统的重要支柱"④。把经济交换方式视为社会整合模式，表现出经济过程的不同结构：互惠的经济过程发生在对称组织的结构之间；再分配的经济过程则要求一

---

① H. W. Pearson （ed.）, *The Livelihood of Man*, New York：Academic Press, 1977, p. 31.

② K. Polanyi, *The Great Transformation*, Boston：Beacon Press, 1944, p. 44.

③ R. H. Halperin *Economies across Cultures*：*Towards a Comparative Science of the Economy*, New York：St. Martin's Press, 1988, pp. 40 – 41.

④ 参见〔日〕栗本慎一郎《经济人类学》，王名等译，商务印书馆，1997，第49页。

个向心结构，作为分配点而服务的中心，商品和服务汇集于此并从这里转而分发，并独立于商品和服务的任何特殊运动而存在；而市场交换就以个体利益为基点，在形式上形成一个价格决定的经济体系。

社会整合三种模式的理论，提供了一种新的分析工具，打开了把握共同体"内部性"及其实质的一个新视域：这些社会整合模式，决定了一个共同体在其社会边界和地理边界以内的所有社会行为的东西。它成为我们揭示共同体本质的理论基础，也是区分共同体"内部"和"外部"的基本标准；并从这种性质中，产生出真正意义上的比较和所谓"地域"的确定。波拉尼曾清楚地表明：

> 我们用来论述整合形式的互惠、再分配和交换的术语，常常用来表示人的相互关系。而表面上它似乎是仅仅反映各自个人行为形式汇集的整合形式：如果个人之间的相互依存是常见的，就会显现互惠的整合；当负担在个人中成为普遍的地方，就会展现出再分配的整合；同样，个人之间频繁的物物交换行为会导致交换成为一种整合形式。如果情况果真如此，我们的整合类型的确就会无异于在个人层面上相应行为形式的简单聚合。①

要对这些现象作出真实的理解，一个人必须因此从既定的社会结构和社会关系开始，而不是从个体开始：

> 有意义的事实是，纯粹的个人行为聚合的问题在于，并非由他们自己生产出这样的结构。个体之间互惠行为对经济的整合，完全在于是否给定了对称性组织的结构，诸如血亲群体的对称系统。但是，一个亲属系统永远不会作为在个人层面上单纯互惠行为的结果而生成。同样可类似地看待再分配。它预设了社会中一个分配中心的存在。然而，这样一个中心的组织和确认，并不仅仅作为个人之间频繁的负担行为的结果而得来……个人层面上的交换行为，如果发生在一个价格

---

① K. Polanyi, C. M. Arensberg and H. W. Pearson (ed.), *Trade and Market in the Early Empires*, New York: The Free Press of Glencoe, 1957, p. 251.

决定的市场体系下，仅仅产生了价格。一个制度的建立，在任何地方都不是由纯粹任意的交换行为所创造的。[①]

如果说，斯密的"看不见的手"的概念认为，基于个人方面的一系列任意的交换，创造了供求力量，它设置了产生一个市场体系的价格，并成为市场经济的组织原则。那么，波拉尼则强调了制度性前提的存在。因此，"整合效应是由诸如对称性组织、中心点和市场体系这类特定制度安排的各自存在而限定的"。这一立场并不意指没有个人影响或改变制度安排的余地："我们坚持的仅仅是，如果在任何给定的情况下，个人行为的社会影响依赖于特定的制度条件的存在，这些条件并不因此而来自所讨论的个人行为的结果。"[②] 换句话说，没有一个既存的结构，个人不能创造具体的制度安排。

市场、再分配和互惠并非互相排斥的范畴，而往往并存于同一民族经济体中。同时，在非市场经济的社会中，它们又和礼仪、宗教行为等社会生活要素密不可分地嵌合在一起。因此，这三种社会交换模式绝非一组限于经济领域的范畴，而是在共同体内部协调人们社会交往方式，稳固社会结构的社会整合模式。

当我们着眼于"为什么进行赠予或交换？"和"权力中心与民众之间的整合性再分配何以顺利实现？"这一类问题时，是无法仅凭所谓"经济合理性"而得以解释的，如北美印第安人的波特拉赤到了高潮阶段时，就往往会出现对财物的毁坏，甚至发展为一种战争。沃尔特·尼尔也论证到，在印度，特权体系凌驾于村庄构架之上，并只有依据印度王国运作于其中的更大的框架，才能理解村庄中的互惠与再分配机制；在农民特权阶层和其他特权阶层中所进行的农产品再分配，反映了在由婆罗门和国王所支配的地位等级中，他们所有人的总体性和相互的依赖性。这把我们引向了对人们"交往"的深层动因的探究。从这些交换模式在联结全部经济的

---

① K. Polanyi, C. M. Arensberg and H. W. Pearson (ed.), *Trade and Market in the Early Empires*, New York: The Free Press of Glencoe, 1957, p. 251.

② K. Polanyi, C. M. Arensberg and H. W. Pearson (ed.), *Trade and Market in the Early Empires*, New York: The Free Press of Glencoe, 1957, p. 251.

作用表现中，可以确定一个特定共同体的交往方式，确定这些社会行为所波及的地域半径和参与者的范围。

据此，"整合形式并不代表发展'阶段'。时间并不含指顺序。多种从属形式可与主导形式并存，其自身可经同时代的遮蔽后而复生"①。实体分析所描述和分类的"整合形式"仅仅鉴别了具体历史实存"形式的一般特征"，而它们在事实上是如此不同，以至于把其存在或缺失阐释为"发展阶段"一般顺序的必然结果将会是荒谬的。例如，在中国西南诸多少数民族的传统仪式活动过程中，就能发现互惠、再分配与市场交换长期以来相互扭合、共同参与其中的现象。

事实上，"整合形式"这一术语要处理两种有区别的现实的交织，即社会关系的生产和产品生产过程流通的社会形式。现实的这两个方面并不处于同一层次。在每一个经济系统中，兼容与从属的关系，存在于生产关系和物质产品流通的形式之间。生产关系决定着存在于各个经济形态中的社会产品各自流通的数量、形式及其重要性。波拉尼虽然首先提出，历史上不同经济系统的三个"整合因素"是"规范化因素"，但这些概念只用于描述附属于那些仅在其形式上相互类似的，所有的不同经济系统的机制。于是，对这三种因素的清楚陈述，并断言它们任何时候都会与被揭示的社会组织的对称形式或等级形式相遇，只是一种关于一定社会关系的形式方面的概念陈述——以一种抽象和有用的方式，对在现实中全然不同的社会关系形式固有的一些普通特征，进行概括的经验概念。

互惠、再分配和市场的区分，已使后人清楚地认识到，交换始终是一种对话，价格随时都是个变量。"经济不是以一种形式，而是以多种形式存在着"②。仅仅把这种区分限定为，这种交换形式是经济的，那种是社会的，过于容易，也颇有局限。事实上，所有交换方式都是经济的，也都是社会的。道格拉斯·诺思在《市场与历史上的其他分配体系：波拉尼的挑战》中就明确指出，互惠和再分配也是经济形式。布罗代尔指出，如果认

---

① K. Polanyi, C. M. Arensberg and H. W. Pearson (ed.), *Trade and Market in the Early Empires*, New York: The Free Press of Glencoe, 1957, p. 256.

② 〔法〕费尔南·布罗代尔：《15 至 18 世纪的物质文明、经济与资本主义》第 1 卷，顾良等译，三联书店，1993，第 19 页。

为"市场"没有任何外来成分，唯有需求、成本和价格在起作用而形成所谓的"自动调节"，"这样的市场纯粹由精神所虚构"；他甚至进一步提出："市场不是一个单纯自生自长的现象，更不是经济活动的总和，甚至不是经济活动演变的一个特定阶段。""这种趋向竞争的市场经济不能覆盖全部经济。这在昨天做不到，今天也做不到，虽然在程度上完全不同，其理由也不大相同"①。

其次，针对如何解释共同体经济与"外部"关系的问题，波拉尼以"贸易港"理论提出了一个深刻的启示：研究人类交换行为的历史，必须严格区分共同体的内部与外部。人们一直认为，商业无论在实践中还是在理论上，都起源于共同体与共同体之间，即共同体同"外部"的交往活动中，却很少言及商业和共同体"内部性"的关系。波拉尼认为，在对外贸易中存在着一种特殊的被制度化的市场，它按照一些与邻近地区截然不同的自有的规则而运行。共同体的任何一个强有力的权力中心，总要极力保护交易场所的中立性，有时甚至还要保护处于交战状态的异族商人的人身和财产安全。这样，共同体的对外贸易总是在一个特定的、被制度化了的"市场"中展开；人们所遵守的，是对每一个交易参与者都只能是"外部性"的商业惯例；人们所使用的，是仅限于在外部性中才被承认的交换手段、计算手段或价值尺度，即外部（对外）货币。在一个共同体内部充当一般交换手段的货币，对交易的对方共同体来说是毫无意义的。这一研究的重要结论是：一切外部性的东西，都不能无条件地侵入共同体内部；对"外部性"和相应的两个"内部性"（参与交易的双方共同体）的考察，是审视共同体之间经济关系的基本前提。

最后，实体主义对"剩余"概念的提出，主要强调了不同的经济伦理对人们经济行为的规范。它引导人们去深究不同共同体中有关"支配""权力"以及"支配的道德"等观念的涵义。这为经济民族学在不同历史学、社会经济史学相交叉的领域中，提供了一个更新视域的基点。鲍德里亚对此也曾指出："其实并不存在什么'稀缺社会'与'丰盛社会'之分，因为不管这个社会所拥有的资源实际上有多少，一个社会的耗费都是

---

① 〔法〕费尔南·布罗代尔：《15 至 18 世纪的物质文明、经济与资本主义》第 2 卷，顾良等译，三联书店，1993，第 230、228、231 页。

在结构性过剩或者结构性匮乏的意义上才能被说清。……在所有情况下，某种过剩总是与某种不幸共存"①。

实体理论指出，为了不假设制度的虚设，作为制度过程的经济的概念，其运作就需要一个文化的概念。因此，分析不能从个体出发，而应从视为整体的社会出发。一个社会的经济，总是在一种总体性的结构范围内运转。由于社会的大多数组织水平能够"参与"经济的功能运作，没有一种制度或具体单位，可成为纯粹和单纯的经济性的，而必定永远是一个"多重功能"的实体。对帕森斯（T. Parsons）和斯梅尔瑟（N. Smelser）来说，所有的总体性社会"趋向于功能专门化的分化而进入分支系统"；但波拉尼却认为，经济以其专门化功能而可以存在于一种分离性制度形式中的事实，是历史的例外，而不应解释为每一个总体性社会都行将分化的趋势表达：

> 在历史和人类学中，波拉尼和马克思为经济的比较制度分析，发展了一些最有用的方法。他们都从物质的角度定义经济的运行，而又论及一般概念的构成和特殊经济的分析之间的关系。在波拉尼和马克思的论著中，一般与特殊、常量与变量之间的关系，对经济系统的比较和分析是至关重要的。除非首先分离出一般性问题，并对组成生产、分配和消费的一般过程作出鉴别与分类，否则，不可能描述和比较经济构成的不同种类，也不可能理解其为什么和怎样变化的问题。波拉尼和马克思描述了一般经济过程的不同类型；有些在所有的发展类型中是固定的，而其他的则仅仅在经济的特定类型中是固定的，并依据历史条件和总体的生态调节而采取了不同的形式。对波拉尼和马克思来说，比较分析对一般和特殊的经济概念的理解是根本性的。②

为了充分理解实体分析的主要理论范畴及其特点，有必要注意到，以

---

① 〔法〕让·鲍德里亚：《符号政治经济学批判》，夏莹译，南京大学出版社，2009，第65页。

② R. H. Halperin, *Economies across Cultures*: *Towards a Comparative Science of the Economy*, New York : St. Martin's Press, 1988, pp. 56 – 57.

波拉尼为代表的实体分析实质上是一个包容了理论、历史、人类学与策略的多层面的分析。波拉尼认为：

> 在理论层面上，要作出的努力是把贸易、货币和市场制度的概念的运用扩展到所有的社会类型中。在历史层面上，个案的研究则是以并联与对立的方法揭示我们一般化了的生活。在策略的层面上，历史应该得出对我们自己时代伦理与运作热点问题的回答。①

而这一理解的关键，又在于辨析他们的经济概念在一般与特殊意义之间的关系。同马克思一样，实体分析对经济过程制度性研究，要求在一般与特殊的两个层面上进行经济的分析。而在一般理论概念与基于特定经济与社会的原始资料之间必然的相互作用下，"学者的努力必须首先澄清和明确概念，以便在尽可能趋近于我们所研究的环境的实际特征的意义上，能够提出生计的问题。其次，通过对经济在人类社会中的位移，和对他们过去在伟大变迁中成功进行文明化的方法进行研究，扩展我们所支配的原理和方法的范围。相应地，理论的任务是建立在广阔的制度和历史的基础上对人的生计的研究。所用的方法是由思想和经验的相互依存赋予的，术语和定义的构建不参照于资料是空洞的，仅仅是事实的汇集而没有我们审视地再整理，则是贫乏而无聊的。要突破这种恶劣的循环，必须同时相应地推进观念的和经验的研究，意识到这种探寻的路径并无捷径，才能支撑我们的努力"②。

实体分析的关键论点是：在人类生计过程中普遍的共同特性是什么，其变量又是什么？这种比较的和历史的研究基点认为，以诸如资源、必需量和等量这些更宽泛的术语来置换诸如供给、需求和价格等术语，是使历史学家能够不必冒把市场形式偷运进纯粹事实中的风险，而比较不同时段和区域中的经济制度。

---

① 参见 R. H. Halperin, *Economies across Cultures：Towards a Comparative Science of the Economy*, New York：St. Martin's Press, 1988, p. 44。

② 参见 R. H. Halperin, *Economies across Cultures：Towards a Comparative Science of the Economy*, New York：St. Martin's Press, 1988, pp. 43 - 44。

第三章

民族经济研究中的形式分析

一　经济学理论工具与形式分析

经济学理论工具在民族经济研究场域中的运用，具有深厚的历史渊源且具有多样性。从古典政治经济学、历史学派、边际分析以至到发展经济学，都以不同的基点、方法和结论，持续地对民族经济研究发挥着影响。然而，自 20 世纪以来，在人类学领域中经济理论运用得最为普遍、影响也最为广泛的，是在西方经济学边际革命基础上所建构的现代主流经济学。

现代主流经济学对民族经济研究的影响力，是随着弗兰克·奈特 1941 年对赫斯科维兹的《原始人的经济生活》的评论而开始的。而奈特的《人类学与经济学》一文对赫斯科维兹的评论，只不过是对新古典经济学原理的复述。他认为：

> 以感性的观察不可能描述行为的经济特征；而人类学家或历史学家，力图通过归纳的调查去揭示或证实经济规律，是从事于徒劳之举。[1]

---

[1] F. H. Knight, "Anthropology and Economics", *Journal of Political Economy*, 1941 (49): 245.

以借用现代主流经济学的概念和假说为发端，价格、供给－需求、稀少性、最大化假定，以及个人兴趣选择首要性等范畴成为民族经济分析工具的中心概念；形成了诸如决策模型、适度征集模型、中心地模型等经济分析模型的运用；而最大化和均衡两大概念，则是作为其系统模型主要的结构性支柱。

最大化概念包含三种成分：全目标函数（通常落脚于价值或利润指标上）、明确界定的选择集合、经济行为最大化选择的理性化（这是在各种内外部限制因素下，如市场限制和短期内可供使用的要素数量限制，所作出的一种假定）。均衡概念则与各种模型整个结构内部的许多不同成分或变量相关。所有这些均衡条件的作用和结果是，在模型的逻辑范围内得出的关于经济行为的结论。而这些结论与最大化分析所得出的结论是有区别的。

以最基本的供求模型来看，一个市场上的供给曲线和需求曲线，只不过是各个买者和卖者行为规则的总和，它为每一个行为者描述交易数量，这一数量在市场价格的每一个可能数值都会是最合乎愿望的；因为价格的实际数值——从而行为者的实际行为——是由供求均衡的条件决定的，该条件挑选出特定的价格，在此价格上，愿意购买的总量正好等于希望出售的总量。经济学均衡分析的基本精神，以不同的形式变体贯穿到所有的分析模型中，加上一种均衡条件，就是给说明模型特点的数学体系加上一个方程式，从而在模型的范围内，决定另一个变量的数值。

在这些基本概念的基础上，这种分析体现了静态的特质。但是，"'静态的'分析不仅不能预测传统的行事方式中的非连续性变化的后果；它还既不能说明这种生产性革命的出现，又不能说明伴随它们的现象。它只能在变化发生以后去研究新的均衡位置。而恰恰就是这'革命性'变化的发生，才是我们要涉及的问题，也就是在一种非常狭窄和正式的意义上的经济发展的问题"。[①]

因此，用来解释现实经济事件的理论，实际上假设了适应性变化。而这又涉及了两种主要的假设：一是适应性反应的方向与利润最大化星座的

① 〔美〕约瑟夫·熊彼特：《经济发展理论》，何畏等译，商务印书馆，1991，第70页。

同向变化；一是适应过程最终向新的均衡星座收敛。但是，在不连续的时间间隔中，朝着所谓"正确方向"的适应性调整可能会做过头；即便在连续性的过程中，适应性反应的性质差别（如面对过多需求是增加产出还是价格上涨）也可以影响稳定情况。这样，适应性模型可能产生、也可能不产生向均衡收敛的时间路径。

这种经济分析最突出的表征，是把各种经济活动的考察抽象化为物流量的分析，在经济流量的数量指标体系的函数变动中，使人们来了解和把握各种经济变动关系；从数量指标上向人们提供了一个对经济活动的直观认识；并为衡量现实和理想之间的差异提出了一种具启发性的方法。

赫斯科维兹的《经济人类学》以讨论"经济的和理性的行为"开始，并为新古典经济理论的普适性应用设置了基调：

> 在既定时间和既定人们的需求中，所面临的商品的稀缺性，是人类经验中的一个普遍事实；未能发现任何经济在哪一点上能生产出充足的多样性，来满足任何社会所有成员的所有需要的足够商品。无论其群体是小是大，也无论其经济系统的机制简单或复杂，这都是千真万确的。
>
> 它也可被视为一种跨文化性，在总体上，个体在其选择的意义上趋向于满足的最大化。有用与无用之间的间隙是可鉴别的，当其在一个商品或服务的生产者或消费者之间作出自由选择时，其他东西也同等地存在。他将在效用的意义而不是无用性上作出选择。一个人无需接受古典经济学的享乐主义就可认识到这种确实性，这一主张有宽阔的界限，至少在我们目前表达的意义上是这样。①

以相应的方式，弗士在 1967 年的《经济人类学的主题》中，也直接把形式概念和经济性联系起来："无需表达任何明确的特殊意见，该贡献在总体上含有对这样一种观点的接受，即稀缺性的逻辑作用于经济现象的

---

① M. J. Herskovits, *Economic Anthropology: A Study in Comparative Economic*, New York: Alfred A. Knopf, 1952, pp. 17 – 18.

所有方面。无论社会因素的影响多么深刻和复杂，经济概念与经济的概念在根本上是不能分离的。"①

　　然而，最为不幸的事实是，在民族经济研究场域中，在由进化论预设赋予整个时代的理论总氛围的根本性制约下，许多人在运用经济学边际分析的形式定义时，恰恰忽略了这些形式定义的"理想性"涵义，而把这些形式定义分析现代社会的具体内容直接套用到所有的社会存在中：诸如在对"最大化""理性选择"等概念的运用时，完全变成了追求交换价值的最大化或资本利润最大化的"实体"表述；且是以此特殊具象为唯一标准的"普适性"表述，也衍生出类似传统小农"无理性"的诸多假说与幻象。这种对形式概念的普适性运用，在形式的表象下偷运着以唯一标准为参照、以唯一道路为方向的庸俗进化论实体论证内容，恰恰背离了"形式"作为一种理论分析工具所蕴含的理想范式的要求。

　　经济学理论工具在民族经济研究场域中的运用，导致了不加区别地运用普遍模式的一个消极性趋向：普遍地使许多人把不同民族群体的生产率、积累等的经济增长运动与欧洲化类型的结构运动相等同；在分析世界不同的人类群体时，普遍地以西方社会为基本的参照坐标系。这样的做法，在直接的层面上，是源于经济学理论的熏陶；而在更深的层面上，却是由进化论预设赋予整个时代的理论总氛围所致。由此形成了巨大的张力而为人们所诟病，而 20 世纪 60 年代爆发的形式 - 实体论战，赋予运用经济学理论工具的此类研究以"形式主义"的称呼。

　　例如，早在 1953 年，索尔·塔克斯（S. Tax）出版的《一个便士的资本主义：危地马拉印第安人的经济》，便把"工商企业的精神"赋予了帕纳哈切尔的印第安人；1963 年，波斯皮西尔（L. Pospisil）的《巴布亚经济中的卡保库人》，同样称这些民族具有利润动机、经济头脑，以及在"资本主义社会中几乎无法超越的方式中的个人主义"；英国萨西克斯大学的爱波斯坦（T. S. Epstein）在 1968 年出版的《资本主义：原始与现代》一书，亦同样成了形式主义的代表作之一，布利斯和斯特恩 1982 年《巴

---

① 参见 R. H. Halperin, *Economies across Cultures*: *Towards a Comparative Science of the Economy*, New York: St. Martin's Press, 1988, p. 69。

伦布尔：一个印度村庄的经济》，也是把新古典理论用于人类学研究的产物。

另外，形式分析以稀缺性是所有社会生活中的一个事实为起点，如库克在讨论奈特－赫斯科维兹的交换模式时提出，如果民族经济的研究者不能把边际的概念用于所有的文化，他们便自动地放弃了归纳的（科学的）方法①。根据这种边际的定义，那些依其性质而非稀缺的商品，诸如在特定条件下的空气和土地，并不进入经济学的场地。仅仅当手段不充裕时才有节俭之需要，并因而产生经济行为。个人行为的经济性，就是对怎样使用他们的稀缺资源，去获得最好的成果而作出选择。形式分析全盘套用了边际分析为稀缺资源的替换使用而进行理性计算的"实体"内容，并把它转化成一个衍生于人的本性的普同性行为。

尽管形式分析并未表现出一个一体化的理论方向，但他们大都接受了边际效用经济学的概念与范畴的普同化的适用性。在经济学成熟原理对民族经济研究的强大影响下，形式论者基于传统经济学的范畴，把稀缺的普同性作为分析常量，来试图创建一个民族经济研究的理论体系。换句话说，只要一个人能够假定稀缺资源，并只要能计量事物，就可能把不同的民族经济作为传统经济学理论支配下的一个小规模的变体予以操作。如施奈德就在理想意义上使用形式概念，而主张微观经济学概念的适用性。他在《经济人：人类学的经济学》中，把莱昂内尔·罗宾斯对经济的定义——趋向替换性目的的稀缺资源配置，摘引为"形式分析最为厚爱的"一个定义②。进而，在把形式理论与人类学的功能取向相对照时指出："形式理论与功能主义有根本性的区别，并在本质上与其不相容。在勾画限定的静态系统中（绝非所有社会），它描述这一系统所持有的条件和相关参数（如雨量），对系统要素的条件作出一定的假设（如它们具有充分的理性），并指出（通常以数学函数的符号性）所研究的关系变量和那些变量的价值（如劳动——符号化为L——从一个劳动者到100或各种情况的

① S. Cook, "The Obsolete 'Anti Market' Mentality: A Critique of the Substantivist Approach to Economic Anthropology", in *American Anthropologist*, 1966 (68): 326.
② H. K. Schneider, *Economic Man: The Anthropology of Economics*, New York: Free Press, 1974, p. 17.

变化)"①。

可以看到，形式分析论者并非是一个完整的或封闭意义上的学派。在形式分析的研究成果和理论方法上，存在着重大的差别。在对不同民族的经济分析中，形式概念已成为同其假说基点相对照的二分法的一部分。该词在二分法中的许多使用是相似的，在某些情况下甚至是同一的，但又载负着不同的涵义。如马克思理论就有一个明确的公式化外观，其所涉及的方法与概念与那些构建形式范式的人所使用的是如此的类似，而同时，马克思"社会"分析的基石意味着他的分析单位是制度，又表现出明确的实体成分的分析。这或许就是马克思理论具有如此吸引力的原因之一。或许也正是基于此，产生了跨越形式－实体之间的并与在马克思理论激发下的对民族经济分析理论的某种关联与转换。如库克（S. Cook,）的《萨巴特克石匠：墨西哥现代资本主义经济中的乡村简单商品生产的动力》，史密斯（C. Smith）的《有新经济人类学吗》和《世界体系视野中的区域分析：对不平等发展的三个世界理论的批评》等。

形式主义者的一个共通之处，在于其研究都或多或少地把新古典经济学理论搬用到经济人类学中；都没有考虑到在理解不同社会的经济活动时，需要一种新的理论建构。此外，在这种用数理经济学模型解读不同社会经济的努力中，输入模型的基本数据，如果根据以市场经济为标准的进化论认识基点来确定，那么，所谓"科学"手段的应用，也无法保证其研究成果的"科学性"或可靠性。然而，在理想的理论分析工具的层面上，它就展示了一种方法扩展的前景。为我们在资料整理的基础上，运用数量模型去模拟不同社会中的系统关联提供了启示。

二　形式分析的特征和意义

在某种意义上可以说，具有经济学训练的社会人类学家构组了形式分析的队伍。其理论方法的突出特点，是以微观和宏观经济学理论为指导的边际分析。这些理论努力，确立了经济学与民族学的联姻。从经济学领域

---

① H. K. Schneider, *Economic Man*: *The Anthropology of Economics*, New York: Free Press, 1974, pp. 19 – 20.

的角度看，无论是理论型的还是较为实践型的经济学家，对这种联系都相当陌生，并对民族学在这方面的研究成果不感兴趣。但在民族学领域中，对经济问题感兴趣的民族学家无疑必须注意某些经济学家。在对经济学模式的普遍运用中，民族学的社会分析角度和关注数据的理论传统，使形式分析获得了发展策略研究的特征，也得出了一些有别于一般经济分析的理论成果。也就是说，形式分析对经济学母体的理论搬用，并不仅仅是消极意义的。

形式分析大量引入的经济学概念，对丰富和深化民族经济研究的内容，有着特别重要的意义。生产要素的分析、经济发展原动力的内源性与外源性、要素效用的关联性、企业家职能、机会成本等概念普遍而频繁地出现民族经济研究的著述中，并运用这些概念对不同民族的具体经济事实作了有创意的分析。

例如，以"经济人"为基本视角来观察这一理论出发点的不同做法，也使其日益卷入了跨文化的分析中，并培育起了对每一发展情况都特别敏感的倾向。正是对"经济人"的强调，使不少的研究成果，如爱泼斯坦关于南印度的早期著作、巴思关于社会变化的开拓性文章《社会变化研究》，都曾强调非西方的土著人对新的机遇是会很快作出反应的，他们的价值观是不能长久耽搁变化的。爱泼斯坦从1962年的《南印度的经济发展与社会变化》，到1973年的《再访印度》，都坚持把发展与变化加以区别：前者指生产率的提高；后者则属社会角色的重组，这种重组导致了生产力增长效益更为广泛的分配。而索尔兹伯里则在"武南麻米"研究中，驳斥了19世纪进化论关于非西方经济性质的观点，他认为："传统社会并非过分保守，并非不可实验，并非纯血统的，并非缺乏远谋，并非没有事先的筹划，并非没有企业家。"[1] 波利·希尔从统计学的角度论证了豪萨人农场的重大财产差异，并声称农场的生计与其所掌握的现金是分不开的，从而反驳了把传统农业社会经济单位简单等同的论调。理查兹等人也报道了布达干人对棉花价格的反应。

这种把经济与社会过程联系为一体，并介入单一价值判断的分析，在

---

① 〔美〕哈罗德·K. 施奈德：《经济发展与人类学》，王庆仁译，《民族译丛》1993年第6期。

形式论者把非西方人类群体经济行为的某些明显不经济的特征——诸如变化的缓慢性，对供求关系、价格变化的冷淡反应，优先考虑劳力而非资本集中使用，等等——最终视为平衡消费与收入的经济行为进行解释时，却激发了一个新的理论观点：使更具民族学理论色彩的人们看到，不同人类群体的发展形式，有着与欧洲化形式分道扬镳的形式存在的可能性。如施奈德就完全从技术的角度区分发展与变化，他界定发展为生产率和财富的总增长，无论人们用何种尺度来衡量这种增长都行；与之相对，变化是一种意识的转变，即把财富和经济结构组成新形式的意识转变。如当经济运动从注重于牛群，转变为注重于西方式的现金市场体系，即为变化。皮特对萨摩亚人的研究指出，萨摩亚人正在用资本进行贸易，并使之专门化和进行积累。尽管萨摩亚人的经济和欧洲经济有广泛的类似性，并且该民族往往把发展视为欧化，但他们已赢得了有自身特色的发展，而这种发展并非欧洲化的。索尔兹伯里的"武南麻米"研究、莫尔曼的泰人村寨研究以及其他一些人的研究，都提出了与此相类似的主张。应该指出的是，在形式分析应用中所产生的这种新意义长期遭遇了隐没。

　　而这些问题对形式概念产生了重要的影响。如理查德·李（R. Lee）以生活在卡拉哈里沙漠的布须曼人的一个狩猎 - 采集群体，说明了资源使用与测算规则的关联性；拉帕波特（R. A. Rappapor）对美拉尼西亚的刀耕火种农作者的研究，拉铁摩尔（O. Lattimoret）、戴森 - 赫德森（N. Dyson-Hudson）、古利弗（P. Gulliver）对亚洲或东非的游牧者的研究，也展现了同样的事实。在本尼迪克特、贝内特、芬尼、弗士和施奈德等人在 20 世纪 60 ~ 70 年代的著述中，都广泛涉及了机会成本的概念。弗士声称，作为抑制发展的高机会成本不完全是传统。贝内特在对北美北部平原居民的研究中，则用这一概念解释了大牧场主、农场主、印第安人、赫特里特人向劳动市场运动的可变率：从劳动者和资本都从劳动市场进入农场的角度而言，由于劳动者受过正规的教育训练，从而使他们得以在劳动市场中有较稳定的收入；农场主则由于其政治的机会成本低，又可得到更稳定的收入，而市场却会因他们的冒险精神使其承担风险，而有了高机会成本，他们进入农业的高机会成本被用来解释其参与政治活动的高比率；与此相对照的是，赫特里特人和大牧场主有着宗教角色和技术专门化的紧密结合，并由于这种角色的持续性，使其机会成本很低。施奈德以东非的个案说明，较富裕的牧民不愿意进入与欧洲人有关的经济活动中，或者说拒绝变化，可能是由于他们在本土的体制中是富裕的，而由于转变，他们不仅在物质意义上，而且在地位上都会比农场主失去的多，这意味着地位也像财富一样，有与它相关的机会成本。芬尼在寻找新几内亚人进入现金收入和"现代"商业冒险的本地动力基础上认为，用机会成本最能说明不同群体对转变的反应差别。艾奇逊则针对福斯特关于农民因商品概念有限而抵制变化的假设，指出是机会的缺乏而不是商品的缺乏，造成了发展的最大障碍。显而易见，与固守文化传统的一般解释相比，机会成本的概念对抵制变化或响应变化的现象所作的解释更为深刻。

此外，形式分析对经济理论的运用，也对经济学本身的理论发展产生了积极的意义；并对经济学的一些传统观点提出了挑战。如经济学的一个传统教条是，非西方经济中存在劳动力剩余和资本短缺。著名的罗斯托模式就是把非西方经济假设为静态的，即产量有一个绝对升限，这是由于资本短缺和劳动力相对过剩所引起的。其理论结论便是，只要有新的资本输入，经济发展就有了治理壅滞的一般方法和一般原动力。而在经济人类学的形式分析中展现了，非西方经济中普遍的情况不是资本的短缺，而是劳动力短缺的模型。爱泼斯坦和格尔兹都把劳动力短缺视为发展过程中的一个关键问题。爱泼斯坦认为，劳动力短缺随发展的起步时而扩大，因为普通劳动力是非技术性的和低效的，而生产的发展却需要越来越多的技术劳动力，于是，技术劳动力越来越昂贵。格尔兹在对爪哇水稻生产制度的分析中指出，由于"农业衰退"的过程或水稻耕作的继续改进过程的结果不能增加人均产量，资本集中的过程又尚未起步，从而，劳动的边际生产力的低水平制约了经济增长。这一挑战的本质意义是，提出了使经济学理论适应特殊情况的问题，提出了经济学家需要发展自己的跨文化理论的必要性。在老练的形式分析中，首要的因素并非任何分离的生产要素，重要的是要素的比例和如何把各种要素的最高效用关联起来：什么地方劳动力短缺，经济人就会把他的生产资料投放到新的、劳动力资源有保证的地方；什么地方土地缺乏，他们就会把生产资料转而投放到土地有保障的地方；什么地方资本效率低，他们就会寻找新的工具。

又如，就经济学与民族学共同关注的人口与技术这个问题来说，经济学的传统概念曾认为，人口增长是技术革新的函数 [PG = f (TI)]，即假设人口增长来自随技术革新而扩大再生产的新机遇。而博斯罗帕则对此提出挑战，她据边际分析的逻辑论证，技术变化是人口增长的函数 [TI = f (PG)]，即人口增长促进了技术革新。她认为，当人口增长时，由于休耕期增加了劳动的边际效益差，从而增加了每单位产品的劳动成本。为了保证对食物日益增长的需求，农民就必须进行技术革新。由于种种因素使劳动成本失衡，于是要求技术革新达到前所未有的节约劳动力的限度。这在经济学领域和民族学领域都直接开拓了生态分析的路径。在考虑这一假设的有效性时，人们"似乎想把假设放置在归纳法的问题内。但是该假设却是演绎法的问题，确定它的有效性如何，只能通过实践来检验，而不是要求数据。通过确定与越来越短的休耕期有关的边际劳动，便可以说明该假设的有效性。仅仅描绘劳动模式是不能检验其有效性的"①。

另外，形式分析在广泛运用经济学概念的过程中，也把一些原来为人类学所密切关心的问题，放置于更为广阔的公共话语空间，引起了经济学和其他领域的人们的关注。如在 20 世纪 60 年代初期，哈根就曾致力于从人类学中汲取有关内容，而发展了他的经济变化理论。学识广博的博尔廷认为，不应把经济发展简单地建立在剩余价值基础上，而应视为新的工具、习俗和社会组织的发展，即知识的总体变化；发展并非革命，而是选择的突变过程。菲克斯和尚德则以机会成本模式来解释生产类型的转变，为人类学作出了十分有意义的贡献。这一模式的重要性在于它可以考虑各种条件下的机会成本，并涉及了人口增长与技术变化之间的关系在一定条件下表现为互为功能的关系。施奈德认为，这种为经济学家所熟悉的模式构造，"如果使用得当，对深化人类学对非西方经济和经济变化的评估，可能是最有价值的"②。这也启发了一些非洲经济史学家和政治学家，以新的途径用经济学的方法来解释非洲的历史和政治。如霍普金斯对西非土著

---

① 〔美〕哈罗德·K. 施奈德：《经济发展与人类学》，王庆仁译，《民族译丛》1993 年第 6 期，第 40~51 页。

② 〔美〕哈罗德·K. 施奈德：《经济发展与人类学》，王庆仁译，《民族译丛》1993 年第 6 期，第 40~51 页。

奴隶制表现形式的分析；阿尔珀斯对东非贸易问题的研究等。同时，它还引起不少学者对生计问题的关注，从不同的角度深化了人类学家所关切的经济脆弱性问题的研究。

可以看到，不同理论分析工具的跨领域使用，并非只是消极和被动的。即便从最初的简单搬用开始，也含有从不同方面对已有的理论分析工具进行检验的积极意义。从对不同学派、不同领域的理论分析工具的综合运用中，寻找分析问题的新角度，并获得更为广阔的学术视野，对学术研究的创新与突破是至关重要的。更为重要的是，既然"形式"概念具有多层面的涵义，那么，只有充分了解这些不同的涵义特征，或者说，对"形式"所包容的意识形态和分析方法作出区分，才能全面把握形式理论分析的意义所在。

20 世纪 60 年代末期，形式概念普同性解释的逻辑特征几乎消失殆尽。当 20 世纪 60 年代的形式论者假定经济生活中的普同性时，20 世纪 70～80 年代的形式模型的构建者，为了聚焦于模型构建本身的过程，尤其是促进量化的过程，而放弃了创建普同性的努力。在此过程中，韦伯的形式概念的制度内容也在消退，只存留下了量化的思想；而韦伯关于理想类型的观念奠立了形式模型之根。韦伯在《社会科学方法论》中指出："社会学理论的概念不仅从客观的观点看是理想类型的，而且从它们应用于主观的过程来看也是理想类型的。"[1] 尽管在实际情况中，不仅不正确的推理或自相矛盾的行为可能比理想类型更为有用，而且在整个行为领域（即非理性领域）中，由孤立的抽象所提供的那种简单性，比具有最佳逻辑合理性的理想类型更为便利，但为了描述一种特殊态度的特性，"有必要阐述关于行动的相应形式的纯粹理想类型"，"只有根据理想类型或纯粹类型，才有可能做出理论上的区别"。"当参照'类型的'情形时，除非作其他声明，该术语的意义应当永远被理解为'理想'类型"[2]。韦伯的详尽阐述是：

这个观念模型把历史生活中的一定的关系和事件集合为一个复合

---

① 参见〔德〕马克斯·韦伯《社会科学方法论》，杨富斌译，华夏出版社，1999，第 56 页。

② 参见〔德〕马克斯·韦伯《社会科学方法论》，杨富斌译，华夏出版社，1999，第 54～55 页。

体，它被视为一个内在相容的系统。实质上，这一结构本身，像一个通过着重分析现实的某些因素而得出的乌托邦。它与经验资料的关系完全只存在于这样的事实中，即以抽象结构的揭示或质疑所涉及的市场条件下的关系类型，某种程度上是存在于现实中的。参照一种理想类型，我们能够使这些相互关系的性质特征变得清晰而可以理解。这一程序对启发和追溯的目的是不可或缺的。理想类型的观念将有助于发展我们在研究中的责怪技巧：它并非"假说"，却为假说结构提供了引导；它不是一个现实的描述，但旨在为这种描述赋予明确的表达手段。……一种理想类型，是通过片面强调一个或更多的观点，以及对一个广大的许多扩散、抽象、或多或少的存在和偶然缺失的个别具体现象的综合而形成的，根据那些片面强调的观点，把这些现象安排进一个一体化的分析结构中。在其概念的纯粹性上，在现实的任何地方都不能经验地发现这种精神结构。[1]

在韦伯思想的深刻影响下，构建模型的基本过程变成了形式概念的聚焦中心。该过程涉及在已知或假设条件下一系列预期假说的建立，以及把这些预期与经验资料相比较。如果我们在理想化设置的意义上理解形式模型的特征，就很清楚，传统的、边际经济学理论具有许多形式特征。弗兰克·奈特在赫斯科维兹《经济人类学》中所写的"人类学与经济学"一章，就传统经济学的形式特征对形式模型和经验资料的理想化关系，作了最清晰的阐述：

> 为了经济学家与人类学家之间更好的相互理解，首要的要求是后者对经济学作为一种原理的阐释——它同基础数学一样很少关联到经验数据——和作为事实的描述性阐述之间的范畴差异有所领悟。
>
> 在通常的意义上，经济学是一门原理的科学，在根本上并非一门在所有经验意义上的描述科学。它"描述"经济行为，并使用这些概念去解释我们现代经济组织的运作，也对变化提出批评和建议。当

---

[1] 〔德〕马克斯·韦伯：《社会科学方法论》，杨富斌译，华夏出版社，1999，第185~186页，笔者略有修改。

然，它也有一些兴趣与描述相关联，去指出经济行为与实际行为之间的冲突，在我们自己的和其他的文化设置中，它并不坚持这些原理作为固定的一致性。但在这种自身冲突中的兴趣根本上引出了这一事实，即经济行为的观念性理想被假设为，至少在限定的范围内，也是一个规范性的理想。即一般的人，在限定的范围内，希望经济地行止，以使他们的活动和组织"有效率"而不是浪费。①

这表明，形式模型是在理想状态中，而不是在形式的普同性意义上使用的。理想并不意味着存在于真实世界中；它们是人类思想和文化的产物。任何事都可以为了科学的目的而建立为一种理想。有人认为，如果 20 世纪 60 年代的形式论者仔细地阅读奈特的论点，并认识到边际主义者从未想去描述真正的世界，整个关于适用性的论辩或许永远不会发生。但也有一些学者注意到了这一问题，如亚伯拉罕·卡普兰（A. Kaplan）在 1964 年的《调查指导》中的形式模型的概念，就趋近于把形式视为理想的观念；作为当时领悟到形式模型是在理想而非普同性意义上使用的少数经济人类学家之一，戴维·卡普兰（D. Kaplan）在《经济人类学中的形式－实体论战：对其较广含意的反思》中，强调了形式与本质的区别："在传统经济理论的范围，它是形式化的，而无论怎样都不含有事实的断言。""由传统经济学描述的世界是一个高度'理想化'的世界。它是一个个人以充分的信息和预见活动于其中的世界；在这里，对进入即刻行动的决策转变没有文化或心理限制，而且在这里，所有的个体都进行着选择，而所有的行为都互相依赖。在这个理想化的世界中，经济学家就能以逻辑的一致性、归纳的确定性和常见的数学的优雅来行事"②。

这一论点认为，传统经济学仅只提出了一类形式模型，而不是唯一的形式模型。在经济人类学的历史中，对这一论点的反复无常的批评甚至是最普遍的，即低层次描述的问题没有揭示涵义，而分析单位也没有给定的

---

① M. J. Herskovits, *Economic Anthropology*: *A Study in Comparative Economic*, New York: Alfred A. Knopf, 1952, pp. 516, 510.

② D. Kaplan, *The Formal-Substantive Controversy in Economic Anthropology*: *Some Reflection on its Wider Implications. in Southwestern Journal of Anthropology*, V. 24, 1968, pp. 236 – 237.

涵义。当卡普兰正确地看到模型的"形式"特征时，形式模型的实际构建，却未能不参照某些资料、或至少不参照某些力图解释一组资料的假说来进行。资料的收集对模型的构建是关键性的：如果形式模型在一个真空中构建，它们或许就拥有一致性、确定性和优雅的所有特征，但对所讨论的经济过程来说，或许它们也会拥有坏的易变性和坏的分析单位。而理查德·索尔兹伯里则在对把边际主义和形式概念进行分离的基础上，旨趣盎然地论述了形式主义和形式方法之间的关系，介绍了一种"非古典，非欧几里得经济学"的形式分析思想：

> 在一个有众多参与者的非零和游戏中，只要人们对聚焦于对赋予了最大可比利益的行为使用最小性策略的问题，就会得到古典经济学形式分析的结果。人类学的经济学聚焦于另外的策略，另外的结算基础和另外的游戏环境。在这些条件下，一种非古典的，非欧几里得经济学的形式分析就成为可能。①

这一重大的转向，提出了怎样恰当地以及在什么范围内，把特定的形式模型用于分析经济过程的问题。按照定义，所有的形式模型必须以一组假设来运作，而模型的构成和效用所关联的关键问题是，在什么基础上为特定的模型提出分析的假设程序？至少从理论上说，假设依赖于调查的问题，以及由问题所决定的合适的分析单位。许多同样的假说和同样的单位可用于不同社会类型中的不同问题。

形式分析的最大贡献，则是以模型的构建实现了对个案资料进行形式系统化处理和研究方法的系统化。在表象上，这些模型依然显现为形式论者的一种细微转换的变体。作为普同性解释的形式主义和作为分析方法的形式模型，依然是以人的经济性为两者同样的显著特点；但一个根本性的区别在于，在形式模型中，人的经济性只作为一个理想性要素起作用，而不是像 60 年代形式主义概念中的普同性要素；在这样的框架中，人们可以

---

① R. F. Salisbury, "Formal Analysis in Anthropological Economics: The RosselIsland Case", in Irabuchler and H. G. Nutini (ed.), *Game Theory in Behavioral Sciences*, Pittsburgh, PA: PittsburghUniversity Press, 1969, pp. 75 – 76.

假定许多与可计量的现实相对立的不同的理想。这表明，只要弃除形式理论的普同性或种族中心主义的假说，或者说，不是把它用于阐释性的目的，而是把其使用限定为简化的预测与描述，那么，在一定程度上，它获得了一种方法存在的合理性；并且，这种极具启示性的方法，是应该在民族经济研究领域中得到较为广泛的运用的。

从一种分析方法的角度看，形式模型把摹拟的或理想的秩序与真正的秩序相比较，并通常地但非必然地涉及于数学。道格拉斯·怀特（D. White）就数学、形式模型和量化之间的关系说："由数学所引起的当前模型的许多问题与人类学理论有着如此总体性的关联，以致产生了应否对数学人类学的冠名给予信任的疑问。使其结合于这种规程下的东西绝非量化，它覆盖了数学的一部分，但更多的是数学以科学来承担的使用公理推理的普通的逻辑次结构。现代数学思想的主要介入，已优化了数学化分析体系的逻辑支柱。"这种公理推理的概念，"源于公理性理论的模型包容着在一组公理和源于公理的一组结论之间的等值性的一个逻辑结构"[1]。萨蒙（M. H. Salmon）认为："数学模型，即便在其适合时，也不能在这种适合中和以自身构成满意的解释。"他进而指出："尽管一个人可以构建一个非常适合于真实系统的数学模型，依然不能提供对现象的因果解释。例如，大多数科学家认识到，理想的气体定理不能解释在温度和压力变化下的气体活动，虽然它确实能预测这样的活动。对这一现象的正确解释，是在支配构成这些气体的分子运动的统计规律的意义上而给出的"[2]。如果形式模型不能解释事物，那它们能做什么呢？怀特认为，令人感兴趣的所在是："这些模型（最大化分析、决策理论、博弈理论、线性规划）提供了适合于在高度标准化的最优化准则的不同模型之间的一个检验，诸如能够循着一个效用尺度，或以因素的状况或隐含目标与实际行为结果之间的协调性而得到表达。它们正是在对行为结果或一个群体里的行为统计分布的比较中，对最优化行为的不同的最大化模型的预测，提供了一个进行检验

---

[1] D. White, "Mathematical Anthropology", in J. Honigman (ed.), *Handbook of Social and Cultural Anthropology*, Chicago: Rand McNally and Co. 1973, pp. 369, 370.

[2] M. H. Salmon, "What Can Systems Theory Do for Archaeology?", in *American Antiquity*, V. 43, 1978, pp. 181 – 182.

的手段。"①

霍尔伯林认为，虽然形式的方法源出于形式范式，但为了结合那些迄今为止相互对立的范式的要素，就必须改变我们的观念并扩展我们对形式模型的期望。例如，一个以"互惠人"取代"经济人"基点的、用于渔猎－采集社会的形式模型，就可能揭示一些为先前的分析所未见的型式和过程。

形式模型提供了资料分析的方法。这些资料既可以强调经济组织中的制度性或生态性因素，也可以同时强调两者。必须以对现存的范式的有序的综合与再解释，来取代范式的转换。这一综合的目的应该能在一系列范式中，从发展一个融合多样性和方法的跨文化的经济科学开始，同时坚持制度范式的首要性。这就可能形成形式的生态模型和形式的制度模型。②

人们也在探索把形式模型用于非市场范围的可能性。例如，怀特（D. White）1973 年就研究了最优化分析及其在非市场社会中的使用，并认为能够在市场经济的范围作出其复杂的预测。他通过把卡保库人分解为独立而又相互联系的个体决策问题，分析了他们的农业过程。有趣的是，怀特指出，形式公理的分析并不必然地与波拉尼和多尔顿的分析范畴不相容。而阿伦·约翰逊 1980 年的《农业决策研究中的形式主义局限》，提出了"形式模型能成就和不能成就什么"的问题，引发了对经济人类学形式模型潜力与局限的最敏感的讨论：

> 理所当然，在严格的演绎推理基础上构建的形式模型，对非工业和工业环境中的经济行为分析是一个强有力的帮助，但我所关切的是，模型构建者的意向在其模型内部变得一意孤行，而在其外部则失去了明显的趣味和经验的效用……如果不参照仅仅以参与观察一个长时段的田野研究才能提供的一个人类学内容，形式模型以其自身是不可得到实质性解释的。对一个问题的完全形式化并不时时刻刻存在着

---

① D. White, "Mathematical Anthropology", in J. Honigman (ed.), *Handbook of Social and Cultural Anthropology*, Chicago: Rand McNally and Co., 1973, p. 401.

② R. H. Halperin, *Economies across Cultures: Towards a Comparative Science of the Economy*, New York: St. Martin's Press, 1988, p. 61.

障碍，但就形式模型能够说明农业决策的观察结果，却在范围上更多地遇到了一个内在的局限。[1]

约翰逊以"说明"（account for）一词明显地意指模拟或预测，而非阐释。他对定量和定性资料之间的关系极为敏感并注意到，对以经验资料进行量化预测比较的一些个案来说，资料的一个很小而又具重要意义的部分，是由模型来予以说明的。他指出"在每个个案中，有必要选择值得考虑的定性的人种学个案，去解释为什么大多数的资料不能与模型的预测相吻合"[2]。

为了勾画出形式模型概念化的某些方式，以便其跨文化分析的潜力能够开始得以实现，霍尔伯林把形式模型归纳为两个基本类型：第一类称之为"原子式形式模型"，聚焦于作为分析单位的相对自主的个体决策者。第二类称之为"过程式形式模型"，处理超越个体的单位，诸如家庭或村庄，并更为紧密的关联于生态和政治过程[3]。两类模型都为跨文化的分析提供了不同的可能；而通过对形式模型新类型和新的使用的具体说明，就可以进入比较的跨文化的分析方向。

事实上，许多形式模型都显现出两种类型的特点。像卡罗尔·史密斯有关中心地理论的论著，如《市场体系的经济学：出自经济地理学的模型》（1974）、《农民市场安排层次体系的审视：经济地理学模型的运用》（1975）、《市场体系如何影响农业社会中的经济机会》（1977）、《世界体系视野中的区域分析：对不平等发展的三个世界理论的批评》（1983）等，就使用了一系列集合性单位——市场分布中的个体功能、市场在区域系统和次级系统中的安排等。重要的是，形式模型的两种一般类型，都是以对抗于事实量化的创造性假设来运作的。

---

① A. Johnson, "The Limits of Formalism in Agricultural Decision Research", in P. F. Barlett (ed.), *Agricultural Decision Making: Anthropological Contributions to Rural Development*, New York: Academic Press, 1980, pp. 19 – 20.

② A. Johnson, "The Limits of Formalism in Agricultural Decision Research", in P. F. Barlett (ed.), *Agricultural Decision Making: Anthropological Contributions to Rural Development*, New York: Academic Press, 1980, p. 22.

③ 参见 R. H. Halperin, *Economies across Cultures: Towards a Comparative Science of the Economy*, New York: St. Martin's Press, 1988, pp. 75 – 76.

　　原子式形式模型的运用是较早的，但直到斯图亚特·普拉特（S. Plattner）1975 年主编的论文集《经济人类学的形式方法》，才在这一领域牢固地确立了原子式的形式模型。普拉特的论著标志了一个分水岭，因为它为形式概念提供了一个新定义，即对个体决策单位进行理想性的、而非普同性的运用。普拉特在导言中把他的大多数研究描述为，力图"以环境结构提供的条件，去预测一些个体变量在与其他个体变量结合的基础上所具有的价值"。在普拉特的框架中，预测与模拟是形式模型的两个主要功能。在该论文集中，格拉德温（C. H. Gladwin）《从海岸角到库马西的熏鱼供给模型》一文，试图预测一个售鱼者在既定的鱼量和供求信息的条件下的市场参与；拉弗（C. A. Lave）和米勒（J. V. Mueller）的《利比里亚迁徙部落的经济成就》以给定诸如劳动者年龄、先前的工作经验和教育等变量，试图预测一个流动工人的工资。普拉特自己则使用独立企业主的一个模型，分析了墨西哥南部的商贩经济。普拉特的假设之一是，每个商贩都是没有官僚性或组织性的决策过程与之竞争的一个"唯一"决策者。他指出："模型的各个职能，是在对环境中一定参数的确定假设的基础上得以构建的。"①

　　渔猎 - 采集生存类型的适度征集分析，也是原子式形式模型的例子。这些模型同样把个体选择作为分析单位并假设稀缺性与最大化。约翰·马丁（J. F. Martin）1983 年对适度征集理论的模型及其运用的回顾认为，温特霍尔德（B. Winterhalder）是在理想意义上使用最大化假定的。他对渔猎 - 采集者的适度征集策略的看法，"核心是假定征集者在征集时对其净能量比的最大化"；温特霍尔德承认推理的路线忽略了学习的作用和其他的社会 - 文化过程；但他对最大比例的人类征集假定的激烈批评认为，一些理想化得到了证明，而也有一些未能如此。对包含理想性假定的形式分析来说，如果理想化得到很好的证明，而其所忽略的效应与其所要阐释和预测的现象无关，才有完全的合法性和充分的必要性。马丁认为，对于适度征集策略来说，介入的条件包容了诸如历史、机会、竞争目标、适当的预先适应的有无、环境的变化、环境状态的更替、以及基本的但相互排斥

---

① 参见 R. H. Halperin, *Economies across Cultures*: *Towards a Comparative Science of the Economy*, New York: St. Martin's Press, 1988, pp. 76 - 77。

的行为过程等制约因素。这些因素本身的无限性及其所受到的局限规定，使我们所意想不到的，正是为最大化假定所忽略的东西。

马丁进而批评了耶斯纳（D. R. Yesner）在《适度征集理论的考古学推断：阿留申渔猎－采集者的收获策略》中的"比例性收获假说"，它忽略了造就一个"时段"的资源组成的季节性因素。马丁也对模型的时段性使用提出质疑，因为这正如生物进化那样的假设一样，时段之间的运动是任意的：

> 在时段之间的行程和对时段的研究，正像在一个时段被任意分布，并始终如一地关联于征集者移动的环境中的漫步。征集者没有对时段分布的先见之明，或直接趋向更具生产性时段的其他路径，并因而在以漫无目的的移动和偶然遇到的可利用时段所规定的行程时间的路途中，是毫无"损失"的。[1]

在渔猎－采集者的情况中，这种假设没有得到证实，相反，其他的田野报告则表明，渔猎－采集者在环境中的移动是灵活的，但也有高度的结构性和目的性。他们立足于一个直接而广博的环境知识，不仅包容了关键资源的分布与来源，而且也在年度和季节性基础上，包容了资源变量的缘由与类型。1984年，格里芬（P. B. Griffin）的《湿热带中的征集者资源与土地使用》对菲律宾吕宋岛东北部的研究，霍夫曼（C. L. Hoffman）的《南亚贸易网中的普兰征集者》等，也对此进行了相应的论证[2]。

虽然无论在质和量上，已有的形式过程模型都无法与原子形式模型相比，但仍有存在。在有关农民经济的人种学文献和对国家体系的考古学分析中，查亚诺夫的《农民经济理论》便是最古老的形式过程模型之一。他的分析单位是没有工资劳动的农民家庭农场。弗兰克·坎西安（F. Cancian）1965年的《一个玛雅共同体中的经济与声望》，对齐纳康坦

---

① J. F. Martin, "Optimal Foraging Theory: A Review of Some Models and Their Applications", in *American Anthropologist*, 85：1983, p. 621.

② R. H. Halperin, *Economies across Cultures: Towards a Comparative Science of the Economy*, New York: St. Martin's Press, 1988, p. 78.

（Zinacantan）社会中的年龄和船货体系的分析，是形式过程模型的另一例子，他构建的一个形式模型预测，无论如何船货将由合适年龄的人们来装载。蔡特林（R. N. Zeitlin）1982 年的《区际共同体分配的一个更具全面性的模型：政治变量与中美洲史前的黑曜岩采获》，批评了分配的距离衰减模型。他展示了，涉及于长距离商品分配网络的发展与维持过程的任何全面性的分析，都必须计入社会政治因素，而历史因素成为形式过程模型的关键性要素。他的论文引发了有关描述经济过程的类型并阐述其变化的、形式模型能力的一些重要问题①。

在对渔猎 - 采集经济类型的分析中，基恩（A. S. Keene）1979 年的《经济组织模型与渔猎 - 采集者生存点系统的研究》，使用线性规划技术，分析尼兹里克爱斯基摩人中的传统经济和生存方式的变化，也典型地展现了过程式形式模型。他为计量观察与预期生存方式的比较提出了一组假设。第一个假设为，经济行为是有组织的，即它们是定型的而非随意的。第二个假设是，渔猎 - 采集者的基本目标，是为人口的延续获取基本的营养和其他必需的原材料。通过指出人口的特有需要无论如何是由决策者来领悟的，他把分析从一个个体的和心理学的层面，转到了一个制度的和生态的平台，为制度机制留下了一席之地，诸如共享等就得到了模型的照应。第三个假设涉及渔猎 - 采集者的生存策略和成本概念。对基恩而言，成本是有关工作努力和风险的一个复杂函数，这种风险必须被理解为，由食物获取过程被分解为搜寻和追踪两个阶段而产生的。基恩假设，对能够在既定时间予以利用的给定的资源数量是有限制的；时间反过来成为渔猎 - 采集者环境中季节变量的一个函数。最后的这一假设论及了变化，这样就避免了许多形式模型中隐含的静态均衡的假定。

基恩的分析性问题，是对一群人利用资源的变化过程的审视。生存点系统的任何替代，都能在成本或资源利用变化的意义上模型化。与 1977 年尼廷（R. Netting）的《文化生态》和哈德斯蒂（D. L. Hardesty）的《生态人类学》相对照，基恩过程模型所使用的单位与生态分析的单位是协调相容的；但基恩的模型没有像人类学中的大多数生态分析那样，假设那些系

---

① 参见 R. H. Halperin, *Economies across Cultures*：*Towards a Comparative Science of the Economy*, New York：St. Martin's Press，1988，pp. 79 - 80。

统有一种趋向于环境均衡的倾向[1]。

尽管形式模型的结构及其适用性，并不必然受到以不同形式而表现的、过度严格的、二元论思想的限制，但在形式模型的这些使用中，提出了有关形式模型的适当单位是什么？这些单位在不同种类的人口统计、历史、政治和生态的范围内怎样联系？种种的尖锐问题最终都关联到了过程。因此，虽然过程式形式模型远无原子式形式模型的精致性，但没有任何理由说明，为什么不能构建形式模型，以便使制度和过程成为分析的单位。对于跨文化的比较分析目的来说，形式过程模型潜在地比现存的形式原子模型更有用，因为它们能够有对制度安排的敏感。

例如，以扩展的家庭和集群或群体为适当的分析单位，就有可能建立互惠共享过程的模型，并说明在渔猎－采集或部落群体中就此能适应和再生产，变更或维系他们的生存方式的最优化因素或限制条件；在本地、区域和国家精英之间的政治经济联系的质量与数量，本地资源基础，流动能力等的变量意义上，也有可能构建起可以分析农民社会的模型，不仅预测而且解说在村庄层面上的土地改革的成功与失败。

应该注意到，形式过程模型所对应的，是在组织化复合体的不同规模和层面上的人口中所发生的社会关系的复杂过程或状态。对不同发展层面上的文化必须使用不同的单位，并且，形式过程模型的结构，会依其所研究的社会类型而有所不同。更为重要的是，对分析单位要作出不同的假设。当最优化依然是现存过程模型中的一个显著的假设时，模型便不能在个体最大化的意义上构建，而要在系统的总体适应策略的意义上构建。由于分析的单位是人口或人口的一个次级单位，模型是在一个社会或制度的层面上自动运作的。因此，尽管心理学和生物学的简化法在这些模型中从未成其为问题，然而，却难以实现其纯正而简洁。

上述讨论表明，形式模型提供了基准线，而不是解释。尽管形式模型必须在一种理论导向的意义上选择变量、单位和过程，但在任何解释的意义上它们都并非理论。这一点并未得到充分的领悟。变量、单位和过程的隐含假设，是对一种朴素经验论的明显或"真实"的反映，从而，形式模

---

① R. H. Halperin, *Economies across Cultures*: *Towards a Comparative Science of the Economy*, New York: St. Martin's Press, 1988, pp. 78 – 79.

型受到了有关假设的可能类别和形式化过程变量的人种学前提的限制。形式模型既有一个较广泛的运用前景，也有其局限，尤其是其解释能力的局限：

> 为了有助于预测与阐释，必须在一个比较的框架中使用形式模型，即在分析中，必须包括一个以上的比较个案。这可能更具技巧性，因为其所要求的不仅是适当的分析单位，而且是比较情况中的可比单位。这些个案必须细心地挑选，而形式模型中的变量也必须得到首尾一致的使用。如果我们从过程的角度看，制度安排的形式分析是能够实现的；必须把过程不仅作比较的陈述，而且要作历史的陈述，即作为单位之间变化的和动态的关系。我们用以构建模型的单位能在许多不同的形式中构成，也可以在一个非限定的方式中得到安排。在一个初始形式中，单位可以直接是变量之间关系秩序流程图的一部分，或者，单位可处于高度精巧的数学操作中。如果我们对变量的性质及其如何量化给予关注，模型本身将有助于表达资料的比较和逻辑一致性的分析。①

可见，如何依据特定的社会文化环境建立模型？这些模型的理论假定是什么？它们需要达到何种理论目的？如何在田野调查中有效地采集那些散布在家庭、生活、劳作、宗教、艺术活动中的浩若繁星的零散数据？如何辨别、筛选数据并将它们纳入相应的模型中？是否已经有了对模型分析预测能力的准确把握及其局限性的自我明见？模型如何与个案实现有机结合……它们是人类学家们建立、运用模型之前首先需要考虑的严肃问题。

这些论说的指向，并非是否使用形式方法的问题，而是提出了形式模型在民族经济研究中使用的局限性问题。能够把形式模型用于阐释性的目的，或是必须把其使用限定为简化的预测与描述？形式模型与民族学不同理论导向之间的关系是什么？某些导向比其他的会或多或少地有助于形式化吗？对这些问题的深入探寻，将使我们全面地了解形式理论对经济民族

---

① R. H. Halperin, *Economies across Cultures*: *Towards a Comparative Science of the Economy*, New York: St. Martin's Press, 1988, pp. 84 - 85.

学方法贡献的意义所在。

三　形式－实体论战对经济民族学的启示

形式论派的形成，是在 20 世纪 60 年代初期回应波拉尼挑战的论辩过程中完成的。而波拉尼提出"实体－形式"这一对应的称呼时，并非是严格从理论分析工具的层面进行定义的，毋宁说他更多的是在认识论的层面上定义的，从而蕴含着最深层的对历史认识论的区分。这样，形式论者队伍的组成是极为庞杂的：它既有那些在思想深层受到 19 世纪进化论范式支配或影响，试图把产生于对市场经济分析的那些理论贯彻到原始社会中去的人；也有把"形式"作为理想的理论分析工具，为其研究对象设定初始条件和边界条件的人。从而在经济人类学领域中，普遍存在着为适用性－普同性和演绎－归纳的争论所困的现象。

在卡尔·波拉尼眼中，作为所有形式论者老师的马林诺夫斯基早就表明："如果你把一个人抽离他的社会环境，你便先验地剥夺了他寻找道德稳定和经济效率的动力，甚至剥夺了他对生命的兴趣"[1]，展示了人们获取经济的实体定义的出发点，而形式主义的错误恰恰是偏离开了这条道路。毋庸置疑，从形式的"普同性"涵义中衍生出来的理论缺陷，在深层蕴含着一种民族中心主义的论调。这样，当早期的形式主义依托于传统经济理论的概念和范畴，尤其是稀缺性假说而展开分析时，其研究成果就受到了自我中心主义深刻危害。

20 世纪 60 年代所爆发的实体－形式的激烈论战，是民族经济研究领域中一个重要的里程碑。论战关于"经济"的本质、研究对象、研究方法等问题的争论，体现出民族经济研究领域中不同的研究视角、理论基点、方法特征及其各自的优势和局限，对经济民族学的构建来说是极富启示意义的。

在弗士等人把"对稀缺资源替代性使用的理性行为选择的理论"称之为经济的"形式"定义的基础上[2]，许多人"总是满足于从少数经济总量

---

① 〔英〕马林诺夫斯基：《西太平洋的航海者》，梁永佳等译，华夏出版社，2002，第 140 页。

② 参见 S. Narotzky, *New Directions In Economic Anthroplogy*, Pluto Press. 1997, p. 3.

间的少数函数关系中推导'实际的'结果，此种干巴巴的做法，完全不考虑它天生地不可能用来考察那些不能衡量、不能测度的微妙关系，殊不知那些深层的事物对于一个国家的文化生活来说却可能较那些可以衡量、可以测度的事物更加重要"①。更为严重的是，一些人竟把这一形式分析对现代社会主流经济的实体描述，当作形式的本身涵义——理性行为选择的最大化目标是资本利润的最大化——不加区别地加诸到所有的社会存在中，而直接引发了以波拉尼为代表的实体分析的强烈反对。

波拉尼认为，形式分析的假设有文化局限性，从而只能用于西方市场环境，只有从实体经济观的涵义中才能产生出关照非西方经济的概念。乔治·多尔顿在《经济理论与原始社会》中提出，市场经济理论尤其是经济学普遍认同的一些根本性的理论预设，如经济理性、经济人等不能直接用于研究和分析其他"原始社会"，因为它们在性质、类别上有着根本性差异：

几乎就像一个美国人的学习和服从其语言规则一样，一个特罗布里恩德岛人同样学习和服从他的社会中的经济规则……在原始经济中，那些强迫性地施加在个体的物质商品与经济活动中规则是主要性的，它们不仅通过社会义务，而且还通过原始技术与物理环境来叙述。这显然不能简单等同于个人资本主义中的，能够体现"最大化"、"效用"等概念涵义的商品与行动选择范畴。②

萨林斯也认为，形式论派"从其中产阶级的情景中分离出个人的最大化原则并用于整个世界"是不正确的③。实体分析倡导，经济的研究应当抽离某种"理想类型"，从而回归对人类本身的整体与多样的理解中来。他们就此展开了对形式分析伦理基础的直接挑战——形式分析在科学量化与合理性的表象下，倾向于将人类本身也纳入"手段－目的"逻辑中甚至

① 〔美〕约瑟夫·熊彼特：《经济分析史》，朱泱等译，商务印书馆，1994，第57页。
② G. Dalton, "Theoretical Issues in Economic Anthropology", *Current Anthropology* 10 (1)，1969，p. 67.
③ 参见 J. I. Prattis, *Alternative Views of Economy in Economic Anthropology*, in J. Clammer (edt)，*Beyond the New Economic Anthropology*, Hong Kong：Macmillan Press，1987，p. 16。

降低为一种工具。他们所提出的主要反驳论点是：

（1）人们总是理性或非理性的，除了建立在最大化基础上的理性外，人类的理性与非理性有极其丰富多样的表达。

（2）经济理性只是在一些行为或社会子系统之中，或者某些种类的社会中被发现。

（3）因此，其所定义的经济理性是模糊不清且无意义的循环论证，它从未能够被证实[①]。

以罗宾斯（B. Robbins）的《最大化理论与经济人类学研究》为代表，包括弗兰克（C. Frank）、库克（S. Cook）施奈德（H. Schneider）等，也提出了形式论者的主要论点：

（1）实体论者犯了微观经济学的某种错误：他们并没有理解"最大化"并非仅限于对金钱或市场的需求。它可能是任何事物，甚至包括爱或安全。

（2）形式方法同样在非资本主义社会中起作用，因为所有社会都存在理性行为、稀缺及其解决方法。形式工具可以被采用或改良而不应当被抛弃。

（3）实体论者所采用的是从现象中归纳的方法来解释人类的行为规律，显然，演绎的方法应当更加适用[②]。

在形式－实体的论战中，双方都直指根本性的理论实质问题，然而，由于论战的直接性，双方往往把论战局限于狭隘的具象层面，甚至导向了学派攻讦的方向。

例如，论战聚焦的关键词——"形式"——本身的概念就是不清晰的。首先，它有混杂的、范式冲突的渊源。"形式"既可指向对象的外显特征，如艺术之雕像，在此情况下，形式指称的就并非一般，而是特殊个体；"形式"也可指向对象内在构成的基本特质，如三角形内角和等于180°，在此情况下，形式指称的就是探求类别整体的一般性。其次，形式概念在不同的人的使用中，往往具有不同的涵义。

---

① 参见 Wilk, R. R. and Cliggett, L. 2007, *Economies and Cultures*：*Foundations of Economic Anthropology*，Colorado：Westview Press, p. 12。

② 参见 R. R. Wilk and L. Cliggett, *Economies and Cultures*：*Foundations of Economic Anthropology*，Colorado：Westview Press, 2007, pp. 10 – 11。

形式概念最初意指"可量化"。韦伯认为，"'经济行为的形式理性'范畴将用于指定量化预测或说明的技术性可能和实际运作的范围"①。因此，这一范畴涉及对经济行为量化的预测或说明一种文化能力。对韦伯而言，形式理性的概念是相对的。在量化意义上，根据其实际计量事物的范围，经济行为的系统可或多或少地具有形式理性。但是，从技术上讲，计量的形式是不同的，因此，韦伯并未给形式的量化同时赋予普同性的特征，他仍是一个比较论者和制度论者，他关切于经济形态的所有层次，并基于历史基点来研究经济组织。

而从更为深厚的理论渊源来看，形式概念是作为在特定条件下持论的一系列假设，它意指的是理想范式。形式与实体源出于哲学的本体论（Ontology）问题，它的核心指向于"是"与"存在"，即何为"存在与非存在？"或者说，是什么能够作为"存在的存在？"如果说，所谓本质无非是对"普遍性"的陈述或概括，那么，这种普遍性不能从感性世界个别的、变化的万事万物的实在意义中获取。因此，本体论的精神努力，也就是意在借助语言形式来超越日常经验事物，而寻求语言中"是"的普遍性。作为转折性人物的苏格拉底把这一论题从自然引入人与社会的范畴，开启了无数智者的广泛争论。如柏拉图求助于理念，以千差万别的狗都分享着一种"狗性"的说法，提出了要对客体、对象进行分类并认识它们的性质，就必须抓住形式的本原。

在形式意指理想范式的基点上，作为一个分析工具，它最基本的功能，就是为分析对象设定理论的初始条件和边界条件。有如"三角形的内角和等于180°"的形式阐述，可以使我们摆脱任一三角形不管是泥的、木的、石的甚或金属的一切质料束缚，全部放置在同一理论框架中把握。与此相对应的"实体"概念，则是指向质料层面、具体内容或特殊个体。

形式分析的根本特点，是寻求其观点具有最大限度的普遍性和重要性，使人们超越当下在场的文字，而确立抽象和普遍化的开端，这为形式分析提供了一个深厚的理论基础。普遍性诉求的目标是生产非语境化的观念，如一个数学公式可因其自身而真，不论它是否有用，也不论人们是否

①　R. H. Halperin, *Economies across Cultures*: *Towards a Comparative Science of the Economy*, New York: St. Martin's Press, 1988, p. 63.

相信它。"这些观念被认为具有独立于任何地点和任何具体地将它们运用于人的真实性和意义"①。这便开拓了脱离内容来追求推论有效性的道路。然而,普遍性诉求或一致性原理的确立,不会仅囿于"形式",它含有以形式来反映"真实"的隐喻。而这种诉求又总是通过经验的方式来确立,这便陷入了悖论的循环:如果普遍性或一致性原理是真实的,"那么它必须在每一个经验程序中都被预设为真实的——包括我们用它去证明此原理是真实的本身。如果这一原理不是真实的,那么我们就不能通过对经验证据的概括确立其有效性"②。由于普遍性或一致性的声言在本质上来自一些不完全的观察,因此,所谓的普遍性必须被认为是富有想象力的、假设性的或推断性的,它具有内在的不确定性。可以看到,人们所借助的定理、规律、假定等,实际是在追求和强调形式或规范的有效性。

应该看到,形式分析所诉求的"普遍"概念,只是描述了实在之间的一种特殊的相互不在场;一种虚拟时空连续性中臆测的某种可能性。在释者为人的基础上,最终不过成就了一种把生活经验的有限性或感性形象,与期望憧憬的无限性或理性抽象纠缠混杂的结局。它力图营造一种概念化的语言,以把某种或几种具象实体所蕴含的所谓一般性或普遍性剥离出来,并作为标准或规律,去试图解释世界的共同本质。正是这一根本症结所在,给人类的表达赋予了意向性、混杂性和模糊性。

从实体分析一方来看,他们的论说,直指作为整个资本主义文化支撑的市场经济及其理论体系存在的合理性问题,揭示了此类研究以庸俗进化论预设为理论基点的深层基础,表现出实体论者极为敏锐的学术洞察力;但遗憾的是,这一敏锐的学术洞察力也未能去追溯"形式"作为分析工具的根本性涵义,而是直接回应此类形式分析的具象内容,从而反映出他们一定的理论局限性。如波拉尼虽然在1957年的《作为制度过程的经济》中曾指出:"经济的形式涵义衍生于手段 - 目的关系的逻辑特征……形式涵义指称涉及对不充分的手段进行替换性使用之间的选择的一套规则"③。

---

① 〔美〕R. 柯林斯:《哲学的社会学——一种全球的学术变迁理论》上卷,吴琼等译,新华出版社,2004,第272页。

② 〔英〕迈克尔·马尔凯:《科学与知识社会学》,林聚任等译,东方出版社,2001,第37页。

③ K. Polanyi, C. M. Arensberg and H. W. Pearson (ed.), *Trade and Market in the Early Empire*, New York: The Free Press of Glencoe, 1957, p. 243.

但是，他仅仅只从现代社会的实体内容来理解这一行为理性选择的逻辑，而未能指出这种逻辑实体内容的多样性。波拉尼非难形式主义的出发点，在于他认为，仅仅是现代一般化的市场经济，才赋予经济"核算"以形式意义上的可能性和实践意义上的必要性。但事实上，存在于所有社会中的，并常常是不断发展的有关社会生产能力的经验知识，是与这些资源使用的测算规则连为一体的，它们用以确保这些资源的再生产，以及依此而进行的社会生活的再生产。

而施奈德把形式－实体论战的特征归于"某些时候在形式理论－制度描述的经济学家之间的激烈争论"的不同范围，也增添了混乱。他认为，制度论不是理论的，而形式论既不涉及制度也不涉及描述；并认为："形式分析在处理极易量化和明显定价的价值时是最为容易的"①。这便使他趋近了韦伯的经济理性的形式立场。

正是在这种形式－实体的混淆中，致使"形式"一词引起了极为复杂的反应。源于经济学、数学和"硬"科学的支撑，这一观念所持有的声望对一些人而言，诱导了迅速地接受，或更为傲慢的反问："还有任何别的分析类型吗？"甚或一提及"形式分析"便会招致拒绝和张力。某些实践者立即把其作为形式－实体论辩的遗风，而加以反对；某些人则由于惧怕陷身于论辩的困境，而完全避开形式的概念，并拒绝长时段的描述。这场争论"所引起的不同寻常的紧张关系使我们警觉从而意识到，围绕西方本土宇宙论中的核心的文化信念所引发的宿怨由来已久，而这一观念只不过充当了这一宿怨的替代品而已"②。由于对形式概念的拒斥，形式模式跨文化分析的潜力在民族经济研究中受到了极大的限制。

如果真正理解了作为一种理论分析工具的"形式"所内蕴的"理想性"涵义，那么，或许可以把生产、分配、交换、消费定义为经济的"形式"要素。不论在哪个时代，不论经济在何种制度框架下展开，不论经济活动在何种组织形态中进行，经济过程总是包含着这样的环节或要素。其

---

① H. K. Schneider, *Economic Man: The Anthropology of Economics*, New York: Free Press, 1974, pp. 1, 16.

② 〔美〕麦克尔·赫兹菲尔德：《什么是人类常识》，刘珩、石毅、李昌银译，华夏出版社，2005，第108页。

或也可以说，如果当时的形式－实体论战，能够把"形式"的概念涵义追溯到这一理论层面，或许就可以为实体分析获得更为广阔的理论平台，可以更加充分而自信地去论证：在不同的时代、不同的社会、不同的文化背景下，生产、分配、交换、消费就会在经济过程中呈现地位权重的变化；经济的组织框架就会带来不同的经济类型；不同文化模式中有不同的经济行为的差异；同样是最大化的理性行为选择也可能展现有天壤之别的内容差异……

霍尔伯林曾指出：

如果波拉尼没有在此偏离形式概念，经济人类学或许不会发生形式－实体的论战。形式涵义完全只是为了展开某种特定的分析，而对实际的或潜在的经验实体提出假说的一种方式。不幸的是，波拉尼并未把形式的概念限定在逻辑上。他以这一概念的扩展并把经济的形式涵义与传统微观经济学等同，而改变了韦伯极为清晰而确切的形式的跨文化概念。①

她进而把"形式"概念的分歧，称之为衍生于"演绎法－归纳法"问题的"适用性－普同性"问题：

在适用性－普同性问题和演绎－归纳问题之间的混乱源于两个相关的假说：（1）传统经济理论仅仅是分析经济过程的形式科学模型；（2）为了实现科学的经济人类学，必须接受传统经济理论的概念和方法。充其量，这些假说表达了一种对形式模型方法理想的过度的文字运用。许多人正着手建立的形式模型，涉及传统经济理论中所使用的不同假说。……赫斯科维兹以及后来的弗士，对传统经济理论和形式模型方法的矛盾心理，实出于对特殊概念的接受和对一般科学方法接受之间的混乱。这一混乱的本质值得作一些细致的探讨，因为他们的矛盾心理形成了经济人类学的开端，并依然在这一领域影响着当代的

---

① R. H. Halperin, *Economies across Cultures*: *Towards a Comparative Science of the Economy*, New York: St. Martin's Press, 1988, pp. 64 – 65.

思想。[1]

应该说，形式－实体的论战，尽管掺杂着含混与局限，却也引出了一个积极的成果：对民族经济的研究无论在研究对象、涉及领域，还是在理论视野上都获得了更多拓展。如经济学基本方法及其扩展的博弈理论、线性模型、决策树等方法在人类学中的广泛引入，并在对非西方的某种"去神秘化"中被用于分析地方性亲属制度、婚姻交换、市场贸易等问题。经济学的一些理论方法甚至拓展到人类学的多个领域中。如以适应性变化为核心假设的生态人类学，在 20 世纪 80 年代后，随着全球地方性社会的急剧变迁所带来的普遍的、前所未有地对生态环境的明显反作用，越来越多地运用统计、计量、建立模型等手段来研究环境、资源与人类社会的问题。又如，理性、稀缺、最大化等概念，也被一些具有学术敏锐性的人用来证明非西方人同样拥有经济理性，进而探寻这些概念的丰富内涵及其多种表达方式，以及导致这种多样化产生的地方性社会文化情境。如生态人类学者罗伊（R. Rappoport），他在 1968 年的《献给祖先的猪》中，就关注了制度选择与制度理性问题，表现出一种理论融合的尝试；而 20 世纪 70 ~ 80 年代，斯科特（J. Scott）与波普金（S. Popkin）围绕理性与文化、个体行动与社会制度的矛盾关系展开了关于农民理性问题的激烈争论。斯科特以东南亚小农社会的个案表明，当地农民是在"生存安全"最大化选择中，在伦理、互惠、互助等道义规范与社会合作团结中形成共同体的，农民的理性存在于道义经济学中[2]。

从经济分析更为基础性的层面上看，形式－实体的理论论辩，都有其在经济思想史中的一个世纪性古老论战的源流，这就是分列为"政治经济学家"和"新古典经济学家"的对阵。他们分别对"政治经济学"和"经济学"进行推理，集中体现了经济行为分析的两种主要的不同路径，并在今天的一系列方式中仍被广泛使用和误用。政治经济学的最初关切，

---

[1]　R. H. Halperin, *Economies across Cultures*: *Towards a Comparative Science of the Economy*, New York: St. Martin's Press, 1988, p. 68.

[2]　〔美〕詹姆斯·C. 斯科特：《农民的道义经济学：东南亚的反叛与生存》，程立显、刘建等译，译林出版社，2001，第 3 ~ 9 页。

是剩余财富在不同的社会－经济阶层之间分配的政策，所使用的是历史的和比较的方法，进而在技术发展的进化模式意义上展开理论的表述。经济学聚焦于怎样决定在无限需求中分配稀缺资源的一般性问题，取代了在一个既定社会中对生产的社会关系的观察，提出了一些关于消费边际效用的直观原理，并以此构成了新价值理论的基础。

可以说，形式－实体的论辩把人们引向了更为深切的理论关联。马克思理论的影响力得到了广泛的显现。一些对马克思语词层面质疑的分析，却也展示出运用马克思理论框架和规范性术语的意蕴。例如，在马克思强调生产的首要性，而波拉尼关注于交换的学术旨趣的区别中，人们看到了他们对制度模式的强调，而他们共用的历史的和比较的方法得到引申，并展现出作为一个比较和跨文化经济分析的基石的潜能。莱蒙德·弗士也始终论及马克思概念对民族经济分析的适用性问题。他在 1975 年再版的《原始的波利尼西亚经济》中说：

> 亨利·梅因和卡尔·马克思都以极其不同的盎格鲁人的事例，强调了制度对个人行为的制约性。马克思强调了交换关系是人与人之间的关系，而不是物与物之间的关系的事实，并且，对最富有成果的分析目的来说，它是在最有影响的人的范畴之间的关系。但关键是，在对诸如提科皮亚人经济系统的研究中，对认识具有重要性的大部分范畴，并非是以其在生产中的作用而区分的人的范畴，而是双方都作为生产者而由其社会地位所定义为交换者的人的范畴。[1]

而当多尔顿认识到"在模式和对社会主义的赞同中，马克思与波拉尼都有一定的亲和力（一致性、相似性）"时，他却在 1981 年的《经济人类学与历史：卡尔·波拉尼论著的专题讨论会评论》中断言："马克思与波拉尼之间的差异比其相似性重要得多。马克思和波拉尼都明确地表现出对抗的（替代的、不合的、矛盾的）模式或理论体系。"斯科特·库克 1969 年的《"反市场"意识的反思：对经济人类学实体主义研究的再批评》则

---

[1] R. Firth, *Primitive Polynesian Economy*, London: Routledge and Kegan Pault, 1975, pp. 19 - 20.

认为，马克思是"所有实体主义经济学思想家中最机敏和最深刻的"①。霍尔伯林也提出：

> 为了理解波拉尼跨文化解释的观念，必须把他的论著理解为既是马克思论著的一种派生物，也是对马克思论著的一种回应。在波拉尼的论著中有一种潜在的一致性，其基础衍生于马克思的论著。如果忽视波拉尼的马克思主义，就不可能以全面的方式来理解，在波拉尼论著中的马克思理论要素，既反映在他的概念中，也反映在制度模式的基本要素中。②

她认为，波拉尼在反对马克思经济决定论的同时，采纳了马克思的经济的制度模式。这在表象上显现为一个矛盾。但源于法兰克福学派对马克思理解的传统，尤其是卢卡奇 1922 年所完成的《历史与阶级意识》中关于经济形态的"嵌合"、资本主义的科学思想，特别是其具体化的概念，似乎奠下了波拉尼论著的基石。事实上，人们可把波拉尼读作卢卡奇的译本。波拉尼"填充"了跨文化的资料，这是在马克思和卢卡奇论撰时尚未获得的。汉弗莱 1969 年的《历史、经济与人类学：卡尔·波拉尼的世界》，也提到卢卡奇与波拉尼之间的关系。虽然她没有详尽阐述，但显然提出了需要进一步地审视分配方式与生产组织之间关系的问题。戴维·塞登也认为波拉尼显然受惠于马克思的历史方法。

正是这些理论的关联，使波拉尼的论说一直扮演着重要的角色。例如，戈德利耶 1966 年的《经济学中的理性与非理性》，在一种颇为困惑的状态中运用了波拉尼的思想。他在表面上反对的同时，吸收了许多波拉尼的基本原理和概念；克劳德·梅拉索克斯 1972 年的《从再生产到生产：经济人类学的马克思主义研究》，也赞同性地摘引了波拉尼并作了一些阐释。抛开学派的成见可以看到：

---

① S. Cook, "The Anti Market Mentality Re-Examined: A Further Critique of the Substantivist Approach to Economic Anthropology", in *South-western Journal of Anthropology*, 5：1969, p. 380.

② R. H. Halperin, *Economies across Cultures: Towards a Comparative Science of the Economy*, New York：St. Martin's Press, 1988, p. 26.

　　波拉尼为分析不同社会的经济而发展起来的跨文化的框架，是对马克思的经济概念和经济史与文化人类学资料综合的产物……波拉尼大量地汲取于马林诺夫斯基、弗士和桑沃德的著作，并借助某些马克思的经济思想，从现存的人类学报告中收集他的资料……波拉尼使用人类学的资料，来修饰和详尽阐释马克思的概念。在一个宽广的、跨文化的框架中对马克思基本概念的反思，产生了对其局限以及潜在效应的洞见。[①]

　　政治经济学的研究旨趣，在不同学者的身上得到了不同的体现。丹尼尔·伯尔陶克斯（D. Bertaux）和伊莎贝尔·伯尔陶克斯 - 威亚麦（I. Bertaux-Wiame）1981 年发表的论文《法国的面包工匠：其如何生存又为何延续》，便以面临工业的规模经营而幸存下来的法国小面包匠为对象，深入探讨了这些小手工业主生活的诸多方面，从家庭生产组织形态、集体战略及其与其他社会阶层的关系，以至到精神气质，解答其令人惊讶的经济生活问题。这一研究深刻而尖锐地指出，诸如此类的某些社会层面，是如何被现代行政官僚机构的统计、法律和文献记录等方面作出了错误的表述，而大量的社会学研究和规划研究，却依赖于这些记录方法。克里福德·格尔茨 1973 年的《文化的解释》、萨林斯 1976 年的《文化与实践理性》、皮埃尔·布迪厄（P. Bourdieu）1977 年的《实践理论大纲》等杰出著作，也都以不同的视角和独特的文风，对交流过程和意义如何成为政治和经济利益结构的组成要素，进行了有力的论证。

　　形式 - 实体论战展示了不同的理论源流与传统，不同的视野侧重和学术趋向，展示出人们在民族经济研究中不断寻求新的理论工具、不断扩展其研究视域的努力过程。论战也展示了双方所持有的全然不同的经济观：形式的经济涵义指称在用于替代性目标的稀缺资源配置中的逻辑选择；而实体的经济涵义则指称人们对变化的社会和自然环境的适应。而正如伊恩·普拉蒂斯（J. I. Prattis）所说："经济的定义在此是至关重要的，因为它决定了一个人所要研究的理论问题、分析涵盖所要选取的事实以及分析

① R. H. Halperin, *Economies across Cultures*: *Towards a Comparative Science of the Economy*, New York: St. Martin's Press, 1988, p. 27.

单位。"①

形式－实体论战给予经济民族学构建的启示是深远的。尽管人们乐意把形式－实体分列为不同学派的存在，然而，它的形成、兴起与趋向无不体现出一种开放性。在一般意义上，学派是理论传承的载体；但在真正的意义上，学派并非理论拓展的理想空间。学派的分歧，往往使学术的理论论辩，表现为一个圣法经传的争论。它太多地关切于领袖的话语，而极少与现实的、不同制度结构的国家的、真实世界的事件关联。屈从于与学术范围与学派地位关联的琐碎问题的过程中，把研究引入了一种流行的、诠释经典文本的歧路，而脱离了与活生生的人类经验相关的重要问题。因此，构建经济民族学所面临的主要问题，并不是一个应去捍卫哪一个学派的理论框架或规范的问题，而往往是选取什么方面为其自己的学术聚焦，而展开跨学派和跨学科分析的问题。囿于学派划分的窠臼，"这种主观方法的学术分类是无可获益的。它没有提出任何有意义的问题，并转移了人们对诸如经济不平等和贫困分析这样的真正论题的注意"②。

我们应该看到，以往在民族经济研究中所形成的不同的理论模型与分析模型，一方面具有一定的局限与不足，另一方面，大多都是在与其他学派、其他模型的相互对话、借鉴、交流中才获得成功的。如被称为形式论者的爱泼斯坦关于印度乡村研究的许多成果，就得到了波拉尼的首肯；而另一个形式论者库克则在 20 世纪 80 年代转向了西方马克思主义的研究路径……经济民族学的构建所涉及的经济本身的概念化，及其与社会、文化和环境相关的经济形势的变化，即人类社会发展中的各民族经济演变的问题，既是理论性的又是实践性的。不管是研究非资本主义的血缘社会结构，还是对在国家或多民族基础上所形成的、复杂得多的经济结构进行分析，其根本性的基点就是实现对不同民族经济问题的认识和理解。就已存在的不同理论模式而言，与其说它们是对立的，不如说它们是互补的。如生态模式和形式模式关注于人－物（环境）关系，而功能模式和制度模式

---

① J. I. Prattis, *Alternative Views of Economy in Economic Anthropology.* in J. Clammer（edt），*Beyond the New Economic Anthropology*, Hong Kong: Macmillan Press, 1987, p. 22.

② C. A. Gregory, J. C. Altman, *Observing the Economy.* London, New York: Routledge, 1989, p. 34.

则以社会的组织与结构为重心；生态模式和形式模式的分析单位各不相同，但都促进了数量资料的收集；制度模式强调了对跨文化经济过程异同性的解说，而形式模式却以高度的抽象性，提供了一套精确细致的分析程序。在一个更为合理的理论基点上，这些模式的不同侧重，都会构成经济民族学整个研究的重要组成部分。如何依据特定的社会文化环境建立模型？这些模型的理论假定是什么？它们需要达到何种理论目的？如何在田野调查中有效地采集那些散布在家庭、生活、劳作、宗教、艺术活动中的浩若繁星的零散数据？如何辨别、筛选数据并将它们纳入相应的模型中？是否已经有了对模型分析预测能力的准确把握及其局限性的自我明见？模型如何与个案实现有机结合……它们是人类学家们建立、运用模型之前首先需要考虑的严肃问题。

构建经济民族学的真正途径，并不能纠缠于它是质性研究还是量化研究的琐碎问题，"而在于认识到'经济'比经济学更宽泛，事实上宽泛得多"①。如果经济民族学的构建，意在实现一个新的理论综合，就必须以开放的姿态去吸纳不同的理论视角和要素。对一定民族社会的资源配置的经济分析，不仅是一个单纯的理性选择，而且包含战略行为、支付形式、博弈环境，等等。以此来看，仅把经济的涵义限定在制度或物质的层面，实在是太狭隘了。

20世纪60年代以来，整个社会科学革命性修辞和视野的兴起，使经济民族学的构建关注于具有较多历史意义的界说，它不能再简单地满足于微观的研究，要拓展到生产方式、交换体系、消费文化、经济社会制度、生态、贫困、发展、社会性别、食物、传统文化的保护、旅游、文化产业及学科基础理论等领域，更重要的是，它必须以一种整体性的乃至世界体系的视角，来考察不同民族的社会实存，并对既存的政治经济秩序提出质疑。这种研究内容和学术焦点的变化，一方面把经济民族学的构建推到了学科建设的前台；另一方面，也为经济民族学寻求新的理论工具开辟了更为广阔的道路。它应把诸如结构主义、符号象征、认知解释等的学术视角和分析方法，都理所当然地视为自有的理论工具加以运用。对经济民族学

---

① J. Clammer (edt), *Beyond the New Economic Anthropology*, Hong Kong: Macmillan Press, 1987, p. 6.

而言，不同理论流派、视角和模式之间的实质关系，并不是一个"进化"的、以优代劣的关系；毋宁说是一个相互交叉、相互重叠、互予启迪的学识关系。

如果说，当代社会科学的发展，表现出追求多元化视角的趋向；那么，经济民族学正以其学术核心的意义及其开放性，为多学科的融合与边缘交叉的研究，提供了一块最为广阔也最有深度的思想场地。经济民族学的构建，是对以往民族经济研究原有体系缺陷的回应。经济民族学一方面看到"经济"在人类行为和社会生活中的基础性地位，并力图以此出发来达到对人类历史和现世生活的理解及其对未来的展望。但如果这种理论努力再进一步简化为单一的"经济决定论"，就会滑落进机械的、庸俗唯物主义的陷阱。毕竟，"人"是并不仅仅以"物质性"就可以得到解释的；况且，就是"经济"本身，尤其是其初始的表现，也不完全是一种"合乎目的"的活动。另一方面，经济民族学也看到，经济活动在社会中的非独立性和经济制度在本原上的非物质性；力图通过对"经济"本原意义的探究，揭示出支配或联结整个社会活动的深层的涵义或象征系统。这种理论努力表现出与当代哲学努力的高度吻合，如波德里亚、格尔茨等即把符号看成人类实践的普遍中介。

经济民族学的这种理论努力，进一步强化为对"无意识结构"的追寻。其所体现出来的、福柯所称道的那种不是用人，而是用无作者思想、无主体知识、无同一性理论来思考文化问题的方法，同时也充满了疑问和危险性。它表明，尽管经济民族学根据所研究的民族的整个文化来解释经济的特殊合理实践，是一个正确的起点，但是，它如果滑落到把人类行为的解释归结到人的呼声、信仰和意愿等的顽固偏见中，就可能回复到绝对唯心主义的窠臼。由此看来，经济民族学理论工具的发展，就是要在这两个极端之间寻找出路。或者说，它应该在既存的理论空间维度中，在人性的两极中，在人类群体与个体的对话中寻求某种突破。

在"我们是谁？我们从哪里来？我们到哪里去？"这样的根本性提问下，整个社会科学弥漫着一种"回归"的情调，这标志着人类思想对人类现世社会异化的一种抗辩。而所谓"回归"的涵义究竟是什么呢？笔者同意这样的说法："回归"的概念不是历史意义上的；也不是浪漫主义的感

伤；而是一种逻辑的和现实主义的主张。我们并不主张回到远古或再去茹
毛饮血，也不主张为本来已经迷失的现代人再虚构一幅"原始共产主义"
的美景。我们承认社会的发展、文明的进步；承认人的生活质量已大大地
提高并仍有必要进一步提高。因此，所谓的"回归"，是要回归人的本性
或本质；是使他的生产回到他的目的。不幸的是，在异化了的社会和时
代，许许多多的人忘记了自己的本质，忘记了自己的存在；许许多多人的
劳动或生产最终并不能实现自己的目的[①]。经济民族学为实现这种回归的
思想努力，提供了一个最具实证特征，最有实验色彩，也最富于多样性和
生命活力的研究领域。

---

① 参见章建刚等《艺术化生存——中西审美文化比较》，四川人民出版社，1997，第46页。

第四章

马克思理论激发下的民族经济研究

一 马克思理论的再理解和再发现

马克思理论是在 19 世纪的理论范式中成长起来的。他从早年对哲学和社会学的研究开始，随着时间的推移而日益集中于经济学，直至其工作时间几乎全部被经济学所独占。其深厚的哲学底蕴所表达出来的、对人的类本质的实现的关怀；其经济研究的重点对社会关系的关注；及其与历史学、政治学和社会学等学科的紧密联系和扩展；不仅使马克思的学说一直是政治经济学赖以保持其活力的长久不衰的理论构架，而且使其学说体系具有了巨大的包容性。任何一个人，如果不重视这一点，无论怎样也是不能了解马克思学说体系的这种博大精深的。熊彼得认为：

> 在某种程度内，对于每一个作家来说都是如此：全体总是比各个部分的总和要多一些。但只是在马克思的场合，忽视这一点而使我们遭受的损失才具有非常重大的意义，因为他的看法的总和，作为一个总和，是贯彻在每一个细节之中的，对于每一个研究他的人，不论是朋友还是敌人，这正是使之在心智上感到迷人的泉源。①

---

① 〔美〕约瑟夫·熊彼特：《经济分析史》第 2 卷，朱泱等译，商务印书馆，1992，第 9 页。

马克思的头脑并非那种会让其学问的煤把思想火焰扑灭的头脑，对于每一个事实，对于他在阅读中所碰到的每一种议论，他都要用洋溢的热情去与之搏斗，以期得到自己独创性的分析。马克思的学说正是以此获得强大生命力的；也使得作为其理论体系基础的认识论问题、其写作中所表达出来的对不同社会力量冲突的感受及其意识升华的所谓"悲剧情调"，得到了当代学界的日益关注。

经济学是马克思学说的中心，但这决不意味着他由此陷入了单一的"经济决定论"，而始终是从社会的相互作用出发来展开研究的。这种伟大的构思，使马克思的经济分析具有超越技术限制和一定的时代限制的特点：在资本结构的分析中，他成为试图为资本主义过程建立清晰模型的第一个人，并且力图"揭示这样一种机制，仅仅由于这种机制的作用，不借外部因素的助力，就会把任何一定的社会状态转变为另一种社会状态"①。虽然马克思的经济分析始终如一地集中在经济学的学理性上，但马克思的经济学总是从社会存在的总体出发，并且总是再次返回到这种总体性中。他深刻地揭示了，"每一种'经济的'现象同时也是一种社会的现象，特定类型的'经济'同时预设了特定类型社会的存在"②。正是这种总体性，使马克思紧紧把握住了社会存在形成过程的根本点，得以通观历史的全貌，并构建起社会存在和社会变化的理论。即"社会的改变可能以纯经济的方式发生，也可以直接表现为经济之外的转变"。因此，

> 它们的经济本质或者经济之外的本质既不能被看作是同一，也不能看作是排它性的对立，而是应看作是同一性与不同一性的同一。……社会存在只有在这种统一中实现自身，这种统一在社会存在的错综复杂的相互作用中来实现自身的方式中获得自己的规定性和特性。在这种交织关系中，人的生活的现实社会生产和再生产始终是居支配地位的

① 〔美〕约瑟夫·熊彼特：《经济分析史》第 2 卷，朱泱等译，商务印书馆，1992，第 96～97、20 页。
② 〔英〕安东尼·吉登斯：《资本主义与现代社会理论——对马克思、涂尔干和韦伯著作的分析》，郭忠华、潘华凌译，上海译文出版社，2007，第 14 页。

因素。不理解这种交织关系，就不能理解马克思的经济学。[①]

马克思以历史的方法并在社会存在的意义上，使其经济学认识获得了必要的哲学基础，使得我们可以把经济发展理解为作为类存在物的人的形成过程，及其达到真正的自我实现的存在基础。而最终构建起了一门既涉及自然、又同时涉及人的社会的、关于人的发展的历史性学说[②]。他把社会学的一切部门和经济学结合成为一个单一而均匀的整体，为社会科学作出了完全属于他自己的、具有头等重要意义的经济史观的贡献。

马克思和恩格斯虽然在"归根到底"的意义上，看到了经济是整个人类发展不可扬弃的基础性因素，但也同时看到，在社会的实存中，"并不只有经济状况才是原因，才是积极的"。"如果有人在这里加以歪曲，说经济因素是唯一决定性的因素，那末他就是把这个命题变成毫无内容的、抽象的、荒诞无稽的空话"[③]。他们曾批判地吸收了摩尔根等早期人类学家的论述；也广泛涉及了日耳曼、斯拉夫、罗马、盎格鲁·撒克逊以及亚洲和非洲的不同民族经济体的历史和现状，并从世界民族依存关系的大背景出发，论述了民族性格的稳定性与变化性等问题。这些研究不仅使他们看到，对"各种不同的民族性所占的（至少是在近代）地位"，尚未得到应有的关注和阐述[④]；而且明确指出："政治经济学本质上是一门历史的科学。"它不可能对一切民族和一切历史时代都是一样的，"从野蛮人的弓和箭、石刀和仅仅是例外地出现的交换往来，到千匹马力的蒸汽机，到纺织机、铁路和英格兰银行，有一段很大的距离。……谁要想把火地岛的政治经济学和现代英国的政治经济学置于同一规律之下，那么，除了最陈腐的老生常谈以外，他显然不能揭示出任何东西"[⑤]。马克思在其宏著《资本论》中就指出：

---

① 〔匈〕卢卡奇：《关于社会存在的本体论·上卷——社会存在本体论引论》，白锡堃、张西平、李秋零等译，重庆出版社，1993，第696页。

② 《马克思恩格斯全集》第3卷，人民出版社，1960，第20页。

③ 《马克思恩格斯选集》第4卷，人民出版社，1975，第696、732页。

④ 《马克思恩格斯全集》第1卷，人民出版社，1956，第658页。

⑤ 《马克思恩格斯选集》第3卷，人民出版社，1975，第489页。

相同的经济基础——按主要条件来说的相同——可以由无数不同的经验的事实，自然条件、种族关系、各种从外部发生作用的历史影响等等，而在现象上显示出无穷无尽的变异和程度差别，这些变异和程度差别只有通过对这些经验所提供的事实进行分析才可以理解①。

他在晚年则更为鲜明地表示：在人类向着保证社会劳动生产率极高度发展的同时，又保证人类最全面发展的这样一种历史进步中，并不存在一条不同民族都必须走的唯一道路：

> 一定要把我关于西欧资本主义起源的历史概述彻底变成一般发展道路的历史哲学理论，一切民族，不管他们所处的历史环境如何，都注定要走这条道路……这样做，会给我过多的荣誉，同时，也会给我过多的侮辱。②

正是这种以各民族具体情况来进行社会进化分析的理论基点；正是这种既坚持社会进步，又不把评判标准归结于某一民族的现存实存经验，而是从人类实存的异化的深刻洞察中，把整个研究落脚到对人的全面发展或人的类本质的实现的最终关怀上的理论倾向，使马克思理论体系获得了深厚的生命力和强大的感召力。

马克思理论体系不仅对经济民族学有认识论上的启示意义，而且其经济分析也直接为经济民族学开辟了学科道路。其中最主要的，便是《资本论》中对商品拜物教的分析。这一有关资本主义过程的文化层面的经典论述，蕴含着一个更具普遍性的理论见解：所谓"生产关系"并非表层上可见的物理性的简单组合；系统的社会关系被嵌入生产过程之中，并在生产者对商品的偶像化和移情意识中获得表现。它为经济民族学从那些看似虚幻的社会关系中，把握真实的存在，提供了一条极其深刻的理解思路。

在此深层的理论倾向的引导下，马克思还曾使用制度概念，分析了经济过程中的组织机制，阐释了个人或群体在这其中实现生产、交换、分配

---

① 马克思：《资本论》第3卷，人民出版社，1975，第892页。
② 《马克思恩格斯全集》第19卷，人民出版社，1964，第130页。

和消费及其自身发展的过程。一定的生产方式，始终是与一定的共同活动方式或一定的历史阶段相联系的，这种共同的活动方式本身就是生产力。人作为生产力的主体成分，使经济过程不能不同作为主体或行为者的人密切相关，人的行为又总是受到制度模式的塑造，而成为民族文化的具体表现和个性反映。这或许可使我们更深刻地来认识经济民族学的分析意义。

　　但是，问题的严重性在于，理解马克思理论精髓的真正困难，远非这一理论体系内在的巨大包容性和开放性，而在于其所拥有的学术知识和政治性的双重身份。作为一个伟大的思想家，马克思在以其个体生命的终结展示其精神延续的可能之时，同每一个思想家一样，遭遇了思想被曲解的命运。每一个伟大的先哲，无论是释迦牟尼、老庄、孔孟，还是马克思等，在他们逝世后，总会有各种各样的人自命为正统，对其博大精深的思想加入自己的理解进行解释，从而形成各种流派，各种信仰，各种教条，甚至僵化为迷信的偶像或宗教；而以这些思想家的名义展示出来的东西，在极端的情况下，已是面目全非，或仅能从形式象征的意义上找到一点模糊的关联。这种误解对马克思尤为突出，这主要在于，马克思的学术研究，从一开始就具有十分强烈的革命性倾向，其革命性的政治宣传与其理论分析活动不可分割地交织在一起。从革命性的角度看，马克思主义的政治身份具有根本性的意义；而学术性的角度，马克思理论分析的聚焦点则是学理逻辑。对马克思理论体系理解的混乱，往往就源于这双重身份的缠绕。应该看到，马克思理论体系中所体现出来的鲜明的政治性，并不抹杀其学术的科学性，他在对社会事实相互关系的说明中，一方面充满着逻辑性和分析性，体现出极高的理论价值；另一方面，即便是马克思最科学的论述，在其以后被简化为政治宣传的过程中，"他的分析不仅被实用目的的影响所歪曲，不仅被带着感情的价值判断的影响所歪曲，而且也被意识形态上的幻想所歪曲"①。

　　从学术分析的角度出发，马克思的命题，"也像其他每一个社会学和经济学的分析家的命题一样，具有相同的方法论上的意义和地位，并且应当根据相同的标准去加以解释；我们不承认有任何神秘的光环"②。历

---

① 〔美〕约瑟夫·熊彼特：《经济分析史》第2卷，朱泱等译，商务印书馆，1992，第11页。
② 〔美〕约瑟夫·熊彼特：《经济分析史》第2卷，朱泱等译，商务印书馆，1992，第11页。

史常常以惊人之笔，深刻地讽刺了世人的偏执对科学追求所设置的种种障碍：一方面，把马克思理论挤压为教条的做法，导致了所谓的"信仰危机"；另一方面，对马克思理论的否认、压制与排斥，却从 20 世纪 60年代开始，在西方持续性地掀起了重新发现马克思的巨大的理论浪潮。或许，这正是马克思理论体系获得发展活力的基点。毕竟，由马克思理论所激发起的广泛研究，就是在此基点上，重新理解马克思的一个理论产物。

二　西方在马克思理论激发下的民族经济研究

马克思理论研究在西方产生的社会总背景，是对传统理论模式的质疑，对新的理论解释工具的寻求；而对马克思理论的再理解和再发现，则是促成其学派形成的直接动因。它召唤起大批的学者，以文化实验的术语，去探究在多元化的世界变迁状态下，诸如生产方式、商品拜物教、生产关系，以及生产力之类的概念所可能具有的意蕴。概略言之，西方马克思研究是从三个方面进入民族经济研究领域的。

欧洲运用马克思理论所展开的民族经济研究，具有法兰克福学派的一个深厚传统，乔治·卢卡奇（G. Lukacs）的《历史与阶级意识》以及他关于经济形态的"嵌合"、资本主义下的科学的思想，尤其是其具体化的概念，也对这一领域产生了重要的影响。内奥米·卡茨（N. Katz）和戴维·凯姆尼泽（D. Kemnitzer）1978 年的《当代马克思主义思潮中的社会人类学及其趋向》，就表现出对法兰克福学派传统的继承。另外一支最主要的力量，则是起源于法国的结构马克思主义。主要代表作有：莫里斯·戈德利耶（M. Godelier）的《经济学的理性与非理性》《马克思主义人类学的展望》《经济民族学的对象与方法》《基础、社会与历史》《精神与物质》《大人的作为：新几内亚巴鲁亚人中的男性统治与权力》，阿尔都塞（L. Althusser）和巴利巴尔（E. Balibar）合编的《读"资本论"》，特雷伊（E. Terray）的《马克思主义与"原始"社会》《吉亚曼王国阿布龙人的阶级与阶级冲突》，杜普雷（G. Dupre）和雷伊（P. Rey）的《关于交换史理论的反思》，弗里德曼（J. Friedman）的《马克思主义、结构主义与庸俗唯物主义》，布洛克（M. Bloch）的《马克思主义与人类学》，以及梅拉索克斯（C. Meillassoux）的《家族制共同体的理论》《少女，饮食与货币：资本主义和家族共同体》，等等。这些学者的研究内容各不相同，观点也有所差异。但主要的共同趋向表现出结构主义的特征。

首先，如以路易·阿尔都塞为代表的结构马克思主义，或多或少地都与结构主义有某种理论联系，并把研究的旨趣聚焦于结构的分析。他把见诸文字的马克思主义看作一种表层结构，力图从阅读马克思之中找出其深层的结构。戈德利耶从哲学专业转向经济民族学研究后，曾一度作为列维—施特劳斯的助手，他在对巴布亚新几内亚的巴鲁亚人的研究中，公开亮出的学术旗帜便是结构主义与马克思理论的综合。他认为，马克思正是使用结构主义的方法，以深层结构的逻辑来解释资本的。他与列维—施特劳斯的主要区别在于，施特劳斯对历史普同性的注重，使其努力寻求社会中的"永久象征系统"；而他则注重历史发展的阶段性。特雷伊则在对摩尔根《古代社会》的重新阐释中，突出了结构的连接关系的研究。梅拉索克斯则把家族制共同体视为原始社会中独立承担着各种形式社会性再生产的、一种独一无二的经济社会系统；它"通过使作为人的再生产手段的妇女的'配置'制度化，支配着人的再生产"[1]。这种把生命再生产作为社会结构的核心，并提出妇女配置的问题，作为一种认识方法是富于新意和启发性意义的。

其次，这种结构研究的旨趣，使他们表现出建立一个关于生产方式的理论的努力倾向。戈德利耶指出：

> 马克思之所以伟大，就在于他通过对商品、货币、资本等的分析，"真实地再现了"在资本主义生产方式中以颠倒的形式表现在人们的日常生活中或观念上的各种事实，阐明了社会关系所带有的那种虚幻性。[2]

他主张把血缘关系引入到唯物史观对生产关系的认识中。这与阿尔都

---

① 参见〔日〕栗本慎一郎《经济人类学》，王名等译，商务印书馆，1997，第25页。
② 参见〔日〕栗本慎一郎《经济人类学》，王名等译，商务印书馆，1997，第23页。

塞和巴利巴尔等人所强调的、不能把生产关系简单地视为生产工具与生产者自然结合的观点相吻合。这种认为从社会关系的表层经纬中，无法直接解读生产关系的真正本质，因而需要对生产方式进行社会性的总体分析的看法，得到了广泛的认同。同时，他反复强调，经济基础永远决定上层建筑的这种静态理论，并不是马克思提出的，他认为马克思的主张是："在与各种社会的功能和进化有关的社会中各系统间因果关系的理解上，必须坚持功能划分与层次划分的观点"[①]。梅拉索克斯则在其研究中强调："无论对资本主义经济的全过程有多么深刻的认识，也无法用这种认识去揭示家族经济运行的特质。相反，通过对家族经济中人的再生产问题的分析，却揭示了资本主义条件下人的再生产的共同本质"[②]。在这些学者的理论努力中，一方面，广泛运用了马克思理论的构架和规范性术语；另一方面，也得出了与斯大林模式大相径庭地对马克思的理解。

最后，这种对马克思理解的差异，主要是在"亚细亚生产方式"的研究基点上扩展出来的。这些学者在对非资本主义社会经济形态的研究中，大都涉及了马克思"亚细亚生产方式"的概念。戈德利耶在 1946 年莫斯科第七次国际民族学和人类学会议上便提出，亚细亚生产方式已被曲解和贬低为一种纯地域性的生产方式，而应当把其当作一种世界性的、普遍的生产方式来重新认识。他主张经济民族学的任务，是在这种作为社会基础形态的亚细亚生产方式的变化、演进的过程中，从社会变化的深层结构中找到经济的位置。尽管他的实际研究仅局限于揭示这种生产方式下的资源占有制度，但仍引起了巨大的反响。而这些学者的研究，主要从两方面提出了新的见解。

一是强调了生产方式的多元存在，如戈德利耶提出："马克思认为主导的生产方式的瓦解不只是导致单一的一种新生产方式去取代旧的，而是导致多种"；特雷伊认为，一种形式到另一种形式的转变，其间存在着过渡形式，他还针对梅拉索克斯以"生产的血缘方式"来解说古罗马人社会的观点，提出在一个社会中存在着几种生产方式的结合，强调原始社会不只是有生产的血缘方式，而是几种生产方式的并存，是"多元的"；雷伊

---

① 参见〔日〕栗本慎一郎《经济人类学》，王名等译，商务印书馆，1997，第 23～24 页。

② 参见〔日〕栗本慎一郎《经济人类学》，王名等译，商务印书馆，1997，第 25 页。

则不同意特雷伊把几种生产方式并列的静态性，而强调动态的分析；巴利巴尔更明确地表示，"过渡时期是以几种生产方式共存为特点的"；而阿尔都塞指出："一个社会形态有一个至少基于两种生产方式相结合的结构，其中一种是主要的而另一种是次要的"；其他如苏雷－康纳尔（J. Suret-Canale）也阐述了热带非洲不同国家和民族发展的多样性，指出该地区一些社会有典型的氏族制度，也有一些具有亚细亚生产方式的特征；因此，亚细亚生产方式在殖民地化以前的非洲有着普遍意义；"非洲社会是亚细亚生产方式的一个变种"①。

一是以多样性发展的理论阐述，直接向斯大林模式的五阶段直线进化论挑战。戈德利耶在 20 世纪 60 年代巴黎的亚细亚生产方式研讨会上，认为马克思从未持有过历史是分阶段直线发展的观点；另外，他还论及特定经济形式与社会发展的关系、精神与物质的关系，等等。布洛克则认为，马克思提出的亚细亚生产方式是一个创新，"这一创新尤其体现在它表明马克思并不相信会有一个固有的适用于全人类的进化图式，而与马克思同时代的人都毫不质疑地持有这种观点"②。

在这些学者的理论探索中，提出了在马克思理论激发下的人类学的任务，是在对新知识和新学说的广泛汲取中，重塑马克思有关前资本主义社会的理论体系。在这种学术努力中，这些学者也程度不同地对马克思和恩格斯关于原始社会的一些论述提出了质疑。这些质疑的一个重要的争议焦点，是在不同社会条件下，马克思的规范性术语和概念的适用性问题。如雷伊和特雷伊等人就不接受原始社会与阶级社会之间的界线，而主张把阶级分析的工具扩展到人类社会的全过程中。布洛克则认为，马克思和恩格斯之所以"对原始文化感兴趣，原因在于他们想要建立一部完整的历史，建立关于社会的基本理论，以便解释资本主义的产生和由来……想用事实来说明资本主义制度仅仅是一个历史阶段，从而是可变的。"但恩格斯的《家庭、私有制和国家的起源》提出了适用于原始社会的另一种理论，

---

① 参见黄淑娉、龚佩华《文化人类学理论方法研究》，广东高等教育出版社，1996，第 345 ~ 353 页。

② 〔英〕莫里斯·布洛克：《马克思主义与人类学》，冯利等译，华夏出版社，1988，第 40 页。

从其发表以来，"马克思主义人类学的历史一直处于艰难而痛苦的过程之中"①。

受马克思理论激发的美国学者主要是从政治经济学的角度进入的。至少从戈德弗瑞·威尔逊（G. Wilson）和马克斯·格拉克曼（M. Gluckman）开始，美国人类学就逐渐形成了一个关注政治经济学问题，并受马克思理论影响的深厚传统。威尔逊和格拉克曼在 20 世纪 40 年代设计的英属东非的研究计划，就着眼于殖民主义如何把劳动力引入城镇和工厂，削弱部落经济政治和本土社会制度的研究。这种关注世界政治经济体系的研究，使格拉克曼在 1964 年汇集成《封闭的体系与开放的思想：社会人类学的素材局限》一书。而主要来自两方面的力量，促成了这一研究趋向的大规模形成。

一股力量是战后发展经济学的兴起，普遍运用经济理论的分析工具，对世界非资本主义结构的各民族经济体，进行了最广泛的研究。如瑞典学者冈纳·缪尔达尔聚焦于不平等问题，在其 1957 年的《经济理论与不发达地区》中，把不平等的累积性因果关系原理运用于国际范围；而他对亚洲长达 10 年的研究，成就了在 1968 年面世的不朽著作《亚洲的戏剧：一些国家的贫困研究》，并把同一原理扩展到不发达国家的内部不平等问题的分析中；进而迈向一个更大的范围，形成了 1970 年的《世界贫困的挑战：世界反贫困大纲》。波兰学者罗森斯坦 - 罗丹则以其对东南欧和拉美国家的研究，致力于使经济学界理解世界上的穷国问题，成为帮助这些国家制订发展规划并予以国际政策支持的泰斗。而阿根廷学者劳尔·普雷维什和德国学者汉斯·辛格聚焦于贸易条件的分析，根据对拉丁美洲大量的实证考察，提出了在全球中心 - 外围结构（Center-Periphery）中，由不平等力量所导致的"支配 - 依附"（Dominance-Dependence）关系的问题。这些学者向美国中心的先后聚集，形成了巨大的理论影响，并形成对经济民族学的方法拓展和理解的启示。它推动了更多的学者进一步深入到被压迫民族的社会结构中，去揭示支配 - 依附关系的深层系统。

---

① 〔英〕莫里斯·布洛克：《马克思主义与人类学》，冯利等译，华夏出版社，1988，第 11、22 页。

第一个为第三世界问题提出马克思理论观点的，是来自俄国的保罗·巴兰（P. Baran）。他在魏玛共和国时代的德国接受了马克思理论的教育，又在美国斯坦福大学孕育出其有关经济发展的理论体系。1952年他发表了《论落后的政治经济学》一文，经修改后由保罗·斯威奇编辑成《增长的政治经济学》，在该书中，他表达了这样一种思想：先进国家中垄断资本主义和帝国主义的作用，与欠发达国家中经济和社会的落后密切相关，其所代表的实际上只不过是全球问题的不同方面。他为这种"政治经济的表达"被接受为一种不同的马克思理论分支，并产生了巨大的影响力而感到高兴。其他如弗兰克（A. G. Frank）的《拉丁美洲的资本主义与欠发达国》《拉丁美洲：欠发达与革命》，桑托斯（M. Santos）的《依附的结构》，卡尔多索（F. H. Cardoso）的《拉丁美洲依附资本主义的发展》，桑克尔（O. Sunkel）的《跨国资本主义与拉丁美洲的国家分裂》，伊曼纽尔（A. Emmanuel）的《不平等交换：贸易中的帝国主义研究》，阿明（S. Amin）的《不平等的发展：论外围资本主义的社会形态》，等等。这些发展经济学的文献，在一定程度上同样具有经济民族学文献的价值；且理论性和现实性尤显突出；在总体上强调了"发展在本质上是一个政治过程"，其"问题的本质其实是不平等的全球权力关系"①。

在此基础上，于20世纪70年代形成了更具普遍意义的世界体系理论，沃勒斯坦（I. Wallerstein）在1974年出版的《现代世界体系：十六世纪的资本主义农业与欧洲世界经济的起源》中，以中心、半边缘和边缘的划分，直接对50~60年代发展理论的失败提出挑战，在非历史的和分化的政治学、经济学和社会学学科内部，提出了解释第三世界变迁的看法。这一对世界资本主义历史的重要解释，吸收了马克思的思想，也为社会科学研究中的政治经济学旨趣提供了一个开放的理论参照系和取向。而上述所有研究成果的意义至少在于：

　　它已强有力地传播了这样的一个观念：任何一个历史或民族志研究计划，只有把自己放在较大的世界政治经济历史框架中，才能获得

---

① 〔英〕凯蒂·加德纳等：《人类学、发展与后现代挑战》，张有春译，中国人民大学出版社，2008，第7页。

自己的意义。①

　　另一股力量源出于人类学内部。20 世纪 60 年代中，埃里克·沃尔夫（E. Wolf）、朱妮·娜丝（J. Nash）和埃里诺尔·里柯克（E. Leacock）等率先发起了人类学研究中的政治经济学潮流。沃尔夫 1982 年问世的《欧洲和无历史的人们》，就把人类学的传统研究对象——第三世界的部落和乡民——与欧洲一起置于资本主义历史的场景中，而作出极为精彩的宏观概览。它既是世界体系理论框架的人类学变体，又是政治经济学视野的权威性陈述。他的理论核心是马克思的"剥削"概念，以此推论出经济发展只能通过革命的路径，把农民和整个社会转变成新的组织。

　　朱妮·娜丝的《我们吃矿和矿吃我们：玻利维亚锡矿中的依存与剥削》和陶西格（M. Taussig）的《南美的魔鬼与商品拜物教》，则跨越了人类学文化解释和政治经济学理论抽象的两种传统之间的鸿沟，并挑起了相当多的争论。两部著作都以资本主义如何塑造南美劳动阶级为主题，且强调了文化的分析。陶西格的研究指出，成为大农场季节性劳工的哥伦比亚小农，其价值观念仍与自己的小土地相关联，而把金钱视为不结果实、不具生产性的东西。源出于本土文化的男性精灵"帝欧"（Tio），作为生产过程中的一种象征中介，在哥伦比亚小农眼中，是与为获取金钱的人秘密交易的魔鬼，与之签约者最终将在痛苦中死去；而"帝欧"在玻利维亚矿工的眼中，则是他们对可再生的自然循环的前资本主义的信仰与其对不可再生的资本主义开采活动侵入之间的调解物。它与人的交易不是秘密的，它成了以嗜血的目光捍卫矿产的精灵。在殖民主义时期，"帝欧"代表着一位忠诚的审判官；其后，又被描绘成一个戴牛仔帽的不伦不类的外国佬。这种变化的历史形式说明，"帝欧"是一个控制经济的本土模式与外部模式之间的协调者。而在娜丝的分析中，"帝欧"是一个与传统的"无常者"相关的形象，它控制着人们的命运，且残忍好杀。它既非一个文化调解的动力机制；也非一个引诱人们走进自我毁灭之路（资本主义）的魔鬼。对娜丝而言，"帝欧"代表了一种真正前哥伦比亚传统的东西，它是

---

① 〔美〕乔治·E. 马尔库斯、米开尔·M. J. 费彻尔：《作为文化批评的人类学》，王铭铭等译，三联书店，1998，第 118～119 页。

作为某一仪式结构的一部分而发挥作用的；这种仪式结构把矿工在工作场地内整合起来，在促成工人凝聚力的社会形成中起了重要的作用。

政治经济学研究旨趣在民族经济研究中的范围扩展是极为广泛的。有的学者关注于理论体系的构造，如奥劳克林（B. Olaughlin）的《人类学中的马克思主义研究》，塞登（D. Seddon）的《生产关系：经济人类学的马克思主义研究》，克莱默（J. Clammer）的《经济人类学的概念与对象》《新经济人类学》和《新经济人类学的超越》等；有的聚焦于历史的再认识，如欣德里斯（B. Hindness）和赫斯特（P. Q. Hirst）的《前资本主义生产方式》，福斯特-卡尔特（A. Forst-Carter）的《生产方式的冲突》，卡茨（N. Katz）和凯姆尼泽（D. S. Kemnitzer）的《生产方式与统治过程：达荷美人的传统王国》等，作为政治人类学学者巴兰迪尔（G. Balandir）学生的梅拉索克斯，在对原始社会的分析中，也突出了对以侵略者面目出现的白人靠强权进行剥削和掠夺过程的客观性描述，这种从阶级对立或支配与被支配关系的角度所作的理论评价，可视为一种对第三世界现状所做的政治性解释；而最为值得关注的是，这种研究旨趣也扩展到了对当代社会发达系统的现实分析。

保罗·威利斯（P. Willis）1977 年的《学习劳动：工人阶级的孩子如何子承父业》，就是在马克思理论的修辞和框架内，展开的一项英国学派的研究。这一项历时两年对伯明翰哈默镇的一所工人阶级社区学校的考察，囊括了 12 个工人阶级孩子在学校的最后一年和工作的最初几月，为了给这一研究一个参照系，威利斯参观了不同社会-经济区域的其他学校。他的大部分资料都是以对话转述的形式而展现的。他发现，工人阶级的孩子并非主导意识形态的被动受体，而是"积极的盗用者，他们仅仅通过斗争、争执和对那些结构一知半解的洞察而再生产了现存的结构"[1]。因此，结构的功能作用或制约，只有通过相关的行动者积极主动的参与，才能得以发挥。

在此研究个案中，学校无非是现代工业生产劳动力的一个训练场所，它在空间上和工作场所相分离，在时间上与孩子一生中的工作经验相分

---

[1]　P. Willis, *Learning to Labour：How Working Class Kids Get Working Class Jobs*, Westmead, Farnborough：Saxon House, 1977, p. 175。

离。但无论教师和学生，在学校教育的过程中，都广泛借助了来自校外社会中的那些根深蒂固的制度源泉。这样，一种由来已久而范围广泛的经验基础，以各种不同的方式被每一代人重新培养起来，为这一代人在学校和工作这两个原本相互分离、各不相干的社会世界之间搭上了桥梁。学校的正式课程，理所当然地包含着许多社会上普遍存在的行为方式和规范期待。它体现着一种抽象的教育范式，维持并再生产这一范式所促成的那些东西。教师的权威和听话的学生，意味着对这种范式价值的认同；而那些偏离了学校环境中的规范和预期行为的学生，同样也改造了其中的许多内容，影响了学校的环境。

威利斯指出，这些来自工人阶级社区的反学校文化者，对于自己所能获得的有限生活机会所抱有的"一知半解的洞察"，产生了具有讽刺性的意外后果：没有文凭就离开学校，进入一个低水平的体力劳动世界。恰恰是这种后果，积极维持了那些限制他们生活机会的条件，左右着他们整个的劳动生涯。"当工人阶级的年轻人发现他以往的信心原来十分虚幻，他可能会感到这已经太迟了。看上去，文化的典礼正好持续地将他送进工厂封闭的大门"[①]。或者是像今天更为常见的情况那样，使这些年轻人陷入一种长期失业或半失业状态的生活。在某种程度上，这帮"伙伴"与学校的"官方"规范之间形成的不连续性，却以非官方的形式，在学校与工作情境之间建立了一种连续性。正是反学校文化的作为，为这帮"伙伴"提供了离校工作所遵循的主要指南。这些反学校文化者假设所有工作都一样，从而将自身构成"抽象劳动力"，巩固了劳动力的可交换性条件，而劳动力的可交换性，就以结构的方式包含在资本主义的劳动契约中。人们是为了促进机会平等的目的，而设置这些年轻人所在的教育系统的。但它的实际效果却恰恰与此相反，是维持了僵化的不平等关系。因此，在抵制学校环境过程中，工人阶级的孩子所形成的一些态度和实践，将自己"锁定"在他们的阶级立场和阶级地位中，减少自己向上层社会流动的可能性。

威利斯把"抵制"描述为资本主义生产关系再生产过程的内在组成部分，并把抽象的理论范式转译为建立在日常生活基础上的文化术语。这表

---

① P. Willis, *Learning to Labour*: *How Working Class Kids Get Working Class Jobs*, Westmead, Farnborough: Saxon House, 1977, p. 107。

明，"组织现代社会的非个人过程，必须被理解为以一种偶然的、并非逻辑上必然的方式出现的历史与文化产品"①。在此可以看到，有关"在一个资本主义社会中，教育具有将个人配置到劳动的职业分工体系中各个位置上的功能"的阐述，在功能主义者那里，被理解为教育之所以存在，是因为它满足了一定的功能需求。从而，在资本主义社会中的私有财产－货币－教育优势－职业位置的结构关系，被描述为一种直接的关系转换模式：有钱就可以转变为教育优势，教育优势又可反转成有特权的职业位置。这便模糊了社会再生产过程中"意料之内"与"意料之外"两方面之间的差别。而威利斯的分析表明，教育具有的功能性后果，并不能解释它为什么存在；相反，只有对有意图的活动及其意外后果的解释才能说明这一问题。

　　事实上，货币、教育优势和职业位置之间的转换，在绝大多数时候都涉及了远为复杂而迂回的再生产方式。如果说，学校教育最终保存并维持了一种特定的社会关系构型，那么，这种"功能"就是在裹挟着各种校外生活的实际经验累积和历史上形成的经验累积的、学校的各种正式和非正式过程交互作用所导致的、一种无法预见的、经常出乎意料的意义和方向的循环关系中实现的。年轻伙伴反学校文化的作为，恰恰有效地在某些方面，使他们比起那些听话的学生，更加紧密地把自身的活动与他们所反对的那种秩序的制度结合起来。因此，所谓"功能"，无非是阐述了这样一种关系：社会的结构和存在，总是从许多单个的意志的相互冲突中产生出来的。各个人的意志和行为，在无数力量的互相交错中，形成了无数个力的平行四边形，融合为一个总的平均数，一个总的合力。行动的目的是预期的，但是行动实际产生的结果，却是谁也没有期望过的事物。作为社会的结果，一方面可被视为一个作为整体的、不自觉地和不自主地起着作用的力量的产物；另一方面，也绝不意味着个体是被动性的，相反，每个意志和行动都对合力有贡献，因而是包含在历史合力之中的。正是在这种关系的复杂性中，对功能的阐述来说，重要的是不能孤立地理解行动和结构；重要的是要抵制客体主义和主体主义的二元对立。每个人总是在具体

---

① 〔美〕乔治·E.马尔库斯、米开尔·M.J.费彻尔：《作为文化批评的人类学》，王铭铭等译，三联书店，1998，第119页。

情境的作为中，以创造性的而非机械的方式，参与再生产了那些范围更广泛的情境中的各种特征。

迈克尔·布若威（M. Buraway）的《制造同意——垄断资本主义劳动过程的变迁》，在对马克思理论的当代运用与反思中试图揭示："在车间内组织同意、使工人成为个体而非阶级成员、调整劳动和资本以及工人和经理之间的利益，并且重新分散冲突和竞争的这些机制"[①]。表明这种机制是一个持续不断的，在工人、管理者、统治者以及资本主义制度、国家体制等多重因素共同作用下的生成过程。

查尔斯·萨贝尔（C. Sabel）的《工作与政治：工业劳动的分化》，则以其对 60 年代晚期意大利北部"第三区"的新福特主义生产模式（批量生产模式），如何被手工业生产模式的现代形式所取代的现实生活个案的详尽考察，把他的讨论置于对工业社会劳动过程的传统理解方式的批评上。尽管大多数学者假设，依赖于手工业的非集权的灵活生产模式，在高技术社会中不再具有实际效用。但萨贝尔却用一般性术语，提出替代批量生产模式的不同选择，指出这一模式并非不问历史和区域条件差异，而具有放之四海而皆准的普遍意义。他从最为理论化的视角，考察了这种工业化中心意识形态和实践的全球霸权的崩溃过程。

受马克思理论激发而从文化生态学角度进入民族经济研究的学者，主要以美国哥伦比亚大学为研究基地，并以哈里斯（M. Harris）为代表，获得了"文化唯物主义"的理论标识。哈里斯的理论观点，最初发源于1968年的《人类学理论的兴起》一书，经 10 年发展，到 1979 年的《文化唯物主义》而完全定型。他把"文化唯物主义"视为一种研究策略，在区分心理流事件和行为流事件的基础上，他进一步提出区分主位与客位的理论操作方法。他强调，客位与主位并不等同于客观与主观，人们可能客观地或主观地看待主位现象和客位现象。因此，研究的目的不是从主位观点转换成客位观点，或是从客位观点转换成主位观点；而是描述两种观点，若有可能，则用一种观点解释另一种观点。与大多数人类学家寻求心理的理论范式来解释文化的做法相反，哈里斯关注于文化的物质要素解释。这使该

---

① 〔美〕迈克尔·布若威：《制造同意——垄断资本主义劳动过程的变迁》，李荣荣译，商务印书馆，2008，第50页。

理论学派的研究具有强烈的历史主义和政治经济学旨趣，把斯图尔德的技术－经济－环境决定论扩展为人口－技术－经济－环境决定论，这种理论框架在经济民族学中体现出了更多运用生态模式的倾向。

三　经济民族学中马克思理论的运用趋向

面对对马克思原著的不同理解，且常常是相互冲突的解释，笔者的学识准备不足以对其"正确性"问题作出判断；况且，笔者也无意进行此类判断。毕竟，一种思想的提出，其要义并非自诩掌握了绝对真理，而在于交流及其相互的启迪性。与其说一种"思想"的提出是让人"信"的，不如说是让人"疑"的。笔者同意这样的说法，人固然生活在社会中，必然受到某种社会意识形态的影响并也影响这种意识形态；但人是有意志、有尊严的主体，不是可以任意雕刻或塑造的材料，诸如思想、言论等领域，不论是以社会正义的名义，还是以道德的名义，都是无权予以剥夺的人类的神圣不可侵犯的基本权利。人不是天使，也不是魔鬼，人性中确有缺陷和晦暗之处，但不应该，也不可能强迫人"脱胎换骨、重新做人"。应该强调的是，"思想"的力量不在于灌输，而在于感染和熏陶。因此，如果能从恩格斯对人类认识中真理与谬误关系的论述中获得启迪，我们或许可以宽容这些不同的理解；如果要对马克思理论激发下的经济民族学进行评述，那么，以下几个方面可能体现了它存在的意义。

首先，西方受马克思理论激发的民族经济研究队伍的构成，不仅来自不同的方面、各自程度不同地带有原来理论体系的痕迹，而且在"重新理解马克思"的过程中，又与符号象征系统的探究、认知体系的揭示、解释框架的设置等一类寻求新理论工具的努力紧密相联。这既反映出，在当代的社会思潮中，对马克思理论的运用已经传播开来并且普遍化了；也反映出马克思理论在当代再现的多向性特征，马克思思想体系作为一种形象，仍具强有力的影响，但是，旧式的标签很难成为当代知识发展趋势中的流动性、矛盾性和交叉性的指标。对马克思理论体系的演化来说，似乎已不存在任何清晰的范式界线或边界；也很难界定其在当前的核心性传统。

其次，在观点各异的对马克思理论的理解中，其主流的意义，是对马克思理论体系基础的认识论问题，以及对马克思写作中所表达出来的、对不同社会力量冲突的感受，及其意识升华的所谓"悲剧情调"的日益关注。不能说这些理解已表达了马克思的本意，有的存在着偏差，甚至也有完全误解的可能。然而，西方以马克思理论所激发出的经济民族学场域，其存在的关键性意义在于，它看到教条化的解说在动态上，具有一种与理论本身是否具备真理性无关的宗教性结构。从而，它不是把马克思理论视为封闭的教义，而是把其理论构架视为一个开放的话语领域。

再次，经济民族学对"生产"这一马克思理论关键词的使用，表明它正在以自己的方式面对唯物主义和政治经济学的观点，并把政治经济学问题推进到意义和象征的冲突领域中，使政治经济学走向一个精确的、解释的和文化的方向；使意义和象征的文化建构成为政治经济学的固有问题。推动经济民族学把文化意义和符号象征的生产，视为社会行动的中心实践或过程，而展开其范围广泛的、交叉性和边缘性的研究；以图对有严重缺陷的政治经济学的宏观体系进行重建。这种思想努力的进程，使经济民族学的目标逐渐清晰起来：它不是去虚设一个逐渐成熟地迈向合乎理性的、标准的"发展经济"的模式，而是在其综合性的考察中，对那些歪曲了发展，并把财富或市场的政治控制汇集到某些群体、阻止它们流向其他群体的社会和政治机制展开深入的分析。同时，如果说，在20世纪的最后年代中，整个社会科学发展的主流趋势，是对以往其表述异文化差异的肤浅和不足作出回应；是对只关心文化的主体性而不关心权力、经济学和历史背景的观点作出回应。那么，西方在经济民族学场域所展现的对马克思理论的探索，正使其成为这一历史使命的主要担当者。面对整个世界不断收缩为一个相互依存的经济－技术的一体化结构，以及全球文化同质化的趋向，从诸如一个非洲乡民为了答复人类学者的询问，竟然找出梅耶·福特兹（M. Fortes）的著作；一个美国印第安部落的小孩看见人类学家到来后，惊呼"人类学家来了！"传告家中把电视机藏起来等的传说中；从中国不少学者对"纯正"的民族文化正在当前的商品经济和旅游浪潮中消失的痛惜中；我们可以看到，真正"原始的、与世隔绝的社会"已经消失；我们取之作为研究对象的，已是不再陌生的、人所共知的人文类型。国际政治经济体系的运作，不再仅仅是一种外部体系对本土的、自在的文化的冲击，表现为"异文化"存在的不同民族经济体，实际上也是塑造这个全球体系的参与者，而在此过程中，所谓外部体系已获得深刻的本土化界定和渗透，并已成为经济民族学研究对象的最为熟悉的生活世界的象征和共享意义的要素。它促成经济民族学对这种表现出"霸权意义"的全球性的政治经济体系的渗透力予以充分的关注，推动经济民族学从对被政治经济力量以不同方式影响了的社区成员的描述，深化到对跨越不同地区，甚至不同大陆的政治经济过程的系统本身的关注。这表明，西方在经济民族学场域中对马克思理论的研究，不仅其理论方法体系是开放性的；而且其学科本身也是一个开放性的架构。

最后，从马克思理论这一本原涵义来说，它在当代经济民族学领域中的发展所面临的一个主要挑战，就是要区分马克思学说的一般概念与特殊概念，并且要超越马克思分析中的具体词语（或者说是从马克思对资产阶级社会分析的具体描述中），发现其学说的精髓。如果对马克思的理解仅停留在词语结构的表层，并把其为资产阶级社会分析而专门设计的词汇任意搬用，或把马克思对某一具体问题的分析奉为亘古不变的、放之四海而皆准的教义，就必然表现出浓厚的形式主义倾向。而如果能深刻体会马克思对人的全面发展的最终关怀这一思想本质及其对现实社会批判性的根本性特征，充分理解马克思理论概念中深厚的哲学意蕴，并从中得到启迪，那么对马克思所特有的理论分析工具的运用，就会为其提供深化研究的可能。

第五章

精神分析对经济民族学的理论启迪

　　继之于马克思，弗洛伊德也是一个对当代人类思想进程发挥了全面而具根本性影响的伟大学者。在历史唯物主义和聚焦于经济的分析中，马克思所体现出来的鲜明的阶级意识，使这一对人的本质和人类社会具有深邃洞察力的精美学说，长期受到了当代社会统治者的抵制和歪曲。同样，弗洛伊德对当代社会中最敏感和最具羞耻感的性问题的直言坦陈，也使得接受了支配人类社会数百年的道德和理性传统浸润与塑造的每一个人，要坚定地、毫不畏缩地正视他的学说，都不啻为一种五雷轰顶的体验。

　　尽管两人思想的表现形式和学术内容各不相同，但都共同体现了对人的本质需要的关注。正是这种关注，使他们的学说体系在根本上表现出对当代社会的批判性特征。要被迫承认现实社会所赖以构建的那么多的宏伟学说或理想也有其巨大的缺陷，乃是一件屈辱难堪的事情；至于去亵渎把种种缺陷掩盖起来的文明禁忌，则更是一种胆大妄为的行径。然而，如果承认思想的努力应致力于人的状况的改善，那么，我们仍需要不懈的勤奋、百倍的信心、大无畏的勇气和精神，来理解人的社会存在的"病态"。

　　既然马克思和弗洛伊德的内容各异的批判性学说，体现出致力于人的状况改善的基本精神，把"认识你自己"这一知识的本质问题，从"人是万物的尺度"深化到"什么是人的尺度"的问题上，对人类社会科学发展的方向、内容和方法产生了巨大震撼力，并且至今仍为人们深切地感受到。我们就有必要理解这些学说的要义，并从中获取新的理论武器。在经济人类学的领域中，当然无法全面阐释精神分析的理论，但精神分析的理论精髓及其对经济人类学的启示意义，却不能不成为我们关注的焦点之一。

一　精神分析的基本理论和要义

弗洛伊德开创的精神分析理论，在最直接的表象上，是一种由职业性的专家所掌握的治疗方法。它的对象是一些本来对社会有用的、又因为某种挫折或精神障碍而受到伤害的人，且在现实中，往往限于少数特选的有钱人的狭隘范围。但在深层的本质上，应该看到，弗洛伊德试图纳入精神分析领域的，不仅仅是神经症的种种问题。弗洛伊德的突破，是从一整套从前一直被视为没有意义的现象中（诸如梦；错乱疯狂的神经症和被称之为日常心理病理学的口误、过失、杂乱无章的思想等），发现了意义。这样，精神分析成了一种关于人性、人类文化和人类历史的更为广泛的一般理论，是在人类逐渐认识自己的历史进程中，从整体上达到的人类意识的一个崭新阶段。

所谓的"有意义"，意指一种目的或意图的表达。弗洛伊德的关键性发现是，在梦、神经症和过失中，这些具有目的性的表达方式所表达的目的，通常不为目的表达者所知。从而，他不得不考虑这样一种悖论：人心中有种种不为其所知觉的目的和种种非自觉的意图。这便是"无意识"的观念。当个人拒绝把一种他自己的目的、意愿或欲望接纳进他的自觉意识，并在这样做的同时，在他自身中建立起一种与自己的想法相反的精神力量时，便形成了"无意识"领域的存在。这样，"无意识"成为整个精神分析最基本的假设和理论核心。所谓精神分析也就被定义为"仅仅是发现了精神生活中的无意识而已"[1]。弗洛伊德认为，梦无非是无意识的显现方式之一，而梦的结构和内容与神经症表现出普遍的一致性。因此，从表现为一种神经症症状的梦本身来看，"正常人"与"非正常人"之间并不存在质的差别而仅有量的差别。在梦的解析中可以看到，神经症患者所采

---

[1] 〔美〕诺尔曼·布朗：《生与死的对抗》，冯川等译，贵州人民出版社，1994，第4页。

用的，并非一种新的、由某些病理失调或其他原因创造出来的心理机制，不过是一种业已作为一个正常组成部分，而存在于人类心理结构中的心理机制。两者之间的差别或许仅仅在于，"正常人"的神经症只是具有了社会通用的表现形式。这样，无意识及其所有的显现方式，获得了一个普遍性的社会存在基础。

与此相关的另一个至关重要的假说是：某些无意识观念，不可能以寻常的方式转化为自觉意识，因为它们遭到意识本身的竭力否认和拼死抵抗。但被个体拒斥了的意愿或想法，仍然保留在他身上，从而表现为压抑的存在。弗洛伊德认为，"从动力学上讲，不自觉地被压抑着的东西"便是无意识[1]。梦和神经症所产生出的心理冲突并不是由知性问题造成的，而是由目的、意愿和欲望造成的。它是无意识对意识的入侵，这种入侵所产生的却并非纯粹的无意识意象，而是两种相互冲突的体系的一种妥协，从而展现为心理冲突的现实。

人的基本追求，是为他的爱找到一个满意的对象。这种根源于无意识并被视为人的本质的欲望，被定义为获得快感和逃避痛苦的能量。然而，人追求快乐的欲望却与整个世界相冲突。现实迫使人放弃对快乐的追求，现实使人的欲望受到挫折。根源于人的爱欲本能和自我保存本能并与之相对应的快乐原则与现实原则的冲突，便构成了压抑。在压抑状况下，人类存在的本质体现为无意识，只有在无意识中，快乐原则才是至高无上的统治者；与此相反，人自觉意识到的自我，却通过拒绝对欲望的承认和接纳，来建立起压抑机制。而"'压抑'的本质不是取消或废弃本能的'观念性呈现'，而是迫使它不能进入意识，或者说，不使它成为'意识的'（或自觉的）"[2]。事实上，由梦、幻想和神经症等为代表的、无意识的所有显现方式，在一定程度上，是对一种不可忍受的现实的逃避或疏远；同时，又是对快乐原则的回归，是那些被现实否弃了的快乐的代用品。在这两种相互冲突的体系所达成的妥协中，所渴望的快乐被减少、扭曲、甚至转变成痛苦。在现实原则支配下的压抑状况下，对快乐的追求降格为一种症状。意识的自我是介于人类内在的真实存在和外部现实之间的人类生命

---

① 〔美〕诺尔曼·布朗：《生与死的对抗》，冯川等译，贵州人民出版社，1994，第5页。
② 〔美〕西格蒙德·弗洛伊德：《性爱与文明》，滕守尧译，安徽文艺出版社，1987，第285页。

样态，是心灵中负责从外部世界接收知觉的那一部分或那一体系。这个核心经由语言的力量而获得了一个新的维度，从而使教育和文明化的过程得以进行。在人经由文化或社会的中介来构筑自身的，以及各种各样的现实的存在中，表明了历史过程是靠人渴望成为他所不是的东西的欲望来支撑的，而人实际上是一种创造出文化或社会来压抑自己的动物。意识的自我作为对外部环境和文化竭力适应的器官，不由快乐原则支配，而是受顺应现实的原则支配。事实上，人类今天的所作所为，似乎正在使自己更加不幸福不快乐，并且还把这种不幸福不快乐称之为进步。整个精神分析的大厦就这样建立在了压抑理论之上。

在把爱欲视为人的本质而展开的探索中，柏拉图把爱欲奠定在占有的需要上，而显现出攻击性的成分；基督教的博爱奠定在自我仇恨的基础上，而蕴含着受虐心理的成分；弗洛伊德对爱的自恋本质的揭示，则把爱奠定在自我接受、自我活动和自我欣赏的基础上，从而使我们得以超越迄今以来在爱欲和博爱之间的一切无谓争论，去透视人的本能与一系列社会压抑机制和工具之间的关系问题。

在人的本能与社会压抑或快乐原则和现实原则的冲突与妥协中，人的本能通过无意识的浓缩和移置作用，创造出一系列与现实相反的幻觉形式，而获取"替换性满足"。如马克思在把宗教称为麻醉"人民的鸦片"的同时，也十分清楚地指出，它也"是被压迫生灵的叹息"，"是无情世界的感情"，"宗教里的苦难既是现实苦难的表现，又是对这种现实世界的苦难的抗议"①。这样，宗教的幻觉形式在展现其麻醉性的消极意义的同时，也是人为寻求人类生存问题的解答所作出努力的一种表达。正是基于此，在人类社会的变革中，宗教确实屡次展现了革命性导向的巨大能量。

同样，艺术也展现着被压抑的无意识向人类意识回归过程的不同方面。如果说，完全是非社会的个人心理产物的梦，对做梦者本人都始终是不可理解的，更不用说他人的理解。那么，艺术则具有使无意识心理内容为公众所知晓的功能。"诗人是醒着做梦，他并没有被自己的梦所左右，相反他控制着自己的梦"这一说法，便是对各种艺术形式所作的一个代表

---

① 《马克思恩格斯选集》第 1 卷，人民出版社，1975，第 2 页。

性的形象化阐释。创作者们实际上是把自己的注意力投向了自己心理中的无意识,对其种种可能的发展十分敏感,从而对这些可能的发展给予了艺术的表现。所以,艺术不同于做梦,不仅仅由于它使无意识的东西变成了意识到了的东西(一种纯粹的认知关系),来而且也由于它使压抑的本能获得了解放(一种里比多关系)。艺术不得不肯定和确认自身,抵御来自现实原则和受到现实原则奴役的理性的敌对态度。这样,艺术的目的及其表达方式,是把更为深邃的真理(真实)加以有掩饰地显现,即康德所谓的"理性的感性显现"。而这既使我们的理性为之困惑,又使我们的理性为之神往。在此,布朗认为:

> 如果文明本质上具有压抑性而艺术的目标则在于解除压抑,那么我们可以说,艺术在这一意义上乃是文明的颠覆者。……艺术的职能就在于,形成一个颠覆性的群体以对抗那个权威主义的群体。[①]

精神分析从个人生活的经验中看到,语言总是起源于以母亲为中心的童年生活——游戏、快乐和爱的生活——之中。在这一原始功能的基础上,才建立起其继发性的功能,即把人的能量组织起来,用于社会化了的生产性劳作。这样,语言便反映出人类心理所选择的路径,它作为一种爱欲表达的方式,又屈服于现实原则的统治,不得不作为快乐原则与现实原则冲突的妥协形式,而展现出语言的病态。从诸如"美意味着不可言说、难以形容、不应说出……"的话语中,展现出"语言正在被雇用来使人沉默,它正在表达无言"的结局,使话语成为一种社会压抑的工具。语言的病态,同样指向了对人的病态存在的分析。

这些讨论明确地指向,作为人的终极指归,究竟是现实原则还是快乐原则?而这正是一个社会实践问题;并在与现实原则的冲突中展现出它们的社会功能。赫舍尔就认为:"人之所以寻求自我认识,并不是想从动物学上对自己加以归类,也不是想在动物王国找到自己的位置。他之所以寻求,之所以对自己感到迷惘,首先是为了摆脱单纯的存在——动物或其反

---

① 〔美〕诺尔曼·布朗:《生与死的对抗》,冯川等译,贵州人民出版社,1994,第67页。

面。寻求自我认识就是寻求本质的真实性……他试图认识的不是他的动物性，而是其人性。他并不寻找自己的起源，而是寻找自己的命运"①。

弗洛伊德的精神分析理论于 1899 年问世，但到 1917 年才开始产生重大影响。对于这一无法估量的影响，巴勒克拉夫认为，在科学领域里只有爱因斯坦可以与他相提并论：

> 最主要的是他粉碎了把人类看成一种能对事情作出理智的和可以预期的反应的协调个人形象。弗洛伊德发现人的行动可能被他一无所知的力量所驱使，这一发现推翻了个人意志自律的错觉。②

他把对人类本能或无意识的探讨聚焦于性欲问题，以人的本能与文明或其社会存在的冲突，提出了作为其整个分析的基础性概念的"压抑"假说，并在压抑作用和机制的探讨中，以"升华"的概念试图在人的肉体与精神、个人与社会之间建立起关联性的分析。这便使其整个学说在形式上表现为性欲理论、压抑理论和升华理论三大构成。如果仅在此表面层次上展开讨论，我们就会为其诸多不尽完满的假说所缠绕；只有越过这一表面层次，我们才能体会这一思想的深邃要义。

二　精神分析在经济民族学场域的运用

弗洛伊德对文明与人性本能之间的关系论述，实际上是通过心理分析的途径，进入对人的社会存在的现实关系的分析。揭示出人类文化乃是受压抑的无意识的一整套投射，而独辟蹊径地为人类文明的观察提供了一个新的角度。

首先，这一理论的突破性贡献在于它清晰地指明，尽管现实原则的本质表现为工作和经济上的需要，但人的本质不在现实原则中而在受压抑的无意识欲望中。尽管我们应该清楚地洞察到，人的经济状况在作用于人的

---

① 〔美〕赫舍尔：《人是谁》，陶仁莲译，贵州人民出版社，1994，第 20～21 页。
② 〔英〕杰弗里·巴勒克拉夫：《当代史导论》，张广勇等译，上海社会科学院出版社，1996，第 238 页。

理智、伦理和艺术反应等方面具有决定性影响，但无论经济的需要多么紧迫地压在人身上，也无论为面包而进行的斗争是多么痛苦，人并非仅靠面包而生。一个重要的认识起点在于：人类社会的经济，并非由人的表层意识或目的来启动，而主要是由无意识所启动的。因此，它是人类思想进程从"人是万物的尺度"向"什么是人的尺度"深化的一个硕果。

其次，尽管受到压抑的人的本能并不曾为人们所认识，这些本原的力量却是创造人类文化的能量。认识它们的存在，就是重新解释人类文化。从人的本能出发，游戏可称之为是自由、完美和令人满意的人性的基本活动方式。生命在游戏中充分而完满地表现着自己。从而，游戏作为最后的目标，意味着生命本身有其内在的价值。萨特曾从存在的自由角度指出："人一旦把自己看成自由的并要使用他的自由……他的活动就是游戏的"①。往前追溯，在新教神秘主义的源头雅可布·波墨那里，"游戏"被称之为完美状态的表现；席勒从对人的审美天性的关注，而欣赏"游戏"这一概念，得出"人只有在他是真正意义上的人的时候才游戏；而只有当他游戏的时候，他才完完全全是一个人"的结论，并得到了弗洛伊德的认同；赫伊津哈（Huiziga，1872～1945）则证明了在宗教、艺术、战争、法律、经济等所有人类文化活动的基本范畴中，都存在着游戏这一不能省略的非功能性成分。"称所有人类活动为'游戏'是古代的智慧"，"正是通过游戏，人类社会表达出它对生命和世界的阐释"②。对人的本能分析所得出的这一游戏概念向民族经济场域的拓展，使人们看到，无论是波特拉赤宴会中的名望竞争，还是上古中国的诸多节庆仪式，抑或是各种各样的赠礼行为，都表现出了明显的游戏成分。在这一文化或经济层面上，占统治地位的是弗洛伊德称之为原初过程的韵律和节奏；而文明文化则有效地压抑了原初过程的韵律和节奏，以迎合理性和现实原则。或许，原始经济行为与所谓"文明化"了的经济行为的区别就在于，在这种经济行为模式中，游戏成分和快乐原则优先于追求最大利益的理性计算，即优先于现实原则。这一分析暗示着，由于游戏乃是人类鲜明而独特的活动方式，"文明"的进步便压抑了文化中的游戏成分，而已经使文化变得非人化。这一概念的

---

① 〔法〕萨特：《存在与虚无》，陈宣良等译，三联书店，1987，第742页。

② 〔荷〕约翰·赫伊津哈：《游戏的人》，中国美术学院出版社，1998，第1、49页。

重要意义在于，它看到了在现代社会的框架中，技术的进步正使人面临大规模的失业（即从工作中解放出来）的可能性；人正越来越与自己的工作相疏远；人类天性正越来越无力自由地运用人的闲暇，正越来越无力于从事游戏。从而，在本质上赋予了精神分析理论对现存社会的批判性特征。

　　这实际上展示了以怀疑精神引导出的一种批判眼光。现代社会的认知模式，形成了在物理基础上解释一切事物的不可抵挡的趋势。荣格把它视为一种心理学的现象，是人们以平行展望的方式，对以往向天穹展望方式的取代，是人的世界观的一场前所未有的变革。它把"彼岸世界转变为世俗世界，经验的领域被限制在关于人的动机的讨论上，限制在人的意图和目的，甚至限制在'意义'的分配上。整个看不见的内部世界似乎已变成看得见的外部世界，而且除了从所谓的事实中确立起来的价值，就根本没有别的价值存在。"然而，"我们的一切知识都由心理的材料构成"，"一切直接经验都是心理经验，因而直接的现实只能是心理的现实"①。当早期人类把精灵和巫术的影响同物理事件放在同样的平面上时，意味着他们没有把自己本初的经验分裂为彼此对立的方面。在他们生活的世界里，精神和物质还是相互渗透的。这种认知模式强烈的主观性，使其对自然界的知识，从本质上说，是一种无意识心理过程的语言和外衣。当这一原生世界分裂为精神与自然之后，西方为自己夺回了自然，却把"现实的"这一定语仅仅用来指世界现实的一个特殊部分，把世界限制为物质的现实，形成了西方人对世界的一种片面认识，而每一种想使其更接近精神的痛苦努力，都不过只是令其更深地陷入自然之中。东方却为自己取得了精神，他们把物质解释为精神的幻象，把一切事物的本质植根于人的心理。但是，既然地球和人类都只有一个，东方和西方就不能把人性分裂为彼此不同的两半。因此，我们不能相信一面而否认另一面。这表明，"我们所直接接触到的远不是一个物质的世界，而是一个心理的世界。我们只能通过这个心理的世界对事物的真实性质作间接的假定的推论。心理本身有着直接的现实，它包括一切形式的精神现象，甚至包括那些不涉及任何'外部'事物因而是'不现实'的观念和思想……在物质和精神未知的本质之间，存

---

　　① 〔瑞士〕荣格：《荣格文集》，冯川等译，改革出版社，1997，第13、29、30页。

在着精神的现实即心理现实。"① 荣格据此认为，"精神和物质这两个概念不过是纯粹的象征"；"假设'精神'并不比假设'物质'更为虚幻"；"物质和精神之间的冲突仅仅表明：精神生活在最深的根源上是不可理解的'某物'"②。这种论辩，实际上是把心理现实从现代话语的歧视中解救出来，为人们的自我理解和对世界的理解，寻求一种更加全面的视野。

正是这种对现存社会的批判基点，使精神分析理论经荣格、阿德勒、沙利文、霍妮和弗洛姆等人的发展，在社会科学研究领域中广泛扩展。如无意识概念最初仅限于那些受压抑、被遗忘的心理内容。弗洛伊德虽然也看到，无意识概念具有古老和神话色彩的思想形式，却仍然赋予无意识以完全个人的特性。荣格则认为，在表层展现的个人无意识，"有赖于更深的一层，它并非来源于个人经验，并非从后天中获得，而是先天地存在"；这更深的一层便是"集体无意识"③。他在本能与无意识的研究中提出："本能是执行某种高度复杂的行动时的合目的冲动；直觉则是对高度复杂的情境的无意识的、合目的的领悟。"这种先天固有的直觉形式，便是知觉和领悟的原型。集体无意识的内容是来自于遗传的原型："正像本能把一个人强行迫入特定的生存模式一样，原型也把人的知觉和领悟的方式强行迫入特定的人类范型。本能和原型共同构成了'集体无意识'"④。"集体无意识概念既不是思辨的，也不是哲学的，它是一种经验质料"⑤。这种对人类生活共同经验的揭示，开辟了从心理分析走向更为广泛的文化分析的道路。它的指向是让人类重返精神的家园。

弗洛姆等人则展开了把弗洛伊德理论与马克思学说结合起来的思想努力。在人性的要求和社会的要求的相互冲突中，文化与文明的发展，总是愈来愈与人的需要对立，使文明的许多体系或时代甚至整个人类，都在文明趋势的压力下患上了"社会神经症"。文化的意义就是为社会提供了一个模式，使人们能够带着缺陷生活而又不会患病；由于文化的作用，使缺陷变成了正当，不再为人们讨厌和蔑视。这种错觉的产生，来源于人们意

---

① 〔瑞士〕荣格：《荣格文集》，冯川等译，改革出版社，1997，第 37、38 页。
② 〔瑞士〕荣格：《荣格文集》，冯川等译，改革出版社，1997，第 13、19、29 页。
③ 〔瑞士〕荣格：《荣格文集》，冯川等译，改革出版社，1997，第 39~40 页。
④ 〔瑞士〕荣格：《荣格文集》，冯川等译，改革出版社，1997，第 5~6 页。
⑤ 〔瑞士〕荣格：《荣格文集》，冯川等译，改革出版社，1997，第 85 页。

识本能的交感确认。弗洛姆于此揭示出了问题的关键：

> 千千万万的人都有同样的恶习，这并不能把恶习变成美德；千千
> 万万的人都犯有同样的错误，并不能把错误变成真理；千千万万的人
> 都有同类的精神病态，并不能使这些人变成健全的人。①

弗洛姆认为，人的进化建立在这样一个事实的基础上：一方面他属于自然，受制于自然法则并无力改变这些法则，但另一方面，他又超越了自然；他属于自然却又与自然分离；他失去了原来的家——自然，是无家的，却又将自己拴在他与其他生物共同居住的家中。他在偶然的时间、偶然的地点被抛在这个世界上，又偶然地被强行从世界上除去。从根本上讲，人的诞生是一种否定的行动，他被迫与和谐共处的自然分离，并再也不能回到原来的境地；他只有一条路可走：从他自然的家完全超脱出来去寻找一个新家。这意味着他总是放弃已经熟悉的安全状态，而追求尚无把握的新境地；个人的整个一生也就表现为不是别的，而是自己不断诞生的过程。在此过程中，人成为唯一自寻烦恼的动物，他感到自己被逐出了天堂。人是唯一发现自己的生存是一个问题的动物，他不得不去解决这个无法逃避的问题。他必须着手发展他的理性直到他成为自然的主人，他自己的主人。这样，"他不断需要找到更新的办法来解决生存中的矛盾，找到更高一级的形式来与自然、与他的同胞、与他自己相结合，而这种需要就是他的精神动力的来源，也是他的各种感情、爱恋以及焦虑的源泉"。因此，作为人来说，"只满足本能的需要并不能使他完全快乐；这些满足甚至不足以使他健全。对人的精力作最细致的考察分析的着眼点，应是人的独特状况；对人的精神的理解，应建立在分析人类需要的基础之上，而这些需要又来源于他的生存状况"②。从而把弗洛伊德对人的本能的探究，扩展为对人类生存的条件，即"人类状况"的分析，进一步强化了这一学说的批判性意义；并为经济民族学透过经济的物质性功能而去追寻其本原的意义，提供了有力的理论支持。

---

① 〔美〕E. 弗洛姆：《健全的社会》，孙恺祥译，贵州人民出版社，1994，第11页。
② 〔美〕E. 弗洛姆：《健全的社会》，孙恺祥译，贵州人民出版社，1994，第19~20页。

　　在此，一个同样重要的启示是：马克思对经济与人类社会发展的相关关系作出了创见性的充分肯定，在他后期的研究中，对经济学的讨论也比对人和人性需要的讨论占了更大的比重；但对他来说，经济领域本身从来也没有成为目的，而一直是满足人类需要的手段。恩格斯在 1890 年致布洛赫的信中就明确指出：

　　　　历史过程中的决定性因素归根到底是现实生活的生产和再生产。无论马克思或我都从来没有肯定过比这更多的东西。①

　　现代社会创造了比过去一切时代的生产力总和还要大的生产力，创造了比以往任何社会还要多的物质财富。然而，正是在这个以舒适的物质生活、相对平等的财富分配、稳定的民主和持久的和平为基本目标的现代社会中，出现了人类最严重的精神失衡，人类的自相戕害也以"战争"的安排方式，达到了空前的规模和最激烈的程度。

　　马克思对现代社会的本质分析，以"异化"这一简洁的概念指出了，文化与文明的发展，总是愈来愈与人的需要对立；社会不仅部分地同由社会造成的人的非社会方面相冲突，而且同人的最有价值的品质相冲突；社会压抑了而不是促进了这些品质。

　　面对这一基本事实，精神分析则从另一角度，提出了"社会神经症"的概念。由此而剖析整个人类在文明趋势压力下所患上的"神经症"状况。在新的社会条件下，人们需要不断寻找更新的办法来解决生存的矛盾。这些不同的论说，正是为了解决人类生存问题所作出的努力；正是直面"我是谁？"这一尖锐的问题，为了人在感觉和创造性活动的过程中如何体验到"我"的存在，而探寻可靠的路径。而其最具根本性的意义，就是重申了人类生活的一个基本原则：社会与经济是为人而存在的，而不是人为了社会和经济而存在。这里所隐含的一个思想认为，凡伤害社会中任何一个集团的经济进步，都不是健康的。从而拓展了重塑人类主体地位的道路。

――――――――――

　　① 《马克思恩格斯选集》第 4 卷，人民出版社，1975，第 695~696 页。

　　精神分析对经济民族学最直接的理论贡献，是它对货币理论的分析。弗洛伊德在 1908 年出版的《性格与肛门性欲》，从为人们所熟知的一些传说和语言运用中（如魔鬼送给他情妇的黄金，在他离开后变成了粪便；以及"钻钱眼"之类说法），提出了"黄金＝粪便"的命题："事实上，按古代巴比伦王国的教义来说，黄金乃'地狱之粪'。当神经病伴随语言习惯而发生的时候，任何地方都是在本原的深刻涵义上这样来解读'黄金'一词。"[①] 从精神分析角度提出一个货币的象征性涵义假说。

　　这一分析视野，促成了许多学者对世界民族中此类现象的关注。如与波拉尼同一国籍和同一时代的著名学者格赞·罗海姆（G. Roheim），在《财产的基本形态及其起源》中，列举了美拉尼西亚岛民把其所使用的贝币当成"大海的排泄物"，阿兹台克人把黄金视为"神的粪便"等实例。亚伯拉罕（K. Abraham）的《不安状态中的货币浪费》，认为货币的"使用"并不产生于货币的经济功能，而趋向于货币的影像。费伦齐（S. Ferenzci）的《货币偏好的个体发生》，在论及"艺术或创造性活动的价值意识中有很多东西可以用肛门性欲来解释"这一思想时，暗示了可以用肛门性欲来解释在货币中的某些东西。更直接地把目光转到货币的象征涵义问题上。笛门德（W. H. Desmond）根据古埃及把生活在粪便中的"圣甲虫"，当作圣物并成为铸币的起源的背景，推论出古埃及人一定相信圣甲虫产生于成年圣甲虫的排泄物。他相继发表了《论货币的肛门性欲起源》和《论动物献祭中的货币起源》，并出版了《魔术、神秘、货币》一书。克罗伯（A. L. Kroeber）称北加利福尼亚印第安人的尤罗克部族"具有特殊的肛门性欲或肛门迷恋"，波沁斯基（S. H. Posinsky）的《尤罗克人的贝币与"痛苦"》对其的考察发现，在尤罗克人中，无论美德还是恶行，一律用货币限额来表示；这种货币可以说执行的是计算手段的功能。而在其所使用的"角贝币"（denatlium shell money）和巫术中使用的"特勒吉托"（telogetl——呈手指状的祭具，象征痛苦和各种恶行）之间，贝币是幼儿性摄取的阳性表现，而特勒吉托则是与之对应的阴性表现。埃尔内斯特·鲍内曼（E. Borneman）则对上述研究作了总结性的整理，编著了《货

---

　　① 参见〔日〕栗本慎一郎《经济人类学》，王名等译，商务印书馆，1997，第 133 页。

币的精神分析学》一书，为这一问题的进一步理解提供了较为丰富的实证材料。

对上述分析的重要意义的理解，并不是去确定货币象征存在形式的起源与这些特定的具体形式的关联是否正确。而是要看到，它提供了对货币象征性涵义存在问题的一个分析思路。对经济学家来说，把货币与肛门性欲联系起来的探讨，简直是不能容忍的对科学的亵渎，确实，货币与粪便等具体实物的相关性，也并不适用于世界上所有的货币。把这些具体的形式理解为货币起源的唯一形式，也就颇显武断。而弗洛伊德及其追随者几乎不假思索地把黄金等同于最昂贵的价值物，也反映出他们是不加批判地接受了环绕于其周围的那个文化价值系统。但是，由于"象征过程是一种'形象的'经验和一种'在形象中的'经验。它的发展通常都显露出一种两极对称结构，因而呈现一种肯定与否定、失去和获得、黑暗和光明的韵律"①。货币存在的理性与非理性、圣性与俗性、有用性与无用性、洁与污等的关联，反映出货币作为一种同灵魂与魔鬼、图腾与禁忌等紧密相关的符号象征系统的设置，实际上是人类精神的创造物。它应该被认为是对人类自然状态的一种精神表达；是人类自身情感冲动的一种投射。

因此可以说，"黄金＝粪便"的命题，实际上揭开了对货币存在的一系列悖论关系的分析。而这些悖论性存在的两种意义，在禁忌的原始起源中是不加区别并合二为一的。对于这些人类心灵的创造物来说，"心理学上并不能被认为是'最早的'东西，也就是说一种无法再找到其来源的东西"，因而要寻求它们的真正来源和起因是无稽的。而这种符号象征系统的设置，"暴露出了一个极明显的意图：企图利用控制心理作用的定律来操纵真实事物"，展现了"人类具有一种极巧妙的内在能力（指再度校正），能将它们所抓到的任何材料（知觉或思想），变成连贯而易于了解的事件；当然，要是由于特殊的情况而无法从事真实的连接时，它们会毫不犹豫地伪造任何需要的东西"②。这样，货币的象征性涵义便以禁忌的财物形式，通过"有罪"或"有责"等观念在交换或赠予中的散布，对现实的

---

① 荣格：《荣格文集》，冯川等译，改革出版社，1997，第80页。
② 弗洛伊德：《图腾与禁忌》，杨庸一译，中国民间文艺出版社，1986，第39、40、87、117、122页。

社会交往尤其是经济性交往实施法的约束。如莫斯在交换的法约束研究中阐述过这样一个事实：在古罗马，"物"（res）本来是家族（familia）的一员，而当物与家族脱离很久以后，它仍然未能改变其原来作为家族成员的性质，直到因支付等价而获得解放，它又开始约束新的所有者。而从对方手里领受了物的人，被称为"reus"，意为"物的灵魂使双方结合了起来的人"；同时也常常表示"有罪者"或"有责者"等意思；并且 reus 还与"有誓完成的义务"（voti damnatus）同义，其中的 damnatus 一词又与"法的约束"相同。

　　精神分析货币理论对货币存在的一系列悖论关系的联结，实际上是把货币分析引向一条历史理解的道路，这恰恰是整个现代经济理论领域中所缺乏的。这种历史的理解，提示人们去关注货币存在中的权力因素。马克思曾说，金银与其他形式的财富的区别，并不在于价值量，因为价值量是由其中物化的劳动量决定的，而在于它独立地体现了财富的社会性质[①]。货币在财富的名义下，真正渴望获得的实质是对人的权力。它似乎提示，经济学的终极范畴是权力；但权力又不是一个经济范畴。如果说，精神分析视权力在本质上是一个心理范畴，并把一切权力归源于宗教性权力。那么，货币中的权力因素，则描绘了一个权力演变的物质化过程。在具体的历史行程中，当一个民族被拥有与之相别的象征系统的另一个民族征服后，就会被迫使用征服者的象征系统，被征服民族原有的那个货币及其所在社会中的宇宙观和象征系统，就被人为地切断了。而货币的符号象征形式，就进一步地体现出其作为权力意义上的制度性存在，及其作为一种权力框架的现实运作。上述种种分析的重要意义在于，为我们理解货币象征存在形式的物质化过程，提供了一条重要的线索。

---

　　① 参见马克思《资本论》第 3 卷，人民出版社，1975，第 649 页。

下 篇

经济民族学的分析范畴

第六章

经济民族学视野中的发展反思

现代社会不仅为经济民族学的理论展开奠定了深厚的现实基础，而且经济民族学理论视野和分析工具的锤炼也是由现代社会所赋予的。因此，经济民族学一切分析的展开和深化，必须以对现代社会本质的再认识作为一个基础性的平台。

在现代社会中，"发展"是最具影响力、最引人注目且最令人炫目的词汇。发展既是一个实践活动，又是一个话语概念。其自身的光谱具有极大的延伸性，从济世之宝的盛赞，到万恶之源的诅咒，不同的人在不同的运用中往往会赋予其天壤之别的含义。伊曼纽尔·沃勒斯坦认为，发展是现代社会中最关键也最有问题的概念[①]。吉尔贝·李斯特也曾指出，尽管人人自以为在谈论"发展"时懂得其含义，但围绕这个术语的溢美共识恰恰是扼杀争论的一种误解[②]。因此，就像阿图罗·埃斯科瓦尔所提出的，应该将"发展"作为一个独特的历史现象和一个被创造出来的思想和行动领域来考察[③]。

在众说纷纭的背景之下，当今社会众多研究项目都是在"发展"概念

[①]　〔美〕伊曼纽尔·沃勒斯坦：《否思社会科学——19世纪范式的局限》，刘琦岩等译，三联书店，2008，第2页。

[②]　〔瑞士〕吉尔贝·李斯特：《发展的迷思——一个西方信仰的历史》，陆象淦译，社会科学文献出版社，2011，第5页。

[③]　〔美〕阿图罗·埃斯科瓦尔：《遭遇发展——第三世界的形成与瓦解》，汪淳玉等译，社会科学文献出版社，2011，第9页。

的引导下展开的。不管我们是与研究对象保持距离，还是选择勾勒对象，对"发展"所涵盖的不同内容的追求与强调，使得人们对"何为发展"的本质理解和理论阐述充满了歧义性。如果不认清"发展"概念的源头，不对其作出确切的定义和追问，那么我们对一些社会问题和社会现象的思考力将会被大大削弱。"发展"既是研究的对象，又是研究的观念。如果要对"何为发展""谁来发展""为谁发展"等问题作出清晰的回答，就必须对发展概念作出深刻的反思；进而，如果说，发展一词为现代社会之首创，且在现代社会大行其道，那么，对发展一词的理解就要求我们对现代社会作出必要的反思，才能清楚地看到现代社会是怎样在其本质特征的规约下与"发展"概念相互形塑。正如汉娜·阿伦特所说"理解意味着有意识地检视和承负起本世纪压给我们的重担——既不否定它的存在，也不在它的重压下卑躬屈膝。简言之，理解意味着无论面对何种现实，总要坦然地、专心地面对它、抵抗它"①。

一　对现代社会本质特征的再认识

当19世纪的英国作家狄更斯写下"这是最美好的时代，这是最糟糕的时代"的话语时②，伟大与不幸的相生相伴，已把现代社会的悖论性存在充分展现于世。人们往往从不同的角度，以某种重大的历史事件来标识现代社会的起源：如主张15～16世纪者，所关注的是由新大陆的发现而得到确立的世界性联系；主张17世纪者，所强调的则是由尼德兰革命而确立起的商业资本帝国……然而问题在于，如果我们承认，现代社会是一个不同于以往人类社会的新时代，那么，仅凭诸如市场、交换以及资本运用等社会的表象事实，就能说明现代社会本质性的结构特征吗？而这些表象事实，也曾在"资本主义萌芽"的标题下，把现代社会的起源追溯到更古老的年代，产生了大量给"资本主义"加上不同形容词前缀的、更具歧义性的论说。一个明显的事实是，存续在上述各年代的不同社会中，或有新经济因素的产生，或有被压迫阶级的崛起，但无一例外的是，这些社会的身

①　〔美〕汉娜·阿伦特：《极权主义的起源》，林骧华译，三联书店，2015，第2页。
②　〔英〕查尔斯·狄更斯：《双城记》，宋兆霖译，商务印书馆，2016，第1页。

上都还裹着重重的旧社会的铠甲。如果说，与中世纪社会相匹配的原则是强权与征服，那么，与现代社会相适应的原则就是以经济的内在联系，以商品为重炮，以价格为共同语言，超越一切民族、语言、宗教的障碍，把世界不同国家和地区的人们都驱入一个全球性的框架中。遗憾的是，其后这个无论在经济体系和政治结构都已经获得了自身新基础的现代社会，依然奉行强权与征服的旧原则，而把19世纪塑造成了一个殖民帝国的时代，直到20世纪中期以降，与现代社会自身性质相适应的新原则才得到日渐广泛的、且直至今日仍然远为不充分的运用。

理解现代社会本质的枢纽，在于对18世纪中叶发生于英国的产业革命这一重要历史过程的认识。应该说，产业革命使得"那时还是欧洲历史上第一个并不渴望政治上统治而达到经济上杰出成就的阶级"[1]，获得了属于自身的一个全新的生产基础。并以强大的榜样效应"迫使一切民族——如果它们不想灭亡的话——采用资产阶级的生产方式"[2]。这样，社会化的生产力成了现代社会最具根本性意义的要素。同时，马克思还指出：

> 不仅一个民族与其他民族的关系，而且这个民族本身的整个内部结构也取决于自己的生产以及自己内部和外部的交往的发展程度。[3]

而现代社会最基本的贡献是"它首次开创了世界历史"，把人们从以往"狭隘地域性的存在"带入了"世界历史性"的存在[4]。马克思认为"每一个单独的个人的解放的程度是与历史完全转变世界历史的程度一致的"[5]。正是基于现代社会的这一伟大创举，"单个人才能摆脱各种不同的民族局限和地域局限，而同整个世界的生产（也同精神的生产）发生实际的联系，才能获得利用全球的这种全面的生产（人们的创造）的能力"[6]。应该说，马克思对现代社会本质的洞察是最为深刻、也最具穿透力的。正

---

① 〔美〕汉娜·阿伦特：《极权主义的起源》，林骧华译，三联书店，2015，第184页。
② 《马克思恩格斯选集》第1卷，人民出版社，2012，第404页。
③ 《马克思恩格斯选集》第1卷，人民出版社，2012，第147页。
④ 《马克思恩格斯选集》第1卷，人民出版社，2012，第166、194页。
⑤ 《马克思恩格斯选集》第1卷，人民出版社，2012，第169页。
⑥ 《马克思恩格斯选集》第1卷，人民出版社，2012，第169页。

是在对社会化的生产力和全球性的交往结构这两个本质性要素充分把握的基点上，马克思以锐利的目光看到了现代社会的悖论性存在，而展开了他最为犀利也最具影响力的批判。恩格斯也曾把这两个因素称之为"经济曲线的横坐标和纵坐标"①。然而，不幸的是，如同人类历史是每一位伟大的先哲一样，马克思的理论也遭到了来自不同方面的扭曲，进而招致了更为广泛的误解。

在肤浅的表象上，马克思是作为现代社会的批判者而呈现于世的。基于表象的局限性视角，带来了对马克思的双重误解：一是以批判者的起点简单地把马克思归为现代社会的抵制者，但人们却忘了马克思是在高度赞赏现代社会是人类历史上最伟大变革的基点上才展开其批判的。早在《1844年经济学－哲学手稿》中，马克思就写道，现代社会"通过工业——尽管以异化的形式——形成的自然界，是真正的、人类学的自然界。"这是历史地理解"自然界的人的本质"和"人的自然本质"的基点②。进而，他运用"规律"一词，充分肯定了现代社会历史形成过程的不可逆性。甚至在《共产党宣言》这样的政治宣言中，他对现代社会的主导者资产阶级，也写下了至今无人比拟的赞词：这一曾经"被压迫的等级"，"在它的不到一百年的阶级统治中所创造的生产力，比过去一切世代的创造的全部生产力还要多，还要大"③。因此，"资产阶级在历史上曾经起过非常革命的作用"④。同样，对资本的分析也是在认定"资本不是一种个人力量，而是一种社会力量"⑤的基点上展开的。正是这一基点，使他敏锐地捕捉到了资本立身的基点是"社会生产力的无条件的发展"⑥，然而，在生产远不能满足社会需要之时，生产已受制于现有资本增殖这个有限目的的制约。正是这一深刻的内在矛盾，使现代社会自身展现为悖论性的存在：经济与社会的位置在现代发生了一个完全的倒置，把此前嵌合于社会的经济转换成经济支配了社会的状态。与此相伴随的则是现代社会的

---

① 《马克思恩格斯选集》第3卷，人民出版社，2012，第525页。
② 马克思：《1844年经济学－哲学手稿》，人民出版社，2000，第83页。
③ 《马克思恩格斯选集》第1卷，人民出版社，2012，第402、405页。
④ 《马克思恩格斯选集》第1卷，人民出版社，2012，第403页。
⑤ 《马克思恩格斯选集》第1卷，人民出版社，2012，第415页。
⑥ 马克思：《资本论》第3卷，人民出版社，1975，第279页。

主导者把自身的"生存条件当做支配一切的规律强加于社会了"①。正是在这种支配下，原来作为满足人民物质需要手段的经济，已完全转换成服膺资本获利这一首要原则的工具，获利成为社会与人生的"最终目的"②。这就使整个经济场域表现为这样一种常态："每个人都千方百计在别人身上唤起某种新的需要，以便迫使他做出新的牺牲，把他置于一种新的依赖地位……每个人都力图创造出一种支配其他人的、异己的本质力量，以便从这里面找到自己本身的利己需要的满足。因此，随着对象的量的增长，压制人的异己本质的王国也在扩展，而每一个新的产品都是产生相互欺骗和相互掠夺的新的潜在力量"③。进而在社会全场域，"人不再感受到他是自己的力量和丰富感情以及品质的主动拥有者，他感到自己只是一个贫乏的'物'，依赖于自身之外的力量，他向这些外界力量投射出他生存的实质"④。如果说，现代社会曾以"人是万物的尺度"开辟了最初的发展道路，那么，在它发展了的形式中，至少在经济领域，人已不再是"万物的尺度"，即不是人使用生产条件，而是生产条件使用人，是全面的物对人的支配；现代社会奉个体自由为圭臬，但实践的结局却往往是"自由得一无所有"⑤。资本律令成为现代社会所膜拜的普遍规律，"它将人类目标从属于非人的市场机制的逻辑"⑥。使"何为人"的问题成为对这个社会最普遍的追问。

马克思是以"历史性范畴"的概念来考察现代社会的。正是这种大尺度的视野，使他能够在资本关系的分析中，把在现代社会中所出现的股份制看作是"在资本主义体系本身的基础上对资本主义的私人产业的扬弃"；看作是把"所有那些直到今天还和资本所有权结合在一起的再生产过程中的职能转化为联合起来的生产者的单纯职能，转化为社会职能的过渡

① 《马克思恩格斯选集》第1卷，人民出版社，2012，第412页。
② 〔德〕马克斯·韦伯：《新教伦理与资本主义精神》，于晓等译，三联书店，1987，第37页。
③ 马克思：《1844年经济学—哲学手稿》，刘丕坤译，人民出版社，1979，第85页。
④ 〔美〕弗洛姆：《健全的社会》，孙恺祥译，贵州人民出版社，1994，第98页。
⑤ 马克思：《资本论》第1卷，人民出版社，1975，第192页。
⑥ 〔英〕卡尔·波兰尼：《大转型：我们时代的政治与经济起源》，冯钢等译，浙江人民出版社，2007，第27页。

点"①。这就是由社会化生产力的性质所引发的资本社会化的一个历史结果。它"是资本再转化为生产者的财产所必需的过渡点"②，这意味着在社会化生产力这一本质要素的规约下，资本将"不再是各个分离的生产者的私有财产，而是联合起来的生产者的财产，即直接的社会财产"③。也正是这种大尺度的视野，使马克思在犀利地批判现代社会资本关系的局限性时，也盛赞了现代社会所带来的生产的全面性的展开，及其所带来的人控制物质能力的空前释放。遗憾的是，对马克思一个更深层的误解，则来自人们往往把这种大尺度视野的论述，偷换到即刻视点上。马克思不是仅凭表象事实来分论不同社会的，而是抓住了生产力性质和交往结构这两个本质性要素来分析作为历史性范畴的不同社会的。他由此对现代社会的批判，也并非以道义情感为基点，而是基于社会自身的内在矛盾才得以展开的。正是这种总体性的视野，使马克思的学说一直持续地发挥着深厚的影响力。约瑟夫·熊彼特曾这样评论，对于马克思的论述来说，"无论是朋友还是敌人，这正是使之在心智上感到迷人的源泉"④。然而，也正是这种影响力，使马克思遭到了来自不同方面的扭曲与误解，"没有马克思的马克思主义"的话语⑤，在一定程度上表达了这种扭曲与误解的状况，有的是在主义的幌子下塞进了私货，有的则是汲取了马克思的学说却打出反马克思的旗号……

　　在基本把握了现代社会本质的基础上，我们可以看到，发展的话语正是在这样一个充满悖论的社会中诞生的。同一的词语却容纳着多重的诉求：其上层不仅有民族国家的政治诉求，也有资本逐利的贪欲；而其下层也重叠着作为"发展"或"被发展"对象的广大民众提升和保障自我生存权利的诉求、各界人士发自内心的、真诚的援助之愿；当然，也不乏以发展为旗号而求谋生之道或求功名之利的各色人等，因此，必须以对发展的反思，来厘清发展概念所包容的不同内容。

① 马克思：《资本论》第3卷，人民出版社，1975，第494页。
② 马克思：《资本论》第3卷，人民出版社，1975，第494页。
③ 马克思：《资本论》第3卷，人民出版社，1975，第494页。
④ 〔美〕约瑟夫·熊彼特：《经济分析史》第2卷，杨敬年译，商务印书馆，2010，第12页。
⑤ 〔瑞士〕吉尔贝·李斯特：《发展的迷思——一个西方信仰的历史》，陆象淦译，社会科学文献出版社，2011，第94页。

二　对发展的追问与反思

对发展概念的反思，首先把我们引向对现代社会基本理念的考察。如果说，18世纪的英国产业革命为现代社会奠定了坚实的生产之基的话，那么，1789年爆发的法国大革命，在现代社会的构建过程中，同样是居功至伟的。它以 nation 一词提出"一个单一且不可分割的民族"的理念，声称"凡在法兰西土地上生存者皆一国之公民"。不仅为现代社会提供了一个最基本的政治组织构架，更重要的是，这一宣告剥离了此前加诸于每个人的身份依附于等级标识，把确立个体地位、尊崇个体价值、扩展个体自由选择铸炼成现代社会的基本理念。现代社会基本的生存活动都凭理性的旗号而推动，而这个它引以为自豪的理性正是仰仗于科学为其普遍基础的。可以看到，如果说，产业革命以经验事实使其所依赖的科学基础得到了即刻的展现，那么，法国大革命所贡献的基本理念的科学之基，却迟迟未能得到，而停留在仅仅是一种期望或憧憬的状态。

达尔文在人与万物同源的基点上，把人纳入了地球所有生命演变的考察，其坚硬的核心就是"自然选择、适者生存"。这一伟大的科学发现以此把人从"上帝之手的规划"中解放了出来，给此前一直束缚于人身上的神权枷锁致命的一击，由此引发了现代社会最具根本性意义的意识形态的变革。不幸的是，达尔文进化论所具有的科学革命和意识形态革命的双重身份，也使其原来作为科学的学说迅速意识形态化，达尔文的学说由此也遭遇了与马克思的学说同样的扭曲与误解。更为不幸的是，这种被扭曲了的达尔文进化论却上升为整个19世纪主流的和最基本的意识形态，至今仍持续地发挥着不同的影响。这就使我们有必要去重新认识达尔文本来的或科学意义上的进化论学说。

在《物种起源》的结论中，达尔文概述了引导他完成这一伟大科学发现的命题："体制的一切部分或本能至少呈现个体差异——生存斗争导致构造上或本能上有利偏差的保存——在每一器官的完善化的状态中有诸级存在，每一级对于它的种类都是有利的。"① 这清晰地表明，"进化"一词

---

① 〔英〕达尔文：《物种起源》，周建人等译，商务印书馆，1997，第526页。

没有丝毫的"进步"含义。他曾在一本大力鼓吹进化论的名著上，写下了"千万别说什么更高级、更低级"的眉批，在1872年的通信中，他也写道："经过长期思考，我无法不相信，所有生命都没有天生进步的趋势。"① 科学意义上的进化论，不会把人导入"使任何一个物种比另一个物种占有优势"的幻想，而无论人们给予这样的幻想以好或坏的评价②。达尔文认为，在广义的和比喻的意义上使用"生存斗争"一词，"其意义包含着这一生物对另一生物的依存关系"③，而"自然选择就经常倾向于保存任何一个物种的最分歧的后代"④；"只有在多数个体能够共同生存的有利生活条件下……才能使这个物种免于全部覆灭"⑤。这也就是说，自然选择是以差异和多样性为其前提条件或基础的。他同时认为，"如用年来计算，我们不知道物种以何种速率发生变化"，而我们尚未拥有对宇宙和地球内部构成的足够知识，可以来稳妥地推测生命的演化。⑥ 这里昭然揭示了作为整个进化论基础的大尺度视野。对科学意义上的进化论再认识的一个关键点，是对"适应"一词的全面理解。适应本身包含着两个相互背离的方向：一是以某个特定指向为目标的高度特化，二是以变异来获取追随环境变化的能力。因此，如果结合以往地球生命无数次灭绝的事实就可以看到，进化论在科学本意上，并非是以连续的单一直线过程，而是以断裂、变异、突生为基点来考察生命演化的。

具有讽刺意味的是，扭曲达尔文进化论的始作俑者却是达尔文的好友斯宾塞。斯宾塞首先把进步的概念偷渡到达尔文的进化论中，在现代社会空前地扩展了人们的交往范围、空前地释放了人们的生产能力的激发下，扭曲了的、意识形态化了的进化论，以即刻优劣的短视点取代了长期大尺度视野；以连续累积的、单一直线型的假说偷换了断裂、变异和多样性的基点；正是这种偷换和取代导出了暧昧不清的进步定义，最终取代了达尔文科学本意上的进化论，成为现代社会话语的最基本的主导者。时至今

---

① 〔美〕斯蒂芬·杰·古尔德：《生命的壮阔》，范昱峰译，三联书店，2001，第152～153页。
② 〔英〕达尔文：《物种起源》，周建人等译，商务印书馆，1997，第92页。
③ 〔英〕达尔文：《物种起源》，周建人等译，商务印书馆，1997，第77页。
④ 〔英〕达尔文：《物种起源》，周建人等译，商务印书馆，1997，第537页。
⑤ 〔英〕达尔文：《物种起源》，周建人等译，商务印书馆，1997，第85页。
⑥ 〔英〕达尔文：《物种起源》，周建人等译，商务印书馆，1997，第532～533页。

日，从大多数人口中出来的进化论一词，已是抛弃了达尔文的达尔文主义。它把达尔文科学本意上的进化论挤压到了生物学甚至是古生物学以及少数思想家的狭小范围。在"达尔文所有的观念之中，最令人难以接受的，就是不肯承认进步是进化机制可以预测的结果"；而"依弗洛伊德的说法，承认达尔文学说的正确涵义，就是推翻人类的自大"①。古生物学家古尔德写道，达尔文这位"进化论之父似乎在独自坚持生物的变化只能导致提高生物更适应所生活的环境，而不导致由结构复杂性或异质性的提高来界定的抽象、理想的进步——绝不说高等低等"②。以地球生命的事实来看，80%的多细胞动物表现为节肢动物的模式，古尔德给予的评价是"进化相当成功"③，它们虽然没有发展出复杂的神经系统，但有许多却拥有复杂的化学防卫系统，人类曾经以 DDT 等毒药来对付其中一小部分的所谓害虫，却反转成为戕害人类自身的产品；甚至更进一步，化石记录的生命是从细菌开始的，而这种最简单的生命模式，在"将近 40 亿年之后的今天，仍然还在原来的地方，显示着同样的生命模式"。他据此认为，"细菌才是整个生命史中的耐力冠军和主宰者"④。人们曾经以各种抗生素的发明来抵御细菌给人类生命带来的危害，但今天为人们所熟知的医院病毒，也再次确认了 1993 年发表于美国《科学》杂志的《免疫系统进化史》所提出的一个科学发现：这些被人们视为"低等有机物居然也有复杂的免疫系统"⑤。胚胎学家卡尔·恩斯特·冯·拜尔不无讽刺地指出："每一个胜利的理论都经历过三个阶段：第一个阶段是被当作不正确的理论抛弃掉；第二个阶段是被当作与宗教对立的理论否定掉；第三个阶段是被当作教条接受，并且每人都声称早就认识这个理论的准确性。"⑥ 遗憾的是，在现代社会大行其道的却是被歪曲了科学本意的、意识形态化了的进化论。

在现代社会悖论性存在的大背景下，意识形态化了的进化论也有其正面的意义，这就是以其科学之基，捍卫了现代社会确立个体地位、尊崇个

① 〔美〕斯蒂芬·杰·古尔德：《生命的壮阔》，范昱峰译，三联书店，2001，第 152 页。
② 〔美〕斯蒂芬·杰·古尔德：《自达尔文以来》，田洺译，三联书店，1997，第 24 页。
③ 〔美〕斯蒂芬·杰·古尔德：《生命的壮阔》，范昱峰译，三联书店，2001，第 12 页。
④ 〔美〕斯蒂芬·杰·古尔德：《生命的壮阔》，范昱峰译，三联书店，2001，第 165、196 页。
⑤ 〔美〕斯蒂芬·杰·古尔德：《生命的壮阔》，范昱峰译，三联书店，2001，第 19~20 页。
⑥ 转引自斯蒂芬·杰·古尔德：《生命的壮阔》，范昱峰译，三联书店，2001，第 171 页。

体价值、扩展个体自由选择的基本理念。在生命的断裂、差异和多样性的基点上，由于适应本身所固有的两个截然对立的方向，会在诸如选择中导致选择失误者付出自己的生命乃至整个类的生命！就像白垩纪的恐龙那样。因此，现代社会所确立的基本理念，尤其是扩展个体自由选择，并非是一个仅仅关乎个体自由的问题，而是关乎整个人类存亡的根本性问题。其所具有的深层意蕴是，在人类多样性文化的基础上，基于个体差异的自由选择，已把绝大多数生命体的被动选择转化成了主动性选择，且不必为选择的失误付出生命的代价。然而另一方面，意识形态化了的进化论所带来的负面影响却是难于估量的，其最直接的一个结果就是，科学本意上的达尔文进化论刚刚把长期支配人的神驱赶了出去，而扭曲了的意识形态的进化论又马上把它从后门接了回来。重新回到在进步等话语编织下的目的论的控制下。这一变形在最深的层面上，是对科学本意上的进化论的彻底否定，因为不论是以国家、资本或精英还是什么取代上帝，都意味着自由选择与人无关，人依然处于身外力量规划的控制中。现代社会"生产的不断变革，一切社会状况不停地动荡，永远的不安定和变动"①，在这些最令人瞩目的征兆的激发下，当这种扭曲了的进化论把进步的观念附加于进化之上，就一直产生着极为不幸的多重结果。应该说，发展概念最深层的意识形态支撑源出于此。正是这种渊源关系，连续累积的单一直线、进步的不可逆性成为发展话语的主脉，而科学本意上的进化论所强调的断裂、差异、多样性以及适应的两重性含义则被打入了冷宫。也正因如此，发展成为最适于勾描现代社会具有目的性的动态变化的词汇。

在现代社会的历史进程中，发展概念在其深层所展示的是一种榜样效应。当英国凭借其在 14 世纪初就开始推动的商业扩张，继而以 18 世纪首发于纺织业的技术革新所带动的产业革命，"从而使资产阶级社会的整个基础发生了革命"② 之后，发展概念从一开始就深蕴着对产业革命所开创的现代社会膜拜之情，从而在 19 世纪从欧洲、北美到东亚，引发了第一波世界性的发展浪潮，法、德、美、俄、日这些以英国为榜样的赶超国家在 20 世纪初叶，都已进入了世界列强的队列。正是这第一波的示范，建构起

---

① 《马克思恩格斯选集》第 1 卷，人民出版社，2012，第 403 页。
② 《马克思恩格斯选集》第 3 卷，人民出版社，2012，第 648 页。

了发展的神话。

就在这第一波发展浪潮中，已呈现出不同国家发展顺序和重心的差异以及发展方式和道路的选择。1841 年，弗里德里希·李斯特在德国的赶超战略尚未全面启动时，发表了《政治经济学的国民体系》一书，其自述"以历史和事物本质为依据"[①]，在英国"如何基于政治力量进而获得生产力量，又如何由生产力而获得财富"的历史中，看到了"政治力量、生产力量与财富之间"交互作用的关系[②]，而提出"必须考虑到一个独立的'生产力理论'"，来论述民族精神与国家经济发展的关系[③]。这样，李斯特为在现代社会进程中的一切后进民族开创了构建自身发展理论体系的先河，以其独立的探索形成了民族发展理论的一只独特源流[④]。之后，德国是依靠铁路建设的惊人的急剧方式打通了发展道路的[⑤]。凯恩斯的评价是："德意志帝国与其说是建立在血与铁上，不如说是建立在煤与铁上要更真实些"[⑥]。俄国则是以国家力量为主导，以引进外资为基点来实施赶超战略，其主要的工业基地顿巴斯，是在法、英、德、比等国的资本支持下兴起的[⑦]。列宁在 1899 年写下了《资本主义在俄国的发展》，梳理分析了俄国的这一发展进程。远在东方的日本，以明治维新提出"和魂洋才"为起点，通过政府发动转向民间财团的助力过程，也在 19 世纪末完成了"脱亚入欧"的转变。而对中国来说，"数千年未有之强敌"和"数千年未有之变局"的屈辱体验[⑧]，产生出一种对发展概念的特殊情怀：从"保种、

---

① 〔德〕弗里德里希·李斯特：《政治经济学的国民体系》，陈万煦译，商务印书馆，1961，第 8 页。
② 〔德〕弗里德里希·李斯特：《政治经济学的国民体系》，陈万煦译，商务印书馆，1961，第 47 页。
③ 〔德〕弗里德里希·李斯特：《政治经济学的国民体系》，陈万煦译，商务印书馆，1961，第 122 页。
④ 陈庆德：《发展经济学的一支独特源流——评李斯特的〈政治经济学的国民体系〉》，《学习与探索》1989 年第 6 期。
⑤ 〔德〕鲁道夫·吕贝尔特：《工业化史》，戴鸣钟译，上海译文出版社，1983，第 84～85 页。
⑥ 〔英〕克拉潘：《1815—1914 年法国和德国的经济发展》，傅梦弼译，商务印书馆，1983，第 320 页。
⑦ 〔苏〕梁士琴科：《苏联国民经济史》第 2 卷，李延栋等译，人民出版社，1954，第 78 页。
⑧ 陈庆德：《洋务运动的再认识》，《中国经济史研究》1995 年第 4 期。

保国、保教"开始，经历了在"中学为体、西学为用"旗号下的工业兴建，也在 19 世纪末走上了"变法"之路，从律法、制度乃至风俗，以改变我们的一切进入新世界的呼喊，转化成一种颇为广泛而深厚的期盼，为国人奠下了对发展的信仰之基。从 19 世纪中期开始就一直深陷战乱泥潭的中国，在 20 世纪 50 年代重启发展进程时，就是以更为具体的"超英赶美"口号为标识的。在 19 世纪以神话和信仰的憧憬为依赖的历史实践基础上，约瑟夫·熊彼特在 1911 年撰写的《经济发展理论》提出，发展是对现存经济格局的一种突破，突破的力量来自创新，具体可分列为产品、技术、市场和组织的创新①。把发展引入了理论研究的场域。

现代社会的开创，把人类社会从"自然共同体"带入了"社会共同体"，把人的状态由"人的依赖关系"转变为"以物的依赖为基础的人的独立性"，然而，正是其悖论性的存在，却展现出强权即优势、劣势即屈辱的图景，也就使一部分人以牺牲另一部分人为代价成为现代社会发展的基本标志之一。人的不再是无声的合类性的总体性要求和人的分离性发展的基本问题，在每一个人每时每刻的严酷而深切的体验中得到了展现，从而，社会应该如何成为"自由人的联合体"？又如何实现"人的全面发展与自由个性"？成为人们对现代社会最基本的发问。在现代社会悖论性存在的基础上，一方面，渴求改变其屈辱地位的发展对象把发展视为其所期望和憧憬的神话；另一方面，对发展的主导者来说，发展则成为推行其主流意识形态最便捷的工具。依靠这种合力，发展概念终于在 20 世纪完成了它的华丽转身，上升为遍及全球的主导性话语，甚至进一步获得了一种理论的装饰而深化为规律的信条，转变成全球信奉的普遍真理。

1949 年 1 月 20 日，杜鲁门总统向美国国会提交国情咨文，提出了在冷战背景下如何建立和维护以美国为主宰的世界秩序的 4 点计划，其中第四项计划提出"将我们科学先进和工业进步的优势用来服务于欠发达地区的改善和增长"②。由此，发展便追随于一种政治实践的需要，以经济的外貌掩盖了政治的意图，第一次纳入了国家战略的政策实践体系；也给发展

---

① 〔美〕约瑟夫·熊彼特：《经济发展理论》，何畏等译，商务印书馆，1991，第 73 ~ 74 页。
② 〔瑞士〕吉尔贝·李斯特：《发展的迷思——一个西方信仰的历史》，陆象淦译，社会科学文献出版社，2011，第 65 页。

概念注入了意识形态工具运用的功能。而"欠发达"一词的启用，不仅给发展提供了一个比对的落脚点，而且赋予发展更为明显的方向性和目的性，进一步强化了深蕴在发展概念中的榜样效应。作为通过国家力量强力介入的契机，自 20 世纪 50 年代起，在全球规模上掀起了一波高过一波的发展浪潮，也为国家力量和资本力量日趋紧密的结合铺筑起日渐广阔的道路。

现代社会以政治场域中的民族国家形式和经济场域中的资本支配形式的构建，创造出了两个迄今无可比拟的巨无霸，国家意志和资本信念也就顺势而成为现代社会发展实践进程中最基本的主导性力量，成为发展实践的主要的领导者、规划者、组织者。而这两大力量的实质性内容，却是把原来的社会公共权力和一种社会力量，局限性地交由某种具体的有形的组织形式，也就使属于社会的权力和力量异化为一种具体的、特殊的和个别性的存在。尽管我们可以不必以完全对立的预设来看待这两种力量与社会其他部分的关系，既然两者都具有某种具体的和特殊的局限属性，也就把社会、国家、资本、群体乃至个人如何共享或分享发展利益的问题推到了前台。首先，是大批来自经济学领域的人聚集于发展话题旗下，引发了政治学、社会学、人类学乃至历史学等众多学科广泛的、不同程度的专业性参与。尽管"发展"的话语重叠着多重的不同诉求，但正是这一话语在作为发展对象的一方也获得了生产性时，发展终于成了"所有的国家领导人、所有的国际组织、几乎全体经济技术治国专家和为数极多的普通民众都认同的信仰"[1]。成为全球性和全民性最大热点，演成了至今仍持续不衰的、尽管拥有一系列的矛盾、显现着观点和立场的对立与冲突，却又俨然呈现为一种整体性的和普遍性的社会实践。

诚然，应该承认，在叠加着多重诉求的发展话语中，国家与资本的力量始终占据主导地位。在国家和资本旗下，汇聚起大批来自不同学科的人。当然，在国家或资本的基点上，他们的论述大多趋向了当代国际的"建制"问题，但其中也不乏许多专业性乃至学术性的精湛论述。如德国的艾伯特·赫希曼，依其担任哥伦比亚政府财政顾问的体验，在 20 世纪

---

[1]　〔瑞士〕吉尔贝·李斯特：《发展的迷思——一个西方信仰的历史》，陆象淦译，社会科学文献出版社，2011，第 237 页。

50 年代就发表了《经济发展战略》一书①，20 世纪 60 年代担任两届美国总统特别助理的罗斯托，也以其《经济成长的阶段》从资本形成的角度提出了起飞理论。② 而提出二元结构模式的阿瑟·刘易斯，在 1955 年出版了《经济增长理论》，从制度、资本、政府等诸多角度，阐述了决定经济增长的繁多因素。又在 1978 年出版了《增长与波动》，他基于 1870~1913 年世界经济演变的史实，论述了核心国与外围国相互之间在发展进程中的挑战－应战关系③。美国学者拉尼斯和费景汉也提出了以他们的名字所命名模式，阐述了农业生产率变化与工业劳动供给变化之间的关系，并在 1964 年《劳动剩余经济的发展》中详述了他们的理论④。其后还有乔根森模式、托达罗模式，等等。这些各有不同侧重的经济分析模式，为人们分析发展过程中的人口流动提供了有效的工具⑤。应该说，这支队伍囊括了不同学科的人，构成了极为庞大的阵容。如来自人类学领域的格林·考奇伦，也在 1971 年出版了《发展人类学》，他公开坦言"该名称必定会为这个专业的研究带来某些哲学或定向性的基础"⑥。聚焦于"做什么或怎样做的问题"，以"构建政策和某个族群"两个层面上的体验为基础⑦，在"发展计划的实施"之外，其努力的主要的目标还是要"创造一批作为一般实践者的人类学学者"⑧。

　　除此之外，还有一支在对现代社会的批判基点上，对由国家和资本两大力量主导的发展提出质疑的学术队伍。我们可以把其思想源流追溯到马克思那里。约瑟夫·熊彼特曾从经济分析理论的角度指出："马克思是试图为资本主义过程建立清晰模型的第一个人"；而更为重要的是，"它企图

① 〔德〕艾伯特·赫希曼：《经济发展战略》，曹征海等译，经济科学出版社，1991，第 1 页。
② 〔美〕W. W. 罗斯托：《经济成长的阶段》，国际关系研究所编译室译，商务印书馆，1962。
③ 〔美〕阿瑟·刘易斯：《经济增长理论》，周师铭译，商务印书馆，1996，第 1 页；阿瑟·刘易斯：《增长与波动》，梁小民译，华夏出版社，1987，第 3 页。
④ 〔美〕G. 拉尼斯，费景汉：《劳动剩余经济的发展》，王月等译，华夏出版社，1989，第 1~3 页。
⑤ 谭崇台主编《发展经济学》，上海人民出版社，1989，第 314~342 页。
⑥ Cochrane. G, *Development Anthrpology*, New York：Oxford University Press, 1971, p. 28.
⑦ Cochrane. G, *Development Anthrpology*, New York：Oxford University Press, 1971, p. 4.
⑧ Cochrane. G, *Development Anthrpology*, New York：Oxford University Press, 1971, pp. 14, 29.

揭示这样一种机制，仅仅由于这种机制的作用，不借外部因素的助力，就会把任何一定的社会状态转变为另一种社会状态"①。凭借这种其他经济理论所没有的意义，或许可以说，马克思的理论是这个时代真正的进化理论；在大尺度的历史视野上，发展应该具有趋于新结构的能量，那么，也可以说，马克思提出了一个独树一帜的发展理论，它与前面那种以现实的国际建制与维护为出发点的发展理论具有根本性的差异。尽管这支队伍所付出的质疑多从具体问题入手，有着各自不同的角度和侧重点，探求如何使发展获得具有新的更好结局，成为这些质疑的共同出发点。

早在 1953 年，美国学者罗格纳·纳克斯就在《不发达国家的资本形成》一书中，提出了"贫困恶性循环"理论②，1956 年，又有纳尔逊对不发达国家"低水平均衡陷阱"理论的提出③，继之，冈纳·缪尔达尔提出了"循环累积因果关系"理论，持续地运用于他对亚洲乃至世界贫困问题的研究，出版了《亚洲的戏剧——对一些国家贫困问题的研究》《世界贫困的挑战——世界反贫困大纲》等论著，他认为"不平等及其加剧的趋势已成为对发展的限制与障碍的复合体"④。在这些理论的激发下，也形成了一支由来自不同国度的学者和广大南方国家的本土学者所组成的质疑者队伍。如巴西的特奥托尼奥·多斯桑托斯的《帝国主义与依附》⑤，埃及的萨米尔·阿明的《不平等的发展：论外围资本主义的社会形态》⑥，还有德国的安德烈·贡德·弗兰克在 20 世纪 60 年代《资本主义与拉丁美洲的欠发达》等一系列研究的基础上，20 世纪 70 年代初完成了具有总结性意义的研究《依附性累积与不发达》⑦，以及 F. H. 卡尔多索和 E. 法莱托的《拉

---

① 〔美〕约瑟夫·熊彼特：《经济分析史》第 2 卷，杨敬年译，商务印书馆，2010，第 23 页。
② 〔美〕罗格纳·纳克斯：《不发达国家的资本形成问题》，谨斋译，商务印书馆，1966。
③ 谭崇台主编《发展经济学》，上海人民出版社，1989，第 147 页。
④ 〔瑞典〕冈纳·缪尔达尔：《世界贫困的挑战——世界反贫困大纲》，顾朝阳等译，北京经济学院出版社，1991，第 44 页。
⑤ 〔巴西〕特奥托尼奥·多斯桑托斯：《帝国主义与依附》，杨衍永等译，社会科学文献出版社，1999。
⑥ 〔埃及〕萨米尔·阿明：《不平等的发展：论外围资本主义的社会形态》，高铦译，商务印书馆，1990。
⑦ 〔德〕安德烈·贡德·弗兰克：《依附性累积与不发达》，高铦译，译林出版社，1999，第 1~7 页。

丁美洲的依附和发展》①，伊曼纽尔的《不平等交换：对帝国主义贸易的研究》② 等，以现代社会历史形成的中心－外围结构为基点，从不同的角度揭示了现代发展进程中支配－依附关系的建构，为人们提供了审视现代发展的另一种视角，史称依附论派。

实际上，发展在现代社会的历史进程一直呈现着一种悖论性的状态：从 19 世纪中期渐次展开的第一次发展浪潮，不幸演成了争霸世界的一部列强兴衰史，并在 20 世纪上半期两次世界大战爆发，使人类的自我戕害达到了极度惨烈的空前规模；从 50 年代开始，由美国主导的发展规划的实施，即刻带来了欧洲复兴的辉煌；联合国在 60 年代宣告的第一个 "发展的十年"，也以绿色革命当即大放异彩；然而，当联合国 70 年代宣告第二个 "发展的十年" 时，在 70 年代中期就颓势显现：在支配－依附结构中前期发展所沉淀累积下来的各种弊端开始绽露，如在印度旁遮普，与绿色革命相伴而行的是原来公平的土地分配制度的全面崩塌，大多数人只有很少的土地，而极少数人拥有绝大多数的土地；在巴基斯坦，没有土地的劳动者的收入并没有随着发展而增加，而是停滞在以往的水平上，每年不到 100 美元，与此相对照，一个拥有 1500 英亩土地的农场主，在一次收成中的纯利润就达 100000 美元③。绿色革命的真相无非是：在把由资本推动的面向市场的作物种植带入快速增长轨道的同时，却把农民为自食而进行的作物种植导向了停滞、颓败和生存条件趋于恶化的境地。到了 80 年代，超过 50 个在绿色革命前尚能粮食自给的国家，沉沦为纯粹的粮食进口国④。而正是因现代社会的局限性导致了把自然稀缺转换成社会稀缺这一结局。在这样的发展过程中，前一阶段的万分欣喜和后一阶段接踵而至的悔恨与歉疚总是不断地重复上演。可以看到，"发展这一概念恰恰造成了我们时代一个重要的自相矛盾的事实"⑤。在建立国际新秩序的呼声中，发展遭遇了更大和更多的质疑，而人权、生态与环境成为质疑发展最主要的出发点。

① 谭崇台主编《发展经济学》，上海人民出版社，1989，第 122~130 页。
② 〔希腊〕A. 伊曼纽尔：《不平等交换：对帝国主义贸易的研究》，文贯中等译，中国对外经济贸易出版社，1988。
③ 〔美〕D. 梅多斯等：《增长的极限》，于树生译，商务印书馆，1984，第 110~111 页。
④ 克莱夫·庞廷：《环境与伟大文明的衰落》，王毅等译，上海人民出版社，2002，第 281 页。
⑤ 〔法〕弗朗索瓦·佩鲁：《新发展观》，张宁等译，华夏出版社，1987，第 1 页。

如西蒙·库兹涅茨 1966 年写下《现代经济增长》时，已使发展的含义超越了纯粹的经济指标的增长，把各民族社会经济结构的基本变革以及各民族成员应成为自身结构变革的这样一些基本内容囊括其中[①]。而弗朗索瓦·佩鲁曾基于对在支配关系下所形成的不平等、不平衡的发展动态过程的审视，早在 50 年代就提出了发展极的理论，到了 80 年代又撰写了《新发展观》，他认为："经济体系总是沉浸在文化环境的汪洋大海之中"[②]，而"发展的目的决不是要强迫人们不情愿地像牛一样被喂养，或者永远作为小孩来抚养；也不是要通过把今天的人们压抑在受国家政策强制的计划机构中寻求后代人的最终解放，而是要通过共同的努力，使人们能够自己养活自己，有意识地自己教育自己，并且不用暴力来实现自己的解放"[③]。"发展同作为主体和行为者的人有关，同人类社会及其目标和显然正在不断演变的目的有关"。所以，必须在"为一切人的发展和人的全面发展"的基点上[④]，提出新的发展观，才可望获得新的发展。梅多斯等人在 70 年代初向罗马俱乐部提交的报告则指出，在地球是有限的这一简单事实的基础上，现代发展所引发的资源消耗和环境污染等的问题，已使发展遭遇了极限的瓶颈制约[⑤]。舒马赫则针对现代社会以规模扩张为主要手段的发展方式，写下了《小的是美好的》一书，他认为，现代的发展方式正在"摧毁自己赖以建立起来的基础"，而"对三分之二的人类来说，'过幸福美满的生活'、'稳步改善命运'的目标，即使实际上没有倒退，也好像同过去一样渺茫"。"出现这么惊人、这么根深蒂固的错误，与过去三四个世纪中人类对待自然的态度在哲学上（且不说在宗教上）的变化有密切的联系"[⑥]。

人们没有意识到，自 20 世纪 50 年代登上国际舞台的"发展"，在经历了 60 年后的今天，发展概念变得如此诡异、如此充满矛盾，甚至幻化为人类通往终极幸福的真理信条，在现实生活中一直发挥着深刻的影响，却

---

① 〔美〕西蒙·库兹涅茨：《现代经济增长》，戴睿等译，北京经济学院出版社，1988，第 1 ~ 12 页。
② 〔法〕弗朗索瓦·佩鲁：《新发展观》，张宁等译，华夏出版社，1987，第 19 页。
③ 〔法〕弗朗索瓦·佩鲁：《新发展观》，张宁等译，华夏出版社，1987，第 117 页。
④ 〔法〕弗朗索瓦·佩鲁：《新发展观》，张宁等译，华夏出版社，1987，第 11 页。
⑤ 〔美〕D. 梅多斯等：《增长的极限》，于树生译，商务印书馆，1984，第 62 页。
⑥ 〔英〕E. F. 舒马赫：《小的是美好的》，虞鸿钧等译，商务印书馆，1984，第 1、7、109 页。

始终无法兑现当初许下的承诺，"发展"依然是遥遥无期的未竟目标。由于丧失了对发展悖论性存在的深刻反思，尽管人们一直忙于修补发展的概念，"发展"却往往表现出一种未定义或伪定义的状态，并先后获得了诸如工业化、现代化、城市化、改造传统农业、社区营造以至到今天的反贫困等的变形表达，把发展概念引入了碎片化呈现的结局。如联合国教科文组织 1979 年基多会议，把"总体的、内生的、综合的"加诸于发展概念，却仍然无助于"为谁发展、谁来发展、如何发展"问题的解决；20 世纪80 年代，世界环境委员会发表了《我们的共同未来》宣言，提出"可持续发展"的概念，该概念的模棱两可和自相矛盾，更是使其落入了一个话语骗局的陷阱中。首先，如果我们承认生命过程是一个连续与断裂的复合体，过程直接昭示着连续，但作为结果的变化也蕴含着断裂之意的话，那么人类社会正是依凭于采集、狩猎、游牧、农耕，以及现代工业等不同的经济类型的主导性地位的替换，才获得人类今天的现实存在的。如果其中的任一经济类型"持续发展"，就不会有人类今天的现实状况。其次，如果说，现代的发展正是当今社会中贫富两极的加速深化、生态危机等诸多问题的始作俑者，那么，在持续由这个发展所带来的物质控制的期望下，"可持续"的字眼实际上是防止人们去触动带来这些问题的生产方式和生活方式，无非是一种掩耳盗铃的把戏。因此，应该提出"可持续什么"的发问。[1] 直到 2000 年联合国《千年宣言》的提出，在"反贫困"这一中心词的笼罩下，发展更是被碎片化地剪割成一系列的具体项目和目标，以更大的强度麻痹了人们的思考力。或许我们应该记起，1997 年的亚洲金融危机和 2008 年更为惨烈和深刻的全球金融危机，再一次地把现代发展实际上是由资本主导和控制的真相袒露于世。这种具有深刻局限性的发展，不过是"用一个人或者一群人来代表社会存在的理想环境"[2]；编辑《发展词典》的沃夫冈·萨克斯也认为，今天整个发展工程"像矗立在知识景观中的一片废墟"[3]。更重要的是，这种局限性的发展，扭曲了人们对自身历史

---

① 〔美〕戴斯·贾丁斯：《环境伦理学》，林官明等译，北京大学出版社，2002，第 96 页。

② 〔瑞士〕吉尔贝·李斯特：《发展的迷思——一个西方信仰的历史》，陆象淦译，社会科学文献出版社，2011，第 9 页。

③ 参见〔美〕詹姆斯·弗格森《现代性的前景——赞比亚铜带省城市生活的神话与意义》，杨芳等译，社会科学文献出版社，2017，第 240 页。

及其对现代社会本质的理解，把无数不可胜数的本土生产、生活和行为方式挤入绝境①。

三　审视发展的基点问题

应该承认，发展概念所内蕴的榜样效应和发展实践中的赶超战略，在一定的范围内是具有充分合理性的。毕竟马克思也曾经指出，现代社会"在产生出个人同自己和同别人的普遍异化的同时，也产生出个人关系和个人能力的普遍性和全面性"②。但是，在这个空前释放了人的能力的开创性时代，发展是否仅仅只能呈现一个目标、一种方式乃至唯一方向或道路的状态？应该认识到，"相同的经济基础——按主要条件来说相同——可以由无数不同的经验的事实、自然条件、种族关系、各种从外部发生作用的历史影响等，而在现象上显示出无穷无尽的变异和程度差别，这些变异和程度差别只有通过对这些经验所提供的事实进行分析才可以理解"③。马克思在晚年曾鲜明地指出，在人类向着保证社会劳动生产率极高度发展的同时，又保证人类最全面发展的这样一种经济形态的进程中，并不存在一条不同民族都必须走的唯一道路。"一定要把我关于西欧资本主义起源的历史概述彻底变成一般发展道路的历史哲学的理论，一切民族，不管他们所处的历史环境如何，都注定要走这条道路……这样做，会给我过多的荣誉，同时，也会给我过多的侮辱"④。这就揭示了发展审视中的基点问题。

发展的话语历来就存在着两对深刻的基点差异。究竟是把现代既存的生产和发展的方式"看作社会生产的绝对的最后的形式"⑤，把现代社会视为历史的终点；还是把现代社会看作一个历史性范畴，即看作人类历史过程的一个特定阶段成为最首要的问题。恩格斯曾指出：

---

① 参见〔美〕詹姆斯·弗格森《现代性的前景——赞比亚铜带省城市生活的神话与意义》，杨芳等译，社会科学文献出版社，2017，第240页。

② 《马克思恩格斯全集》第46卷上，人民出版社，1980，第108~109页。

③ 马克思：《资本论》第3卷，人民出版社，1975，第892页。

④ 《马克思恩格斯全集》第19卷，人民出版社，1963，第130页。

⑤ 马克思：《资本论》第1卷，人民出版社，1975，第16页。

把现代资本主义生产只看作是人类经济史上一个暂时阶段的理论所使用的术语，和把这种生产形式看作是永恒的最终阶段的那些作者所惯用的术语，必然是不同的。①

在前一个基点上，人们所做的一切努力，不过是"表明在资产阶级生产关系下如何获得财富"，至多不过是证明现代社会的"这些规律、范畴比封建社会的规律和范畴更有利于财富的生产"②。可以说，作为发展概念变形表达的"现代化"这一词汇，充分展现了该基点的局限性。而在历史性范畴的基点上，我们就会深切地理解到现代社会的悖论性存在，审视到现代发展的两面性问题。所以，"人们决不应把在历史过程的变化中产生的方向等，直接评价为进步或者倒退。在这种过程中，进步或倒退都有可能成为占统治地位的趋势"③。而是要在对现代社会及其发展的悖论性存在的持续批判中，为人们提供更广阔的自由选择的空间，进而开创新的发展方式和道路。

这一基点问题也让我们重新认识这样一个事实：如果不是以表象事实诸如计划与市场、公有与私有等的多变表征出发，而是从结构性的角度来区分不同的社会形态，那么，一个特定的社会结构是在漫长的历史沉淀的动态过程中增补、修正、逐渐塑造而成的，具有同样结构性质的社会，可以获得不同组织形式的表达，也可以使用不同的名称来标识；但是，这种由历史而来的结构性，不会像茅舍那样瞬间轰然倒塌。同样，无论你拥有多么澎湃的激情而期望一个新的社会，无论有关"变革的思想已经表述过千百次"，对于实际的社会结构的变迁来说，"没有任何意义"④。正如马克思所说：

无论哪一个社会形态，在它们所能容纳的全部生产力发挥出来以前，是决不会灭亡的；而新的更高的生产关系，在它存在的物质条件

---

① 马克思：《资本论》第 1 卷，人民出版社，1975，第 35 页。
② 《马克思恩格斯选集》第 1 卷，人民出版社，2012，第 234 页。
③ 〔匈〕卢卡奇：《关于社会存在的本体论·上卷——社会存在本体论引论》，白锡堃、张西平、李秋零等译，重庆出版社，1993，第 38 页。
④ 《马克思恩格斯选集》第 1 卷，人民出版社，2012，第 173 页。

在旧社会的胎胞里成熟以前，是决不会出现的①。

　　另一个重要的基点问题则是：究竟是以扭曲了的、意识形态化了的进化论为基点，即以连续累积、单一直线以及进步的不可逆性为出发点来看待发展，还是以科学本意上的进化论为基点，即从断裂、差异、多样性以及适应的两重性含义的角度来理解发展。在前一个基点上，那些曾经在人类历史不同时期占据过主导性地位且今天依然存留的不同生产方式、经济类型和生活模式，诸如采集、渔猎、农耕乃至现代产业等，都被排入了高低阶梯的发展顺序，前者是低级的、落后的、要被取代或要归于灭亡的。在简单的二元区分下，前现代的诸多社会被纳入"传统"这一铁板一块的模式中，由这一基点所导出的结果，已极大地扭曲了人们对其自身社会的理解。以中国而论，中原大地的以精耕细作为表征的农耕经济，与内蒙古草原、青藏高原所展现的农牧并存的经济样式，与长江三角洲和珠江三角洲从清代就已展开的"三分稻、七分棉"或"桑基鱼塘"商品性农业，甚至与中国西南独龙族以采集、渔猎和种植三位一体而构筑的经济类型都是极为不同的，也正是这种差异，为我们展现了具有丰富内容的不同生活模式和文化特征。而在后一个基点上，我们就会看到，上述各种不同的经济类型和生活模式，与我们就并存于同一时空。展现出不同区域与民族的人们在生态、生产和生活各方面所拥有的各种高度的智慧与能力，而构成了人类共同的财富。在科学本意的进化论基点上可以看到，单一直线型的发展取向，实质是把人类的生存适应导向了高度特化的方向，基于这种单向性，无论是不遗余力地推崇，还是无望的抵制，都是不足取的。而不同经济类型与生活模式存在的根本性意义，就在于它以多样性的存在，为整个人类的生存进化提供了最基本的前提条件，或者说，它为攸关人类存亡的生存适应的主动性选择铺筑了最坚实的基础。如果我们还能记起镌刻在德斐尔神庙上的那句格言"认识你自己，从而认识到你之所知微乎其微"，从认识论的角度承认人尚不能认识一切、控制一切、改造一切，那么，不同民族所拥有的不同的经济类型和生活模式，不论在历史的某一特定阶段

---

① 《马克思恩格斯选集》第 2 卷，人民出版社，2012，第 3 页。

是居于主导，还是已沦为边缘，在人类未来与某种存亡危机相遇时，就会以其差异性的存在，为人类提供更多潜在的或可能的选择机会。这也就是多样性或文化相对论所能贡献的最根本的意义和最大的价值。笔者才疏学浅，其能力不足以评价不同经济类型与生活模式的优劣，更不愿意做上帝式的规划者，去劝诫生存于不同类型与模式中的人们应该保护什么或抛弃什么。此番论说使笔者足以自慰的是：能够结出果实的发问远胜于不结果实的结论。

第七章

经济过程的生态基础

"人-自然"的关系问题首先使我们聚焦于人的生产系统和方式的反思，但它又超越了生产活动。更重要的是，它把人的问题放置到一个大尺度的时空背景中，它意味着，人的问题的说明和解决，只能以人为基点并由人自己来完成，但不能囿于人本身。

一 生态问题的本质

生态分析的思想"是以一种更为复杂的观察地球的生命结构的方式出现的：是探求一种把所有地球上活着的有机体描述为一个有着内在联系的整体的观点"[1]。它的视角基点是"人-自然"，仅从生存的物质角度来理解生态系统的概念，是有局限性的；还应考虑到感情、规范、传承等精神环境的因素。这样的生态分析，充分展现了自然科学与社会科学的交叉与融合。

这样，我们面对的首要问题是，何谓生态？在最直接的层面上，它意指包裹地球表面的"生物圈"。生物圈并非恒定天成，而比它所包裹的地球更年轻。它是在地球冷却下来，原有的一部分气体变成液体和固体之后很久才形成的，可称之为地球的"晕圈"或"锈迹"[2]。生物圈的规模和

---

① 〔美〕唐纳德·沃斯特：《自然的经济体系》，侯文蕙译，商务印书馆，1999，第14页。

② 参见〔英〕阿诺德·汤因比《人类与大地母亲》，徐波等译，上海人民出版社，1992，第7页。

资源是有限的，其中的物质在特定时刻有生命，而在另一特定时刻无生命，有生命的和无生命的物质之间不断进行着相互交换或再循环，形成一种自我调节和自我维护的力量生存和演变。

人们可以从不同的层面来认识生态：从生命体如何分享生存资源的角度，可形成"生境"或"生态位"（niche）的视角，这种分析可以细化到泉流、池塘或稻田等微观世界；从生命体更为广泛的相互关系上，可形成种群聚落的研究，而扩展到沙漠、森林、草原、海洋等不同的环境领域；甚至可以从地球本身及其宇宙关系进行宏观的系统分析。这种差异表明了：生态"这一概念本身并不是一种现实存在，它只不过是设定的结构而已，如此定义是为了理解生态学关系并得到任意的界线。在此意义上它类似于文化概念"①。"生态"概念的核心要求，是对关系和整体性的强调。然而，要充分理解这种强调的真正涵义，就必须了解生态构成的本质性关系及其演化的机理。

生态的关系性表现为一种双重性的存在：生态系统不同物种间的相互依赖性和生存斗争的竞争性。一方面以物种和个体多样性地提供成为生命进化的前提条件，也是自然界避免为争夺有限资源而残酷争斗的重要条件；另一方面，它也已经导致了众多物种的灭绝，使一切物种的无数个体遭受到了过早的、暴力的和痛苦死亡的打击。达尔文在1838年的科学笔记中写道："很难相信，可怕的但是平静的有机生物的战争，正在平静的树林里和微笑着的原野中进行着。"② 可以说，生态问题的复杂性，正是源出于这种本质性核心关系的两难的或悖论的存在。然而，对这双重性关系不同侧面的强调——从相互依赖性中导出的"和谐共处"，以及从生存斗争的竞争性中导出的"控制改造"——把一套最不一致的思想交到了我们手中。

在"生境"或"生态位"的层面上，物种和个体的多样性使生命进化的条件成为其最基本的和本质性的关系。从生命体自身来说，生存的首要条件是对特定环境适应。然而，适应在两个层面上表达着不同涵义：一是

① 〔美〕唐纳德·L. 哈迪斯蒂：《生态人类学》，郭凡等译，文物出版社，2002，第28页。
② 参见〔美〕唐纳德·L. 哈迪斯蒂《生态人类学》，郭凡等译，文物出版社，2002，第162页。

生命体与特定环境之间具有的一致性能力，一是具有应付环境变迁所引起新问题的差异性能力。从而，生命体从一种生物形式转变为另一种生物形式，并非一个持续不断的直线过程，而是包容着断裂与突生的曲折过程。斯宾塞由此铸造了"适者生存"的格言。任何一个特定空间的全部生物性生产能力，或多或少都是由环境参数确定的。在长时间内，一个特定空间的任何一个生命体对资源的可获得程度，受到该空间的生态能否实现平衡的制约。而这一空间各种资源的价值，也就取决于生命体活动形成新的平衡的成本。不同生命体都会在为其获取更有利的生存条件下，造成不同的物种周期损失率；它以不同物种的基质地位的替换，导致了生态的接续，造成微观环境的变化。所谓生态表现为由一系列变量构成的函数关系；并且构成了生态的整体性本质。如果说，以竞争与冲突为本质性核心的生命进化直接导致了生态在微观层面上的变化，诸如"生境"或"生态位"的变化等，那么，构成生态演变的因素也并不局限于此。

　　进一步揭示的是，生态或生物圈的形成与演变，不过是地球自身运动的产物。这种运动既可以通过诸如地震、火山爆发等自然灾害的较小形式，带来生态的微观变化或区域性变化，也可以通过大陆漂移形成种群聚落分布的巨大差异。在4亿年前，地球只有包括北美、欧洲和亚洲的劳亚古大陆和包括南美、非洲、澳洲和南极洲的冈瓦纳大陆，洋流传播的大陆漂移机制，造就了今天地球的地理结构："印度筏"冲击亚洲带来了喜马拉雅山的崛起；板块交接造就了太平洋上的一串火山；在极地留下了珊瑚化石；在南极有煤，在热带南部非洲留下了二叠纪冰期的证据……也正是生命形式在这些离析断块上各自独立的展开，为我们呈现出今天从寒带、温带到热带的不同大陆的种群聚落和生态景观。如18世纪欧洲人踏上新西兰土地时，89%的土生植物都是其所独有的，1/8的植物种类是蕨类及其同类植物，而欧洲的这一比例只是1/25[①]。又如2003年CCTV 10的一项报道，在青海柴达木盆地的托素湖，不仅遗存着一条长达数公里的贝壳堤梁，也在地质沉积层中分布着许多含铁管状物。对此的一项科学考察提出，在距今几百万年前的新第三纪，整个柴达木盆地属亚热带气候，河流

---

①　参见〔美〕艾尔弗雷德·W.克罗斯比《生态扩张主义》，许友民等译，辽宁教育出版社，2001，第223页。

纵横，植被茂密，是喜马拉雅山的隆起过程，使它成为雨影区，赋予今天此地生态干旱寒冷的特征。

更进一步应该指出的是，甚至作为地球运动产物的生态或生物圈的形成与演变，也不能囿于地球自身来说明。哥白尼 1543 年问世的日心说天文学把我们带入一个更大的系统。如果说，气候一直是生态塑造的基础性力量，那么，影响了地球及其环绕太阳轨道的一系列天文循环就是决定气候的主要因素。它不仅有三个长期天文循环：地球轨道以 9 万 ~ 10 万年完成从几乎为圆到更为椭圆的周期变化；以 4 万年的周期而呈现的地球向太阳倾斜度大小变化的循环；以 2.1 万年的周期而造就的地球距太阳最近点的循环。而且还有与太阳黑子活动和太阳磁场逆转相关的 22 ~ 23 年的太阳能量产出变化等短期循环①。正是这种天文循环决定了地球气候的变化，诸如冰期和间冰期的变化、北半球与南半球季节性气候变化的差异，等等。也正是依赖于这种天文循环，把能量引入了地球生态体系，通过植物和细菌的光合作用，提供了所有地表生命的基础。

生态构成的这些因素使我们得到了生态系统的概念，它超越了旧有的"生态群落"概念对生物与非生物所作的割裂，而把整个自然——土壤、大气和生物区系——都纳入物质资源的共同序列中。这充分表明，生态系统并非静态而是一个动态的存在，并且，这个动态的存在也不是一个有序的、可预测的、有固定方向的和连续性的变化系列。在最直接的层面上，生态的变化是由这一特定生态的所有参与者的合力作用对环境的更改而导出的。但是，生态变化并不仅仅取决于此，它还受到为这一特定系统的所有参与者无法控制的因素的制约。

在地球历史的不同阶段上，形成新的生命类型的基本事实表明，在地球生态的断裂中产生了不同的生态类型。这些不同的生态类型拥有不同的主导者和参与者，并且以不同的生存内容展现出与现存类型同样的、复杂而平衡的结构性存在。这种生态类型的多样性，宣告了自然是一个万物关系之网，而并非一个和谐的平衡系统，只能是一个竞争的平衡系统。正是基于此，生态的本质内在地蕴含着物种灭绝的问题。声言"生物共同体的

---

① 参见〔英〕克莱夫·庞廷《绿色世界史》，王毅等译，上海人民出版社，2002，第 12 ~ 13 页。

完整、稳定和美丽"①，只是把自然神秘化的理想憧憬，它把自然的各种力量，都视为处在一种实质性的、未被人干扰的平衡状态中。而说我们不应当"干涉自然"，也就把人有别于自然，使人类游离于自然之外，意味着人类是局外人。我们今天所面对的生态，只能是一个以人居于主导地位的特定的生态系统；也就是由人作为历史性的主导者，操作与控制这些变量的过程而塑造出来的。我们也就不能脱离人的基点，把这一特定的生态体系外化于人地去谈论它。只有认识到"自然界不是存在着，而是生成着并消逝着"②，就会要求我们对认识这一问题的一些基本前提进行反思。进而也会看到，生态系统实质上已把生命的否定包含在了生命自身之中。离开人的基点去奢谈"生态伦理"，我们可能得到诸如恐龙时代的生态系统，但丝毫也没有人的存在；而毒蕈或杂草自身也拥有完全充分的、至高的存在理由，但我们恰恰是把在中国南方迅速蔓延的紫茎泽兰和在草原牧场上那些不能为牛羊食用但色泽火红艳丽的草称为"害草"并作为生态恶化的一个征兆。所谓"杂草"只不过"是指在人类不想要它们的地方长出来的随便什么植物"③，人类给不受自己欢迎的植物和动物，加上"杂草"和"害虫"的标签，明确指认了所谓"生态恶化"正是在人的生存基点上才提出的问题。作为达尔文研究主要导向之一的地质学家查尔斯·莱尔曾注意到，"不论在动物还是在植物领域里，最没有意义和微小的物种在使自己遍布全球的过程中，每一物种可能都要杀掉别的千万个物种"④。

以此相对应的是，恩格斯曾从"相互作用是事物的真正的终极原因"的认识基点，看到了生命的存在并非孤立的，而是在生态链上与其他现有的，以及已灭绝的生命形式相联结的一种生命形式，"自然界中死的物体的相互作用包含着和谐和冲突；活的物体的相互作用则包含有意识的和无意识的合作，也包含有意识的和无意识的斗争"；看到了"生命总是和它的必然结果，即始终作为种子存在于生命中的死亡联系起来考虑的"⑤。马

---

① 参见徐嵩龄编《环境伦理学进展评论与阐释》，社会科学文献出版社，1999，第46页。
② 恩格斯：《自然辩证法》，人民出版社，1972，第13页。
③ 〔美〕艾尔弗雷德·W. 克罗斯比：《生态扩张主义》，许友民等译，辽宁教育出版社，2001，第26页。
④ 参见〔美〕唐纳德·沃斯特《自然的经济体系》，侯文蕙译，商务印书馆，1999，第177页。
⑤ 恩格斯：《自然辩证法》人民出版社，1972，第209，283，271页。

克思也指出：

> 在人类历史中即在人类社会的产生过程中形成的自然界是人的现实的自然界；因此，通过工业——尽管以异化的形式——形成的自然界，是真正的、人类学的自然界。①

这是我们理解"自然界的人的本质"和"人的自然的本质"的基点②。由于人类的问题只能产生于他对自己的状况和环境的评价，产生于他试图去改善的状况，或许我们应该听一听生物学观察者的并无"生态伦理"等新鲜辞藻装饰的、但更为中肯的话语。美国科学院院士刘易斯·托马斯认为：

> 实际上，愿意也罢，不愿意也罢，我们就是万物的主人。……我们不能够停止这种控制的行为，除非我们自己从山脚下消失。……尽管痛苦，尽管不情愿，我们又还是成了大自然本身。我们到处生长，像一个新的生物体盖满整个地球表面，触动和影响所有其他种类的生物，也合并着我们自身。③

马克思指出："被抽象地理解的，孤立的，被认为与人分离的自然界，对人说来也是无"④。这揭示了自然的人化或物为人而存在的生存语义。正是自然在与人的关系中产生的价值或意义，使自然生物在人的生态体系中也转换为"社会生物"的存在。从动植物在人类不同社会形态中，呈现出彼此完全不同的聚集模式或构成状态的简单事实出发，就可以清晰地看到，这种差异性存在是由不同人类社会中占支配地位的文化模式、经济类型和伦理价值导向造就的。相应地，"每一代人都有自己对自然秩序的描述，这种描述总能同样多地揭示出人类社会和大自然及其各自的不断变化

---

① 《马克思恩格斯全集》第 42 卷，人民出版社，1979，第 128 页。
② 《马克思恩格斯全集》第 42 卷，人民出版社，1979，第 128 页。
③ 〔美〕刘易斯·托马斯：《细胞生命的礼赞》，李绍明译，湖南科学技术出版社，2001，第 90~91 页。
④ 《马克思恩格斯全集》第 42 卷，人民出版社，1979，第 178 页。

的关系"①。

如果说，生态人类学分析或生态问题的提出，是为了获得对自然的真正认识，那么，这是一个反省的过程，要通过洞察内心来洞察宇宙。如果认识到，"物种之间的竞争一直是生态学的基本原则……而且，任何生态群落的结构主要都是由这种竞争决定的"②。那么，人类的历史就是一个改造自然的过程，而"破坏"与"重建"就成为这一过程的核心内容。经济-生态分析产生的一个普遍共识是，在造成人类生态根本性灾难的十分复杂的原因中，文化的因素多于自然的因素。但解决这一问题的基点是差异极大的。即便把这些灾难归结为人类的错误，那么，有如舒马赫所说，出现这么惊人、这么根深蒂固的错误，与过去三四个世纪中人类对待自然的态度在哲学伦理上的变化密切相关③，也与最近200年来居于主导地位的经济类型和生活模式直接相关。而这些灾难的核心性指向在于：尽管这一支配性的经济体系拥有它全部体现高度智力的先进技术，却正在摧毁它自己赖以建立起来的基础。在上述本质性因素的制约下，我们又怎么能够脱离人的基点而奢谈什么生态问题呢？

在以人为基点来看待和解决与之相关的一切事物和所有问题的层面上，其坚实的立足点是，生命进化的本质并非具有导向人的最高地位的方向性。我们今天所面对的以人居于主导地位的生态系统，只是地球已存在过的和现在依然存在的多种生态类型的一个特定系统；它是所有生命生存斗争创造的一个特定产物，这种生存斗争始终存在，至今仍在延续。正视这一问题的严酷性，绝不否认人是当代生态危机的始作俑者，从而才能比其他任何视角更勇敢、更坚定地站在人的基点，提出人所造成的问题只能由人来解决的彻底性主张。

上述分析表明："任何有机体的本质都不能设想为与其'环境'隔离开来的自足者。构成一生物特殊本性的就是它之于环境的特殊关系，即一生物接受环境的刺激并在其自身中调节这些刺激的方式"④。由于没有一种

①　〔美〕唐纳德·沃斯特：《自然的经济体系》，侯文惠译，商务印书馆，1999，第343页。
②　〔美〕唐纳德·沃斯特：《自然的经济体系》，侯文惠译，商务印书馆，1999，第459页。
③　参见〔英〕E.F. 舒马赫《小的是美好的》，虞鸿钧等译，商务印书馆，1984，第1页。
④　〔德〕恩斯特·卡西尔：《人文科学的逻辑》，沉晖等译，中国人民大学出版社，2004，第67页。

自然形式能与其他形式绝对无联系地割裂开来，从而，生态问题的本质是：在人类整体历史中一个特殊断代上（并且是一个甚为短暂的时期），所形成的一种特殊的生产生活方式，使人类的需要远远超出了生态系统的承载能力，极其严重地破坏着生态系统的整体平衡和稳定，极其严重地危害到整个地球包括人类的所有生命存在的条件。在生态本质的制约下，不能否认以人的生存利益为基本尺度来认识事物，来介入、控制和改造生态的基本事实。也正是在生态本质的制约下，人的存在就是目的本身。然而，这一目的却是由许多在不同历史时段上形成的、具体的并且是充满局限性的目的构组起来，且以不断趋近的方式来实现的。"人正是在这些限制之中，甚或依靠这些限制创造了一个惟有他才能进入并达到的广阔而自足的天地"①。由此而形成的辩证关系是：真实的生态存在由人的存在的目的所塑造，但它并不为这些具体的和局限性的目的而存在；人的存在的目的只能在对这些具有历史性的、具体的和局限性的目的的质疑与反思中趋近性地实现。因此，生态问题所质疑和反思的，是这一特殊的生产生活方式及其精神伦理模式，而并非人本身。

二　生态模式与经济进程的演变

作为人类社会基础性要素的经济，实质上是已被制度化了的、人与自然环境之间的一种相互作用的过程。它的中心问题在于，每种生产方式都是和自然的一种交换。在最直接的层面上，人以定居农业（或第一次经济革命）的方式，成为大约 1 万年以来地球生态体系最主动的构建者；并以300 多年前的产业革命（或第二次经济革命）所开启的现代经济体系的建构，成为当代生态问题和环境危机的始作俑者。

我们长期以来把人类的生存状况，单向归结为人类智力的进步。然而，显然是气候的变迁导致丛林的消失，使我们的祖先转向在开阔的草原上行走，以直立姿态的选择进驻新的环境，领略到了走出森林的好处，并

_____

① 〔德〕恩斯特·卡西尔：《人文科学的逻辑》，沉晖等译，中国人民大学出版社，2004，第 69 页。

"完成了从猿转变到人的具有决定意义的一步"①；同样，是最后一次冰期结束时所发生的气候变化，导致植物带的巨大变化，影响到人类所能利用的各种资源，采用农业的真相实际是人类不得已的无奈选择。与此相关的一个重大因素，就是作为生态分析中心概念的"人口压力"。十分明显，"没有哪一代人是有意识地要做出什么巨大的变化，看来人们通常是接受这个过程，将其作为获得人类所需资源的自然手段"②。农业——这一新的经济类型或生活方式，在几千万年中，农耕代替着森林，农业代替着野生，但这些经济的或生存的行为，导致了可获得的剩余粮食的实质性减少；使得为提供足够粮食的奋斗，成为此后几乎所有人类历史的核心特征之一。一系列在特定环境中获取食物方式上逐渐出现的边缘性变化，逼使人类社会要求超越其农业基础，不断地寻求新的经济手段或类型来支撑其生存。N. 卡尔德从人类在曾经是森林的地方种植诸如小麦和稻米之类的各种草类，然后加以悉心呵护，忠心保卫和守护，对任何来犯之敌都严惩不贷的事实中看到，草这种大约在两千五百万年前才出现在地球上的新居民，雇用了人类为其基因遗传服务，而提出草类植物霸权地位的设想③。

迈克尔·波伦把4种家养植物与人类的4种欲望联系起来：苹果——对甜味的欲望，郁金香——对美的欲望，大麻——对迷醉与改变情绪的欲望，马铃薯——对控制的欲望。如易生易种营养丰富的马铃薯，使人类自身的再生产最大限度地摆脱了食物匮乏的制约，它解决了爱尔兰贫瘠土地的粮食问题，却也以马铃薯对若干病害的脆弱性，导致了欧洲历史上最悲惨的饥荒，连带地改变了美国的人口与经济版图，并成为塑造现代世界格局的基本因素之一④。他的一个论述是，人类试图控制或改变自己精神世界的欲望从始至今就存在着，人类在其生存中对自然的态度、对那些有药有毒、亦药亦毒的不同生命形式或物质的利用，都曾在某段时期、某个文化中被视为禁果，鼓励与禁止并非常规性而是文化性的。他深刻揭示了：

① 恩格斯：《自然辩证法》，人民出版社，1972，第149页。
② 〔英〕克莱夫·庞廷：《绿色世界史》，王毅等译，上海人民出版社，2002，第83页。
③ 参见〔美〕麦特·里德雷：《美德的起源人类本能与协作的进化》，刘珩译，中央编译出版社，2004，第109、129页。
④ 参见〔英〕克莱夫·庞廷：《绿色世界史》，王毅等译，上海人民出版社，2002，第120～121页。

自从人类诞生，那个野生的原始意义上的自然早已不存在了；人与自然是一出共同生存的戏剧，在人类欲望与植物欲望的共舞中，"双方都获得改变，改变了他们共同的命运"①。我们面对的一切，是自然与文化的共同创造。迈克尔·波伦的启示告诉我们，是人，而不是自然，在创造着价值和规范。从感情逻辑的角度，任何生命都有生存的权力是不错的。但不幸的是，如同野牛以它们在泥土中的打滚骚扰了草甸，草原犬鼠以它们杂乱无章的街市扰乱了草甸一样，人类也以和其他动物"自然耕种"方式的文化翻版——农业方式，翻耕了这片土地。于是，产生了有时对未开垦的处女地的侵入，有时消灭了一定的物种留下了对其他物种的生态灾难……强化生产活动的原动力是人口压力，但任何迅速强化的生产体系，又会产生一个两难的选择：由于每单位时间内生产能量投入的增加，都会打破原有生态环境的平衡，在导致资源枯竭和生态环境发生重大变化的同时，亦带来了生产效率的下降趋势。可见，人们对旧有生产技术的抛弃和对现存生产方式的否定，以及新的经济类型的建立，正是在生态的接续与变化中展开的。

人类自身发展速率和总体状况，一方面是人类扩大资源基数的能力加速提高的一个标志性产物；但在另外一方面，一个不可忽视的基本事实是：任何一个新设生态体系的稳定，也同样要求对环境输入新的物质，以保持新的净损失后的平衡。如果人们的经济介入，打破了各种关键资源的收支平衡，就会使其所带来的变化具有高度的不稳定性，极端情况下会引起长期的衰退，最终导致系统丧失生产能力。纵观人类不同文明类型的历史发展，我们可以为其兴衰变化找到各种不同的原因：如来自外部的冲突与战争、源于内部的统治失误与崩溃，等等。然而，许多曾一度辉煌的文明共同体湮灭于戈壁荒漠的事实，似乎提示我们，能够导致共同体完全覆灭的根本性原因，或许正是在于生态体系生产能力的丧失。

罗伯特·雷德菲尔德曾对生态系统与社会文化模式的交渗作过如下描述②：

---

① 〔美〕迈克尔·波伦：《植物的欲望：植物眼中看世界》，王毅译，上海人民出版社，2005，第18页。

② R. Redfield, *The Little Community: Peasant Society and Culture*, Chicago · London: The University of Chicago Press, 1960, pp. 20 – 23。

（1）如不变的季节变化与多变的气候，在初耕地和复垦地上同时展开的不同活动，刀耕火种地对丛林的依赖和村庄对泉源的依赖，这些对自然的规律性和偶然性作出部分反应的农民实践行为，农业周期，都表现为一种链式系统。

（2）围绕着丛林、泉源、火烧地和村庄，所集合起来的人们的行为，以及人们对其土地与耕作的观念，则形成了一个图式系统，勾画了人们行为与观念的地志学。

（3）生态系统也是一个放射式的系统。如在印第安人中，玉米成为一个中心，而其他所有事情均围绕着它来构组，以不同的方式与其相联结，或是以系列的有用活动，或是依凭于符号意义的联结。从玉米到农业生产，从玉米到社会生活，从玉米到宗教，玉米总是一切事物的中心。他认为，以这样的方式来考察生产活动，便使其成为观念和实践系统的组成部分，在这一系统中，不仅仅有生产实践，其他的组成部分，如宗教、道德或由人们之间的关系所必须作出的划分，都是重要的。

（4）这便需要理解，所谓生态系统的真相并非仅在于实际工作，还必须把人们的信仰、希望和思想视为其周围环境的性质。刀耕火种的民族在烧荒垦种时的心情是极其焦虑的，因为若烧林太早，会由于树木未干透而不能烧净；而若拖延太久落下第一场雨，林木如此之湿以至使其不得不待到来年再烧。此时，人们的行为似乎都遵从于一些流行而有影响力的、关于事物本质的笼统想法，于是，求助于超自然力量的祈祷、占卜和仪式纷纷登场，成了生态系统内在的运行要素。这或许可称之为生态的精神系统，它既展现了这些人思想状态的一个一般理解模式，也是我们系统分析的一个组成部分。这一系统有着不同的表现形式，敬神信约的思想便是其中之一。

这种关联于文化的生态分析，再次强调了共同体特征问题的维度，这些系统是相互交叉或重叠的，意味着在一个系统范围中所观察的事物，要在另一个系统范围中再度审视。进而提出了解读经济－生态的整体性视角。

在游牧群体中，奶和肉是全年都可得到的，而渔猎、采集甚至种植的重要性则小得多。因此，他们在一年中的生态时间并没有一个极点时段。

而在农耕群体中，年度周期则有一个极点——收获。这一极点依赖于雨神和赐神。焦虑和祈祷都指向这一极点。年代在其接续顺序中，以所得收获的种类——丰饶或匮乏，带来幸福的保证或饥饿的威胁而得到记忆。农耕群体的年度周期像一出戏剧，人、神和谷物构成戏剧的角色。尤其在刀耕火种的农耕群体中，这场戏剧的序幕，便首先悬挂于砍烧的时间上的一个时段的砍烧；其后的发展便是谷物的生长；并有了或好或坏收成的一个结局。共同体每一年都生活在这场戏剧中，尽管各年的最后一幕或许会不尽相同。

生态系统对人类共同体增长可能性的制约，引致了共同体规模的生态控制。在人类生产依赖于动植物的自然再生率而维系生存的自然状态中，人口与资源的关系，作为这种生存的自然基础和核心，要求人们依其动态的变化，而作出的适应性调整。这就不难理解，散布于不同地域和不同民族中的渔猎－采集共同体，总是不能形成较大的群体规模。在完全依赖于土地自然肥力的刀耕火种状态下，也有极高的资源运用－占有比。如对云南景颇、布朗、哈尼、基诺、拉祜、独龙、佤、怒、瑶、德昂等少数民族刀耕火种农业的考察表明，在以火烧森林获取土地肥力的免耕方式下，一块土地耕作一年一般需休闲13年，长者可达20年，生产资源比为1:13～20；即便在生产中体现了更多的人工方式投入的条件下，或表现为生产力提高的基础上，所产生的在同一块土地上连续轮作的方式，一般连续轮作5年后，也必须休闲25年或更长的时间，在轮歇周期为30年的情况下，生产资源比仍高达1:6。可以看到，刀耕火种生产方式是立足于丰富的土地储备基础上的。对每一个既定的刀耕火种群体来说，人口的增长使共同体成员砍烧的土地离居住点愈来愈远，最终迫使在较远土地上耕作的共同体成员选择了与母体的分离，而在这些较远土地的水源附近另建新的村寨。这样，刀耕火种的共同体的发展，便以类似于蜂群繁殖的过程，总是以不断的分化形成适度的规模，保证着人口与资源基数之间的稳定的关系。

在中国少数民族经济的历史实存中，赫哲、鄂伦春、鄂温克等渔猎经济类型，就造就了他们相对分散而狭小的群体聚集和流动性的劳动组合；彝、白、傣等农耕经济类型，则表现出较为固定的家庭劳动组合与较大的村寨聚落。同样，在农耕经济类型中，处于澜沧江河谷平坝西双版纳傣族，以在经济上获得了相对独立和固定地位的个体家庭，汇集起庞大的村社聚落，景洪大勐龙曼康湾的千户之寨就是其典型代表；受到山地环境限制的其他一些民族如德昂、怒、独龙等，通常只能形成 10 户左右、大也不过 20 ~ 40 户不等的聚落规模，同时，刀耕火种的生产条件，又使得这些小规模聚落中的个体家庭，尚不能获得完全意义上的独立。而不能不依凭于血缘纽带的连接，建立起超越家庭规模的共同劳动类型。

　　当然，应该注意到，在努尔人、印第安人、鄂伦春、拉祜、怒、独龙、傈僳、德昂、布朗、基诺众多的民族群体中，都广泛存在着在较小的群体成员中平均分享个体劳动产品的行为和价值观。其得以产生的重要基础，或许可归结为不时的食物匮乏和经济剩余在所有时间中都表现出来的狭小限度。这便是对群体成员与食物的相互依赖关系，所形成的一种生态的社会决定。它似乎可以对这些人在艰难事实中所表现出来的坚韧，以及对群体成员的忠诚和慷慨，进行某种解说。但即便这样，似乎也不可能把这些群体的核心家庭的复杂安排，以及把构筑其社会结构的、更为广泛的社会群体的状态与生态直接关联。既不能从自然角度来描绘一个社会结构的模糊的地域边界，也不能把它们联结为任何明确的相互依存的关系。在共同体的分化过程中，交织着生态因素和社会结构因素的作用。对紧密依赖于土地和气候的共同体来说，生态系统的观念对解说分化可能更具说服力；但对变得更为复杂和更具外部依赖性的共同体来说，分化可能更多地来自生成于社会结构中的因素。

　　以马克思所构建的生产力与生产关系的分析框架来看，生态分析的视野，具有趋近于生产力分析的特点。这一特点强调，在生态系统和社会系统之间相互交换与相互影响的直接性，进而普遍地把各种文化项目解释为某种生态特征的产物。例如，斯图尔德在对内华达肖肖尼人的研究中看到，肖肖尼人粗陋的技术和原来内华达的贫瘠资源，导致他们倾向于个体化的生产类型，并反映在不定型的个体化社会系统中。本尼迪克特在对不同民族"具有不同的环境和不同的气质"的文化模式描述中[1]，似乎使我

---

① 〔美〕露丝·本尼迪克特：《文化模式》，何锡章等译，华夏出版社，1987，第 102 页。

们看到，文化模式差异与特定自然环境的某种关联。默文·梅吉特（M. Meggitt）则以其对新几内亚高原的考察，说明土地匮乏与世系强盛之间的直接关联性。迈克尔·哈纳（M. Harner）看到，古代阿兹台克人极为普遍地以人献祭并食用牺牲者的习俗，对减轻人口增长过多和食物蛋白质匮乏的困难的经济作用。马文·哈里斯指出，在印度，尽管围绕着"神牛"的宗教信仰，产生了一致性的主位文化——不准杀牛，但由不同地区生态所产生的现实经济需要中，却产生了"优先饿杀"不同性别牛犊的客位文化的结果：在很少需要畜力拉车的印度南部喀拉拉邦的特里凡得琅地区，一岁以下的公母牛比率是67∶100，而在生态和经济条件与此不同的印度北方邦和其他地区，这一比率则变成了200∶100①。所有这些分析，都从不同角度强调了人类社会文化形成发展中的物质基础问题。

从斯图尔德提出文化生态学的概念，到哈里斯的文化唯物主义，经济的生态分析反复阐述着这样一个观点：技术为历史所衍生，环境的关键部分是资源，人们通过文化认识到资源，通过技术获取资源："生态理论的实质是指文化与环境——包括技术、资源和劳动——之间存在一种动态的富有创造力的关系。简言之，它说明了劳动类型——社会组织好工作、将之纳入适宜的循环中、分派任务和安排共同努力等的方式——很大程度上倚赖于可用的技术和正在开发利用的资源的性质。这种劳动类型，随之也会对其他社会制度，包括居住法则、血统、村社规模和位置还有许许多多产生强烈的影响"②。

生态分析强调，由于自然环境在不同地区造成的不同问题，导致了不同民族共同体经济结构的差异。如施坚雅的研究，就突出了各个区域之间以及每一区域内部的中心地带与边缘地带之间在时空上存在的差异。一定的技术条件，会产生对各区域系统的总面积的有效限制，并减少了几乎各种形式的区域间的交往。在此情况下，阻碍流动的自然地理因素（如高山），由于提高运输成本，就形成区域间的天然界限；而促进流动的自然地理因素（如可航水道），由于降低运输成本，就形成区域内部的天然核

---

① 〔美〕马文·哈里斯：《文化唯物主义》，张海洋等译，华夏出版社，1989，第45页。

② 〔美〕罗伯特·F. 墨菲：《文化与社会人类学引论》，王卓君等译，商务印书馆，1991，第150~151页。

心地带。更具强烈对比性的是，在个体地域性的生产力基础上，人们的生活完全以其生存的区域为中心；而现代社会的技术基础，带来了"地球在不断缩小"的结果。同时，经济的社会组织，也决定着自然问题的解决方式。这意味着我们如果要对特定生产方式的社会性问题感兴趣，就应首先注意决定着这种生产方式边界的自然变化情况。当然，自然的边界也往往会被技术的发展所克服。生态系统和社会系统之间，相互交换与相互影响的直接性在现代社会中的淡化，正是先进的经济技术手段逼使自然限制退却的一个成果；正是在于全球性的交往结构，能为特定人类共同体经济活动的各种亏损，提供快速而有效的补充。但是，人类所面临的自然限制只能是退却，而不可能完全消失。因此，一个特定社会的生产方式，事实上是一个各种活动相互依存的网络。

因此，经济的状况，既取决于社会如何运用它的技术来开发自然，也取决于自然本身的条件。这样，一系列相互作用的有机体种类和自然环境构成的生态体系，诸如温度、雨量、土壤结构、肥力、蛋白来源、生产技术、热量摄取量和总产量等的问题，便进入了生态分析的范围。这种分析对人口作了生态学的定义，并把其与资源的关系作为整个分析的核心问题。由此形成了生态模式以及生物周期、适应性、人口压力和负荷能力等中心概念。

经济的生态分析开启了以生产活动或以自然和人类生活两方面的规律性为起点，来描述共同体总体生活的一种可能途径。人类共同体总是以不断的分化形成适度的规模，不断重组着人口与资源基数之间的平衡关系。

生态接续的加速，是从人类对动植物的驯化而起步的。这种被称之为"新石器革命"（V. 戈登·蔡尔德）或"第一次经济革命"（道格拉斯·C. 诺思）的根本性变革，把人类与环境的关系，从直接依赖于自然生物周期的被动适应，转换为创造新生态体系的积极适应。在由动植物的驯化对采集－狩猎方式的取代，可耕地对天然草地的排挤，从而定居农业对游牧经济的替代，以及工业资源和技术对农业资源和技术的地位替换的过程中，展示了人类经济过程众多的类型区别与组织差异；展示了环境是人类经济过程的一个限制性因素，但又并不具有直接的决定性。这不仅是因为，在人类所碰到的各种环境中，几乎总是存在着对不同的稳定的生态系

统的可选择性。这些可供选择的系统，一般都具有不同的生成速率，所以
方式的选择可以在相同的自然基础上，造就出不同的经济差异；而且还因
为，我们一次次地看到了，人类生产力（或技术）的发展对自然边界的克
服和突破；看到了这种发展对一个个新生态系统的制造。它告之了一个真
相："'自然的平衡'是一个华而不实的词组，我们也曾高度重视过它，直
到我们发现它不包含任何意义。……自然从来没有一次在一个既定的地点
中长时间的处于平衡之中"①。

三　生态危机的社会性表达

上述分析基点表明，生态不是一个静态的、各个部分之间的相互关
系，而是一个其组织结构具有内在变化的动态系统。这种动态性在与人类
社会的交渗中，既可以表现为一种链式系统；或是一个放射式的系统；也
可以形成一个图式系统来勾画人们行为与观念的地志学。开启了以生产活
动或以自然和人类生活两方面的规律性为起点，来描述共同体总体生活的
一种可能途径。

所谓的生态危机，是由三个结构维度构成的：（1）作为物种之一的人
的迅速增长；（2）人的产品已经危及到人本身的生存；（3）由人口爆炸所
引发的环境恶化。因此，我们所面对的生态问题的关键，并不在于我们从
人与自然的和谐关系，突然转向了人对自然的干涉和支配。人的生存始终
就是干涉与介入自然的过程，即便是采集狩猎的经济体系，也涉及了为人
类利益而干预自然的活动；甚至不能说"干涉"与"介入"，而是存在于
自然之中；是直接作为自然而存在的。所以，问题的关键在于，人类以现
代经济技术方式完成的对生物圈控制的形式，第一次展现为全球规模的
"干涉"与"介入"，并使这些"干涉"与"介入"的结果，具有了摧毁
整个生命基础的危机和灾难的性质。有如沃勒斯坦所说：

虽然以前各个历史体系都改变过生态，而且以前有些历史体系甚

---

① 〔美〕唐纳德·沃斯特：《自然的经济体系》，侯文惠译，商务印书馆，1999，第329页。

至在特定地区内毁掉保证当地既有的历史体系之生存的维持平衡的可能性，但是，只有历史资本主义威胁到全人类未来实际生存的可能性，因为它是第一个囊括全球的这种体系。[①]

在鲁道夫·克劳修斯 1850 年提出的热力学第二定律的指导下，牛津大学的植物学家 A. G. 坦斯利 1935 年以生态系统的概念，把整个自然界——岩石和大气以及生物区系——都纳入物质资源的共同系列中。这样，一方面，把生态分析引向了经济社会的分析路径；另一方面，在生态系统的能量循环是整体新陈代谢的基础上，把生产力概念所聚焦的中心，从对某种物质数量的关注，转变为对能量置换效率的关注。揭示了生产效率在任何一个生存活动和生态演替系列早期阶段的急剧提高以及此后逐渐衰减直至为零的基本事实。它导出了生态关系更深层的本质核心：生物物理条件中的有限性、熵和复杂生态系统的相互依赖性，这三个相互关联的因素，制约着经济增长的可能性。这一新的分析视角使我们清晰地看到，尽管现代社会以其经济技术体系的"进步"和"效率"而标榜，并以此证明自身存在的合法性，但其所依赖的评价标准是极其片面的。

在人类不同的生活模式和经济技术体系的演替过程中，应该记住的一个基本事实是：尽管人成为人的过程，就是一个不断以人为选择取代自然选择的过程，但作为基础而存在的自然选择是无法完全消除的；更重要的是，人为选择的专门化的过程，不断缩小着人们资源依赖的多样性空间，而且这一过程愈是往后延续，就愈是赋予人类的生存基础以更大的脆弱性。人类以第一次经济革命——农业所完成的对自然限制的突破，是它能够养活比采集狩猎的经济类型所能够支撑的、多得多的人口，也同时增加了生存的脆弱性。在这个过程中，我们看到免掉了锄草和施肥，只需要耕棒作为唯一工具，因而也是耗能最少的刀耕火种农业被确立在永久土地上的、高耗能的精耕农业所取代；也看到了人类以矿物能源的利用和工业化扩展的第二次经济革命，完成了以利用更多地球资源支撑更多人口的巨大跃进。当我们把这称之为技术进步，并为此而自豪时，不应忘记，在人类

---

① 〔美〕伊曼纽尔·沃勒斯坦：《所知世界的终结——二十一世纪的社会科学》，冯炳昆译，社会科学文献出版社，2003，第 88 页。

的一切行为活动中，最基本的是获取生存资源。但在自然的基础性制约下，追求最高产量和追求最低成本，成为两种不同的可能选择。不幸的是，选择追求最高产量，成为现代生产方式最主要的特征，而其实际内容，不过是使更多的劳动成为可能。博塞鲁普曾作过一个计算：低产量的刀耕火种农业需要每家每年 1000 小时的劳动，而高产量的集约农业使这一劳动量提高到了 5000 小时①。这样，当人们不得不付出更多的能量，不得不更耗费精力地去开发更复杂的技术，才能获取生存资源时，技术进步一词就同时隐喻着人类生存基础的脆弱性，成为人类生存条件恶化的另类表达。在经济学中，这一事实转换成愈是所谓"先进"的经济体系，"资金门槛"愈高的概念表述。

同样，所谓原始农业体系的能源产出比是 1∶20；世界上能源使用最有效的中国和东南亚的水稻农业是 1∶50；它们全都得到了"低效"与"贫穷"的形象，而在 1952 年后的 20 年中，以能源投入增加 70%，却仅仅带来 30% 粮食增长的现代农业②，成为高效与富裕的象征。1955 年，科特雷尔在《能量与社会》中所作的比较也认为："用动力机械的稻作效力比劳动密集型的稻作效力几乎少了 9 倍，产量却相当。"③ 这些事实充分说明，现代社会的"效率"评价标准也是极其片面的。

在能量循环的基点上，不仅生产废弃物的污染、填埋、转移以及为此而制造的设备，都是生产的成本；甚至为获取最终生存必需品而制造的工具，也是一种成本的付出。真正的效率不取决于总生产，而取决于净生产。然而，无论是趋于成熟的生态系统，还是趋于"复杂"或"高级"的经济系统，都会通过诸如呼吸消耗等形式，使各种能量转换成无效的热能耗损。但在经济指数的表达中，这一切统统转换成了收益的表达。如衡量经济规模的 GDP 指标，仅仅测量了某些货币性流动的情况，却包括了许多对作为一个整体的社会而言并没有益处的东西，它为所谓经济繁荣所提供的计算，只是一种歪曲的观点。从某种程度上说，真正有效的人类生产，应该阻遏生态系统的成熟，但不幸的是，在熵法则的根本性制约下，人类

① 参见〔美〕唐纳德·L. 哈迪斯蒂《生态人类学》，郭凡等译，文物出版社，2002，第 52 页。
② 参见〔英〕克莱夫·庞廷《绿色世界史》，王毅等译，上海人民出版社，2002，第 318 页。
③ 〔美〕唐纳德·L. 哈迪斯蒂：《生态人类学》，郭凡等译，文物出版社，2002，第 85 页。

的生产活动，正一步步地加速着生态系统的成熟，并把它转化成"环境退化"的表达。在此总趋势下，人类正不得不一步步地迈入更少效益的生产体系中。针对处于这一经济体系最高峰的美国，实际是用40%的世界一次资源，来供应不到6%的世界人口的事实①，即便是给现代经济体系留足了面子，对它的评价也绝不会是所谓"效率"，最多不过是成就、问题与环境灾难的混合物。

更深层的严重问题是：在以物化意识、操纵意识和文化霸权为特征的总体性统治所建构起来的现代主导性的生活方式，把"占有"塑造为幸福的要旨，从而使现代社会表现为"不健全的社会"②；支配现代生产方式的价值取向，是对"最近的最直接的结果"的关注，恩格斯曾指出：

> 在今天的生产方式中，主要只注意到最初的最显著的结果，然后人们又感到惊奇的是：为达到上述结果而采取的行为所产生的比较远的影响，却完全是另一回事，在大多数情形下甚至是完全相反的；需要和供给之间的协调，变成二者的绝对对立。③

表象的高效益之所以能够掩盖效益衰减的真相，是因为资本"利润水平的一个关键因素始终是资本家没有支付其产品成本的全部"。资本获益所必须作出的某些支付，按"比例分散到较大的全体人口，最终分散到世界全体人口"④。从而形成企业成本的"外在化"。关键的症结还在于，整个现代社会体制居然对资本把成本"外在化"的能力缺乏约束。如果说，效率在根本上就是为可比产量降低成本的问题，那么，科斯等人曾以"寻租""搭便车"等的分析，以及国家非常直截了当地以各种补贴方式，承担企业主的一部分成本，都揭示了现代经济体系成本外在化的特殊形态。而更具普遍性，也更具隐蔽性的成本外在化形态，则是国家不仅不要求把

---

① 参见〔英〕E. F. 舒马赫《小的是美好的》，虞鸿钧等译，商务印书馆，1984，第79页。
② 参见〔美〕E. 弗洛姆《占有还是生存》，关山译，三联书店，1989；〔美〕E. 弗洛姆《健全的社会》，孙恺祥译，贵州人民出版社，1994。
③ 恩格斯：《自然辩证法》，人民出版社，1972，第161页。
④ 伊曼纽尔·沃勒斯坦：《所知世界的终结——二十一世纪的社会科学》，冯炳昆译，社会科学文献出版社，2003，第34页。

恢复环境的成本包括在生产经营中，以便"保持"环境，而且承担企业的基础设施建设。当生物物理条件中的有限性和熵等因素具体化为经济技术上的限制时，已明确昭示人类的生产不可能消除一切污染。D. 梅多斯的一个分析表明，如果一个糖厂的全部有机废物都不准离开，"比仅仅从污水中去掉废物30%，费用要大一百倍"①。当然，这些成本通常不是加诸受益者个人或团体，而是加诸全体纳税人，甚至不合比例地加诸非使用者。同时并存的是，所谓"先进"国家和地区，以直接的废料倾泻和间接的产业转移等形式，向"落后"国家和地区进行的灾难转移，正是这一切，牵引着社会成本或绝对成本的提升。

而隐藏最深的问题在于，作为现代社会主要动力的无休止的资本积累，以"有效率"的声言，把全球捆绑在由其主导的商品链上；并以信息的"不完全"或"不对称"等所谓"科学"的术语，遮盖了这一漫长商品链上剩余价值分配的不透明性，有效地封闭了弱势者的声音，掩盖了它把自然稀缺转换成社会稀缺的真相。成本外在化的事实表明，资本存在的最大需要，就是得到国家的保护以对付自由市场。尽管"自由市场"经资本主义的意识形态化而获得统治地位，并成为现代社会的"基石"，但事实是，在现代社会中，"成功者"往往是摆脱了市场竞争的垄断资本，"失败者"恰恰是生活于激烈竞争中的普通大众。从凯恩斯、罗宾逊等人提出"不完全竞争"，到加尔布雷斯等把资本主义定位为"垄断"与"竞争"的双重形象，还有波拉尼、布罗代尔、沃勒斯坦以及发展经济学家弗兰克等，都以大量的史实和分析表明，"自由市场"是不符合历史事实的迷思，它在本质上是资本积累的死敌；实际存在的市场绝不是自由的，而仅仅是由资本所主导的不平等结构的构建。在这本质性基础上，当现代社会声言，它以高效率的经济体系，比从前任何社会都养育了更多人口的时候，却遮蔽了非常不公平的粮食分配方式。确保所有人充足粮食供给的问题，过去影响过所有的人类社会，今天也没有在全球规模上解决。西方之所以能够成功地从长期的生存挣扎中挣脱出来，主要的原因并非它的"进步"和"效率"，而是它改变了它与这个世界其他部分的关系，这种改变的实

---

① 〔美〕D. 梅多斯等：《增长的极限》，于树生译，商务印书馆，1984，第100页。

质内容，就是资本所主导的不平等结构的构建，提升了它控制世界资源份额的能力。曾一度作为成就而炫耀的"绿色革命"，给第三世界压倒多数的人口带来的实质性结果是灾难性的，它加剧了更大土地占有的趋势，使社会差距的鸿沟处于不断加剧的绝对化趋势中。来自不同领域的人们如 D. 梅多斯等，都作过许多个案和数据的分析。

一个更能说明普遍情况的数据是：在"绿色革命"40 年后的 20 世纪80 年代，超过 50 个 30 年代还自给的国家变成了纯粹的粮食进口国[1]。正是把自然稀缺转换成社会稀缺的实质性内容，使 D. 梅多斯在 20 世纪 60年代指出："许多死亡是由于世界上的社会限制因素而不是由于物质限制因素。"[2] 克莱夫·庞廷更是明确指出："在 20 世纪的饥荒中，没有一次是绝对的粮食短缺"；1943 ~ 1944 年导致 300 万人死亡的孟加拉饥荒，实际的人均粮食拥有量比 1941 年高 7%，库存粮食也超过历史纪录；1972 ~1974 年埃塞俄比亚的两个省份饿死 20 万人，而国家粮食生产仅下降不足6%，而且受灾省份和整个国家仍在出口粮食[3]。

上述分析表明，造成当代生态危机的真正根源，是主导现代社会的生活方式、经济体系和价值伦理所共同塑造的总体性生存模式。寄托于这种特定生活模式的可持续发展，不仅是没有出路的，而且它延缓或稀释了一些根本性的问题。正如弗洛伊德所说：尽管现代社会以前所未有或未想的方式，建立起了对自然的控制，"但是人们可以感到，所有这些新获得的对时空的控制权，对自然力量的征服，对多年渴望的实现，并没有增加他们能够从生活中得到快乐的程度，并没有使他们更幸福"[4]。

在对生态危机存在的共识基础上，应该看到，一些模糊的认识基点，不仅会在普遍的意义上使既要享有更好的生态环境，又要享有更多的物品的两种要求，继续在人们的头脑中分割开来；而且会在理论结构上使一些囿于旧框架的陈旧观点，继续在模糊不清的阐述中变形存留。我们不仅会记起，尽管整个生态学获得了极大的拓展，但其开端之时所浸透着的时代

① 参见〔英〕克莱夫·庞廷《绿色世界史》，王毅等译，上海人民出版社，2002，第 281 页。
② 〔美〕D. 梅多斯等：《增长的极限》，于树生译，商务印书馆，1984，第 33 页。
③ 参见〔英〕克莱夫·庞廷《绿色世界史》，王毅等译，上海人民出版社，2002，第 282 ~283 页。
④ 参见西格蒙德·弗洛伊德《文明及其缺憾》，傅雅芳等译，安徽文艺出版社，1987，第 29 页。

精神，尤其是使地球的物质和能量富有生机的循环尽可能迅速、有效和永无止境——这种 19 世纪政治学和经济学的倾向，从未得到认真系统地清理；我们还会看到，生态学之初园艺管理的朴素思想，在转换成"保护"和"回归"的话语时，仍然饱含着经营管理的社会意识，试图以"科学"的规划设计，实现从混沌无序到完善控管的上升过程，甚至按捺不住建立自然管理的生态工程学的冲动。而这些恰恰与所谓新提法的理论基点要求是相悖的。因此，不对基本的理论出发点进行梳理，在一些具体问题上的争端就无法解决；甚至不能看到，在诸如"环境法西斯主义"和"生态中心主义"的一些对立中，实质只是共享同一个理论框架的不同话语论辩而已。

经济的生态分析为我们带来了大尺度的时空视野，带来了整体性关系的强调。但首先必须明白的是，这种整体性关系并非外化于人的，而是以人为基点展开的。进而应该意识到，它并不止步于对一个物种是怎样运行活动及其它与周边环境相互关系的阐释，这一分析的重点必须说明，为什么会出现这种关系？以及怎样出现这种关系？谁是生态剧场表演中的真正角色——生态系统、生态群落抑或是某一实体？这就强调了环境和文化并非既定的而是相互界定的关系存在。这一分析的出发点，是看到生物圈的种种变化，与我们现存的生活方式、经济技术类型所发生的不断的变化，产生了严重的不一致或不协调。但"这并不是一项要把自然界封锁起来放入博物馆以永远将其冻结的计划；相反，却是一种行为模式，是立足于这样一种观念的模式：应站在我们价值体系的高度上来保持变化的多样性"①。如果不是去玩词语更新的小把戏，而是呼唤根本性的变革，那就意味着，在我们的价值观、世界观和经济组织方面，需要一场真正的革命。它的扩展使我们看到，活生生地存在于社会中的传统，形成了制度的生态环境。其所蕴含的一个更为深远的重要贡献在于：既然生态环境是人类共同体生存中不可扬弃的一个基本因素，那么，生态的多样性及其本质联系，也就使人类社会发展的多样性和多线性成为必然。

既然承认"现在"就是一种选择的存在；既然承认即使未来外切于过

---

① 〔美〕唐纳德·沃斯特：《自然的经济体系》，侯文惠译，商务印书馆，1999，第 498 页。

去，也不内切于现在，生态人类学分析就不能囿于现在的框架内，而是要以对现在的反思为基点，才能开拓未来的选择之路。由于造成当代生态危机的内在结构，是由资本所主导的不平等结构的构建。经济的生态分析所面对的，也就并非是一个纯粹自然的局部性问题，它所提出的是我们应当如何生活的哲学问题：如我们人类的基本价值是什么？我们的生物本性是什么？生活方式怎么样？在自然界中的位置如何？以及我们的社会类型是什么等；它也是关联到富人与穷人、现世与后世、发达国与不发达国等的人的现实状况的总体性问题。从而，"认真地忧心着最好怎样保护地球的生命，这件事就最能表示出我们卷入控制地球上的生命的程度"。因为"我们是我们自己环境的主要特征"，所以，"我们最应该忧心的环境无疑是我们自己"①。其所追求的要点，当然也就不再是人与自然的平等，而是人与人的平等。一句话，它是经济民族学从生态的角度，对现代社会或现代性所提出的具有颠覆性的质疑、反思和批判。

---

① 〔美〕刘易斯·托马斯：《细胞生命的礼赞》，李绍明译，湖南科学技术出版社，2001，第90～91页。

第八章

民族生境与文化

一　民族生境的内涵

生境是指物种或物种群体赖以生存的生态环境。生境（habitat，Biotope 希腊语 bios = 生命 + topos = 地点）指生物的个体、种群或群落生活地域的环境，包括必需的生存条件和其他对生物起作用的生态因素。生境原本是生态学中环境的概念，生境又称栖息地，是生物出现的环境空间范围，一般指生物居住的地方，或是生物生活的生态地理环境、生境的构成因素上有各种无机因素和各种生物因素。特定生物为了某一生存目的（如觅食、迁移、繁殖或逃避敌害等），在可达的状态之间寻找一项最适宜生存的过程。也就是说野生动物通过对生境中生境要素与生境结构作出反应，以确定它们的适宜生境。在群落内部，构成群落的生物相互混杂，各选择自己的生境，自然也就形成了不同生物的生境。

人类作为地球生态系统中一个物种，直到今天也只能生存于地球表面，依靠地球生态系统提供的能量赖以生存。就人的生物性来说，人与其他动物一样，需要空气、阳光、食物等，也需要自身繁衍，延续种族。就人的社会性来说，人是一种在社会中生存的动物，只能在社会中得以实现，他只能按社会的要求去生活，接受社会的模塑，需要得把社会要求传递给同一社会的其他成员。由于人类依靠自身的文化有了社会，人类繁衍便在社会中完成，这进一步加大了人类与其他动物的区别。人类能作到这些以致使人类成为地球上无敌的生物界主宰，凭借的乃是人类的特有创造物——文化。人类有了文化，人类就能结成社会。在文化的作用下，民族是长期生息在同一生境中的人群为了征服和利用生境的需要，在其世代延续中创造出文化事实来，以之维系成独特的人们共同体，这样的人们共同体在经济生活、语言、习俗、社会组织、认知方式、技术技艺、族名、信仰、伦理道德等诸方面构成一个和谐的系统，便与别的人们共同体区别开来，这样的人们共同体就是一个民族。

生存于地球表面的各个民族其生存环境极不相同。地球生命体系提供给人类的生物物种极其丰富复杂，人类赖以生存的地球表面差异极大，有高山雪域，有沙漠，有大海，有岛屿，有江河湖泊，有平原，有高原，有草原，有森林，有湿地，等等。这些现存的各种生态系统，对地球生命体系而言无优劣高下之分，他们都是有价值的，对地球生命体系的平衡都是有用的，因为这些生态系统并不是为人类而存在，更不是为人类而独享。也就是说，地球上的生态系统本身无脆弱性，也没有什么脆弱环节。但对人类而言却不完全是这样。在人类处于分立式发展阶段的当代，人类乃是以文化事实体系为分野。人类以自己的文化在不断地超越生态系统的限度，使人类这一物种能够漫布到地球的每个角落。人类作为一种独特的生物种群，它占据了多个生态位。更重要的还在于，人类还有自己的价值观，人类从自己所处不同的生态位出发，对已有的生态系统赋予不同的价值等次。从这样的角度出发，但对任何一个民族来说，他一定占有一片特定的自然空间，并不断地以自身文化去调适于所处的自然空间，这样一来，地球上的各个生态系统都被打上了文化烙印，赋予民族文化的内涵。这片自然空间中所有自然特性就构成了该民族特有的生存环境，这一生存环境就是该民族的自然生境。

民族学界对"生境"一词的理解，曾有个渐进的过程，早期的民族学家们仅仅把生境理解为纯自然的生存空间，因而没有把生境作为民族的特征来看待和加以研究。随着民族学研究的深入，人们逐步认识到，围绕在一个民族的外部环境并非纯客观的自然空间，而是经由人类加工改造的结果，加工改造的结果自然生态系统带上了社会性，于是，民族的生境就不再是纯客观的自然环境，而是社会模塑了人为体系。

　　围绕着一个民族的外部环境——自然环境与社会环境，是一个纷繁复杂的物质与精神的随机组合。每一个民族的生存，必须凭借其自成体系的文化，向这个随机组合体索取生存物质，寻找精神寄托，以换取自身的生存延续和发展。就这个意义而言，文化成了工具，外部环境则是加工对象，加工者则是民族自身。经过加工后的外部环境，是社会活动的结果，原先没有系统的随机组合演变成了与该民族文化相适应的体系，这就是该民族人为的外部空间体系。这个经由特定文化加工，并与特定文化相应的人为外部空间体系，才是该民族的生境，一个民族的生存生境当然包括由自然和社会两大部分组成，两者的结合才是完整的该民族的生境①。

　　一个民族的生境，与该民族所处的客观外部环境之间有着原则性的区别，相比之下，一个民族的生境必须具有如下三重特性。

　　首先，一个民族的生境具有社会性。一个民族对其客观的外部环境并非百分之百的加以利用，而是按照该民族自身的文化特征，去有选择地利用其中容易利用的部分。一个民族对其外部环境的加工改造手段往往与其他民族不同，加工手段则是该民族文化制约的结果。一个民族要加工改造外部环境，还需要本民族成员的协调工作，不同的民族的协调方式各不相同，其加工改造外部环境的结果，也必然互有区别。

　　其次，一个民族的生境具有特定的文化归属性。鉴于与特定民族发生关系的外部环境，已经不是纯客观的外部世界，而是留下了该民族在其文化归属下汰选的痕迹，并使之协调化系统化的特有生存空间，这样的生存空间是社会的产物，也是社会的需要，它与社会紧密结合，成为该民族社会的一个有机组成部分，这才是该民族的生存生境。生境的社会性植根在该民族的文化之中，与该民族文化的其他组成部分协同运作，因而一个民族的生存生境必然是该民族文化的有机组成部分。没有文化归属的民族生存生境是不存在的，这就是生存生境的文化归属性。生存生境的这一特性，在杂居于同一生存空间的几个民族来说表现得尤为突出。我国的回族和汉族相互交错杂居在极为相似的地域空间内，若不就文化的归属性而言，似乎他们的生存生境之间没有区别一样。然而，只要仔细分辨了这两

---

① 杨庭硕、罗康隆、潘盛之：《民族·文化与生境》，贵州人民出版社，1992，第90页。

个民族因文化而造成的生存空间差异后，必然发现他们之间互有区别。回族文化的重商倾向，必然导致回族对外部环境中的农田、水利等的关系比重农倾向的汉族要淡漠得多。同样地，由于回族传统食用文化，使其获得了与我国西北各游牧民族更高的契合程度。这就证明围绕在回族周围的生境，随着回族文化的取向而转移，回族生境之于回族文化，自然显示出一种部分与整体的关系，而与汉族生境明显地区别开来。由于民族文化的差异，他们与周围各民族和自然环境的利用趋势也随各自的文化而转移，各自造成了归属于各自特有文化的民族生境。

最后，民族的生境具有系统性。一个民族生境的文化归属性，又必然导致该民族与其外部环境中各组成部分的关系呈现出层次性的差异。换句话说，一个民族对其纷繁复杂的外部环境各组成部分，有的关系密切，有的较为疏远，有的甚至完全无关，这种层次性的差异就是该民族生境的有系统性。比如生存于蒙古草原上的蒙古族，其文化植根于畜牧与草的关系之上，牲畜、草原、水源与他们的关系至为密切，草原上的野生动物、灌木与他们的关系就较为疏远，干涸的戈壁、山崖、岩石与他们的关系则更为疏远。由此我们不难看到，在蒙古族周围呈现出一套亲疏有别的环境圈，每一个环境圈内都包含着若干种自然构成要素，每一个这样的环境圈都自成生境一个子系统，亲疏个别的若干环境圈共同构成一个大系统，这也即是一个自然生境。蒙古族在其文化归纳下，对这个大系统进行有层次的利用和有等次的信息交流。其他民族也是如此，即每个民族的生境绝非杂乱无章的拼合，而是有系统的有机结构。

生存在特定自然生境的民族，还与其他民族发生不同类型的关系。历史上，所有的民族都是在相互的交往中成长起来的，从来没有自我封闭的民族，也不存在什么自给自足的经济体系，那种"鸡犬相闻，终死不相往来"的寡国小民都只是想象的异邦。每个民族都会根据自身生存发展延续的需要，与周边的民族建立起各式各样的关系。比如我国西南少数民族与汉族的关系是通过国家政权这一渠道而达成的；而中亚阿拉伯民族和我国的穆斯林民族关系则是通过宗教仪轨而完成的；我国回族与蒙古族、哈萨克族、撒拉族、藏族等畜牧民族和汉族所结成的关系则是通过贸易渠道。总体说来，就以民族之间的关系类型来说，由于民族之间发生关系的作用力大小的不同，有作用力方向的不同，发挥作用的空间半径不同，以及由此而造成的作用渠道有别，导致了民族关系的复杂化。一般说来，民族之间可以形成平行关系，互补关系、包容关系、依附关系、连动关系和涵化关系。由上可以看出，这些围绕在具体一个民族周围的全部社会实体，这些社会实体在特定民族中都会发挥特定的作用，影响着特定民族的发展趋势。我们将这种社会实体称为该民族的社会生境。

一个民族的自然生境和社会生境都是特有的，这二者的有机结合就成为该民族的生境，我们简称为生境。可见，一个民族的生境，是该民族社会运作的产物，是其特有文化的当然组成部分，因而生境之于民族是特有的，不能与其他民族互换共有，是特定民族的生存环境。

二　文化与文化事实

生存于不同生境的民族，创造出了自己的文化。同一民族的成员凭借其特有文化去选择、改造、利用和协调其生境，以创造所有成员的全部生存条件，来维系该民族的延续与发展。于是生境、民族、文化形成一个连环套。在这个连环套中，文化是最关键的环节。所以，文化是民族学中最基本的概念。在民族学发展史上，前人对文化的理解不尽相同。"文化"一词源于拉丁语 Cultura，意为耕作、培养、教育、发展、尊重等，它实际涵盖了人类社会全部生活内容。英国人类学家泰勒（Edward B. Tylor）所指出文化的定义就涵盖了人类经历的各个方面：

> 文化……是一个复合的整体，它包括知识、信仰、艺术、道德、法律、风俗以及作为社会成员的人所获得的其他任何能力与习惯。[1]

因此，文化涉及了人类活动的计划、规则、专门技能和生计策略。英国人类学家 B. K. 马林诺夫斯基发展了泰勒的文化定义，于 20 世纪 30 年代所著《文化论》一书，认为"文化是指那一群传统的器物、货品、技

---

[1]　Edward B. Tylor, Primitve Culture, Harper&Row, 1958（1871），p. 1.

术、思想、习惯及价值而言的，这概念包容着及调节着一切社会科学"①。英国人类学家 A. R. 拉德克利夫－布朗认为，文化是人们在相互交往中获得知识、技能、体验、观念、信仰和情操的过程②。文化是"一系列规则或标准，当社会成员按其行动时，所产生的行为属于社会成员认为适合和可以接受的范畴之中"③。美国文化人类学家 A. L. 克罗伯和 K. 科拉克洪在 1952 年发表的《文化：一个概念定义的考评》中，分析考察了 100 多种文化定义，然后他们对文化下了一个综合定义：

　　　文化存在于各种内隐的和外显的模式之中，借助符号的运用得以学习与传播，并构成人类群体的特殊成就，这些成就包括他们制造物品的各种具体式样，文化的基本要素是传统（通过历史衍生和由选择得到的）思想观念和价值，其中尤以价值观最为重要。④

　　克罗伯和科拉克洪的文化定义为现代西方许多学者所接受。

　　由上观之，在学术界对文化的定义不胜枚举，但也就意味着学术界对文化这一定义还存在很大的分歧，并没有对这一定义形成统一的看法。作为一个物或一件事，从逻辑上说只能有一个定义，必须具有其唯一性与周遍性，我们才能去认知这样的物或事。但民族学界对文化的定义并没有唯一性与周遍性，因而出现了 160 多种定义，这就说明学界对文化的定义具有歧义，是很有必要值得深究的。笔者通过对前人有关文化定义的分析，尤其对文化要素与文化特征的研究，似乎仍然没有找到文化的实质，在前人的定义中，有的是从文化的要素出发去定义文化，把文化要素当作了文化；有的是从文化的特征出发去定义文化，进而把文化特征当成了文化。也即是从文化的部分定义了文化的整体。从严格意义上说，前人是从文化事实出发去描述、定义文化，并在这种基础上建立起对文化运行规律研究的框架。笔者认为他们探讨的不是文化本身，而只是文化事实。为此，很

①　〔英〕马林诺夫斯基：《文化论》，费孝通等译，中国民间文艺出版社，1987，第 2 页。

②　《中国大百科全书（社会卷）》，中国大百科全书出版社，2004，第 409～410 页。

③　Williamn A. Haviland，Cultural Anthropology，Orlando，Florda Harcourt，1993，p. 30.

④　A. L. Kroeber ect. ，*Culture：a Critical Review of Concepts and Definition*，Harvard University Press，1952. 转引自张敦福主编《现代社会学教程》，高等教育出版社，2007，第 99 页。

有必要深究文化与文化事实。只有厘清了这二者的关系，二者不可混淆，是处于不同的层面，必须加以区分。这样一来，民族学这门学科的研究对象、研究起点、研究框架、研究路径才能明了于世。

我们首先要追问的问题是：人类为什么要创造文化？人类具有两重性，既是自然生物，也是社会生物。人类社会脱胎于自然生态系统，但始终寄生于自然生态系统，人类创造文化就是要挣脱自然的束缚，也即是让自然退却，即社会化。人类创造文化的过程就是让使自然退却的过程，建构并不断丰富其社会性。在丰富其社会性的过程中凝聚起更大的力量去挣脱自然的束缚。但由于人类其自然属性的存在，决定了这样的努力是无法挣脱自然的束缚，但人类又是社会性的动物，这样的努力永远不会放弃。人类要生存就要创造文化，人类要延续就要创造文化，因此，人类创造文化的活动也是不会停止的。

人类创造文化既然是必然的，那么，我们需要进一步追问的是人类是如何创造文化的？人类创造文化是为了自身生存、延续与发展的需要，人类的生存延续与发展乃是在其所处的自然生境与社会生环境实现的。"文化根本是一种'手段性的现实'，为满足人类需要而存在，其所采取的方式却远胜于一切对于环境的直接适应"①。因此，人类创造文化也只能在其所处的自然生境与社会生境中进行。人类所处的自然生境与社会生境是一个巨大无比的空间，人类在不同历史时期利用哪些自然环境与社会环境的因素来建构文化也是一个难以确定的矩阵。这就需要依靠人类固有信息系统与自然生境和社会生境的信息系统进行交流，在这样的信息交流中，人类建构起能够实现自身生存、延续与发展的信息系统来，然后以这样的信息系统再去应对人类所处的自然生境与社会生境，以满足人类的生存、延续与发展之需。根据这样的理解，笔者认为人类的文化就是人类求生存、延续与发展的人为信息系统。

在这里之所以强调文化这一信息系统是人为的，是因为地球生命体系有很多信息，但是这个信息不是人造的，而是在自然的运行中自然产生的。文化则是类本质活动的对象化，是人类积累的创造物，是人特有的思

① 张维明：《信息系统原理与工程》，电子工业出版社，2004，第99页。

维创造出来的。人类的活动是有序的，不管处在何种层次的人群，都无一例外同时兼备生物性和社会性两种，所以每个人体，按照生物学的定义，都包含了生物物质，有各种化学元素，以能量的形式在运动，并按照需要进行调控与节制。所以，把文化定义在这套信息系统下所节制的物质和能量的有序运行，目标在于维系这个体系稳态延续并不断壮大。因此，文化是一种生命现象。

文化是人创造出来的，是人为的信息系统，而指挥人的思维、创造智慧的是人的大脑。人脑是文化信息系统的载体，人脑具有制造信息、接收信息、发送信息、改写信息、破译信息、反馈信息的能力。人为信息系统在接收和利用信息时，始终具有选择性。人为的信息是通过传播信息的渠道，在习得过程中不断改写与创新。它不断创新，不断把这个体系扩大化，从而使文化在社会建构中越来越复杂，使社会运动也越来越有效①。从人类的发展史来看，人为的信息系统是贯穿于整个人类社会，跨越了时空，以人脑为载体凭借习得去延续，并不断创新重构而逐步定型下来。不同民族所处的生境不同，其所构造出的文化事实千差万别，从而建构起了人类文化的多样性。这些多样性则又凭借人脑的指挥作用扩散、传播、交流、交融、改写、创新，从而又使信息系统更趋完善，从而也使文化多样性更加丰富。

人类面对所处的自然生境与社会生境，通过人脑的处理来输出有用信息，去应对生境的变化。人类为了其生存发展延续，文化这样一个信息系统在选择、认识、应对自然生境时，就可以建构出与自然生境相关的文化事实出来，诸如狩猎文化、采集文化、刀耕火种文化、游牧文化、农耕文化，等等。在这些文化事实之下还可以细分出若干的文化要素。比如狩猎文化又可以分出辨识狩猎对象、狩猎空间、狩猎时间、狩猎工具、狩猎队伍、猎物分配、猎物食用，等等。采集文化也是如此，可以分出采集对象、采集空间、采集时间、采集工具、采集物的使用，等等。刀耕火种文化也可以细分出刀耕火种的区域、路线、时间、作物种类与匹配、作物收割、作物加工、作物食用、作物储存、种子的保存、野兽的驱赶，等等。

---

① 杨庭硕：《生态人类学导论》，民族出版社，2007，第35～39页。

游牧文化也可以细分为游牧种类与匹配、游牧线路、草原的牧草种类、森林与水源、牲畜肉制品、奶制品、皮毛制品、有害野生动物的防备与驱赶、有害天气的规避，等等。农耕文化可以细分出耕田的建构、作物的培育与选种、作物的栽培、中耕管理、收割与储存、加工与食用，以及与农业生产周期匹配的二十四节气，等等。比如人类之所以这样穿着服饰，是因为气候、习惯、信仰等作用于大脑，然后经过人脑理性选择的结果。如游牧民族多居于高原，气候多变化，因此多以皮毛为服饰原料；赫哲族用鱼皮作服饰原料，因为他们主要以渔业经济为主，便于取材；山地民族多以植物纤维做服饰原料，因为他们时常与这些植物打交道，对植物纤维比较熟悉，而且取材便捷。这样了解之后，我们就把握了文化自身的逻辑关系了。

文化这样一个信息系统在认识、应对社会生境时，就可以建构出与社会生境相关的文化事实出来，诸如语言、称谓、家庭、婚姻、人生礼仪、习俗、年节集会、社会组织、宗教信仰、伦理道德、文学艺术，等等。例如什么时候过节，大家什么时候聚在一起或唱歌、吃饭、举行仪式等，也是由信息控制的，如没有控制的话，人们相互之间就不知道对方在干什么，因而也就无法加入进去完成正常完整的人类生活过程。

基于这样的理解，笔者认为，民族学学界的学者在定义文化时，似乎是把文化事实当作文化去对待了。如果以这样的范畴去定义文化的话，文化的定义还会不断地增加。因为在文化对生境的作用下，还会建构出更多的文化事实出来。因此，我们认为对文化与文化事实的区分不仅十分重要，而且十分必要。从某种意义上说，民族学研究的文化乃是特定民族的文化事实体系。

三　自然生境与民族文化

自然生境既是具体文化的生存依托，又是该文化的制约因素，同时还是该种文化的加工对象。自然生境不能创造文化，但可以稳定文化的延续，使得民族文化在地球表面的分布具有稳定性，原因在于各种生态系统在地球表面的分布也有很高的稳定性，加之民族文化的分布与特定自然生境存在着密切关系，其密切程度远远超过人类社会的其他构成单元，致使不同民族文化与相关自然生境形成了一个个较为稳定网点。各个网点之间的关系表现为复杂体系之间的互动稳态延伸，这是一种在特定场域内可以无限延续的动态过程。在整个过程存在的时空域内，相关体系的结构原则上保持相对稳定，但是其构成内容与结构方式却是千差万别的。以至于从大尺度上观察，相关体系分别表现为自立稳态延续系统，但其构成内容却一直在进行着不可复制的演替。其结构原则是凭借体系内的动态制衡，去确保该体系外观上的稳态延续，同时体系间的互动关系却贯彻始终。

民族文化的建构从一开始就立足于它所处的那个自然生境去展开，在其对该自然生境的选择、认知的基础上而发育出一套该文化特有的信息体系，以此去规约该文化中的社会个人，与所处自然生境保持一定程度的兼容。然后，随着对自然生境认识能力与水平的提升，不断地去修正、完善与扩充这一信息体系，这就标志着文化自身在发展。这一步伐的迈出，是以其所处自然生境为参照系。这一步伐一旦迈出，就从自然生境中拉出了一道裂痕，开始偏离其自然生境。这是极其艰辛的过程，每走出一步都要付出一定的代价。在经历无数次尝试后，对失败的教训与对成功的经验进行总结，一旦这样的尝试形成定格，在文化中形成规范后，才算是对偏离生境的成功[1]。一种习俗的形成，对一种植物的认识、利用与表达等，都是经历数百上千次的磨难之后才定型下来。如果没有这样的偏离，人类就和普通物种一样，绝对不可能有人类社会的繁荣昌盛，更不会有人类对这种偏离过程所形成的科学知识积累。

自然生境的多样性，从本质上规约了住居在地球不同地方的人们的生计方式不可能划一。人类生计方式的多样性既是一个客观的事实，又是人类活动的必然结果。人类为了谋求自身的生存与发展，在漫长的历史过程中凭借人类特有的智能和智能传递建构起了丰富多彩的文化，以对付千差万别的自然生境，去实现人类的生存延续和发展，并求得人类的共同繁荣。文化的多样化，既是人类对付自然生境的结果，又是人类主观能动创造发明的产物。"文化成为人类的适应方式，文化为利用自然能量，为人

---

[1]　罗康隆：《文化适应与文化制衡：基于人类文化生态的思考》，民族出版社，2007，第57~63页。

类服务提供了技术，以及完成这种过程的社会和意识方法"①。人类的文化在对自然生境的适应过程中所形成的绝不只是一种文明，而是"类型"与"样式"极其多样的文化事实体系，也即是类型与样式多样的人类文明形态。也就是说，在特定文化规约下的民族生计方式也绝不是只有一种，而是无数种。在这个意义上说，没有文化的多样性，没有多样文化规约的人类多样化的生计活方式，也就不会有人类的今天和人类世界的繁荣。

由于任何"一种文化种系发生演变的原物质来源于周围文化的特点、那些文化自身和那些在其超有机体环境中可资利用或借鉴的因素，演变的进化过程便是对攫取自然资源、协调外来文化影响这些特点的适应过程"②。如果说文化是人类适应环境的工具的话，那么各民族文化规约下的生计方式便会随着自然生境的不同，而走上不同的道路，随着自然生境的变迁，其生计方式也将发生变化，而呈现出系统性差异。人类生计方式的系统性"差异在于整体定位的不同方向。它们沿着不同的道路前进，追求着不同的目的，而且，在一种社会中的目的和手段不能以另一社会的目的和手段来判断，因为从本质上讲，它们是不可比的"③。因此，各民族文化在适应不同自然生境所形成的特有生计方式，对于特定自然生境而言是极其有效的。这也正像涂尔干在《社会分工论》中谈到的一样，对动物来说也一样，它们之间的差别越大，就越不容易发生争斗。在一棵橡树上，我们可以找到两百种昆虫，它们好像结成了邻里关系，彼此和睦相处。它们有的靠橡树汁为生，有的靠橡树叶为生，有的吃橡树的皮，有的吃橡树的根，它们分别以橡树的不同成分为生存对象。但是如果它们都属于同一物种，都只以橡树的皮或叶为生，那么这些昆虫是绝对不可能生活在一棵大树上的④。人类更是如此，如果人类都执行一种生计方式，如都以小麦或水稻为生活资料，这种生产的单一化，消费习俗、消费方式的划一化，必然会引起地球表面生态均势的失衡与破坏，而最终将毁掉人类生存的基础。自然生境本身具有多样性，就需要在人类文化多样性模塑出人类生计

① 〔美〕托马斯·哈定等：《文化与进化》，韩建军等译，浙江人民出版社，1987，第20页。
② 〔美〕托马斯·哈定等：《文化与进化》，韩建军等译，浙江人民出版社，1987，第20页。
③ 〔美〕露丝·本尼迪克特：《文化模式》，何锡章、黄欢译，华夏出版社，1987，第173页。
④ 〔法〕参见埃米尔·涂尔干《社会分工论》，渠东译，三联书店，2000，第224页。

方式的多样性，人类生计方式的多样性也必然会创造出利用资源的多元化途径来。

每一个民族所处的自然生境都是特定的，在其特定的自然生境中求及生存与延续，首先就要从其自然生境中获取生存物质。在与自然生境的偏离中，逐渐地确立其民族的生存空间体系、经济生活方式、语言系统、社会组织、习俗、宗教信仰、伦理道德规范、科学技艺等"知识体系"，即民族文化事实体系。从这一理解出发，我们可以说当代世界各民族文化的多样性，在一定程度上是由于不同文化在偏离其所处的自然生境而导致的结果。

人类与所处自然生境既然容许存在偏离，如果这种偏离超出了可以容许的范围自然会破坏人类社会与自然之间的和谐，就将导致人类的灾难。因此，有效的控制这种"偏离"，实现文化对生态系统的"回归"，也就成为人类文化的主要功能之一。人类文化对自然生境的"回归"过程，也是极其艰难的。由于文化惯力的作用，任何一种文化一旦开始了对其自然生境实现偏离后，就成为一种趋势而不断扩大，从中摄取更多的生存物质，尽管其摄取的成本越来越大，但由于在其偏离的过程中已经积累了大量能量，可以为进一步的偏离提供能量，以抵消在偏离过程中的成本①。人类在建构文化时也以多样化为前提和基础。一方面，自然生境中遭逢自然灾变总是无法避免的，人类文化在防范自然风险上具有明显的优势；另一方面，文化可以通过改变自然资源的利用方式去避开风险。可以说，各民族在文化的指引下不断地对其自然生境进行偏离与回归，在偏离与回归中建构出特定民族的文化事实体系，特定文化事实体系一旦被建构起来，这样的文化事实体系就会对其自然生境进行高效利用与精心维护。

在中国960万平方公里的大地上，有海拔最高的珠穆朗玛峰，有海拔最低的吐鲁番，有浩瀚的沙漠，有一望无际的草原，有茫茫的林海，有漫长的海岸线，有举世闻名的长江黄河，有以喀斯特著称的云贵高原，有河网纵横交错的江南水乡。五千年来中华民族在这片大地上来回穿梭，各民族总结凝练出了应对不同自然生境的历史经验与教训，由此建构出了多姿多彩的中华各民族文化，但我们需要明白一点的是，文化对各民族所处的

---

① 杨庭硕、罗康隆、潘盛之：《民族·文化与生境》，贵州人民出版社，1992，第266~269页。

自然生境来说，犹如癌细胞之于人的身体一样，癌细胞处于良性时对人的身体无害，而一旦这个癌细胞处于恶性时就会对人体造成伤害。因为，各民族的文化总是在偏离该民族所处的自然生境，但又在不断地回归其自然生境。正是该民族的文化在其自然生境中的偏离与回归中认识了自然自我与他者，由此建构起了独特的民族文化事实体系。

　　藏族为了应对与利用青藏高原环境而建构起了独特的藏族文化。藏族文化与其自然生境之间呈现出多层面多形式的综合适应状况。在生境资源利用方面，藏文化以其特有的农牧相辅方式，从耕牧品种到耕牧制度，以至于与技术传承相联系的一整套生产范式最大限度地利用气候多变的高山荒漠资源。从习俗方面看，为了对应严寒多变的气候，衣着制度中披着藏式长袍，吃着防日晒的润肤酥油，厚重多功用的毡毯，共同构成了足以抗拒恶劣气候的综合体系①。饮食方式中，为克服高原气压低的环境，食物制品中采用了烘焙炊事法，肉食为保证特需维生素不至于在加工中散失，往往采用生食，乳制品的酸制法，起到一乳多用的效果，饮料中的酥油盐茶，目的在于有效地调节身体内的盐分及水分平衡，并且是调节食品营养偏向的手段之一。严寒的气候制约了人口的密集，为辅助行政力量的不足，宗教信仰在行政上产生较大的平衡作用②。宗教的影响又在衣着上的噶乌得到反映。在葬习上又随各地的需要，而分别呈现了天葬、水葬、火葬、肉身塔葬等一系列复杂制度。在文学艺术上，一方面以宗教形式发展起锅庄、堆谐、璇子等舞蹈样式；另一方面这些舞蹈成为世俗集体活动的重要组成部分。文学样式中的热巴、藏戏、析谢同样为僧俗并用。藏文化的知识结构中除了各种各样教育传授上的宗教形式和依附的内容外，又明显地反映出知识积累偏向于生态认识，哲理思维偏向于对自然的综合性领悟而不重在度量的客观精确。伦理观表面上打着宗教烙印，但却一直紧扣

---

① 笔者2008年8月在玛多县进行田野调查时，感受到藏族披着藏式长袍对当地气候的极佳适应。即使在8月，一天的气候变化很大，太阳当空时，气温达到三十多度，人们需要把长袍脱下扎在腰间，而一旦乌云密布，马上就会刮风下雨，甚至下雪，气温陡降到零度以下，这时则需要把长袍紧裹在身。一天气温变化甚大，如果不是披着藏式长袍是很难应付的。

② 笔者2008年8月与2011年8月两次到玛多县河卡寺院调查，发现河卡寺院既是幼儿园、小学、中学，又是医院、养老院，更是藏族宗教信仰的圣地。

着对现行一切适应生境现象合理性的阐释。使藏族在充分利用自然与生物资源的同时，又能精心维护所处自然生境的安全①。

湘西苗族先民们在明代以前主要是以刀耕火种兼及狩猎采集为生。明代在湘西土家族地区强化土司制度，在湘西地区推行屯田、上缴谷米等政策，这一政策也影响到苗族地区，在湘西苗族地区开辟稻田。在湘西地区种植水稻最关键的就是要克服自然生境中的"水温"与"日照"问题。湘西苗族主要聚居在腊尔山与吕洞山，这里山高谷深，森林茂密，是刀耕火种与狩猎采集的好地方，但不是农耕的好去处。在这里要种植水稻，要依山修筑层层梯田，在沟谷修筑水坝。这里由于森林密布，日照不足；这里高山峡谷，水温很低；要种植水稻就必须克服这两大生态系统的缺陷。于是，湘西苗族在文化的作用下，其应对如此的环境，采取了如下的措施。首先砍伐森林，使开辟的农田有充足的阳光照射，以满足水稻的光合作用。其次在农田的底部铺设林木，并在铺好的林木之上填充砂石，尽量抑制地底低温泉水渗出，以解决缓解稻田水温过低的问题。这就是湘西苗族"铺树造田"法。以这样的方法使大片深水沼泽地改造为良田。为了实现稻田的产量稳定，同时还实施了复合种养、育林蓄水、施自然肥等方法。今天已经成为我国重要的农业文化遗产。为了防止野兽尤其是野猪等大型动物前来糟蹋作物，居民开始从刀耕火种的半山腰地段往农田周围搬迁，形成定居在农田周围的村寨，以至于村寨聚落的公共空间，如道路、桥梁、水井、墓地等也开始建构起来。苗族的住房也由原先易于搬迁的叉叉房演化到稳固厚重的石板房、木屋房、泥木房。这一变迁见证了湘西苗族文化与自然生境的"偏离"－"回归"的耦合历程②。一旦这样的耦合关系确立后，苗族的自然生境也就被模塑出来了，苗族文化就会对其中自然生境资源进行高效地利用与精心地维护。

四　社会生境与民族文化的建构

在民族文化建构的过程中，与自然生境比较起来，社会生境对民族文

---

① 杨庭硕、田红：《本土生态知识引论》，民族出版社，2010，第3~4页。
② 罗康隆：《论民族文化与生态系统的耦合运行》，《青海民族研究》2010年第2期。

化建构的制约要直接得多，却缺乏稳定性。社会生境对民族文化的影响无须通过预先加工就可以直接作用于民族文化，这就是其直接性①。然而，社会环境的变化速度比自然生境快得多，数十年间一个民族的社会生境会大不一样，而自然生境却可延续数百数千年之久。社会生境的作用还有很大的偶然机遇性，一次战争发生，谁胜谁负；一个政策下达，执行力度大小，事事无法以规律预料，甚至难以选择，但均足以对某些文化造成难以预料的影响。自然生境的变化弧度不大，而社会环境的变化弧度则大得多。这些均显示了社会生境作用力的稳定较差。

对社会生境作用力中出现最早影响最持久的是异民族的文化冲击。自从异民族并存出现后，世界上任何一个民族都在特定的异民族生境中生存。异种文化都对该民族构成一个有别于自身的外部社会生境，直接影响该民族及其文化的建构。当然这是双向的作用，该民族同样会影响与之接触的一切异民族。至于外部民族生境如何制约或促进一个民族的发展，那就取决于该民族与有关各异民族的关系而定了。

在不同文化的相互作用与影响下实现了相关民族文化的建构。统一的多民族国家的形成过程，体现为国家政权与各少数民族相互影响的过程。从国家方面看，既有政治的目的，又有经济的目的，还有文化的目的等。国家政权对特定民族施加影响，既可以通过经济的因素，也可以通过非经济的因素，更多的是这些因素的综合作用，这也可以视为特定的社会生境。因为对于接受国家政权作用的特定民族来说，也会形成一种文化应对与调适的过程。这种应对与调适过程是在该民族自己有效生境中对外来影响发挥作用，在这一过程中，它可以动用文化中所有的能量进行积极的应对与调适，以使在固有的文化事实体系中进行文化事实的再构造。

当然，一个民族的存在会在若干层面不同的内容上，从不同的角度对周边民族产生影响，这样的"影响域"也可以视为一种社会生境。对此，我们以滇西南的傣族为例加以说明。首先，在民族分布方面，傣族占有了怒江、澜沧江河滩平坝，直接阻滞了周边各族进入同一自然生境的速度，

① 杨庭硕、罗康隆、潘盛之：《民族·文化与生境》，贵州人民出版社，1992，第46～47页。

增加了进入的难度，使得这些民族的文化发展取向逆平坝而行，往高山迈进。其次，在经济活动上，傣族的稻作经营，其产品盈余将流向周边各族，而缺乏山地农畜资源又必然招来外族产品。再次，在语言使用方面，由于傣族处于交通枢纽地带，经济实力雄厚确立了其语言在滇西南族际中的介语地位，直接引起了周边各族语言的趋同性发展取向。最后，在社会组织方面，历史上傣族的土司领主制度及其行政控制能力直接作用于周边各族，当地不少民族的头人、山官、寨老都受辖于傣族土司，又通过傣族土司受辖于中央，这一局面一直持续到 20 世纪 50 年代前。民主改革虽然废止了土司制度，但是傣族在当地的政治中枢地位却仍然持续着。其实，傣族在多方面影响着其他民族的同时，也受到了外族的多方面作用。在产品上，傣族不断吸收景颇族提供的柴薪，布朗族的茶叶，汉族的工业品，阿昌族的铁器，苦聪人的猎物，佤族的山地粮食。政治上，傣族又得靠各族山官、头人、寨老去节制傣族与景颇、哈尼、基诺等民族的协调关系。宗教上，布朗、阿昌、德昂等民族是傣族小乘佛教的传播对象，又是傣族寺院的资助对象；景颇族、佤族的自然崇拜又渗入傣族的佛经义理，成为傣族僧俗文学的宣讲描写对象。

清代雍正年间，在开辟千里苗疆进程中，确保军需物资从清水江进入苗疆，在接近苗疆的清水江中游的锦屏地区的茅坪、王寨、卦治三个码头开设木行，一是"抽收捐饷"，年交白银二千两，提供军饷①；二是"例定夫役"，护送军需物质，"雍正年间，军略张（广泗）大人开辟清江（今剑河）等处，兵差过境，愈难应付，酌于木商涯（押）运之附寨，三江轮流值年，量取渔利，永资公费，沿江别寨均不准当，咨部定案，有碑存据"②。所有兵差军械辎重往返概由三寨抽夫输送，夫役之重数倍于府属差役，三寨民人不堪重负，黎平府等"各宪""给示"三寨当江取利，以之补助夫役费用。于是贵州巡抚为例定三寨夫役再次明确三寨轮流值年设行当江，木材贸易开始兴起。

清朝一代，清水江流域木材贸易持续稳定进行，木业兴旺不衰，中原

---

① 《侗族社会历史调查》，贵州民族出版社，1988，第 35、67~75 页。
② 参见贵州按察使司嘉庆二十二年复王克明上诉词批件。

地区"三帮""五勷"① 经营木材商人,皆溯江而上至清水江流域侗族地区,每年来茅坪、王寨、卦治三江购木者不下千人,贩运木业极盛。据光绪初年编修的《黎平府志》记载,"黎郡杉木则遍及湖广及三江等省,远省来此购买……每岁可卖二三百万金"②。由此可见,当时木材贸易的繁荣景象。

由于木材贸易不仅给江淮木商带来了巨大的利润,同时也给侗族苗族群众带来了极大的实惠,这刺激了该区域侗族苗族群众对山地林木开发利用的积极性,驱使清水江沿岸的侗族苗族林农对林木人工营造的萌动,人们开始了对林地的更新,开启了人工营林的先河。侗族苗族林农历经数百年劳动经验的积累,发展出了独特的营林地方性知识体系,包括炼山整地、育苗植树、林粮间作、抚育管理、砍伐运输等知识体系。与此同时,随着人工营林的发展,在侗族苗族文化网络中对其文化进行构造,使侗族苗族社会建构起了适应人工营林发展需要的新型文化。国家对地方的治理依托了宗祠文化进行地方的"儒化",使得清水江流域两岸至今祠堂林立,地方社会精英在"文字入疆"的引领下,以林地契约与地方教育的方式规制了地方社会,出现了市场关系中伦理道德,语言文字,家族社区组织,土地资源配置方式,林地保护规约,民间信仰,交往行为,服饰时尚等,都发生了系统的全面的文化事实体系改组,实现了文化的再构造与社会转型,这些都是人工营林业的发展所必须具备的文化支撑。

从上例可以看出,在清水江流域侗族苗族社会适应人工营林的文化构造中,国家的作用是外因也是导因,如果没有国家的作用,就难以触动清水江流域侗族苗族社会的经济结构,侗族苗族文化就会继续沿着固有的道路不断地深化与发展,而难以实现与人工营林的适应。这种文化的积极应对与文化的再构造过程中,国家政权的外来作用化为其外部的社会生境,在互动过程中实现对自己文化网络中各种因素的调整与重组,进而实现了

① 安徽省的徽州、江西省的临江、陕西省的西安等,分别称为徽帮、临帮、西帮,合称为"三帮"。"五勷"有三种说法:一说为湖南常德府、德山、河佛、洪江、托口(见道光七年山客李荣魁等递交贵州布政司的呈诉词);一说为德山、开泰、天柱、黔阳、芷江(见立于光绪二十四年,存于锦屏县城飞山宫内的"永远遵守"碑文)一说是天柱属的远口、坌处为一勷,白市、牛场为一勷,金子、大龙为一勷,冷水溪、碧涌为一勷,托口及辰沅为一勷,合为"五勷"。
② (光绪)《黎平府志》。

文化的构造，使得更加适应变化了的社会生境。

我们再以彝族的莜麦耕种向苗族移植所引发的连锁反应加以说明。明代以前在黔中地区的苗族主要从事丛林上限与草坡交接的刀耕火种，作物是小米与稗，为了弥补食物的不足，狩猎与采集还占有很大的经济分量。明朝建立后，开通了横贯贵州的驿路，驿马供料十分紧张，因而在贵州的税赋制度规定上，采取了与全国有别的措施，向当地的彝族土司征取莜麦供当秣料之急需。这样一来，莜麦成了贵州各族的等价替代物，彝族土司必然向自己控制的苗族、布依族收取莜麦，从而造成了推广莜麦种植的客观形势。苗族也随之借入了莜麦种植的有关文化因子，从明代起黔中地区的苗族开始普遍种植莜麦。到清代时莜麦成了重要粮食作物，莜麦粉成了黔中地区苗族的主食之一。

莜麦的种植改变了苗族原有生产和节日规律。莜麦普遍种植前，冬天"苗年"的年初，是冬猎生产的旺季，又是族内跳花活动的盛期，苗族男青年一般外出合伙冬猎或跳花。但莜麦种植后，冬季的生产项目改变了，男青年再也不能随意远去。于是，冬狩的生产比重下降。跳花节的多场次轮换场地的习俗也发生了改变，逐步浓缩到汉历春节后和大季种植前夕。随着历法的改变，"苗历"只记场期不记朔望的习俗也发生了变化，黔中地区部分苗族群众跳花节定型到月望日前后举行，以便安排夜间对歌，于是"跳花节"转名为"跳月节"。莜麦的种植又促进了村寨居住习俗的变化。明代以前苗族村寨流动性大，夏天上山进行刀耕火种，冬天下到谷地狩猎，村寨位置冬夏易地。此后由于冬耕之需——莜麦要跨年种植，于是村寨相应地固定于夏天住地，长年留住山上，而冬天的住地则演化为固定的跳花地。此外，服饰中的披毡防雨习俗也在苗族中生根。

可见，社会生境对特定民族的影响不仅直接而且深远。但这样的影响不会打乱特定民族固有文化的结构，因为在任何一个民族文化事实体系中相应的文化因子都是要处在其他文化因子的关系网络中生存，于是这种影响的结果可以表现为本民族文化因子的重组与再造。经过本民族文化的改造，整合进本民族固有的文化事实体系之中，这引发了在应对新的社会生境时其文化要素在该民族的文化网络中实现再构造，其最终目的在于建构起更为有效的文化事实体系，以更加有效地应对自己所处的生境。

第九章

生产力基础与社会经济类型

一 生产力的性质与流动

生产力不过是人类能力的演化及其自身完善的一种表现。它反映了人们对自身及其外在环境的认识、控制和改造。在此过程中，一定的技术水平或状况，总是决定着人们对生产要素的现实配置与利用，它赋予人类自身和周围环境一定的技术特征。这种特征，常常以一种重大的技术变革而开启一个新的经济时代，决定着经济组织的结构和形式，不断地以一种具有新技术特性的实体，取代每一种现存实体。因此，一定的技术总是通过生产要素配置与利用的不同方式，而显现出不同的历史性质，并决定了各种生产方式的时代特征。从社会的观点对生产力的分析，是一个是否需要对旧有技术支配下的活动系统所包含的社会关系进行重组的问题。在采纳不同类型的技术和社会变迁的需要之间，往往存在着相当直接的关系，当生产力的进展破坏了老式的活动结构时，其中包含的任何内在价值都将受到威胁。

经济转型的本质性基础源于生产力性质的变化。一定的生产力，是在一代传给另一代的生产力的延续和积累中，在以往已创造出来的生产力的保存中获得性质变化的；而生产力的这种保存与积累，又是在生产力的流动中实现的。因此，生产力并非是一个静止的概念，而是有流动性的特征。可以说，正是生产力的流动，促成了不同民族的经济转型。

生产力流动的自然物质基础，是生产力差的物质势能。这种生产力差可以表现为同质差与异质差：处于同一发展层次或水平的生产力，虽在性质上相同，却可在数量、规模、形式等方面存在差异，这便是同质差；而如个体性生产力与原始共同体的群体性生产力、机器生产力与手工生产力在发展水平和性质上的差异等，则表现为异质差。在生产力的流动中，又反映出生产力在不同民族经济体分布上的区位差，从而使不同民族经济体的特定生产力表现出在某个因素运营中的质量、数量、时效等方面的局部差；以及在总量、总体结构、总体功能等方面的总体差，等等。

在生产力差的自然物质基础上，不同的民族经济体在某一共同的社会标准下衡量其相互交往的经济关系时，便产生了巨大的利益差距。为了弥补这些差距，实存于不同民族经济主体之间的利益格局，便构成了生产力流动的社会动力机制。正是在这种推动中，不同的民族共同体，凭借生产力的流动来获取新的技术，运用新的生产要素，在力图消除或弥补经济利益差异的努力中，来实现经济的转型。

若把生产力的构成分为人与物两大要素，那么，在不同的社会经济条件下，这两大要素流动的地位和意义是极为不同的。在生产力简单构成的状态中，或者说，在人作为积极行动的主体，生产活动无非是人对物质要素的消费过程，而生产资料不过是其"有目的的生产活动的手段和材料"时[1]，人的流动是整个社会经济转型中最具基本意义的要素。但是，当劳动资料的运动和活动离开人而独立，生产资料转化为"吮吸他人劳动的手段"，并把人"当作自己生活过程的酵母来消费"时，也就是说，在不是人使用劳动条件，而是劳动条件使用人的生产体系中[2]，物的流动便具有了决定性的意义和作用。而以利益诱导为核心的社会动力机制，与上述技术基础的不同结合，也可能把两大要素导向同向流动或反向流动的不同方向。

例如在农业时代，人力流动往往意味着物质要素的流动及其经济势能的转化，从而，人口的繁盛与增长一直是古代社会经济繁荣的基本标志。在现代社会中，物的要素与人的分离乃至全面对立，使其流动表现出极大

---

① 马克思：《资本论》第 1 卷，人民出版社，1975，第 344 页。
② 马克思：《资本论》第 1 卷，人民出版社，1975，第 344、442、464 页。

的差异：一方面，两者的流动都获得了价值运动的形式，并在这种价值运动形式的异化中，使其自身的流动从属于资本的流动，为资本所支配。从而资本的集中与增长便取代了人口因素，成为现代经济增长的决定性因素。但另一方面，当这种流动发生于相互联系而又具有较大差异的经济区域之间、并使这种差异长期保持时，就会出现资本为追求更高利润、向劳动力过剩区域的流动，而劳动力为追求更高工资、向资本富余地流动的情况。至少也会表现出这种不同流动意愿的倾向。

因此，不同的生产力流动形式，往往可以表现出不同民族经济体的结构性质及其能量水平的差距。一般而论，在现代经济体系中，一个以人力流动向外输出生产力的区域和民族，在其所形成的外部经济关系中，会显现出依附性的劣势状态，而一个以资本流动向外输出生产力的区域和民族，则可获得支配性的优势地位。例如，当依附性经济区域或民族的人力资源为追求高报酬，而向支配性经济区域流动时，这些流出的人口，往往是依附性经济体内最有经济潜力和活力的那一部分。这无疑意味着，依附性经济体发展资源的进一步流失，削弱了吸引外部资本流入而必需的人才储备。同时，当外部支配性经济区域的资本要素无序流动，便可获得充裕的人力供给时，也就缓滞了资本向依附性经济体的流动速率。这不仅使依附性经济体的自然资源不能有效转化为现实的经济力量，而且增加了获取外部可用资源的困难。这样，依附性经济体的转型问题，便面临着如何获取并保持资本资源和人力资源的双重任务。更为重要的是，若企图以某种社会性限制的办法来达此目的，即便在短期内可能显现出一定的有效性，在根本上却是生产力流动的最大内在障碍。对依附性经济区域的人力资源流动建立起一定的限制后，虽在一定程度上或短期内，不失为保存依附性经济区域人才储备的一个有效办法，却在根本上进一步强化了人们区域性特征的社会身份意义。随着资本流动必然产生的人员地域变化，一旦被赋予了某种社会身份，是难以使资本所有者作出永久性投资的选择的。显而易见，要充分借助于生产力的流动，来改变经济依附性的状况，不能依靠于社会性限制的手段，而在于激励机制的有效建立。

生产力流动在经济发展中的作用，既与流动形式相关，也与流动的社会条件紧密相联。因此，对生产力流动与社会经济变革关系的把握，不能仅停留于一般概念的了解，而应根据各自具体的社会历史背景进行分析。在一般意义上，生产力的流动，蕴含着消除区域和民族经济差距的理论倾向。然而，正是生产力流动的这种形式和性质，使生产力流动推动经济转型的本体功能并非是能自然实现的；相反，在一定阶段中，甚至会出现差距急剧扩大的现象。生产力流动的社会条件不同，各民族经济体在此流动中所处的地位，所采取的方式，以及接纳新质生产力的准备情况不同，都可以使生产力的流动，表现出主动的或被动的、和平的或战争的、发展性的或破坏性的不同的性质和特征。在19世纪后半期同时进入工业化进程的德、俄、日、中诸国，前三国借助于生产力的世界性流动而先后跃入世界列强，而中国却在这一生产力的流动中，深陷于半殖民地的贫困深渊，对此已作出了一个最生动的历史说明。

从历史上看，当某一民族经济体在丧失了民族主权或在不平等交易的基础上，以被动的方式置身于现实的生产力流动中时，或者当一个经济支配性的民族对一个经济依附性的民族，以侵略或不等价交换的方式进行掠夺性的生产力流动时，生产力流动对于处在依附性地位而又被动参与的民族经济体来说，产生的结果往往就不具有积极的意义。而常常表现为对该民族经济体原有经济的破坏力量。在这样的基础上，同质的生产力流动，不是表现为两个民族经济体生产力的互相结合与发展，而是表现为一个民族经济体对另一个民族经济体生产力发展的挤压和阻碍；异质生产力的流动则多表现为一种排斥现象。或是先进的异质生产力难以为依附性的现存生产力系统所吸收、容纳，相互不能进行有效的结合，并对旧有的生产力系统实施成功的改造和提高。纵然有生产力的流动，也不能为依附性民族经济体较低层次的生产力变革，提供一个新的基点，以发挥生产力流动在经济变革中的带动功能。甚或更坏的情况是，先进生产力的流动和输入，既不足以完全取代旧有的生产力体系，又时时发挥着一种破坏性的功能，从而使依附性的民族经济体原存经济体系，处于一种分化而下滑的境地。

例如，在世界资本主义体系刚刚确立的时期，各先进的资本主义列强的强烈的民族自发意识，使它们严重地扼杀了这种新型生产力的世界性意义，而把其作为剥削后发展民族的有力工具。这样，它们与后发展民族经济体之间所发生的生产力流动，便是以掠夺低层次经济结构中的民族经济体的初级市场为基础，以便为它们自身结构的巩固和进一步的力量强化，提供资源保证和贸易润滑剂。正是从这样的历史背景出发，经济问题不再是一个纯粹经济意义上的话题，而日益紧密地同国家、民族等实存范畴缠绕在一起；作为整个发展基础的生产力流动，也日益依赖于具体的社会条件而发挥其不同的功能。

　　以近代中国为例。从经济总量上看，直到 19 世纪上半叶，中国经济仍处于世界领先水平。保尔·贝洛什以 1960 年的美元价格所作的计算认为，1800 年西欧的人均国民收入为 213 美元，而中国却高达 228 美元，到 1860 年仍保持 204 美元的水平。[①]以对外贸易来看，清乾隆十年（1745），粤、闽、江、浙 4 海关的商税收入为 731435.537 两，据清廷道光年间对粤海关并以往税率的调查，大致为值百抽一、二之率[②]。取 1.5% 的税率概略推算，是年中国的对外贸易额近 5000 万两（取整数）。布罗代尔估算，英国 1760 ~ 1769 年间的对外贸易平均每年为 2000 万镑（取整数）。[③]以 1 英镑 = 3 两银两换算，中国的对外贸易额约 1660 万英镑。虽稍逊于英国，但仍处于世界领先地位。

　　然而，当中国被动地卷入生产力世界性流动的旋涡中时，外国列强以侵略方式所主导的对华生产力流动，不仅以日见频繁的巨额战争赔款、鸦片走私和商业欺诈，吸干了中华民族为获取新型生产力所必要的资金，而且在鸦片战争后长达半个世纪的岁月中，外国资本主要是在中国原有的并且不断发展着的小商品经济基础上进行商业掠夺，它进一步削弱了中华民族吸收新型生产力、创建新经济体系的能力。1823 ~ 1838 年，仅鸦片走私一项，每年耗银从 1000 余万两上升至 3000 余万两。[④]中国经济的血液，就这样被无情地吮吸。而更为严酷的是，在 1840 年以后的短短半个世纪中，中国为各列强的入侵支付的赔款，高达 7 亿多万银两。这种巨大的资

---

① 费尔南·布罗代尔：《15 至 18 世纪的物质文明、经济和资本主义》第 3 卷，施康强、顾良译，三联书店，1993，第 618 页。

② 彭泽益：《清初四榷关地点和贸易量的考察》，《社会科学战线》1984 年第 4 期，第 128 ~ 133 页。

③ 费尔南·布罗代尔：《15 至 18 世纪的物质文明、经济和资本主义》第 3 卷，施康强、顾良译，三联书店，1993，第 674 页。

④ 参见《黄爵滋奏疏、许乃济奏疏合刊》，中华书局，1959，第 70 页。

源外流，使中国经济力量跌落到最低点。

1998 年，经济合作与发展组织的经济史学家安格·麦迪逊
（A. Madison）在《中国长期经济运行》一书中，以实际购买力方法对
1820 ~ 1995 年中国国内生产总值（GDP）的测算，勾画出中国国内生产总
值在近代生产力流动中，从世界首位急剧衰落，又在最近的 20 年中，借助
于生产力的世界性流动，而加速赶超的生动图景（见表 9 - 1）。

表 9 - 1　中国国内生产总值与出口贸易的变化

年份	1820 年	1890 年	1919 年	1952 年	1978 年	1995 年
总 GDP 占世界总量的比重（%）	32.4	13.2	9.1	5.2	5.0	11
人均 GDP 与世界平均水平之比（%）	89	50	36.7	23.7	22.3	51.1
总出口占世界总额的比重（%）		1.7	1.6（1913 年）		0.8	2.9
人均出口相对世界平均水平（%）		6.5		4.6	3.6	13.6
中国人均出口额（美元）				1.4	10.1	122.8

年份	1820 ~ 1952	1952 ~ 1978	1978 ~ 1995
世界 GDP 总量年均增长率（%）	1.62	4.52	2.7
中国 GDP 总量年均增长率（%）	0.22	4.40	7.49
世界人均 GDP 增长率（%）	0.92	2.56	1.01
中国人均 GDP 增长率（%）	- 0.08	2.34	6.04

资料来源：安格斯·麦迪森著《中国经济的长远未来》，楚序平等译，新华出版社，1999，第
58、85 页。

在这中西文化碰撞与中华民族的经济资源源源外流的漫长过程中，生
产力的流动，只表现为基于社会化生产力基础上的外来力量，与中国囿于
个体性手工技术基础上的旧存力量，对不断萎缩着的现存市场的争夺。而
市场问题本质上是一个社会有效需求的问题。人们只能凭借新的生产力流

量的增加，来改变旧有结构，才能获得新的购买力，而在根本上使市场扩大。如果只是破坏了旧有结构中原有的商品供应渠道，而未创建出新的生产力和新的经济结构，那么，市场总容量的增长是极为有限的。在此状况下，一切变化不过是，原有市场购买力在不同民族经济体之间的再分配。从而表现为，具有支配性优势地位的经济体，对处于劣势地位经济体的挤压与摧残。

因此，发生于近代中国的生产力世界性流动，并未给中国原有的商品生产带来结构上的根本性变化，而是在社会经济总体状况日趋恶化的情况下，迫使小农经济中原已生长起来的部分商品性生产重归自给性生产状态。在此发展进程中所发生的小生产者的分化，并未把中华民族经济体导向更高层次的社会经济结构的转变，而只表现为已有的小生产者商品化生产道路的阻塞及其生存条件的恶化。可见，并非在任何条件下，生产力的流动都对所有民族经济体带来简单的同一结果。认识生产力流动的不同方式和性质，及其在不同社会条件下所产生的功能和影响，做好充分准备，抓住时机主动地引入新生产力，是一切后发展民族实现经济变革的关键。同时，若不认清生产力的流动性，把自身隔绝于当代生产力流动的大潮之外，并试图仅以自身生产力的积累来实现民族经济的变革，只能是不切实际的妄谈。

同一性质的生产力在同一时代中的流动，会依其具体社会条件的不同而发挥不同的作用，不同性质的生产力则具有不同的流动特点，展现出巨大的历史差异性，从而也塑造了人类经济发展的不同格局。它既表明了，各个民族的发展问题必须置于全球发展的框架中审视，也再一次证实了，人类全面发展的问题仅仅依凭于经济的发展是不可能得到完全解决的。从生产力流动的角度出发，认识和理解生产力流动的历史差异，是把握不同经济时代发展特征的关键。

二 群体性生产力与血缘交往框架中的经济表达

最初的人类生产力，表现为对原初自然力的直接利用。各个个人体脑所赋予的生产能力尚不能保证个体的生存，只能联合成为一种群体生产力。这种群体性发展的历史必然性在于：刚摆脱了动物界的人类，只能聚集起个别力量为一个整体性的力量，才能和自然相对立，而获得自身的发展。从而，马克思把这种共同体本身称之为"第一个伟大的生产力"①。进而演成了人类社会以氏族、部落等群体组织为单位的漫长史程；并在具体形态上，主要表现为渔猎－采集的经济类型；使流动迁徙的生存方式成为人类最初的生存形式。

从生命的起源来看，人类在地球上的出现是很早的。科学史认为，人类有别于动物已经 100 多万年，火的使用也可能在 70 万年前就开始了。而按照在过去的 8000～10000 年间，人类才开始第一次经济革命——农业革命的假说来看，人类在其生存的 99% 以上的时间中，都是以异常的适应能力，处于依赖于自然生物周期的采集－渔猎经济类型中。但是，即便在现代，采集－渔猎经济类型仍在世界的不同地区有所存留。如非洲丛林的昆人、阿留申群岛的爱斯基摩人和西北太平洋的印第安人，等等。如果把这些现存的经济类型也归于"原始的"描述，则会透出强烈的、以自我为中心的和排拒性的对比意蕴。

如印第安人"对灌木丛和草本植物之间的再生产循环显示出广泛的知识，他们用火促进要采集的植物生长、开花，而抑制不合意的植物生长。这要求人们懂得何时、何地、如何以及多少次把作为重要工具的控制燃烧用于资源管理，以便采集者能对生活作出有效的、丰产的、持久的贡献"②。李（R. B. Lee）和德沃尔（I. De Vore）对昆人的研究认为，昆人居住在卡拉哈里沙漠西北部不宜人居的半干旱地区，这种环境条件作为使昆人与其农业邻居隔离的原因，要大于使他们蒙受过野蛮生活的指责的原因。而卡罗尔·恩伯尔（C. Ember）《渔猎－采集者的神话》，使用默多克（Murdock）《人种学图表集》资料，分析了采集与渔猎对生计贡献的地区差异性问题。霍尔伯林则通过对撒哈拉沙漠的昆人、火地岛的奥纳人、美国西部大盆地的肖肖尼人、北加利福尼亚的托洛瓦人，以及极地的爱斯基摩人更为广泛的比较研究指出，渔猎和采集的表述，仅仅是这种社会生产

① 参见《马克思恩格斯全集》第 46 卷上，人民出版社，1979，第 495 页。
② 约翰·伊特韦尔等编《新帕尔格雷夫经济学大辞典》第 2 卷，经济科学出版社，1996，第 752 页。

活动总体的一部分，渔猎与采集比例关系的性质评价，不能实际地反映这种生活资料生产的劳动组织。如果说，渔猎－采集经济类型中的劳动组织方式，基本上是以年龄和性别为基础，那么，与此相关的生态因素（尤其是季节性要素）和制度因素（特别是涉及生产过程的组织要素），便对此具有决定性的影响。必须以一个季节性变易的生态形式，和对生产活动宽广范围的性质和组织有所体现的社会政治单位的复合系列，来解释渔猎－采集的生产和劳动组织[①]。采集－渔猎经济维持最低生存所需要的，是成年人每周 12~19 个小时的劳动。这在某种程度上可称之为"初步丰裕而闲暇的社会"[②]。那么，促成人类放弃了他们最初已成功适应了的采集－渔猎经济而向农业转化的原因何在？诺思认为，是狩猎劳动生产率的下降、农业劳动生产率的提高和劳动力规模的扩大[③]；而按马克思的观点，人口增长以及由此带来的人口压力，是扬弃和破坏共同体原有存在条件和基础的一个重要因素[④]。

在不同的民族群体中，这种经济类型的转化，并不显现出一次性的直线发展。如在马属的其他品种在美洲灭绝 8000 年后，当西班牙人重新把马引入北美洲，对平原印第安人的经济产生了不同的重大反响：在北部平原，由于马和弓箭的结合所产生的技术变化，使狩猎可能发生巨大增长以至压倒农业生产率，从而使这里的切延内人和阿拉帕霍人很快放弃了他们的村落、园艺和制陶艺术，而再度转向狩猎经济；在南方的波尼人中，则产生了玉米种植和狩猎的混合经济；而在西南方的阿帕切人中，只是用马维系了原有狩猎经济的生存。而从一个更广泛的角度看，这种经济类型的转变，是在世界的不同地区和不同时期渐次发生的。如果我们不是把这些不同的经济类型放置在某种历史顺序的时间链条中，而是视为人类在具体情境中的适应性选择，就可能获得一个关于经济发展的多元化视角。

① R. H. Halperin, *Economies across Cultures*：*Towards a Comparative Science of the Economy*，New York：St. Martin's Press Inc，1988，pp. 87 - 89.
② 参见约翰·伊特韦尔等编《新帕尔格雷夫经济学大辞典》第 2 卷，经济科学出版社，1996，第 751 页。
③ 参见道格拉斯·C. 诺思《经济史中的结构与变迁》，陈郁等译，上海三联书店，1991，第 82~85 页。
④ 参见《马克思恩格斯全集》第 46 卷上，人民出版社，1979，第 484 页。

在此经济类型中，在直接的自然血缘基础上，形成了群体性的血亲生产组织。它反映了人类对自然原初状态的一种直接依附关系。这种组织形式并非纯粹"生产性"的，而是同时具有了社会、军事和政治等多重功能。这种组织形式所包容的多重内容，使其首要目的表现为保证群体生存的延续；并把人的"生产"和其消费行为联结为一个密不可分的直接过程。

作为对低下生产力状况的一种回应，这种组织形式最大的经济特征，就是以群体的联合力量与集体行动的一致性弥补了个体能力的不足。它通过对群体成员按性别年龄进行统一分工和组织共同劳动——这样一种个别成员生产能力的均质化过程，为群体获得最基本的生存能力，并努力改善其生存环境。这样，人类简单社会中的这种生产组织形式，成了人类"在发展过程中脱离动物状态，实现自然界中的最伟大的进步"的必要因素①。

这样，在此组织框架中的经济过程，不仅表现为一个群体活动的过程，而且同非经济性的社会过程融合为一个总体性的过程。在这种总体性的综合中，经济因素与非经济因素，密不可分地扭合为一股一致性的力量，一方面强化着群体的存在这一基本的生存前提；另一方面，这种组织形式所包容的多重内容，又使其表现为在与外部世界的对立中而发展的一种整体性的力量。在这一最初的组织框架中，人们从未能通观世界，也从未把"人类"视为同一整体。在血缘纽带的维系下，个体追溯他们的血统直至某个共同祖先；并因此而在群体的神话世界观的框架内，相信某种宇宙起源，通过以某种植物或动物为其群体存在的命名而形成图腾制度。列维—施特劳斯认为，图腾并不限于经济意义，而是以自然物种的形成"社会物种的形成"提供了一个摹本，既然物种的形成划分了自然界，图腾的划分也就表示了群体的社会差别。在这其中，"个人的个体同一性也通过与氏族集团的同一性而得到发展，这种同一是作为在相互作用范畴中被译解为自然的一部分而被依次领悟的。由于社会现实还未能清楚地从自然现实中区分出来，社会世界的边界就消失在自然世界的边界之中"②。这样，仅在血缘共同体的意义上，人的社会本质的同一性才得到体现，个体也仅

---

① 《马克思恩格斯选集》第4卷，人民出版社，1995，第30页。
② 〔德〕哈贝马斯：《交往与社会进化》，张博树译，重庆出版社，1989，第115页。

在这一框架内才实现了相互的认同。由于"人们对自然界的狭隘的关系制约着他们之间的狭隘的关系，而他们之间的狭隘的关系又制约着他们对自然界的狭隘的关系"①，在此双重的制约中，只要一脱离共同体，一般说来就被剥夺了任何一种作为人的地位。由此而形成一个简单社会的存在，简单到这个共同体之中不再包含其他小的集合体，而是直接以非独立的个体结合为自身的存在，并以其自身构成一个社会集合体。

在此组织框架中的经济过程，排除了任何作为个体存在的意义及其产生个体差异的可能。无论是发生在生产过程之前的无意识的或自然的交换，还是整个经济过程的最终结果，均只获得一种共同体意义上的存在，保证和强化着共同体的同一性。而当个体生产能力的产出能够超出他的生存必需而有显著剩余时，共同体之间的关系重心，便聚焦于对个体生产力的掠夺和占有的主要目的上，并成为各自生存与发展的条件之一，演成了不同共同体兴亡盛衰的历史剧。获得了进一步发展的共同体，也同时使其个体成员的能力得到了增强；进而在共同体内部，当个体能力增强至能够使其独立于群体，去同外部世界相对立时，这种群体性生产组织，便再也不能以血亲关系维持其共同劳动、平均分配的经济职能了。由此发生了生产组织的细化，形成了生产组织与社会组织的分离。

当群体凭借直接以个人能力表现出的生产力差，实现生产力在血亲共同体内的流动时，就使群体内各成员之间的个体生产能力的差距得到弥合，转化为均质化的群体生产力。并在个体生产能力差距不断的弥合中，使群体生产力得到提高并获得剩余产品，决定着各个群体生存状况的优劣及其改进。正是这种群体的差异性，开启了人类以个别性分离发展的方式，来实现整个类发展的进程。而当这种个体性分离发展的方式最终作用到共同体内部时，人类的血亲共同体联系便逐步淡化。这种群体性联系范围的逐步缩小，表现为原始经济形态结构瓦解的渐变过程，也同时表现为生产力流动范围逐步扩大的进程。生产力开始突破血亲集团的限制，而形成地域性的流动。构筑了人类地域性生产集团。

---

① 《马克思恩格斯选集》第 1 卷，人民出版社，1995，第 82 页。

三　个体性生产力与地域交往结构中的农业社会

在迄今有文字记载的人类历史中，农业社会是一个最漫长的阶段。从新石器革命到 18 世纪产业革命，"农业社会"这一抽象的概念，包容着经济生活、社会组织和文化意识的多重内容；它的一端关联到原始经济的分析，另一端则更为紧密地缠绕进现代经济的分析中。这样，"农业社会""农民经济"以至"农民"等概念，都获得了巨大的延伸性。当人们从贴近自己时代的角度，尤其把它作为与工业经济这种与之相别的经济类型的参照系来进行分析时，这个社会的家庭或家族联系的地域框架，以及分散性的个体生产，成了人们聚焦的重心。由此衍生出一些蕴含着极大偏见的抽象概念，常常隐没了人们对具体情境的理解。

在人类社会进入农业时代的数千年中，完成了由群体性生产力向个体性手工生产力的裂变过程。它使以往在群体性生产力框架中逐渐成长起来的个人独立能力，得到普遍的确立，由此而形成广泛的个体性生产。在个体性生产力的地域性流动中，劳动者与劳动条件分离的情况，使劳动者与具体生产资料的结合必须通过某种社会性中介，才能实现现实的生产。在农业社会中长期存在的所谓"封建依附关系"，正是在这种经济意义上得以确立的。以共同体成员身份为基点而建构的这种社会性中介形式，产生了农业社会的多种所有制形式，有在各种公有制条件下个人占有的情况；也有在氏族公有、家族公有、村寨公有以至国家公有与私人所有相并列的双重形式。而在这样的情况下，村寨公有地成了"个人财产的补充"[1]。

正是在此基础上，地权的集中与分散，一直作为同一过程的互补因素贯穿始终。一方面，地权的分散和小块土地的存在，为土地的兼并和集中提供着前提条件；另一方面，在个体性生产力的制约下，集中起来的大地产又分割为小块土地，以进行土地的现实的个体性经营，或重新分化为小地产。在此过程中，个体性生产力所导致的特殊的经济依附性，作为恒定的导标，使在此基础上的一切形式变换，再现了同一层次上的相同的结构

---

[1]　参见《马克思恩格斯全集》第 46 卷上，人民出版社，1979，第 481 页。

性质①。

独立于群体而存在的个体手工生产力，构筑了各民族地域性的交往结构。虽然个体利益差别的格局，给生产力的流动注入了社会动力，但此时的生产力，既然直接以自然界生理细胞为基质，无论是各种劳作中的人手，还是日益广泛使用的畜力，都受到生理机能的根本制约，也就使生产力的流动仍具有较大的局限。从而，个体性生产力的流动与地域性民族经济体的形成相适应，表现为地域性的流动。这种地域性流动的结果，又进一步强化了各民族经济体相对独立的、封闭性的地域存在，使各民族经济体表现出巨大的地域差异性。

对这种生产力个体性质的理解，构成了对整个农业时代不同民族经济体内社会经济关系理解的枢纽。无论是在欧洲各民族的领主经济中，还是在中国藏、傣等民族的典型的农奴制经济中，已经在汉、满、朝鲜、蒙古、回、维吾尔、白、羌、苗、布依、土家等民族的各式各样的庄园制经济或地主－小农经济中，都可以看到，这同一性质的生产力在不同组织形式下的广泛存在。在整个农业时代从政治、经济和社会各方面表现出的依附关系，以及分散孤立的个体生产状况，都可以从其所赖以生存的生产力性质中，得到完全本质的说明。

罗伯特·雷德菲尔德（R. Redfield）1956 年以"小共同体"为农业社会的分析基点，把它视为一个整体，一个生态系统，一个典型的地方志，一种社会结构，一种生活观和一种历史；并从共同体之间的关系，联合与对立，整体与局部等方面，展开了对农业社会组织结构的研究。他力图为观察和理解这种人类的生活组织探索路径和方法，不仅想提出一种"分析和观察的技术"，而且想确立一种"概括和比较的观念"②。

罗伯特·雷德菲尔德认为，"小共同体"的独特涵义，首先在于其明显的范围界限。这一特质既外显给外部的观察者，又在共同体人们的群体意识中得到表达。其次，"小"之意指，既在于它自身就是人们观察的一个单位，也在于它或有较大的规模也具有均质性，即该单位的不同部分都

---

① 陈庆德：《封建依附关系新探》，《思想战线》1991 年第 1 期，第 15～21 页。
② R. Redfield, *The Little Community/Peasant Society and Culture*, *Chicago*, London：The University of Chicago Press, 1960, p. 1。

展现着充分的整体性。再次，在相对应的性别和年龄位置上，行为和思想状态都表现出极大的相似性，每一代重复着前辈的经历。如此理解均质性，即相当于"缓慢变革"。最后，"小共同体"包容了从生到死的整体安排，一个社团、一个群体，甚至一个家庭，都是与小共同体整体的一种局部对照①。

在农业社会的不同历史阶段、不同区域的人类共同体中，这些特质都分别得到了不同程度的体现，如玻利维亚雨林中的印第安人部落、埃文思－普里查德所描绘的在苏丹高地上游牧的努尔人，以及中国古代社会中的村庄等。这样，从某种角度看，农业社会人类共同体的存在类型，也是个体家庭形成、分化的独立过程，并以家庭为基本细胞来构筑社会结构的过程。从个体家庭悬挂于更大的血缘纽带中而不断地分化，到独立为个体的存在并构筑起更大的、间接的地缘共同体，标识出了农业社会组织结构的阶段性演变。

农业社会完成了人类经济组织结构的第一次伟大变革：生产组织从社会组织中分离出来。这种分离使人们的社会关系突破了血亲群体的限制，而扩展为一种地域性的联系。一方面，国家成为人类最基本的社会组织形式，并衍生出多种类型的社会组织结构，从而为人们的经济活动提供一种秩序的保证。另一方面的重要意义在于，它迈出了生产组织独立化的第一步。个体性的家庭生产组织成为农业社会最普遍的存在。

但是，当这些特征概括进一步隐含了所谓的"不变性""无发展性"等概念时，这种分析从一开始也就潜藏下了致命的缺陷。毕竟，从这种社会的基层组织"村庄"来看，并非是完全同一的，也并非是一成不变的；这种致命的缺陷还诱导人们把农民的整体视为过去的整体，进而把"农民"与"传统"相联结。然而，在农民一词中所体现出来的，社会的和经济的双重意义的重叠，已使农民问题的复杂性远远超出了传统社会的范围。

农民一词实际上有两个含义：一是 Peasentry，一是 Farmer。在 Peasentry 的身份含义下，可看到城居的农民与乡居的农民，种田的农民与经营工

---

①　R. Redfield, *The Little Community/Peasant Society and Culture*, Chicago, London: The University of Chicago Press, 1960, p. 4.

商的农民；而当具有职业意义的 Farmer 与一定的社会框架相遇时，也可看到有权的农民与无权的农民，置身于社会的一定共同体框架中，受到其保障和束缚的农民，与散落于社会中的自由农民。在农民一词中所体现出来的社会的和经济的双重意义，并非截然分离，而往往是扭合为一体的。在这种扭合中，在个人依附于一种狭隘的身份性共同体的社会状况，与农业这种具体的经济操作的结合中，产生了所谓的农民问题。这种结合，使经济运行置于外部权势的支配下。相应地，经济的成果集中为权力中心的再分配，排挤了生产者的自主交换；而其对身份的认定与维持，使政治、经济乃至全面的社会生活，都表现为一种身份性共同体的活动，而非个体的自由活动，并展现出遵从惯例安排的普遍性特征。进而，身份的限定并非仅仅针对农民的一个局部性问题，当某个社会对其内部的一个阶层、一种职业、一类群体实施身份限定时，必然会扩展为整个社会的全面性限定。因此，尽管身份限定不止于歧视和束缚，也含有保障和特权赋予的功能，但它始终不能改变身份性共同体活动的本质基础。

正是这一基本事实，我们可在中国历史中看到农民问题的尴尬：作为中国历史上的第一个统一王朝——秦朝，其最高的国策唯"耕战"是务，最响的口号是"上农除末"，但其结果却是在身份限定中，被逼得走投无路的农民群起造反，以致使秦成为历史上最短命的统一王朝。汉朝则向我们展现了"法律贱商人，商人已富贵矣；尊农夫，农夫已贫贱矣"的图景。靠农民起义而获皇位的朱元璋，张口"朕本农民"，闭口"享我农师"，不仅"立法多佑贫抑富"，而且给予农民相对于商贾的许多衣着特许，如"农夫衣绸、纱、绢、布，商贾止衣绢、布。农家有一人为商贾者，亦不得衣绸、纱"。"农夫戴斗笠、蒲笠，出入市井不禁，不亲农业者不许"，等等。但蒙其如此推重的农民，却使明洪武一朝成为历代王朝创建第一代里农民起义最频繁的一朝。而自 20 世纪 80 年代以来，当改革开放使"农民革命颂"曲终人散，"农民平均主义"四面楚歌时，农民却作为改革的先锋，而成为 20 世纪末中国最有活力的阶层。

在政治经济学文献中，所谓"农民问题"在 18 世纪末始于西欧。18 世纪法国农村的贫富问题的性质和原因，引起了重农主义的关切，他们以大规模耕作的农民与小规模耕作的农民的尖锐对比，得出在生产中进行了资本预付、通过资本积累者而成为"资本主义"的农民，和仅预付了自己的劳动、作为分成制佃户或向地主缴纳固定地租的小农的"非资本主义"农民的区别。

非资本主义农业与资本主义农业的并存状态，在世界的广泛并存，引发了人们的深切关注，很快在 19 世纪的欧洲成为一个议论纷纷的政治话题，并在政治经济学中也成为理论性争论的主题。但这些争论的不同观点，基本建立在对 19 世纪欧洲农业现实的因果经验观察和旅行的传说上。由于缺乏有关农民生产、消费和商品交换的统计资料的坚实基础，这种争论大部分是没有实际根据的观点辩驳。争论在 19 世纪末移到了东欧并持续到 20 世纪 30 年代。这一主题的争论在此获得了一个新的基础，就是当俄国在 1861 年以省、区地方自治会推行土地改革的同时，也推行了一项庞大的计划，来进行对农民经济问题的统计调查。大规模样本调查的方法，使俄国在第一次世界大战前拥有了超过 4000 卷的农民资料。正是这一基础彻底改变了争论的方式，它把统计资料引入了对不同争论观点的检验。列宁在 1899 年的《俄国资本主义的发展》中，扩展了马克思的论点。而查亚诺夫 1923 ~ 1925 年的《农民经济理论》，对农民的"落后"含义和必将消亡的观点提出了挑战。

在对农民问题的研究中，波利·希尔以对非洲和印度大约 30 年的实地考察为坚实基础，把反崇拜、反传统的方法与对经验细节的密切关注结合起来，展开了对农业社会的广泛理论分析。希尔反对"农民"概念的泛化使用。原因之一是它使耕种者变成空洞的、没有区别的概念。如果"农民"概念包括自己没有土地的贫苦农业工人，包括耕种付得起实物或产品租金的小块土地的佃农，包括比较富裕的合作农户等，那么，把"农民"一词作为经济类型比较的一般参照系，就过分简单化了。希尔在《加纳南部可可种植者的迁徙：乡村资本主义的研究》中的精彩论证是：作为"撒哈拉以南非洲近年经济史中伟大事件之一"的加纳可可种植的创立，主要归功于"传统的"非洲农民的迁徙。而这种迁徙的动力，正是坚实地以"传统组织"为基础的。她认为，"农民"的概念，在其滑落、毁损、甚至种族主义的暗示外，"它也有适意的、甚至趋向于揭示个体贫困极端的感情涵义"①。从而提出了对以欧洲为中心的经济理论进行反思的要求。

应该看到,"缓慢""停滞"等,并非小农经济或农业生产体系的固有特征,农民也并非天生"保守"和"无效率"。把农民视为一个僵硬划一的类型,而把他们与现代市场不同的经济行为选择,完全视为一个纯粹的文化意识问题,是在传统－现代的理论范式笼罩下产生的一个巨大偏见。如果说,生产者对发展的态度,取决于他的经济实存关系,那么,所谓小农对革新与发展的冷漠态度,或者因循于旧有生产模式的习惯,并不能归结为所谓的传统意识、守旧心理等,更不能归结为小农经济的固有特性,而主要来源于低下生产力基础所产生的经济实存关系。当我们把目光转向当代的农民共同体,结合一些更具体的条件,来观察这些社会共同体所表现出来的特性,就可充分看到,农民问题的核心指向,并非传统,而是现实;改造的对象并非农民,而是社会。

四 现代世界体系中多元经济类型

个体性生产力在几千年的地域性流动中,为人类发展中的个体独立性存在,奠下了深厚的经济基础。然而,这种个体独立性,并未随之而在社会和政治的广泛领域得到充分展现。个体发展在经济上或生产技术基础上的独立性,和社会政治方面的强烈的依附性,形成了尖锐的冲突。它以社会文化上"人生而平等"的伦理塑造、政治上的资产阶级革命和经济上的产业革命为标识,翻开了人类发展史上新的一页,构筑起现代社会的经济框架。

以产业革命而实现的技术变革,为人们提供了新型的社会化生产力。这种新型的生产力使人类生产力脱离了直接的自然局限,它无论出现在哪个地方,首先带动的总是人类交往结构及其工具的改进,它不仅使不同民族的经济、政治、文化和整个社会获得了现代发展的基本要素,而且赋予整个人类的生产力以世界性流动的特征,从而开创了人类的世界历史的时代。

---

① P. Hill, *Development Economics on Trial：The Anthropological Case for a Prosecution*, Cambridge：CambridgeUniversity Press, 1986, pp. 8 – 15.

　　这种新的变化，既是在以往数千年个体性生产力流动中，逐渐积淀起来的个体经济独立性向社会政治领域的扩展，又是在承认和保障个体独立和存在自由的基础上，走向一种新的、更高层次的社会联合。这一事实实际上宣告了，分立性的个体生产力已难以担当人类进一步发展的重任。当人类发展的技术基础，在一个更高的层次上，重归于社会化联合的新形式时，似乎已昭示着人的类本质发展要求的根本性意义。然而，这种新的社会化联合，又是在个体权利的确认和明晰中实现的，这同样也展现了人的类本质发展的复杂性质和过程。

　　现代社会实现了人类社会生产组织的第二次伟大变革——企业组织的产生。它以生产组织与家庭组织和生产与消费的双重分离，全面实现了生产组织的独立化。这样，这种组织形式的运行，便以最充分地使用劳动力推动生产资料的能力为基点，成为现代社会经济增长最基本的承担者和最主要的推动者。

　　企业生产组织形式奠基于社会化生产力的基础上。它从两方面展示出其无条件地提高劳动生产率的基本特征：一方面，它把生产资料的运用、劳动的进行、产品的生产全部纳入社会化过程，使人们得以摆脱血缘的和地域的局限，来进行全球的全面性生产；另一方面，它以公司和证券市场等形式，斩断了个体财富与生产组织规模扩展的联系，广泛的社会联合以及个体财富的社会化使用，已取代了立足于自身积累的内部扩张，而成为当代生产组织转型和经济增长的基本形式。同时，这一组织形式在现代社会中也表现出了它的局限性。在资本占有关系的支配下，"生产的扩大或缩小，不是取决于生产和需要即社会地发展了的人的需要之间的关系，而是取决于无酬劳动的占有以及这个无酬劳动和物化劳动之比"[①]。在社会需要对生产的扩大程度还远为不足的时候，已经出现了对这一组织形式的生产的限制。

　　马克思和恩格斯以"社会化的生产力"和"世界历史的开创"，对现代社会作了一个根本性的概括。这一概括得到了广泛的认同。如汤因比、布罗代尔、斯塔夫里亚诺斯、巴勒克拉夫、沃勒斯坦等，都曾从不同的角

---

　　① 《马克思恩格斯全集》第 22 卷，人民出版社，1965，第 288 页。

度，描述过现代社会以经济一体化，构筑一个整体性的世界体系的过程。该社会的众多特点，都产生于两个基点的合力交叉、重叠中；进而演化成诸如个人自由、价值和主体存在地位的塑造，以市场为基点的经济制度的构筑，科学主义知识体系的确立，以至到工业化、一体化等具象层面的范畴。

从社会角色的角度看，现代社会是以资产阶级为主导力量而构筑起来的。正是这一基本事实，使"资本主义"几乎成了"现代社会""现代性"等概念的同义语。以"资本主义"为其论题的布罗代尔，曾对这一话语的形成和运用作了一个考古学的分析[1]：于 12～13 世纪出现的资本一词，源于拉丁语 caput（意为"头部"），有"资金""存货""款项""生息本金"等含义。它是在意大利被创造、驯化和逐渐成熟的；在 14 世纪已普遍使用，并与债务、财富、财力、金钱、价值、资金、财产、本金、资产、祖产等的词语混缠。资本概念的最初含义，是与人们一直不加思索就接受的货币价值概念相联系的。直到马克思，才最后完成了用生产性货币和劳动价值的概念对货币价值概念的取代。大约产生于 17 世纪的资产阶级（capitaliste）一词，最初只是作为"资本家"这种个体性意义的使用。沃勒斯坦认为，"这个资本家阶层在 17 世纪还是一个大杂烩，几乎还没形成具有一致性的阶级结构，而且确实还没有形成一个具有统治、支配和获利的某些权利、完全具有自觉意识的阶级；但是他们已经很有能力面对可能出现的机会去获取利益"[2]。到 18 世纪，该词已声名狼藉，确指那些不但有钱，而且还想用钱挣得更多的钱的人。人们对这些人从未有过友好的口吻。实际上，这个阶级起源于一个被压迫的等级。马克思和恩格斯曾盛赞"资产阶级在历史上曾经起过非常革命的作用"[3]。作为一个长期发展过程的产物，和生产方式及交换方式的一系列变革的产物，这个阶级始终立于经济的基点，以其经济行为力量的增长来获取相应的政治成就，并最终获得了对社会的独占统治。汤因比也曾提出，把"现代西方文明"这一专

---

① 参见〔法〕费尔南·布罗代尔《15 至 18 世纪的物质文明、经济与资本主义》第 2 卷，顾良等译，三联书店，1993，第 236 页。

② 〔美〕伊曼纽尔·沃勒斯坦：《现代世界体系》第 2 卷，吕丹等译，高等教育出版社，1998，第 18 页。

③ 《马克思恩格斯选集》第 1 卷，人民出版社，1975，第 253 页。

有名词中的"现代"一词解释为"资产阶级"，"现代"一词就可以得到一个更为精确而具体的内涵①。"资产阶级在它的不到一百年的阶级统治中所创造的生产力，比过去一切世代创造的全部生产力还要多，还要大"。这使"生产的不断变革，一切社会关系不停的动荡，永远的不安定和变动"，把资产阶级时代同其他一切时代相区别②；也使"经济"成为现代社会最显现的和最具根本意义的特征；并使冷酷无情的现金交易，人与人之间赤裸裸的利害关系成为构建社会关系的根本性基础。

从成为现代社会最显现的和最具根本意义特征的经济方面来看，既然资本是一个经济的范畴，"现代经济"与"资本主义"也就普遍得到了完全等同性的运用。有人提到资本主义一词曾以"富人的地位"的涵义出现于1753年的《百科全书》中，但可找到的确切记载，大概是在19世纪中期，路易·勃朗在与巴师夏的论战中说道，资本主义"是指一些人在排斥另一些人的情况下占有资本"。随后，蒲鲁东也使用了这一概念，他认为："资本主义是一种经济和社会制度，根据这种制度，作为收入来源的资本一般说来不属于通过自己劳动使资本发挥效用的人"。但直到1867年，马克思还从未用过资本主义一词③。确实，翻开马克思的《资本论》英文版，我们所看到的不是 capitalism，而是 bourgeois society 和 capitalist 一词更为普遍而广泛地运用。在1902年威纳尔·桑巴特出版了《现代资本主义》一书后，资本主义一词才成为一个流行的概念。对于这个"挑战用语"，对于这个词义含糊和使用不当的词，至今仍未能得到一个足以令人信服的确切定义。

"资本主义"在16世纪的经济生活中，只占据一个狭窄的平台。它凭借市场或交换的一般关系所提供的外部生存基础，展开了世界性的扩张，也使这种市场关系获得了最为成熟的发展。这种成熟的发展以流通构成了整个经济过程的起点和终点。在流通－生产－流通的循环中，前一个流通隐含着生产，后一个流通包容了生产。经济过程的总体性，完全地表现在

---

① 参见〔英〕阿诺德·汤因比《历史研究》下，曹未风等译，上海人民出版社，1997，第224页。

② 《马克思恩格斯选集》第1卷，人民出版社，1975，第256页。

③ 〔法〕费尔南·布罗代尔：《15至18世纪的物质文明、经济与资本主义》第2卷，顾良等译，三联书店，1993，第242页。

流通上。从而创造了市场存在的一种特殊形式。这种以流通表现其总体性
的经济过程，或者说，现代社会市场存在的特殊性或其本质，正在于它体
现了"人生而平等"的深厚的伦理学基础；并通过物化的形式使人的平等
成为实现了的社会关系；依靠流通和货币的量化联结，使劳动力转化为一
种物质产品，以劳动者隶属于资本的向度为基础，塑造了自由平等地参与
政治的向度；并以交换价值的抽象性，货币和市场经济构成了一个新的价
值王国。交换价值系统制造出了一个理性化的需求与客体系统，使使用价
值本身成为交换价值系统的一个产物，从而把个人整合进了资本主义社会秩
序中。导致了抽象价值（货币、资本、交换价值）对社会的统治。布罗代尔
把资本主义在生产或其他领域的活动称为"资本主义在别人家里"，而把流
通领域称为"资本主义在自己家里"①，形象地描绘了这一根本性的特点。

　　现代社会就这样造就了一种与其他制度部门分离开来的、独立化的
"经济"的存在。依凭这种分立，它使经济因素的动力作用居于支配地位，
或者说，经济支配了社会。它导致了由市场因素所构成的经济功能条件与
文化整合、文化一体化的社会学要求的冲突，亦导致了它和象征意义的世
界观、行为准则的共性相冲突。同时，在这种外在形式的、政治与经济的
分离中，现代社会却内在地塑造了比以往更为紧密的政治与经济的联系。
人们在法权意义上所获得的名义上的自由等，实质上转化为死的、过去
的、物的力量，以资本这种典型的形式，对现存的、活的、生命力的绝对
控制和支配。物愈是获得价值，人就愈是没有价值。个体依赖于物质或技
术的范畴来把握自己、自己与他者的关系，结局只能是人的智力财富的衰
减和人的扭曲。一个活生生的人，不再是自己的目的，而成了他人或自身
经济利益的手段，或成了非人的经济机器的工具。这样，资产阶级按照自
己的面貌为自己创造出来的这个世界，在物质层面上带来最巨大能量的同
时，也在社会和心理层面带来了对人类最严重的摧残。由此，人的异化尤
其是当代社会的异化，不能不成为经济民族学关注的问题之一。

　　在资本主义演变为今天整个社会经济的"主导体系"的过程中，它并
非随时都以取消传统活动，以及两相对抗的关系为前提，反而经常把这些

---

　　① 参见〔法〕费尔南·布罗代尔《15 至 18 世纪的物质文明、经济与资本主义》第 2 卷，
顾良等译，三联书店，1993，第 234、399 页。

既存的现实活动当作拐棍一样依赖。最初以流通领域为其活动场地的资本主义，只是出于贸易的需要和受利润诱惑的驱动，才与生产相结合；只是在工业革命改变了生产条件，使工业成为有厚利可图的生产部门时，才把工业生产据为己有。在资本主义的诞生地欧洲，在16～17世纪中，在从波罗的海到黑海、巴尔干、那不勒斯王国和西西里岛，从莫斯科公国经波兰和中欧到汉堡、维也纳、威尼斯一线的广大地域上，各种因素促成了再版农奴制的产生。已获得了自由的农民，又重新沦为农奴。在美洲，它使奴隶制在16世纪轰动一时地进入新大陆。在亚洲和非洲，它也使各种各样的农村公社成为服务于其需要的一个组成部分。在18世纪后期，它以美国和法国的革命以及这些革命在其他国家的传播为其政治形式，并以18世纪的工业革命、19世纪兴起的工业资本主义，以及20世纪出现的工业社会主义为其经济形式。如果把"自由竞争"的市场视为资本主义，那么，当资本主义最主要的力量以垄断企业的发展在不断地排斥着"竞争"，而一些"竞争"的因素，以分离性的表现而继续存在时，究竟二者谁为资本主义呢？正是面对这种现实的存在，张伯伦和罗宾逊在20世纪30年代，同时提出了"不完全竞争"的理论。这表明，资本主义只是在其他生产方式的簇拥下，并牺牲其他生产方式，才能生存。布罗代尔认为"资本主义有一种活生生的辩证关系：它同位于它下方的非资本主义因素相矛盾"[1]。他据此提出："资本主义处在经济生活的两个区域：一个是归它掌握的和常住的区域；另一个是它旁敲侧击和乘虚打入，但始终控制不了的区域"[2]。

对世界经济一体化进程中的不平等关系的论辩，可溯源到19世纪的李斯特。这些论辩以非主流经济理论的姿态，主要集中于发展经济学的场地中。1950年，劳尔·普雷维什和汉斯·辛格分别发表了《拉丁美洲的经济发展及其主要问题》和《不发达国家的经济发展》，形成了对世界经济的"中心－外围"关系进行论证的普雷维什－辛格论题。而保罗·巴兰1957年的《增长的政治经济学》，把"实际的"和"潜在的"经济剩余作了区

---

① 〔法〕费尔南·布罗代尔：《15至18世纪的物质文明、经济与资本主义》第3卷，顾良等译，三联书店，1993，第734页。

② 〔法〕费尔南·布罗代尔：《15至18世纪的物质文明、经济与资本主义》第2卷，顾良等译，三联书店，1993，第235页。

分，而修改了剩余的概念。他提出，资本主义的后果不仅仅是实际剩余的一种特定配置，而更重要的是以一种非创造的潜在剩余存在于整个体系，其中的一种主要成分就处在不发达国家的"落后"中。这对依附理论作出了直接的启发。安德烈·冈德·弗兰克1967年的《拉丁美洲的资本主义和欠发展》提出，欠发展不等于不发展，也不是原始的、前资本主义的或前现代的状态，而是中心与外围联结在一起，而形成的世界范围的发展这一历史过程的结果。所得出的结论是，世界规模的分工的进一步扩展和加深，不是导致民族的发展，而是外围的进一步欠发展。阿吉里·伊曼纽尔1969年的《不平等交换》，则以对比较成本说的直接挑战指出，剩余的转移与世界经济的空间框架有着紧密的关联，现代经济进程对地区边界的跨越，是从理论上解释不平等交换的一个重要的基础事实。

这样，这一理论进一步把外围地区放置在一个更大的体系内，强调了对世界经济整个体系中的支配－依附关系的分析；否定了现代化理论的基本假说，并产生出一个替换性的"欠发展"模式；提出了对现代化的一个镜像设想，并以国家之间的权力关系而非不同个体的天赋，为其理论的核心基础。它以"中心－边缘"的区分与"现代化"的"传统－现代"相重叠，提出中心剥削了而不是发展了边缘，认为资本主义不能在边缘地区启动发展。依附理论以对世界资本主义体系单位的强调，抨击了现代化范式的二元论；也从一些以交换范畴取代生产来界定资本主义的学者中，引发出极具批判性的评论；尤其是在边缘国家中，它也为反对帝国主义的民族斗争提供了理论辩护。作为依附理论的变种，这些思想在20世纪70年代汇合成了以沃勒斯坦为代表的"世界体系"的理论。

在20世纪70年代中，许多人迅速接纳了依附理论。毋庸置疑，这一时代激进的政治环境对此给予了促进。然而，依附理论和世界体系理论具体化的新假说，也难以为人们所接受。朱妮·娜丝1981年的《世界资本主义体系的种族状态》就认为，对边缘作为核心国家意愿强加的被动牺牲者的隐含论述，便是其最严重的缺憾之一。毕竟，经济民族学的中心原理是：生产者、产品及其社会和经济环境构成了社会存在。其结果，以称之为"接合理论"的转换性研究形成了一种替代。它强调世界经济中生产方式的多样性，和对这些从属方式与主导性的资本主义方式的接合进行研究的需要。如克莱默（J. Clammer）所编的 1978 年《新经济人类学》，和 1987 年的《超越新经济人类学》，塞登（D. Seddon）1978 年编的《生产关系：马克思主义的经济人类学研究》，以及泰勒（J. G. Taylor）1979 年的《从现代化到生产方式：发展与欠发展的社会学评述》，卡尼（M. Kearney）1986 年的《从看不见的手到可视的脚步：迁移与发展的人类学研究》。法国新马克思主义学派的人类学家以"世系生产方式"理论的发展，以及卡恩（J. S. Kahn）1985 年的《第三世界中的农民意识形态》，以对农业经济中农民意识形态的新"发现"的讲述等，也都作出了重大的贡献。这些重要发现，对发展与欠发展理论的一些基本假说进行了挑战。它以大量的实证资料，始终不渝地揭露着现代化理论"非理性经济人"模式的欧洲中心主义假说。格里芬（K. Griffen）和格利（J. Gurley）1985 年的《帝国主义、第三世界和社会主义演变的激进分析：论文综述》对这些论辩作了一个概略的总结[①]。

　　这些研究也引起了经济学领域的回应。如舒尔茨 1964 年的《改造传统农业》，这一更具理论性的周密论述，提出传统农业中的边际劳动产品并不是零，仅仅是相对于现代农业很小而已，对发展论题的文献作出了有影响的贡献。这些来自不同方面的理论，对经济民族学有着直接的启发，尤其是发展经济学的许多著作，直接可视为经济民族学的某种特殊文本。这些研究推进了把权力关系和历史引入阐释的需要。这种需要不仅为经济民族学所接受，而且也被"符号与象征"的解释人类学所接受。并日益要求人们对上层建筑和基础的问题给予关注，在资本主义边缘的生产结构演变范围中，调查文化和意识形态变化的情况。如马尔库斯和费彻尔以解释人类学的回应提出："意义和象征的文化建构是政治经济学固有问题；反过来，政治经济学问题本质上就是意义和象征的冲突问题。"[②] 受政治经济学对发展与欠发展研究影响而到达的制高点，无疑当推埃里克·沃尔夫 1982 年的宏著《欧洲和无历史的人们》。该书置身于部落和农民家庭这些

[①]　参见 K. Griffen & J. Gurley, *Radical Analysis of Imperialism*, *The Third World and The Transition to Socialism*: *A Survey Article. in Journal of Economic Literature*, 23, 1985, pp. 1089 – 1143。

[②]　〔美〕乔治·E. 马尔库斯、米开尔·M. J. 费彻尔：《作为文化批评的人类学》，王铭铭等译，三联书店，1998，第 124 页。

人类学的传统对象中，在其总体的和历史的范围内，综合了多学科丰富的理论文献。

经济民族学对当代世界体系中多元经济类型的分析，聚焦于经济转型的问题。而转型的中心问题又往往具象化为农业与工业关系的变形表达。在主流经济理论中，农业与工业两个经济部门的划分，常常被人们附加上传统与现代、乡村与城市、低劳动生产率与高劳动生产率、被动发展与主导发展等的属性区分。这一区分使人们普遍以"工业优先"或"农业优先"的提法为研究的前提。究竟农业的增长先于工业的激增，成为引导当代工业化的先决充要的条件，还是农业仅作为工业化扩大的一个结果或仅作为一个辅助性部门？这个问题一直深深困扰着每一个致力于民族经济问题的规划者、研究者和实际领导者。

长期以来，各种发展理论的研究，多把农业视为一个次要部门，而把重心置于工业。这一误区的产生，直接来源于经济发达民族与发展中民族的差异对比。首先，推动当代经济持续增长的工业化过程，使经济发达民族表现出工业突出增长的特征，致使人们普遍认为，单纯的工业增长便是工业化的主要内容；并认定欠发达民族若渴望致富，就必须摹仿经济发达民族的现实经济活动类型。而当代全球经济格局中的不平等交换关系，普遍呈现出贸易条件不利于初级产品生产的特性，这更激发了欠发达民族加速民族工业增长，以摆脱经济剥削的愿望；进一步强化了倚重于工业的增长倾向。同时，在历史实践中，1924～1928 年苏联对工农业关系问题的讨论，确立了以挤压农民来优先扩展工业，尤其是以重工业主导经济增长的模式。该模式在一定程度上的成功，强化了人们忽视农业地位的偏见，使众多的欠发达民族都把经济增长的重心和希望，放在工业的增长上。

直到 20 世纪 60 年代以后，世界各民族的现实经济问题，再次引发了人们对农业在社会经济中的地位的再认识，成为发展经济学讨论的主题之一。由此提出了对工业化初始条件和资源配置不同的重要性进行理解和认识的必要性。以西蒙·库兹涅茨为代表的一批发展经济学家，从不同的方面论述了农业在经济发展中的地位和作用。在这些经典性的分析中，农业与经济发展的关系被归纳为产品贡献、市场贡献、要素贡献和外汇贡献。发展理论对农业经济地位和作用的这种再认识，使我们清楚地看到，经济发展长期斗争的成败，取决于农业部门："农业部门在经济的发展进程中远非只是一个被动的、辅助性的部门。一般来讲，农村经济特别是农业部门，在任何一种经济总体战略中应该是一个起能动和主导作用的部门。"[1]

在漫长的历史过程中，农业一直是整个人类社会最基本的生命线。即便在最近的三个世纪以来，农业也为延续至今的经济过程，提供了最基本的保证和最重要的贡献。遗憾的是，在种种认识误差因素的干扰下，这一基本史实往往为人们所淡忘。

以一度称霸于资本主义世界经济的几个国家来看，在16~17世纪，以第一次成功的资产阶级革命而创立起来的新国家——荷兰，仍然以农业为其最基本的生产部门。在这里，地质土壤的生态劣势迫使荷兰人一方面进行了各种农业技术的改进，如为了开垦土地而不断排干沼泽地，导致了风车的发明和工程科学的蓬勃发展，从而在许多方面使荷兰成为"木制机械时代"的中心；休耕的废除，种植相关的牲畜饲料，采用苗圃和行列式的栽培方法，使用简单而廉价的生产工具，以及通过多施追肥和对小块土地的精耕细作来提高产量，等等。另一方面，则迫使荷兰人通过染料、亚麻、大麻、花卉、水果等经济作物的种植来提高产量，以经济作物的集中生产形成了强化农业的发展。这使面临生态劣势的荷兰既以强化农业促进城市化和工业化，又以城市化和工业化促进强化农业；并以此为基础确立了现代世界经济体系中的第一个霸权地位。罗马诺在对16世纪以农为主的欧洲作了比较后，把1590~1670年这段时期称为"荷兰的农业世纪"[2]；阿尔多·德马达莱娜也说："我们不能忽视荷兰农业的显著发展与低地国家在17世纪的国际经济中所处的突出地位之间的关系。"[3]

18世纪，同样是以农业的先行发展和圈地运动对农业土地资源的高强度利用，为英国产业革命的爆发奠定了不可或缺的基础。英国的工业化进程是与农业的发展和改进分不开的。刘易斯就指出："农业生产率和工业

---

① 〔美〕M. P. 托达罗：《第三世界的经济发展》，于同申等译，中国人民大学出版社，1989，第387页。

② 参见〔美〕伊曼纽尔·沃勒斯坦《现代世界体系》第2卷，吕丹等译，高等教育出版社，1998，第47~48页。

③ 〔意〕卡洛·M. 奇波拉主编《欧洲经济史》第2卷，贝昱译，商务印书馆，1989，第273页。

市场规模之间的联系，可能是为什么尽管有着较长的工业传统，但工业革命首先发生在英国而不是发生在法国的原因。英国农业生产率远远领先，1840 年英国人均农业生产率比法国高 30%。"① 英国在确立其世界工厂的地位后，也并未放弃农业的努力，从 18 世纪中叶到 19 世纪中叶，英国一直是农业专家们的圣地。有意义的是，英国以国内农业来支撑其工业化的道路，在产业革命后仍延续了 80 年。直到 1846 年，旨在保护国内农业的谷物法的废除，才使英国的工业化从 50 年代开始转向在海外寻求支撑点。

美国也是经历了 1783～1860 年的农业扩展时代，在耕地面积的巨大拓展中，以农业的专业化、科学化和机械化为整个经济转型奠下了坚实的基础，从而在 1890 年跃居于与英国并列工业发展第一的强国地位。是年，美国平均每个农业男工年净产植物性热量 310 千万卡，远远超过了世界各国的农业水平。

尽管先期发达民族的工业化高速增长给我们留下了深刻的印象，但应该看到的是，支撑工业化的力量来自于农业的贡献。没有农业先期的、至少是伴随的增长，工业化或整个社会经济的转型是不可能的。战后世界的经验再次表明，以农业作为基点，是经济转型成功的关键，如中国的台湾地区、韩国、泰国、马来西亚等；而以牺牲农业来实现工业增长的国家或民族，如缅甸、智利、乌拉圭等，尽管可以有获得暂时的工业高速增长的可能，但其经济转型的总体目标都无一例外地遭遇了失败或巨大的难题。

历史实践表明，在一个以农业为主体的民族经济体内，最有效的经济增长方式并非是工业的片面化拓展，而必须在解决农村、农民和农业问题的基点上进行工业化。只有当占人口绝对比重的农民所构成的农村和农业生产领域完成了自身的变革，才是整个社会经济转型的真正实现。"用'农业优先'或'工业优先'这样的提法来思考问题，只能造成一种似是而非的二难推理，它无助于我们了解真实情况，提出一个可行的战略。问题的真正焦点在于：何种工业与何种农业是相联系的"②。

对农业与经济增长关系的理论分析，再次证明了同样的逻辑。在经济学的静态平衡分析中，经济增长是资本积累、劳动力增加和技术变化长期

---

① 〔美〕阿瑟·刘易斯：《增长与波动》，梁小民译，华夏出版社，1987，第 227～228 页。
② 〔法〕弗朗索瓦·佩鲁：《新发展观》，张宁等译，华夏出版社，1987，第 146 页。

作用的结果。在作了必要的理论舍项后可以看到，决定经济增长迟速的主要原因，是每一时点上农业和工业的剩余大小。社会再生产理论的平衡分析也要求二者保持一定的比例关系，只有在价值平衡与物质平衡的基础上，才能保证社会再生产的顺利进行。所以，持续的工业扩张要求以农业产量的持续增加为前提。"如果工业产品要能在国内市场销售，工业革命就要以农业革命为前提，这种农业革命如果不是在工业革命之前发生，至少也要与工业革命同时发生"①。农业部门的规模及其重要作用，对任何一个民族都构成了经济增长的基础。我们进一步可从封闭与开放的两种经济环境来进行这种静态分析。

在一个封闭的经济中，工业部门的大小是农业生产率的函数。因为工业既需要农业提供剩余粮食和原料，又要其构筑工业品市场。在市场环境中，农业的停滞会以农产品价格上涨的形式，将工业利润的很大一部分转变为工人工资，用于购买其最低量的农产品来维持劳动力的再生产，转而形成对工业发展的制约；若以超经济的强力干预这种市场的运行，其代价是牺牲农民的现实生活质量，所得到的只能是与初衷大相径庭的结果。开放的经济环境提供了选择出口替代战略的可能，从而在一定程度上使工业扩张可摆脱对体内农业生产率发展的依赖。但这不仅存在着加重外汇稀缺性的限制可能，而且会使体内农民丧失以同样产出获得更大经济利益的前景。因此，"没有农业劳动率的明显增长，我们很难理解国家总劳动生产率大幅度增长是如何实现的"②。

但是，乞求保持一种完全平衡的比例关系来实现经济增长，是缺乏现实可行性的。在现实的经济过程中，劳动和资本使用在不同的方面，可能出现收益的系统差别，这就诱导了劳动和资本从生产率较低的部门向生产率较高的部门转移，而产生非均衡的现象。这实际上"隐含着通过减少瓶颈和再分配资源于高生产率部门以加速增长的潜力"③。正是这种要素流动的非均衡现象，加速了现实的经济增长；也正是这种经济的加速增长，引

---

① 〔美〕阿瑟·刘易斯：《增长与波动》，梁小民译，华夏出版社，1987，第227页。
② 〔美〕西蒙·库兹涅茨：《现代经济增长》，戴睿等译，北京经济学院出版社，1988，第105页。
③ 〔美〕霍利斯·B.钱纳里等：《工业化和经济增长的比较研究》，吴奇等译，上海三联书店1989，第25页。

发了结构转变；从而经济发展的一个重要内容，就是经济结构的变革。结构变化的速度愈快，经济非均衡现象就愈突出。因此，经济的非均衡状态既是转型之源，也是转型的阻碍力量。这一双刃剑使欠发达民族一直经受着较大的非均衡冲击，以及程度较高的非均衡条件的制约。在经济发展的非均衡状态中，在资金稀缺的条件下，如何维持农业的正常增长及其与其他部门之间的基本的平衡关系？这个问题的提出，主要是基于两个基本事实的考虑：

第一，在欠发达民族经济体内，农业所占的权重大于那些新兴的但仍属弱小的部门。从而，在启动转型的过程中，农业有着不可取代的地位和作用。考虑农业为转型起点提供基本保证的能量水平与速度是必要的。

第二，在转型启动以后的扩散进程中，农业过分迟缓的增长也终将成为整个转型的瓶颈。

因此，转型的一个核心问题，就是要在非均衡的状态中，学会维持各部门之间的基本和正常的平衡关系。"在任何经济社会中，农业和工业之间总保持一种密切的相互依存关系，虽然在经济演进的过程中，其方式屡经变易。……不管已经高度工业化到何种程度，若不能同时在国内的农业和工业之间维持一种适当的变动的平衡，或者经由输出和输入，与其他国家的农业企业保持密切的联系，则一定不能维持发展其经济活动"①。

在经济过程的不同阶段，农业应具备什么样的能量水平？应保持多大比重？已有众多的学者作了大量的经验分析。但是，由于各民族经济体资源状况、社会环境和发展初始条件等的差异，使该问题的解决并不存在一个万世应验的良方。值得关注的是库兹涅茨的一个基本提示：

> 现代经济增长的一个关键问题是，怎样从农产品中取得剩余产品，以便为工业增长所必需的资本形成提供资金，而同时，在国家没有任何其它易得到的农业剩余产品替代物的条件下，又不损害农业的增长。②

---

① 张培刚：《农业与工业化》上册，华中工学院出版社，1984，第24页。
② 〔美〕霍利斯·B. 钱纳里等：《工业化和经济增长的比较研究》，吴奇等译，上海三联书店，1989，第329页。

对农业问题的如此强调，不仅仅因为，农业对整个经济转型具有根本性意义的巨大贡献，更重要的是在于，当我们把研究问题的本质基点或目标，最终归结于各民族绝大多数成员的社会平等和生活质量的提高时，对80%以上的人口都直接依赖于农业而生存的各欠发达民族经济体来说，农业的生存状态便直接关系到处于农村经济中的绝大部分成员的贫困生活的改善，关系到经济不平等关系的铲除和本质目标的实现。如果要使各欠发达民族经济体的绝大多数成员在发展的过程中直接受益，而不是去长期等待脱离于各民族经济结构变革的、工业的孤立扩展所带来的"扩展效应"和"点滴渗透效应"，那么，经济的转型必须直接从农业内部开始，工业化进程必须紧紧地和农业与农村生存状态的改善结为一体。而不是仅仅满足于工业形式的外部植入，并且这种植入常常呈现出与各民族经济体自身结构变革相脱节的状况。各经济落后民族的发展的核心问题，不是应否实现工业化，而是以何种形式实现工业化。经济转型的真谛，并不仅仅限于工业的增长，更不只是表现为某些部门的片面扩张，而是在社会经济结构的根本性变革中，实现人类绝大多数成员的物质文明的巨大飞跃。

欧美现代经济转型的历史道路，直接起源于传统农业社会。在小生产分化的历史过程中，它通过对小农个体生产者的掠夺，建立了以企业为主干的大规模生产组织结构；形成了资本与劳动在两极积累的产权关系；从而构筑起了现代市场经济体系。在此历史实践道路的昭示下，以资本积累为核心的产权结构和以大生产取代小生产的生产组织结构，成为在现代市场体系中的两大重心。正是这种普遍的历史现象，使小农经济或小农体制以小生产和大生产的关系为基本命题，成为各种各样的资本主义起源说、过渡理论、发展理论、现代化理论的中心问题之一。所谓二元经济论，实际上就是在此基本命题下，对两种生产体系和经济体制的对立与冲突及其相互关系所作的一种理论阐释。

然而，尽管经济转型问题被打上了深刻的社会意识形态烙印，但以对小农经济的否定和改造来实现工业化，似乎已成为现代发展理论不可更改的金科玉律。在不同的政治标签下，不同的民族或国家，不论是以市场的自发力量对小农进行经济掠夺，还是以国家的主导力量实施对小农的挤压，无一例外的都是把"以农业培养工业"视为首要原则；无一能摆脱这种方式的羁绊。经济转型中的产权模式和组织模式，都同时含有技术选择和价值判断的双重性。以往经济理论对小农经济模式的诟病，主要集中于生产的低效率性和组织的分散狭小性。当这些理论把农业社会所谓的传统经济组织的存留，视为社会经济的障碍时，常常忽略了一些最基本的事实。应该看到，一定社会组织形态的产生，不仅取决于一定的文化和社会环境，而且取决于一定的人口、生产力水平以及经济结构的状况。某种社会组织的生命基础，在于它能否适应各种社会变迁，并不断地进行自身的变革。

以经验性基础为重点的比较研究，对农业组织形式与生产效率之间的关系，提出了各种富于讨论性的论说。例如，陶西格（M. Taussig）1978年的《农民经济学与哥伦比亚考卡山谷的资本主义农业发展》，提出小农场主的资源使用比大农场主更有效率。又如约克1982年在《印度的部落：生存斗争》有关贡德人的文章，格雷戈里1988年的《农村通货，世界银行与印度中部的无地者》等，都以田野资料，展示了许多发展计划的失败归因于对本土经济的误解；在某些时候，结果不是改善了而是加重了贫困。而梅勒则认为，农业生计中低效益问题的提出，是由于农民受到了不公正标准的裁决。

经济民族学提出的新问题，也在经济学领域产生了反响，在一些非主流的经济学家中，产生出卓有建树的理论洞见。如冈纳·缪尔达尔1968年的《亚洲的戏剧——对一些国家贫困问题的研究》和1970年的《世界贫困的挑战——世界反贫困大纲》，强调了对所有非经济因素的分析；在舒尔茨那里，有关危地马拉帕纳哈切尔和印度塞纳普尔的资料，向他提供了"十分贫穷而有效率"的实例，并且得出了一个具有启发意义的结论："在传统农业中，生产要素配置低下的情况是比较少见的"；"而且，决不是所有的传统农业都存在于氏族社会里"①。这不仅向人们提示，对农业经济问题的研究，不应对以欧洲为中心的技术模式亦步亦趋，而应对一定耕作方式和组织的具体因素进行深入的分析；而且在根本上表明，以所谓农民落后性的偏见和陈旧的理论框架来审视农业社会的问题是行不通的。因此，

---

① 〔美〕西奥多·舒尔茨：《改造传统农业》，梁小民译，商务印书馆，1987，第22、29页。

这种分离及其所得出的结论，似乎更加鼓励人们在具体情境的多层面关联中，来审视农业社会的问题。这一分析思路，也得到了中国学者的回应。[①]在对中国西南少数民族刀耕火种的资料整理和研究中，我们也可以看到不同的耕作制度和生产组织与生态、文化等因素的多重关联性。

经济民族学对社会经济类型的分析，虽然未能提出一个确切的发展方案或具体的操作程序，但它以多元化的视角，以对经济发展与制度、文化、意识形态的社会关联性分析，以及对诸如农业与工业等的关系的理解，揭示了发展具有多元化和多向性的可能。这表明，经济民族学并不是把自身远远地与社会的现实问题相隔绝，而是以不同的方式、在不同的层面、时时关切着现实问题的解决，并提供着有益的启示。它承认发展是一个总和的、整体性的社会问题；承认不同民族或国家的历史文化差异也是构成现实发展的重要基质；不是把传统与现代划分为两种对立的力量，而是把传统之精华转变为现实发展可直接承续的推动力量。

在世界多民族结构的统一市场框架中，并不存在着一个亘古不变的、放之四海而皆准的理论模式；依其不同的民族文化背景和现实环境的机遇，有着多样性的道路选择。假若要在保持既存社会框架稳定的前提下，实施平稳的转型，那么，则存在着改造传统农业的多样性选择。而这些选择，更多地体现出技术性而非革命性的特征。既然这一问题包容着技术组织和价值判断的双重选择，那么，仅仅囿于社会意识形态的框架，是难于在寻求不同道路选择的方面获得实质性进展的。

经济不是以一种形式，而是以多种形式存在着的学术视野，不仅表明，不同经济形式在人类社会中的历史存在差异；而且揭示了，在既定的历史时空中，任何一种经济形式都不能囊括社会经济的整个活动而构建起单一的结构。在现代社会化生产力世界性流动的主导下，各民族经济发展的革命性飞跃，取代了渐进性的转化，而成为世界经济发展的主流。在人类生产力地域性流动的历史过程中所形成的、经济文化类型各不相同的众多民族经济体，借助于社会化生产力的世界性流动，在直接引入其他民族新性质生产力的基点上，重构自身生产体系，已成为其谋求现实经济转型

---

①　参见陈庆德《民族经济学》，云南人民出版社，1994；罗康隆《族际关系论》，贵州民族出版社，1998。

的根本性手段。谁能够首先抓住机会，把这种新型的生产力引入自身生产过程，并同其整个社会生产融为一体，扶植其成为本民族经济转型的主导力量，谁就可以实现"飞地式"的结构转变，而跃入世界经济的先进行列。自产业革命以来的世界工业化进程，一直在并且至今依然在为此提供着经验证实。

第十章

经济交换与民族社会

一 交换涵义的表达及其拓展

交换实际上是生命基质的必要要素，地球的一切生命过程都是在能量交换中进行的，如光合作用为地球上的几乎所有生物提供了物质来源和能量来源，它是生物演化、生物圈的运行，生态系统再生的基础性要素，并对人类社会的生存与发展关系重大，光合作用形成的有机物，是人类赖以生存的全部食物的最终来源、重要的生产原料和能量的可再生来源。当把交换的概念运用于人时，这一概念涵义立足的基点，是以社会的整体性及其引申出的人的关系性存在为前提的。从而，人的交换的核心，指向了社会性的交换；交换概念在以相对独立权利的主体为前提假定的基础上，表达了社会场域中主体间互动的行为过程。

作为人类社会生存的基础性要素的经济，实际就是人的劳动与自然的物质变换。这一本质内容表达了"交换主要是人和自然之间的交换"[1]，交换由此而成为生产的要素，"在生产本身中发生的各种活动和各种能力的交换，直接属于生产，并且从本质上组成生产"[2]。然而，正如马克思指出：

---

[1] 《马克思恩格斯选集》第1卷，人民出版社，1975，第72页。

[2] 《马克思恩格斯选集》第2卷，人民出版社，1975，第101页。

> 人们在生产中不仅仅同自然界发生关系，他们如果不以一定方式结合起来共同活动和互相交换其活动，便不能进行生产。①

这样，社会性交换成为人类生产的首要前提。交换概念也由此获得了双重性的涵义规定。如果说，人与自然的交换表达了经济的技术要素的话，那么，社会性交换则明确展现了使经济具有独特性表达的文化成分。例如，"交换"的蒙语表达是"Hudal－dah"，本意是"骗来骗去"。但是，当交换以赠礼形式或凭借其他传统习俗或仪式展开时，蒙古人并不用此词表达实际发生的交换。而当交换以等价值性的方式呈现时，不论是在同胞之间还是本族与外族之间，他们都会以此词来表达正在进行的交换。并把此词与他族借词"买卖"相等同。尤其当他们用此词来表达朋友之间的交换时，既表明他们具有充分而完全的估值理性，也透露出他们对"交换"所涵盖的多层次的丰富社会涵义的尊崇与追念。同样，在鄂温克、鄂伦春、达斡尔、满等民族的语言中，用于表达交换的词语"hudagada"，其词根"huda"（又可作 hada、kuda）中就是"亲家"，或"姻亲"；"gada"则是表示"取、做"的行为动词。② 这种语言线索表明，在这些民族中，交换最初的核心并不指向经济或物质的利益，也充分展现了交换以联姻的方式建构广泛的社会关系结构的历史轨迹。

当爱弥儿·涂尔干、马克斯·韦伯，以及乔治·赫伯特·米德等人在社会整体性的基点上，从不同的角度把人的目的活动引向交往行动的分析，就以交往行动导致了社会关系整合过程的理论表达，把交换涵义从 ex-change 拓展到了 commutation 的层面，而该词的词根 commune 本身就具有共同体的涵义。如果说，交往、交换或"交流"（communcation）意味着共同体（community），那么，社会性交换作为构组人类社会的基本要素，便如影随形地伴随着每一个个体和民族群体。交换理论最早奠基人之一的齐美尔（G. Simmel），也以经济交换为社会活动的基本典型模式，而推导出"人与人之间的所有的接触活动都以给予和回报等值这一图式为基

---

① 《马克思恩格斯选集》第 1 卷，人民出版社，1975，第 362 页。
② 参见麻秀荣、那晓波《清代鄂温克族对外交换的发展及其影响》，《中国边疆史地研究》2008 年第 4 期，第 91~96 页。

础"①。交换"仅仅预示了在相关主体之间的一种情形或变化，而非存在于他们之间的某个对象"，进而认为"每一种交流都必须被看作是一种交换"②。乔治·霍曼斯（G. Homans）也提出："社会交换理论的出发点就是认为整个社会都充满着交换活动；社会中的任何事物都有特定的价格，因此，整个社会活动无非就是人与人之间相互等价地给予或归还彼此间所需要的事物。"③ 彼德·布劳从"社会吸引导致交换过程产生"出发，同样强调了社会互动总是采取交换的形式而得到总体性表达④。

这种拓展使人们清晰地看到，依据交换内容对象的不同，可分为物质性交换（如商品等）、社会性交换（如和亲、权力等）和符号象征交换（如仪式等）；从交换所赖以立足的社会关系基点看，有直接交换－间接交换和内部性－外部性交换；从交换主体的角度看，有主动性－被动性交换和支配性－依附性交换；从交换结果上看，则有等价性－非等价性交换、破坏性－建设性的交换等，在不同的社会或文化系统中，交换可以借助经济的形式得到直接表达；可以借助权力体系得到隐含的表达；可以借助仪式符号得到象征性表达；也可以借助和亲联姻得到社会表达，甚或可以通过战争形式进行极端表达……不论从形式类型还是从功能特征上讲，交换都具有多样化的存在。它以显性或隐性的形式，影响着整个人类和自然界。

但在经济学领域，随着它基于现代市场经济的假定，把生产划分为创造使用性的单一性生产和交换性生产后，交换也就限定成一种为获取不能直接得到的财物而采取的间接手段，而形成交换一词的局限性描述。这一逻辑进程的最终结果，就是把交换的涵义极其狭隘地限定在市场交换上，交换的根源被追溯于两大方面：交换物品与交换者。对于交换物品，使用价值的差异性或稀缺性，是交换得以产生的基础；而对于交换者，无论是追求物质的需要与享受，还是追求交换价值的利得，都是交换实现的推动力，其聚焦的核心是自我利益的最大化。在市场经济的主导性对社会的支

---

① 参见〔美〕彼德·布劳《社会生活中的交换与权力》，孙非等译，华夏出版社，1987，第1页。
② 〔德〕齐美尔：《货币哲学》，陈戎女等译，华夏出版社，2002，第23、24页。
③ 参见高宣扬《当代社会理论》，中国人民大学出版社，2005，第437页。
④ 〔美〕彼德·布劳：《社会生活中的交换与权力》，孙非等译，华夏出版社，1987，第8页。

配下，为经济学理论的普泛化奠下了深厚基础，进而导致经济学对交换概念的狭隘化理解的普遍流行。

对这一主流偏见的扭转，是由马塞尔·莫斯（M. Mauss）所贡献的。他收集了散见于不同人类学文献中有关赠礼的民族志个案资料，以《礼物：古代社会交换的形式和功能》第一次对这些民族社会中的交换形式及其功能，进行了系统的比较研究。他认为，用我们所熟知的"馈赠""礼物"或"赠礼"等词汇来描述这些交换行为"本身并不十分确切"，这些交换行为所涉及的观念，是一个能够引发所有那些经济行为的复杂观念，"它既不是纯粹自愿和完全白送的呈献，也不是指生产或单纯意在功利的交换。它是在这个社会中盛行的一种杂糅的观念"①。莫斯把这些活动视为一种"经济市场"的存在，只不过其"交换制度"与现代社会大相径庭罢了。这样，市场先于商业制度，也先于货币②。基于此，莫斯认为："无论是在我们的这个时代之前，还是在原始或低等的名义下被混为一谈的种种社会之中，似乎从未存在过所谓的自然经济"③。从而揭穿了现代主流经济学一个理论神话的骗局。莫斯以其哲学底蕴对"礼物"的总结，使之成为人类学唯一试图以哲学方式去界定不同民族社会经济特质的概念，并把其扩展为整个人类社会经济研究的一个基本范畴。在由财物的禁忌所体现出来的"社会性约束"的支配下，人们在进行物质交换的同时，还进行着精神的交换；交换从经济扩大到政治、宗教和社会的范围。它既是一种物质的循环，也是人和权利的循环。这个循环不是由市场、价值或经济效益来维持，而是由深深植根于人们心中的赠予、接受和回报的义务关系来维持。这就开阔了经济民族学的研究视域，开启了人们去探问当市场既不具有我们所说的现代契约形式或销售形式，而又没有记名货币，甚或交换的动机和目的也是极为不同的时候，市场是怎样运作的问题。使人们把交换与特定的经济体系、法律规范、道德伦理、宗教信仰等关联起来分析，开

---

① 〔法〕马塞尔·莫斯：《礼物：古代社会交换的形式和功能》，汲喆译，上海人民出版社，2002，第196页。
② 〔法〕马塞尔·莫斯：《礼物：古代社会交换的形式和功能》，汲喆译，上海人民出版社，2002，第5页。
③ 〔法〕马塞尔·莫斯：《礼物：古代社会交换的形式和功能》，汲喆译，上海人民出版社，2002，第6页。

辟了把交换置于社会的整体性结构中进行分析的理论进路。

继之于莫斯，波拉尼以"互惠""再分配"和"市场"三个交换模式的提出，统合了人类社会形式纷繁的交换行为。既然交换的根本性基础在于某种共同价值标准的确立，那么，交换模式就是一定社会整合模式的具体表达。波拉尼这一理论性的概括，把对交换进行社会关联性的总体分析，进一步推向了结构分析的层面。

二　交换类型与社会结构的差异

把交换关联于社会进行总体性和结构性的分析进路，在不同学科中都激发出许多深刻的洞见。如对韦伯来说，效用和形形色色的交换形式可在许多文化中发现。理性交换和市场经济并非同义语。在传统的礼物交换或非市场经济中，就并存着理性的指向和高度的控制："交换的条件也许是传统的，虽然部分传统以惯例或理性而成为强制。传统交换的例子是朋友、英雄、首领、王公之间的礼物交换；例如，在戴奥梅兹和格劳科斯之间的盔甲交换。既有理性指向又有高度控制的情况并非异常。……交换既可服务于消费目的也可服务于获取目的。"[1] 又如，布罗代尔也曾指出：在人类历史实存中，"存在过许多种社会—经济交换形式，它们的多样性不妨碍它们的共存，或者正是由于它们的多样性，它们才能共存"[2]。就是最初从区分商品与礼物出发的克里斯·格雷戈里（C. A. Gregory）后来也修正了自己的看法，指出："不存在纯粹的礼物或商品经济活动，有的只是处在相同经济领域的人们在不同情景中建构的与他人关系的不同模式"[3]。

在经济学的形式分析中，任一经济过程都可客观化为生产、分配、交换、消费四个基本环节。这样，从实体层面上来考察，在不同的时代、不

---

[1]　参见〔德〕马克斯·韦伯《经济与社会》上卷，林荣远译，商务印书馆，1997，第94~95页。

[2]　〔法〕费尔南·布罗代尔：《15至18世纪的物质文明、经济与资本主义》第2卷，顾良等译，三联书店，2002，第230页。

[3]　参见 R. R. Wilk and L. Cliggett, *Economic and Culture: Foundations of Economic Anthropology*, Colorado: Westview Press, 2007, p. 161。

同的社会、不同的文化背景下，这四个经济的基本形式要素会在经济过程中呈现地位权重的变化，而作为其中之一的交换要素，也必然会有多重内容的表达，以及多种类型的存在。不同交换类型的展现，极大地丰富了我们对不同经济类型及其社会结构差异性的理解。

（一）互惠交换模式

波拉尼把互惠称为"在对称群体关联点之间的运动"①。在对称（symmetry）模式下，交换主要是以赠礼的形式来表达的。

如在萨摩亚人中，无论是贸易、还是诸如婚姻、丧葬等人生礼仪和日常生活的各个方面，都会伴有赠礼的发生。这种赠礼制度有两大基本要素："一是荣誉、威望和财富所赋予的'吗纳'；二是回礼的绝对义务，如不回礼便会导致'吗纳'、权威、法宝以及本身便是权威的财富之源的丧失"②。劳夫林在1978年的报告中也指出，乌干达的索族人，在季节性的食物匮乏与充足的生活循环中，建构了互惠的交换网络，在食物充足时，积极互利的交换网络聚焦于家族团结、威望增长等长远结构性目标的实现，食物匮乏时，互惠网络所关注的则是眼前的生存问题③。

又如在特罗布里恩群岛，库拉交易圈（Kula Ring）不仅涵盖了全部的经济和社会生活，而且把所有部落包容其中，甚至伸展到广泛的族际之间。它首先以称为"库拉"的礼仪性物品——臂镯（mwali）和项链（soulava）——把各共同体的首领联合为特定的交易伙伴。其中项链按顺时针方向传递，而臂镯则以逆时针方向流转。库拉物品的价值既不以其物质基质，也不以其生产耗费的劳动来衡量，而取决于其交易的次数和交易者的贪求；任何其他产品都不能与库拉物品等价。每一次交换都在开头或启动时的赠礼和结束时的回礼的仪式形式中进行，库拉就这样以赠礼的仪式带来了称之为"gimwali"的日常生活用品交换的时机。附属交易的货物被使

---

① K. Polanyi, *Trade and Market in the Early Empires*, New York: The Free Press of Glencoe, 1957, p. 250.

② 〔法〕马塞尔·莫斯：《礼物：古代社会交换的形式和功能》，汲喆译，上海人民出版社，2002，第16~17页。

③ 参见〔瑞典〕汤姆·R. 伯恩斯等《结构主义的视野：经济与社会的变迁》，周长城等译，社会科学文献出版社，2000，第144页。

用和消耗，而库拉却永远在库拉圈中循环，处于永恒的流通过程中①。持有库拉物品者得到了贸易安全的保护并结成交易伙伴，使货物像涓涓细流一样不断在一个村的内部流动，并从一个部落流向另一个部落，从一个岛流向另一个岛②，也"使农业部落与沿海部落确立了常规的、义务性的交换"③。

同样，西北太平洋海岸印第安人中的波特拉赤（potlach）也是凭借赠礼形式来完成经济交换的。波特拉赤的本义是"供养"和"食用"，共同体成员的赠礼为其提供物质支撑。在这些渔猎－采集的共同体中，已形成了制度性的社会等级。每个首领都有一系列头衔，这些头衔或是世袭，或是在他生涯的某个时刻获得。然而，正如头衔给承受者带来荣誉一样，承受者也会给头衔带来荣誉或耻辱。因而头衔的每次传承都有必要重新认可。波特拉赤就是以头衔持有者广邀其共同体成员和该头衔的竞争者参加他所举办的盛宴，对这一头衔进行"批准"或认可。整个共同体承担由此而带来的声誉或耻辱。这样，饱含着政治和经济的意义的波特拉赤，成为一个展现社会代码并受到一系列社会习俗和关系制约的仪式。成为这些共同体社会生活的聚焦点和激奋的源泉，这一交换形式因此而具有了鼓励生产和把剩余产品转用于政治目的的附加功能，并具有在群体之间实现财物转移分配的功能。

由此可见，互惠交换模式展现了经济交换的另一种体系和结构的存在。

首先，它明显标识出了经济嵌合于社会之中的结构属性。这种根本性的结构属性不仅使经济交换"首先要交流的是礼节、宴会、仪式、军事、妇女、儿童、舞蹈、节日和集市"，而且，不论是以共同体为直接基点，还是以共同体首领为中介，交换总是在"集体之间互设义务、互相交换和

---

① 参见〔英〕马林诺夫斯基《西太平洋的航海者》，梁永佳等译，华夏出版社，2002，第92、304页；〔法〕马塞尔·莫斯：《礼物：古代社会交换的形式和功能》，汲喆译，上海人民出版社，2002，第55页。

② 参见〔英〕马林诺夫斯基《西太平洋的航海者》，梁永佳等译，华夏出版社，2002，第91~92页。

③ 〔法〕马塞尔·莫斯：《礼物：古代社会交换的形式和功能》，汲喆译，上海人民出版社，2002，第58页。

互订契约"的基础上而得以进行①。交换只在人们的直接性的社会关系的框架中产生。在此意义上，可把这种交换类型称之为直接交换。格雷戈里也曾从"商品交换建立起被交换的客体之间的关系，而礼物交换则是建立起主体之间的关系"出发，指出"礼物交换是一种在拥有互相依赖性地位的人们之间进行的不可异化物品的交换，交易者之间建立了一种定性的关系"②。值得强调的是，它并非是一种偶然的、不稳定的交换形式，恰恰相反，它是一种稳定的甚至是建立在交易双方终身关系基点上的交换形式，并且常常"有神话的背景，有传统法规的支持，有巫术仪式的伴随"③。这一结构性的根本制约，使交换乃至其他不同的经济行为也总是表现为一个社会的"总体性"行为。有如在特罗布里恩群岛所展现的事实："部落生活的整体渗透着不断的给予和索取；每一个仪式、每一项传统规定和风俗都存在相关的物质上的赠礼与回礼；财富的给出和接受是社会赖以组织、酋长的权力赖以显示、亲属关系赖以维持、法定关系赖以体现的主要手段"④。同样，在西北太平洋海岸的波特拉赤，作为确认的一种基本行径，"这种认可既是军事的、法律的、经济的，也是宗教的；而且在每一方面均兼有该词的种种含义"⑤。礼物的"意义在于它们背后的传统和风俗所赋予的社会力量，它给这些物品以特别的价值，使它们笼罩着浪漫的光环"⑥。这样，礼物成为社会话语的织线，礼物机制在构成社会的同时，用文化力量把人从生物性中解放出来。从而使赠礼并非物品的纯粹传递，而是带有确定意义的社会行为⑦。赠礼表达或确立了交换者之间的社会联结。赠礼与回报便赋予参与者一种信赖、团结、互助的合作语言。

其次，这种交换的动机和目的并非纯经济的或物质利益的，而是社会

---

① 参见〔法〕马塞尔·莫斯《礼物：古代社会交换的形式和功能》，汲喆译，上海人民出版社，2002，第7页。

② 〔英〕C. A. 格雷戈里：《礼物与商品》，杜杉杉等译，云南大学出版社，2001，第14、116页。

③ 〔英〕马林诺夫斯基：《西太平洋的航海者》，梁永佳等译，华夏出版社，2002，第80页。

④ 〔英〕马林诺夫斯基：《西太平洋的航海者》，梁永佳等译，华夏出版社，2002，第148页。

⑤ 〔法〕马塞尔·莫斯：《礼物：古代社会交换的形式和功能》，汲喆译，上海人民出版社，2002，第72页。

⑥ 〔英〕马林诺夫斯基：《西太平洋的航海者》，梁永佳等译，华夏出版社，2002，第304页。

⑦ 〔英〕马林诺夫斯基：《西太平洋的航海者》，梁永佳等译，华夏出版社，2002，第154页。

总体性的，甚至更主要的动机与目的是聚焦于道德、感情、义务等的社会性要求上。如在特罗布里恩群岛，各个家庭都同样生产甘薯，但他们种的甘薯和吃的甘薯是不同的：在收获季节，男人把收获的甘薯，送到他的姐妹家，而他这个家庭所食用的甘薯，则由其妻的兄弟供给。这种交换不产生获利性或差额累积性的事实，对经济学有关相同的使用价值不交换的定律提出了最尖锐的根本性挑战。这一挑战表明，经济交换是可以借助不同形式而得以表达的；交换的动机和目的也是可以各有千秋的。在特罗布里恩群岛被称为大远航（Uvalaku）的"这种最完整、最庄严、最高贵、最富竞争性的库拉中"[1]，它的主要目的是确认不同部落群岛之间"固定和永久的身份"，固化各群岛之间的社会关系，并延伸成大规模的关系网。正是基于这种社会性的目标，在种种相互责任和义务的基础上，其附属交易的经济机制，"表现为一种特殊的信用形式，意味着高度的相互信赖和商业声誉"[2]。格雷戈里也指出："在商品和礼物交换系统中，人们都试图实现最大化：礼物经济活动中的人们尽可能多的送出物品，是为了实现社会关系的最大化；商品交换中的人们则是力图实现货币财富和占有物的最大化"[3]。

最后，互惠交换模式在赠礼的表达中，在直观的表象上，虽然表现为自愿的形式，但在上述特质的规约下，实质上却是极为严格的义务性的，"甚至极易引发私下或公开的冲突"[4]。这就使得该交换模式在不同的社会结构中，获得一个极富弹性的生存空间。它既可广泛地存在于无分层的共同体中，成为连接人们共同生产、共同消费的纽带；也可以在分层社会中获得表达。如上述的库拉、波特拉赤等的交换制度，就深深地纠缠在声望等级中，它们在发挥带动日常用品交易的经济功能的同时，亦在增强和保护着已出现的阶级结构，发挥着巩固阶层等级制的功能。正是基于此，萨

① 〔法〕马塞尔·莫斯：《礼物：古代社会交换的形式和功能》，汲喆译，上海人民出版社，2002，第48页。

② 〔英〕马林诺夫斯基：《西太平洋的航海者》，梁永佳等译，华夏出版社，2002，第80页。

③ 参见 R. R. Wilk and L. Cliggett, *Economic and Culture: Foundations of Economic Anthropology*, Colorado: Westview Press, 2007, p.161。

④ 〔法〕马塞尔·莫斯：《礼物：古代社会交换的形式和功能》，汲喆译，上海人民出版社，2002，第7页。

林斯则以"概化互惠"（generalized reciprocity）、"平衡互惠"（balanced reciprocity）和"负性互惠"（negative reciprocity）的细化，展现了这一交换模式在不同社会结构中可能的存在与可能的功能趋向。尽管礼物交换的重心不在于等价，"它不能是讨价还价和算计之后的即时等价交换"[①]；也不能把它简约为物物交换。但是，当它存活于等级社会中时，以赠礼形式而表达的交换也会加入计量因素，这样，在互惠交换中出现了两种情况：一是用等量物品偿还礼物，或以为对方的服务来抵偿礼物；一是赠礼的一方利用他人的劳动，达到抵偿礼物的目的。当受礼者不能用物品偿还，而只有用为对方服务的方式来偿还礼物时，受礼者往往就会成为赠礼者的依附者或追随者，或者是赠礼者赠送多得使对方回不了的礼来羞辱受礼者，或是以不等的物质交换，来获取权力秩序或政治声望上的回报。这就可能使礼物的交换成为竞争与抗衡的特殊语言，使互惠交换蕴含了不平等交换的趋向。

（二）再分配交换模式

波拉尼认为此交换模式标识了"敛集于一个中心而再次分发的运动"[②]，表现为一个辐辏（centricity）模式。它意指一种"支付"与"返还"的连锁系统，即共同体成员向某个政治性或宗教性的权力中心进行财物与服务的义务支付（税收、贡租等），然后由这个权力中心依其某种目标重新分配给共同体成员。这种集中化的交换模式展现了社会分层的基本特征：如部落共同体成员向部落酋长的呈献；部落联盟中各加盟部落向盟主的缴纳；依附农民对封建领主的贡赋；以及古代世界范围内一切帝制国家或王国的"国家礼仪"和"贡租大祭"，等等。

从总体上说，这种交换模式的直接立足点，是人们在一定社会结构中的地位和身份属性。所以，仍然可以把它视为经济交换的直接交换类型。但是，对任何一个规模得到迅速扩展的社会来说，这一模式内含的直接交换的性质局限性，使其不能总体上囊括全社会，因而，这一交换模式大体

① 〔英〕马林诺夫斯基：《西太平洋的航海者》，梁永佳等译，华夏出版社，2002，第87页。
② K. Polanyi, *Trade and Market in the Early Empires*, New York: The Free Press of Glencoe, 1957, p. 250.

上呈现出与其他多种不同交换形式共存的格局。如在中国容纳着傣、布朗、拉祜、德昂、基诺、哈尼等若干民族的西南边疆地区，傣族最高首领召片领成为这一广阔区域土地的最终所有者，在此区域所有的不同民族群体，均以村寨为单位向召片领以及各级首领缴纳贡赋，而纳入了再分配的交换体系中，而与此共存的还有众多形式各异的交换类型：诸如在以家族、氏族或村寨等不同的公有框架及其所组成的多种形式的共耕关系中，就广泛存在着直接融入生产并在本质上组成生产的多重的交换形式和内容，这些交换的目标指向，是对小共同体公有经济运行的维系；同时还有村寨内部、村寨之间个体或群体的赠礼交换和商品交换；甚至凭借于"茶马古道"的开辟而进入了跨区域商品交换的体系……①

再分配交换模式与多种交换形式共存的格局，常常使它成为一个更大规模的社会实施社会控制的基本系统，这在中央集权的社会中表现尤为突出；也使得它在不同的时代或社会中，表现出主导性或辅助性的存在状态。如在中国延续了二千余年的帝国时代，在国家编户下的各类小生产者、商人、地主与皇权之间，以实物形态为主的直接交纳，构筑起一个有效的再分配交换模式。但是，一方面，该交换模式本身面对整个社会不同阶层和不同种类（货币的或特定实物形态的）的收入，要求把各个个体收入的片面形态，通过市场交换转化为多种多样的、生产和生活的全面需求品，以实现社会产品的最终分配以及整个经济体系的正常运行，从西汉的均输之立，以及历朝各代平准手段的运用，都充分展现了这一再分配交换模式对市场交换的倚重。而皇权统治机制的运转，也先决性地要求藉市场的运行，把其所攫取到的经济剩余转化为各级官吏的俸禄，并支撑各级政府机构的运转。另一方面，与此并存而共同构筑社会总体交换体系的，不仅有施坚雅所归纳的、由标准集市、中间集市、中心集市、地方城市、大城市、区域城市、区域中心、中心都会所构成的 8 个等级结构的市场交换体系②，而且有浸淫于城乡日常生活中的、旨在确认和加强各种血缘、地

---

① 参见《傣族社会历史调查》1～5 辑，云南人民出版社，1983；马曜等：《西双版纳份地制与西周井田制比较研究》，云南人民出版社，1989；陈庆德：《资源配置与制度变迁：人类学视野中的多民族经济共生形态》，云南大学出版社，2007。

② 参见陈庆德《中国近代商品经济研究》，彭泽益主编《中国社会经济变迁》，中国财政经济出版社，1990，第 554 页。

缘、业缘等社会关系的赠礼交换，以及以"蕃贡继路，商贾交入"为基本形式的各种外部性交换。即便在现代社会中，再分配交换模式仍然在不同的经济体系中得到展现：或者作为对市场经济的一种修正，成为实施所谓"福利经济"的一个重要工具；或者服务于某个权力中心特定的政策目标，成为削弱或扶持某一社会阶层或经济集团的有效手段。

（三）市场交换模式

波拉尼把市场交换称为在特定生产体系下"人手"之间所发生的反向运动[1]。根据马克思的分析，市场交换是使私人劳动或个别劳动获得社会承认，实现其内含的社会劳动性质的基本途径。它是由直接交换到间接交换的一种形式变换，也是以价格构建起的一个自我调节系统。从而，它把具有不同经济贡献的地区、进行不同专业生产的人们联结为一个统一整体。它依凭价格这一共同语言，"超越一切宗教、政治、民族和语言的限制"，使商品所有者的行为"发展为对实践理性的信仰，而与阻碍人类物质变换的传统的宗教、民族等等成见相对立"[2]。可以说，市场交换模式为现代社会的经济运行奠定了一个深厚的外部基础；也可以说，市场交换模式无论是其存在的扩展，还是其功能的发挥，在现代社会都得到了极致化的表达。这也就意味着，现代社会在资本主导下的市场交换，只是市场存在的一种特殊形式，以此作为界定市场交换模式的唯一标准，也是有所偏颇的。

市场交换作为商品价值形式的完成形式而产生出货币形式后，这一经济过程的结果，同时也是某种社会的制度性要素合力参与的结果，可以把它视为人的类存在本质所获得的经济表达。但是，在交换关系的发展中，每一更高层次上已完善起来的价值表现或流通形式，并不排斥原来低层次上旧有生产所提供的商品，而是把各个不同层次的生产方式所提供的商品，融汇在已进一步完善了的流通形式中。不论商品源出于奴隶之手，还是由农民、公社或国家生产的产品，甚或是渔猎－采集共同体提供的产

---

[1] K. Polanyi, *Trade and Market in the Early Empires*, New York: The Free Press of Glencoe, 1957, p. 250.

[2] 《马克思恩格斯全集》第13卷，人民出版社，1962，第142页。

品，都可以交错在一起，构成一个总的商品流通或商品运动。这种运动既不要求生产者一定要隶属于某种特定的经济成分或要素（如资本），也不要求这种要素对生产过程进行直接的支配。市场交换的这种总体流通运动，"按它的性质来说，包括一切生产方式的商品"①。由于交换的参与者在对战略资源，以及他们的策略性行为能力和结构性地位等方面的控制权是不平等的，这就导致了交换活动的一个结构性后果——不平等交换的产生。

波拉尼认为，交易、货币和市场在本质上各有其独立的起源，即便在有市场的地方，"需求－供给"机制也未必就是联动的；以"需求－供给"的价格基质为基点的市场，是在晚近的社会中才发展起来的。齐美尔也曾指出："人们甚至往往忽视，经济交往中的很多东西也还有某些不能用货币来表达的方面；……对于农民来说，土地里面不仅仅蕴藏着单纯的财富价值，而且还有某些别的东西。对他来说，土地是有益劳动的可能性，是一种利益的中心，是一种指明方向的生活内容，一旦农民不是占有土地，而仅仅是占有它的以货币形式折算的价值，他就失去了这种生活内容。"②可以看到，所谓市场，无非是一种创造交换环境的制度复合体。它的结构和重构不仅取决于清晰的社会－政治过程，而且还取决于文化背景、社会价值、规范原则等，也有人称，"市场在一定意义上是一种规范的道德秩序的具体化"③。由于人们的交往关系各自依附于不同的社会结构中，这些关系和结构在起源上是互不相关的。"他们共享的规范和社会互动的理解，有时甚至于他们相遇的地点和时间方式的规范或理解，决定市场交易的结构"④。可见，市场并非是一个纯粹的经济系统，而不可避免地要与特定的社会产生结构性的关联，是由社会规则系统所构建和管理的一种组织存在。正是基于此，马克思明确指出：

①　马克思：《资本论》第 2 卷，人民出版社，1975，第 128 页。
②　〔德〕齐美尔：《社会是如何可能的》，林荣远编译，广西师范大学出版社，2002，第 74 页。
③　〔瑞典〕汤姆·R. 伯恩斯等：《结构主义的视野：经济与社会的变迁》，周长城等译，社会科学文献出版社，2000，第 4 页。
④　〔瑞典〕汤姆·R. 伯恩斯等：《结构主义的视野：经济与社会的变迁》，周长城等译，社会科学文献出版社，2000，第 13 页。

商品生产和商品流通是极不相同的生产方式都具有的现象，尽管它们在范围和作用方面各不相同。因此，只知道这些生产方式所共有的抽象的商品流通的范畴，还是根本不能了解这些生产方式的不同特征，也不能对这些生产方式作出判断①。

在市场发展的历史过程中，有不同的社会行动者，也会遭遇不同类型的策略资源，它所涉及的不仅仅是经济和技术的问题，而更广泛的是社会政治和文化的问题。因此，认识市场交换与社会的结构性关联，理解市场不同的生存基础、作用及其发展的历史差异，是阐释不同民族共同体经济实存关系的关键问题。

以中国为例，有关神农作市，以"日中为市，致天下之民，聚天下之资，交易而退，各得其所"②的远古传说，就在一定程度上揭示了交换发生的较早起源。在春秋战国时期这一皇权制度的形成过程中，社会的市场参与也曾以"端木生涯，陶朱事业"的典型代表，显示出其较高的社会地位和重要的意义及影响。资源配置的市场方式与皇权制度的关系，无论在具体的运作，还是在意识形态体系方面，从一开始就不是对立的异体关系。甚至可以说，市场的运行在某种程度上，是作为皇权制度形成和确立过程中不可或缺的重要工具而存在的。因为土地关系的私有化和个体家庭的生产组织结构，毕竟是在市场关系的运行中，才得以确立的。正是在此基础上，借助于市场的力量而形成精英政治结构的流动性，取代了世袭贵族的封建政治框架。同样借助于市场的力量，才得以用个体生产的小土地私有结构瓦解了等级集团性大地产占有的生产组织结构。因此，皇权制度下的小农经济，并不隔绝于市场之外，而是天生具有市场参与的倾向和能力。当皇权制度下的不同社会成员，或通过土地的买卖关系，或借市场交换积资鬻爵，来实现其社会地位的变动或上升时，实实在在地表明市场是皇权制度推进开放流动性社会结构的有力杠杆。相伴于皇权制度形成发展的三个重大转折时期（春秋战国、唐宋和明清），产生了市场或商品经济的三次繁荣发展的高潮。市场交换的经济运行形式与皇权制度之间密不可

---

① 马克思：《资本论》第1卷，人民出版社，1975，第133页。
② 《易·系辞下》。

分的关系，已是昭然若揭。

市场的运行与存在，始终不绝于皇权制度的发展过程；官府的行政力量和民间的市场力量所形成的两种机制或行为方式，始终并存于中国社会经济的发展进程中。两者之间相互依恃，只不过在不同的历史阶段具有或强或弱、或多或少的表现罢了。

从生产上看，农业时代的经济中，普遍存在着生产目的及其运行的自给性质。但在这里存在着两种情况：在以大地产为基础而构建的庄园经济中，可在一定程度上凭借各独立生产单位内部的多样化生产来实现经济自给自足。而在土地私有的产权关系和以个体家庭为单位的生产组织结构，与自然差异局限的结合中，整个社会的生产从一开始，便只有在对某种资源和手艺的独占关系下进行。这种局限性的片面生产，与个体生产者不断发展的全面性需求相冲突，客观上使市场成为这种生产方式的必要组成。尤其是当资源和个体生产者自身能力的极限约束，使原来的某种主体性生产出现短缺时，就会加速促进生产者超越自身的直接需求，而进行其他副业或专门性生产，并借市场的运行来实现自身再生产过程的供求平衡。因此，皇权制度下的中国小农经济，固然也具有强烈的自给性质，但当小农个体家庭独立为基本的生产单位时，却没有同时成为经济自给的基本单位。中国小农虽然以个体家庭组织起独立的生产，但其经济全过程的运行并不限于家庭，甚至也不为村庄狭小的范围所制约，而是扩及由一定市场联结起来的村社聚落。在此市场区域中，个体生产者得以销售其所生产但不消费的产品，并买回其不生产但需消费的物品。可见，中国小农的自给经济，正是借助于市场的运行而实现的。这种被称之为"标准集市"的市场形式[①]，成为小农经济实现其自给性的枢纽，不仅是最普遍和最基本的市场存在，而且对整个社会的经济运行具有最重要的地位和意义。它作为地方生产的销售出口，是农产品和手工业品流向更高层次的市场的起点，同时也是专为农民消费的重要产品向下流回的终点，皇权制度下的整个市场体系，正是以此为基础而构建起来的。

这种小私有的个体生产结构与市场交换相结合的经济运行形式，形成

---

① G. W. Skinner, *Marketing and Social Structure in Rural China.* in *The Journal of Asian Studies*, V. 24 (1), 1964, p. 6.

了一个内在的反向运动，即由市场力量而牵动的经济分化，会随之迅速地再塑社会个体成员的出发点差异。并在其所促成的社会的加速流动中，持续不断地加重这种不平等性。这将导致已听命于皇权的自由小农，再度归附于经济迅速膨胀的不同的社会权势集团。造成皇权在社会、政治和经济各方面的国力损失，并形成威胁皇权的潜在力量。而这种市场的力量和存在，本身又是塑造自由小农经济结构的内在前提。皇权制度就这样面临两难的选择：其生存和发展既离不开市场交换的经济运行形式，又要把其限定在一个适度的框架中，使其发展对小农带来的不稳定性的冲击，不至于毁坏皇权的直接生存基础。

迄秦汉至明清，皇权制度始终在均贫富的口号下，以保证小农队伍的稳定性为重心，从三个方面实施了对市场的全面调控：一是用政治和社会意识的歧视性手段"病商""恶商"，以削弱或抵消由其经济实力增长而带来的社会实际地位及其作用和影响；二是运用行政管理和经济杠杆进行市场组织，以保证皇权制度对其自发力量过度膨胀的有效控制；三是兴禁榷之制，使国家直接涉于市场经营，以共分市利之手段，把市场力量附着于皇权机体。如设官治市、依制设市、划分市场区域、固定行业市场、度量衡和市场秩序的规范等，均为其市场行政管理的不同内容。如唐朝就明确规定在县以上治所才可置市①，至于大量制外之市的产生，不过是市场自身所固有的内在趋向，及其独立力量的必然发展。皇权始终没有放弃市场的行政管理权力。迄至清雍正年间，仍有湖广总督奏请朝廷于苗疆分界之地开设墟市之记载②。又如平准、均输之法、常平仓之设对物价之调整，税制之用对市利之分流，均为运用经济杠杆对市场的调控。而病商之举和禁榷之制的结合，又给人以皇权重农轻商的表象疑惑，但在实际上，市场以日益增进的速度获得了持续的发展。

如果说，皇权制度在其最初形成过程中，认可并推动了市场力量的发展，使其获得了较高的社会地位。那么，随着皇权制度的全面确立，基于上述关乎于制度存亡的内在关系而作出的战略选择，使得皇权对市场自发力量实施调控的过程已悄然展开。在此渐进的演变过程中，可把西汉的

---

① 《唐会要·市》卷86。
② 《东华录》卷30。

"盐铁官营"视为这一战略选择根本性变化的重要标志。立足于抑制市场自发力量过度膨胀的基点，以均贫富的形式来保证小农队伍的稳定性为基本出发点。而其实际的操作，又是以聚集于皇权制度控制下的商人力量来进行的。可见，盐铁官营并非排除市场力量，也不可能排除，而是以抑商之名，行皇权在全国范围独占一切最有利可图的工商活动之实。实践中所谓"重农轻商"的本末选择，也并非弃商灭商，而是以此控商之权、集商之利于皇权之手。唯其如此，无怪乎早在汉代就有人疾呼："今法律贱商人，商人已富贵矣；尊农夫，农夫已贫贱矣。"[①] 在皇权制度直接涉足于市场经营，形成与商分利的格局后，它培育起了一个新的大商人资本集团，这个社会集团在皇权认可的范围内，攫取个体生产者的经济剩余并与之分享，在政治权力强有力的监护之下，市场力量终于转化为皇权的附庸。国家的市场专营虽先后在盐、铁、茶、糖、酒等不同商品中有范围的扩大与缩小，也有不同形式之变换，但无论是皇权以商为官进行国家的直接垄断经营；还是转化为以诸如"盐引"的形式建立起商人包税的承包制，实行民间自由商人的特许经营；抑或是以"商屯"等特许经营的变换形式，利用富商为皇权的现实政治和军事需要效力；都没有改变官商结合的本质特性。产生了中国社会经济中"官僚资本"这一特有的概念。王亚南曾明确指出，这一概念的具体内容和条件，是以三个具体形态来表达的，即官僚所有资本形态，官僚支配资本形态，官僚使用资本形态。这三者的相互依存与融通，又使得市场力量成为中国社会经济发展兴衰继绝的关键，商人资本借每个王朝的兴起而得到再生的机会，又不止一次地以身殉王朝，与王朝同归于尽[②]。在此过程中，商人这一独立的市场力量，彻底丧失了它自身独立发展的条件和方向。中国的市场发展也正是基于此，形成了以独特的官商结合为基本特征和主流的模式。

用"市场经济"对"自然经济"取代的话语，力图把市场排除在皇权制度下的经济运行之外，虽简便易行，却无济于事。进而用此话语来解说社会的发展与变革的理论错位，抹杀了市场交换这一形式发展的丰富多彩的历史内容。而这一理论的错位，大多是来源于对该形式在英国具体发展

① 《汉书》卷 24 上。
② 王亚南：《中国半封建半殖民地经济形态研究》，人民出版社，1957，第 328、364 页。

的误解。

如果说，在英国市场交换的经济运行形式是以各种分散的、专为市场而生产的小生产者逐渐聚拢于商业资本活动的中心，走上了以都市为基点的商品经济集中化的发展道路，直接导致了近代工业化变革的革命性结果。那么，在同一时期，当这一经济运行形式在英、法、荷兰等国推动了资本主义生产关系的成长时，在德国、波兰以及斯拉夫地区，大规模的粮食商品化生产却直接推动了"再版农奴制"的复活。在此之前的欧洲的香槟集市，也曾以大规模商品交换，一度繁荣了佛兰德尔地区的庄园经济。从世界范围来看，阿拉伯民族基本上是作为一个商业集团而出现于历史中的，远距离贸易在这个民族中起了格外重要的作用，阿拉伯文化所赖以建立的社会形态始终表现出了商业性质。同样，在17世纪以前的长时期中，撒哈拉以南非洲也已和旧世界的其余部分建立了交换关系，它的商业活动跨越了撒哈拉沙漠，从横亘达喀尔与红海之间的热带大草原一直伸展到地中海。这一商业活动成为热带非洲社会组织的重要基础之一，并成为整个旧世界（地中海、阿拉伯地区和欧洲）在美洲发现以前，获取黄金的主要产地。虽然大规模商业活动的这两个实例极为突出，但它在"和比较贫困的公社制或贡纳制社会形态"的联系中①，也并未走上英国的历史道路。假若由此就把这种形式与资本主义混为一谈，就会产生一个问题：为什么只有西欧的资本主义才有所建树，并构筑起现代经济发展的基础，而其他地方和民族的"资本主义"却湮没于历史的发展中？可见，"大规模贸易并不产生资本主义，而且大规模贸易本身也不是资本主义的"②。

上述历史事实表明：对某个特定的共同体来说，当市场交换这种经济运行形式只表现为一种外部性的存在时，它并不能把整个的社会经济整合为一体，共同体内部的不同生产方式与共同体外部的商品交换，只是拼接成了相对分割的并存状态。市场交换并非任何时候，都是产生于社会化生产力基础上的、新的经济结构的产物。它可以存活于各种不同的历史环境中，亦可以由不同因素促成其发展并导向不同的发展道路和方向：由千家万户零星分散的小生产的简单集合，可以凑集成庞大的社会商品运动，但

---

① 〔埃〕萨米尔·阿明：《不平等的发展》，高铦译，商务印书馆，1990，第24~38页。
② 〔埃〕萨米尔·阿明：《不平等的发展》，高铦译，商务印书馆，1990，第38页。

它只表现为许多同质而不凝结的国内细胞；同样，如果说它的发展是这个世界发生变革的起点，"对旧生产方式的衰落和资本主义生产方式的勃兴，产生过非常重大的影响。那么，相反地，这种情况是在已经形成的资本主义生产方式的基础上发生的"。"在这里不是商业使工业发生革命，而是工业不断使商业发生革命"①。可见，市场交换模式在特定民族中的一个具体发展实例，是不足以成为其世界性发展的一般标准和特征规定的。

就当代而言，民族经济问题的关键，并不在于市场交换模式是否存在或发展，而在于如何把其存在导向对自身生产基础的转变。任何一个民族经济体，既要看到这一交换模式所具有的、为其他交换模式所不及的巨大经济能量，又要看到它的巨大包容性，理解它的一般性质及其不同的生存基础和社会作用，深入分析它与社会的结构性关联，才能为民族经济的发展与变革获得一个本质性的基础。在民族经济的发展中，市场交换的经济运行形式所发挥的功能，只是润滑剂，而不是发动机。

事实上，在市场中关联着两种有区别的现实的交织，即社会关系的生产和产品生产过程流通的社会形式。现实的这两个方面并不处于同一层次。在每一个经济系统中，兼容与从属的关系存在于生产关系和物质产品流通的形式之间。生产关系决定着存在于各个经济形态中的社会产品各自流通的数量、形式及其重要性。对市场经济历史发展差异的分析，引导人们去探究不同共同体中有关"支配""权力"，以及"支配的道德"等观念的涵义，强调了经济是一种被制度化的过程的观点。当社会经济的运行通过市场交换模式而外化为一种独立的运行体系时，也并未摆脱它同社会的其他制度性要素存在的关系。

上述分析表明：经济交换的存在，并不局限于市场，尤其不局限于现代市场。对于整个人类社会来说，不同的历史时代，不同的民族社会，会产生不同的交换模式；而对规模扩大了的社会来说，往往会形成以某种交换模式为主导，并与其他多种交换模式并存一体、相互作用的情况。把这些不同的交换模式与具体的历史阶段、社会结构或文化背景关联为一体，理解它们各自不同的性质、功能及其目标指向，就为经济民族学在同历史

---

① 马克思：《资本论》第 3 卷，人民出版社，1975，第 372 页。

学、社会学的交叉研究中，提供了一个更新视域的基点。

三 交换与共同体：内部性与外部性

交换无论在共同体的内部发展上，还是在共同体的对外关系中，都经历了各自独立的发展过程，交换的内部性起源和它们作为制度的外部性发展，并非始终都表现出历史存在的一致性。

人类任一共同体，不论确立起何种交换模式，交换的前提总是建立在某种共同价值标准的基础上，总是意味着共同体成员某种价值共意的确立。因此，对共同体内部而言，交换不仅仅是财物的位移或转换，它的核心体现的是社会整合；意味着共同体内"均质性"的形成。当共同体内部在不同交换模式的演变中，表现出从直接交换向间接交换的转化趋向时，就标志着共同体社会整合的规模性扩展；标志着共同体特定的价值共意的有效性或合法性的范围扩展；在更深的层面上，它表达了人实现其类存在本质的内在的历史趋向。

人实现其类存在本质的内在的历史趋向借助于交换模式的演变，不断推动人们超越原来的交换与认同的范围，把不同的共同体引向更大的社会联合。在此意义上，"在任何民族的框架内都不可能找到一个可理解的历史研究领域"[1]。必须把人类作为一个整体来加以领悟才可以理解。因此，马克思指出：

> 不仅一个民族与其他民族的关系，而且一个民族本身的整个内部结构都取决于它的生产以及内部和外部的交往的发展程度。[2]

当人的不再无声的合类性以社会共同体的形式得以表达时，人实现类存在本质的内在要求就与人的分离性发展现实形成了尖锐的矛盾，因此，其他外在的人类共同体，对任一特定的人类共同体而言，都是一种"异质性"的存在。于是，作为构组人类社会基本要素的交换，在共同体的内部

---

[1] 〔英〕汤因比：《文明经受着考验》，沈辉等译，浙江人民出版社，1988，第3页。
[2] 《马克思恩格斯选集》第1卷，人民出版社，1995，第68页。

性与外部性的两个层面上，并不会获得一致性的表达。它不仅在存在形式
上表现为对不同交换模式的选择，以至这些不同交换模式在同一社会体系
中的并存与交错；而且，即便是同一交换模式对共同体的内部或外部所发
挥的功能、运行的目标指向及其影响，都是大有差异的。

　　人类分离性发展的现实条件，使不同的共同体只能依凭一定且有限的
环境资源条件来组织自己的经济活动。诸如大陆上的游牧民族集团与农耕
民族集团，海岸农业部落与海岛渔猎部落，等等。在环境资源差异基础上
所衍生出的经济类型的差异性存在，使共同体的外部交换成为必然。

　　不同共同体对从外部获取财物的方式的不同选择，不仅影响到特定共
同体在历史上的行动方式，而且也影响到这个共同体的整个结构。一般说
来，表现为单向性运动的掠夺，虽在获取外部财物时不必同时付出相应的
等价，但其所付出的是共同体存在的社会安全性保证，带来了财产拥有的
不稳定性。要获得其社会存在的安全性和财产拥有的稳定性，必要的前提
就是对其所有权的相互承认。因此，没有一个共同体是可以依赖于单纯的
掠夺，来获得稳定的财物并维系其生存的。这样，当这些不同经济类型的
共同体以和亲或赠礼形式来构筑外部交换的通道时，以相互承认所有权的
交易就获得了基本的存在。交易使人和物都朝着两个不同的方向交错运
动。这种"双向性"，赋予了不同共同体的外部关系一种"和平的性质"。
同时，当这些社会性或礼仪性的因素交织于外部的交易关系中时，共同体
外部的经济交换也体现出某种特殊的社会意义和政治意义，甚至可以说，
共同体外部的经济交换是在社会的总体性融合中才得以展开的。

　　当一个共同体的内部结构，允许甚至鼓励其成员，广泛地与其他共同
体展开这种利润动机的交易行为时，也就为外部交换关系向内部的渗透或
整合打开了通途，甚至会产生整个的共同体或民族集团成为"交易民族"
（trading people）的状况。而这种交易民族的产生，实际上标识着交换已成
为共同体之间一种广泛而频繁的关系存在。但这种交换的原则、关系和系
统，尚未在共同体内部获得主导性存在的地位。这样，与共同体内部运行
机制有着根本性区别的交换功能，就成了与共同体成员不同的"异人集
团"的专门化行为。这些商业民族只从事转运贸易，自己不进行生产，或
者生产顶多是附带的事情。那些"生产"的共同体，成了这些商业民族生

存的前提。历史上的交易民族主要有：古代世界渡海贸易的腓尼基人、迦太基人、罗得斯人、西斯堪的纳维亚人；越过沙漠交易的贝都因人、图阿雷格人；沿河交易的东斯堪的纳维亚人和尼日尔流域的凯德人；亚美尼亚人、犹太人和吉卜赛人则为典型的流浪交易民族；而中世纪社会中的伦巴第人、西非的豪萨人、杜亚拉人、曼丁哥人和马来人等，在历史上也曾一度以交易民族的面貌出现。

一般说来，共同体的外部性交换，是以"默商交易"（silent trade）形式起步的。从历史文献来看，希罗多德在《历史》中所记下的迦太基人的一个故事，堪称默商交易的最早记录。与海格立斯角对岸的利比亚人进行贸易的迦太基人，渡过直布罗陀海峡到达交易地后，"卸下了他们的货物；而当他们沿着海岸把货物陈列停妥之后便登上了船，点起了有烟的火。当地的人们看到了烟便到海边来，他们放下了换取货物的黄金，然后从停货的地方退开。于是迦太基人便下船，检查黄金；如果他们觉得黄金的数量对他们的货物来说价格公平的话，他们便收下黄金，走他们的道路；如果觉得不公平的话，他们便再到船上去等着，而那里的人们便回来把更多的黄金加上直到船上的人满意为止。……迦太基人黄金和他们的货物价值相等时才去取黄金，而那里的人也只有在船上的人取走了黄金的时候才去动货物"[①]。

在中国和日本的古代文献中也有此类的记载。在中国古文献中，这种交易形式多称之为"鬼市"。如《唐书·西域下》记："西海有市，贸易不相见，置有物旁，名鬼市"；《避暑录话》称"鬼市夜半而合，鸡鸣而散"；更有"腥臊海边多鬼市，岛夷居处无乡里"等的诗句。而《日本书纪》所记公元 660 年日本与肃慎的一次战争冲突，就同时记载了一次不成功的默商交易："三月，遣阿倍臣，率船师二百艘，伐肃慎国。……阿倍臣，乃积彩帛、兵、铁于海畔，而令贪嗜。肃慎，乃陈船师，系羽于木，举而为旗。齐棹近来，停于浅处。从一船里，出二老翁，回行，熟视所积彩帛等物，便提着单衣，各提布一端，乘船还去；俄而老翁更来，脱置换衫，并置提布，乘船而退。阿倍臣遣船使唤，不肯来；复于弊赂辨屿，食

---

① 《希罗多德历史》上册，王以铸译，商务印书馆，1985，第 341 页。

顷乞和，遂不肯听；据己栅战"①。新井臼石 1721 年的《虾夷志》，也同样
记载了北海道与千岛海边阿伊努人之间的默商交易。

对这一交易模式的系统研究，当推古利阿索 1903 年的《默商交
易——关于人类交往的早期历史研究》一书。1978 年在美国创刊的《经济
人类学研究》年刊，在 20 世纪 80 年代初期，也登载了乔治·多尔顿关于
默商交易的一些最新研究成果。这些研究成果均展现了默商交易在人类历
史上是一个广泛的存在。在西非黑人与布兰科角附近的黑人之间，在费尔
南多波岛的岛民中间，在加拿大极地的爱斯基摩人与其南部的邻居阿塔巴
斯卡人、这两个通常互有敌意的部落群体之间，在印度西南部的特拉万
科，由于种姓制度严格限制了不同等级的人的直接接触的情况下的交易，
在危地马拉的高山民族之间，在尼日尔河盆地的黑人与马里人的黄金与食
盐的交易中，在北德意志商人与利沃尼亚居民之间，甚至在英国温彻斯特
疫病流行的时期……默商交易都普遍地存在着。弥足珍视的是，中国 20 世
纪 50 年代的民族调查，留下了云南澜沧江流域的苦聪人与相邻民族默商交
易活动的影视资料。

人们通常仅把这种交易模式视为一种由于语言不通而采取的变通交易
方式。但是，这种理解是极为狭隘的。从上述史例可以看到，默商交易既
发生于处于不同经济层次的民族之间，也发生于其经济层次大体相同的民
族共同体之间。因此，默商交易也同样可以发生在交易双方语言相通的场
合。就这一交易形式的具体功能来看，墨菲就认为，在加拿大极地的爱斯
基摩人与其南部的邻居阿塔巴斯卡人，两个部落群体之间的默商交易，是
为了防止相互敌意的伤害；而在尼日尔黑人与马里黑人的黄金与食盐的默
商交易中，则是为了防止金矿秘密的外泄。② 可见，默商交易的产生并不
仅仅由于经济上的差异性，它发生的真正基础，是综合了各个共同体所有
社会生活条件的"异质性"。正是这种异质性基础，产生了人们对交换中
接触或接近的"避讳"。

如果说，交易的发生源出于共同体的生存需要，在这种自然基础或内

---

① 参见〔日〕栗本慎一郎《经济人类学》，商务印书馆，1997，第 79～83 页。

② 〔美〕罗伯特·F. 墨菲：《文化与社会人类学引论》，王卓君等译，商务印书馆，1991，
第 167～168 页。

在的推动下，交易中非要避讳的又是什么呢？如果我们看到在最初的共同体框架中，人们从未能通观世界，也从未把"人类"视为同一整体。在这其中，人的社会本质的同一性，仅在血缘共同体的意义上得到体现，个体也仅在这一框架内才实现了相互的认同，并同时对共同体之外的人形成了令人恐惧的"异人表象"。可以说，正是对人的类本质认同的局限性，使避讳与交易或交往始终形影相随。桑威奇群岛中怀卢库岛的情形，为我们提供了一个极端的例子：居住在该岛南北两边的两个岛民部族，都是把各自的物品拿到河的北岸和南岸，在河中央的一块岩石上交易，交易时在场的只有国王派来的税吏。而交易的双方不仅语言相通，而且在交易前的预备谈判时，分别站在河的两岸大声吼叫，以此决定交易的条件。由此看来，这非但不是一种"无言"交易，而是一种"吼声"交易。其所体现的内容是，双方在交易时依然极为谨慎地避免接触。所以，默商交易的真正特征并不是"无言"，而是"避讳"交易双方的直接接触。在此意义上，与其说这是"无言"的交易，不如说它是一种"避讳接触"的交易。

这样，与共同体外部的交换或交往相伴随的"避讳"，日益表现出保护共同体内部均质性免受外部异质性侵蚀的主要功能。而对接触或接近的避讳，赋予了交易场所绝对的中立性，并在许多场合也被赋予了象征性的形式。如在费尔南多波岛，参加交易的岛民在相互间的沙滩上化一条线，线的一侧放着薯蓣等物品，另一侧摆放念珠或香烟；若对对方物品满意，就越线取回物品，并让对方取走自己的物品。这种划线成了避讳或无言的一种象征形式。而这种避讳接触的象征，也在发展的过程中，以不同的方式给交易场所的中立性添加了某种神圣性，使交易场所用来放置交易品的石头，获得了某种圣性。如在英国早期的市场中，常常建有一座展示其特殊使命的十字架。据经济史学家坎宁安的研究，这种"市场十字架"（market cross）源出于"市场石"（market stone），其意义在于标志周围是神圣的中立区①。这些石头以其维持交易中立的神圣性，在历史的发展中曾一度成为礼仪性儆戒的现场。在中外历史进程中，我们可以看到刑场与这些"市场"或市场标志物的关联性。

---

① W. Cunnigham, *The Growth of English Industry and Commerce During the Early and Middle Ages*, London: Cambridge University Press, [1890] 1910, p. 76.

交易的中立性，表现为早期共同体外部交往的首要前提。如在日本阿伊努人的民间传说中，他们与科罗波古如人的默商交易，便是由于在一次交易中，阿伊努人硬把一个女科罗波古如人拽进屋里而中断的。同样，由于马里酋长一次欲知尼日尔人的长相，命人捉住一个尼日尔人，而使他们之间盐和黄金的默商交易中断了3年才得以恢复。如果说，交易场所的中立性，表现出保护共同体内部均质性免受外部异质性侵蚀的主要功能，那么，当共同体的发展获得了国家或准国家的组织结构后，这一特征得到了更为完备的制度性表现。在不同共同体中生成的强有力的政权组织，总是极力保护交易场所的中立性，甚至还要保护处于交战状态的敌方商人的人身和财产安全。

如在古罗马时代，罗马取得了对叙利亚的商队城市帕尔米拉的军事控制后，特意将守军撤出帕尔米拉，以便使罗马商人能够与敌国帕提亚的商人进行正常的交易。相反，一个共同体如果不能坚持从制度上对与之地理上相连的这一特定的交易场合予以中立性的保障，就会导致外部商人回避与它的交易。如位于阿兹台克和玛雅两个帝国之间，能停泊上百艘大型平底船的阿卡兰港，在被纳入科尔特斯强大的军事帝国后，数年时间就丧失了交易港（port of trade）的功能。

透过某个共同体对其他共同体交易者安全的保护，我们看到其更深层的本质，是保护共同体内部的"均质性"免遭异质文化"魔性影响"。在不同共同体与外部价值体系接触的这一交易点上，无论交易的规则，还是交易的工具，都显现出与各自共同体内部交换活动的差异，并被严格地限定在这一特定的交易场合。因此，这是一种按照与各个共同体内部截然不同的自有规则而运行的、被制度化了的特殊市场。表现为一种受政治管制的特殊交易。而这种特定交易场合（port of trade）的类型，经波拉尼对达荷美王国治下的维达港奴隶贸易的研究，被广泛地称之为共同体外部交易的"贸易港"方式。

达荷美人的族源，可溯自约鲁巴人。他们曾在13世纪创造了以伊费繁荣为代表的约鲁巴城市文化，随后在第一次人口大迁徙中建立了克图王国。其中一部分人继续西行，而形成的第二次人口大迁徙中，先后经历了塔多王国和阿德拉王国的建立与分裂，在1625~1650年间，由达古王统一了阿波美高原，形成了独立的达荷美族体，成为与其嫡族阿德拉王国和同属约鲁巴族系的奥约王国相抗衡的、一个强大的内陆国家。16～19世纪期间，从塞内加尔到比拉夫湾沿海一带，形成了以维达为中心的"奴隶海岸"繁盛的奴隶贸易地区。在达荷美控制维达的1727年前后，奴隶海岸的奴隶贸易量，已占西非和中非全部奴隶贸易量的近40%。在阿德拉王国控制维达交易的历史期间，欧洲人一直苦于无力左右阿德拉王擅权的贸易政策，而达荷美征服和控制维达，并介入维达的奴隶贸易，一方面，把维达的奴隶贸易完全置于达荷美的管理下；另一方面，在它对维达实行全面管制的同时，又拒绝将其纳入达荷美的社会体制。达荷美王在占领维达后并未亲涉这块土地，而且绝不把维达视为自己王国中的一个同等部分，维达的管理是由"代官"来间接实施的。

这样，在达荷美甚至同一个维达，存在着两个截然不同的市场，一个是达荷美内部居民使用的市场；另一个是共同体与共同体之间的外部交易市场。在维达被买卖的奴隶，并不出现在达荷美一般居民的面前，同时，在这种"贸易港"的交易中，参与交易的共同体都有其各自的内部货币：在达荷美是安产贝，在英国和法国则分别有英镑和利弗尔。然而，这些货币都只对交易单方有意义，对对方共同体通常是毫无意义的。各个共同体单方面所拥有的"现实"货币，只在各自社会内部流通并具有整合社会的功能；任何单方面的"现实"货币，都不能用于"贸易港"的交易中，与贸易港的"模拟中立性"交易相适应，所使用的只能是某种拟制的外部货币。在维达的奴隶贸易中，奴隶对于达荷美的内部经济来说，并不是一种具有特定"有用性"的东西，它只是达荷美人从内地捕获来换取枪支和其他商品的一种交换手段。在英法方面，其内部货币以金为基准，但不能以金来偿付奴隶的等价，只能以一系列商品组合成的"商品盎司"来支付；同样，达荷美也不能以安产贝支付欧洲的枪支和其他商品等价，只能以奴隶的供给来作为"对外货币"。与这种中立地交易的"外部性"相对应的两个不同的"内部性"，使一方的奴隶和另一方的枪支等商品组合，得以作为价值尺度和交换手段来使用，成为贸易港交易中的"虚拟货币"。正是这种内部性与外部性的差异和分隔，达荷美对维达奴隶贸易的介入，既使其摆脱了阿德拉这个破落的古代帝国已无法承受的近代奴隶贸易的要求，又以其古代王国内部稳定性的维持，使达荷美成为维达奴隶贸易的唯一管理者。

波拉尼在他的研究中指出了默商交易和贸易港交易的异同：在默商交易中，"市场"不是特定的，也没有确立起一般的交换手段。尽管这种交换手段只是表现为有限目的的古代货币，但具有强化内部社会结构的功能。同时，它还没有作为经济再分配模式支点的一个制度中心（或者非常弱）。而贸易港的参与者则已形成了一个中央的权力中心，形成了以再分配为主体的社会整合机制，并在交易中使用了具有外部意义的"虚拟货币"。

可以看出，这两种共同体的外部交往关系和模式，都表现出了与其内部经济整合模式的不一致性。为了保持共同体内部的均质性，它们都以某种对交易者人身和财产安全的"制度性"保障，表现出中立地交易的特征，进而表现为一种受制度性约束的特殊交易。交易或经济交往在人类历史上发生甚早，但绝不能以为，凡人类的交易活动从来就具有现代市场的机制和性质，可等同于"自由交易"，并视其为现代市场的直接起点。更为重要的是，交易的发生及其运行都表现出了内部性与外部性的差异。正是基于此，波拉尼认为："以维达港为中心进行的奴隶贸易，是在方法论上向经济史学家提出的挑战。"[1]

在中国，这种贸易港交易的形式，也以各种官置边关市镇的交易活动得到了表现。从汉至唐，中原王朝在与匈奴、鲜卑、乌桓、突厥、吐谷浑以及西南诸族的共同体边界相交处，皆有特设之互市点。及宋，民族共同体双方外部的缘边贸易，不仅以"各置榷场"的形式在宋、辽、金之间广泛展开，而且也是宋夏、夏辽和夏金之间外部经济交往的基本形式。如与辽在涿州新城、朔州、振武军的榷场相对应的，有北宋于镇、易、雄、霸、沧等州和安肃军、广信军等所置的榷场；"绍兴和议"后，在西起秦州，东沿淮水的广袤分界线上，南宋以盱眙为中心，在楚州之北神镇、杨家寨，淮阴县之磨盘，安丰军之水寨、花靥镇，霍邱县之封家渡，信阳军之齐冒镇，枣阳军和光州等开设榷场，金亦以泗州为中心，在泗、寿、颍、蔡、唐、邓、凤翔府、秦州、巩州、洮州以及密州胶西县等处置场。

---

[1]　参见〔日〕栗本慎一郎《经济人类学》，王名等译，商务印书馆，1997，第89页。

双方的榷场随战和交替时兴时罢，但盱眙和泗州两个中心榷场却一直未关闭过。以茶马、盐粮、皮毛等为主要内容的共同体外部的互市关系，一直以政治权力体系的主导为基本形式，而延续至清。

中国在自古以来的贡使之献、关市之交和民间自由贸易3种形式中，贡使之献从来就具有"蕃贡继路，商贾交入"的特点，是作为争取关市之交的辅助手段而存在的。民间自由贸易虽在共同体内部有着不同程度的展开，却基本受禁于共同体外部的关市之交，只是在制度的整合有效地把关市之交的外部交往关系转化为内部交往关系后，民间自由贸易才在这些贸易点上获得合法地位。历朝历代形形色色的关市贸易所展现出来的共同特点，都是专设官制予以管理、定价，在特定的交易地点内直接由官方或由官方所特许的人员按规定进行交易。在这种贸易点上，交易者既得到权力体系的保护，又要求他们遵行特定的规则和义务，违反规定的私相交易者，要受到流配乃至死刑的惩罚，而交易物亦受到了严格的管制。可以看到，这种官设边关互市点，曾有力地推动了古代中国商业市镇体系的发展。但同样在这种形式下发展起来的商业市镇，是有别于王朝内部交往体系中的商业市镇的。其交往的行为和规则，同当时存在于内部的交往也是大有差异的。只是到了清朝，当不同的民族共同体已被有效地纳入一个统一的制度框架中时，民间自由贸易才以其扩散态势，逐渐取代了官府主导之格局，成为商业市镇在多民族交易点上获得发展的普遍推动力。而此时的海外贸易，则由唐宋时期的市舶贸易形式，转化为行商的特许贸易形式。因而仍然表现出"外部性"的交换性质。

过去，人们往往只从获取经济收入的角度，来理解国家或政治权力体系对这种外部经济交往关系的管理和控制，这当然是一个显而易见的动因。但更重要的是，应该看到这种管理和控制，蕴含着防止共同体内部的"均质性"免遭外部"异质性"侵蚀的制度性努力。同时应该看到的是，并非一有市场，就获得了内部与外部在经济上的一致性。只要交换仍表现为共同体的外部关系，那么，参与交易的双方都是按照自己共同体内部的逻辑，在认为妥当的情况下才进行交易的。不论在任何地方和任何民族共同体之间，所遵循的都是这一普遍的基本原则。这样，作为外部交换的市场，可与内部的非市场机制重合并存；甚至外部和内部的市场，也可表现出差异性的并存状态。

以中国西南的独龙族的案例，或许可以更好地展现交换存在的丰富性①。

詹姆斯·斯科特（James C. Scott）在研究喜马拉雅南麓山地民族时，曾以佐米亚（Zomia）概念提出了一个"逃避统治的艺术"的假说②。此假说带来了一个幻象：似乎人类社会中存在着没有任何政治统辖关系的真空地带。然而，我们可以看到，早在国家力量进入之前，这些民族就世代生活在这些地域上。从公元6世纪始，独龙族的生存之地就已先后纳入了南诏、大理的属地；公元13世纪，元代的大统及其"一国两制"的实施，又使其成为丽江纳西族木氏土司统辖之地；自清以降，独龙族已被明确地置于察瓦龙土司、维西土司和喇嘛寺"香火地"的多重贡纳关系中。

在独龙族中有这样一个历史传说：察瓦龙土司有一次宰杀了9头牛宴请独龙人，得到了牛肉的北部独龙族认为，他们有义务偿还这笔"债务"。而南部未得到牛肉的独龙族则认为他们没有这样的义务。而与此同时发生的却是南部的独龙族向维西土司"求纳为民，永为岁例"③。《清实录》记载："每年贡纳土产时，著给盐三百斤，以为犒赏。"④ 从1730年开始，独龙人每年按期以黄蜡30斤、麻布15丈、山驴皮20张为贡礼，向维西康普土千总纳贡。土司也指派头人遥领独龙江，每年向每户征收三把黄连（约一斤）的贡纳⑤。独龙族就这样进入了外部两个不同的政治权力系统的贡纳交换体系。

北部的贡纳交换每年进行两次：6月察瓦龙土司派人到独龙江分发盐或锅等，10月再次来人则是征收黄连、贝母、兽皮之类的物品。如独龙族的孔当、丙当、学哇当三个家族，平均每年每户要编织大布四床（约六

---

① 有关独龙族的田野资料和分析，均参见杜星梅《独龙族生计方式的民族志研究》，云南大学2018年博士学位论文，未刊稿。

② 参见 James C. Scott, *The Art of Not Being Governed: An Anarchist History of Upland Souseast Asia*, NewHaven & London: Yale University, Prees, p. 333。

③ 余庆远：《维西见闻录》，方国瑜主编《云南史料丛刊（12）》，云南大学出版社，1999，第65页。

④ 《清实录·世宗实录》卷98。

⑤ 民族问题五种丛书云南省编辑委员会编《独龙族社会历史调查》一，云南民族出版社，1981，第2页。

丈），竹篾萝、簸箕十个，打制小砍刀二把，这些麻布和竹篾萝主要是当作贡礼，缴纳给察瓦龙土司。2016 年，70 多岁的龙元·格姉说：

> 我小时候曾经见过察瓦龙土司派来的人，他们一次来 3、4 个人，一年来两次，第一次是 6、7 月份，他们给我们盐巴、棉线等等。第二次来的时候是 11 月下雪封山前的时候来一次，来收贝母和兽皮，没有规定交多少数量，大家有什么交什么，没有贝母的可以交兽皮，没有兽皮的也可以交独龙毯。到时候，村里大家盖一个木屋，把东西用独龙毯盖上，放在木屋里面，找来村子里面的口才最好的"卡桑"来和他们交流。最后他们会请一两个人帮他们背东西到察瓦龙，等回来时，他们也会给帮忙背东西的人一定的报偿，比如每个人给一个大大的陶罐等。①

可以看到，政治权力的支配结构在人类社会中无处不在。而交换成了使权力结构正当化的基本手段之一②。而更应该看到的是，"权力—知识的关系不是分配的僵化形式"③，权力是在各种力量关系的交换中所形成的一种多形态的、流动性的结构性活动。它在本质上是生产性的，而非压迫性的。如同德勒兹和加塔利说："权力中心与其说是由它所能鞭及的范围来界定的，莫如说是由它们所不能掌握的东西或由它们的无能来界定的。"④因此，权力不来自居高临下的单方面禁止，而是在弱势方也具有了生成性（productive）时才畅行无阻的。而这种权力介入的交换，尤其当它以"债务"的观念来表达时，一笔债务往往意味着一次尚未完成的交换。因此，它的核心甚至不是偿还，而是仰仗于信任之基，为既存的政治权力结构的延续性和稳定性提供深层的保障。同时，它也为日常的交换开拓了更广阔的路径。

如在独龙江北部，每年春秋两季，藏商都给孔当村带来 20 背的货物，

---

① 资料来源：2016 年 7 月 16 日迪政当村的田野访谈。
② 参见〔美〕大卫·格雷伯《债：第一个 5000 年》，孙碳等译，中信出版社，2012，第 68 页。
③ 〔法〕米歇尔·福柯：《性史》，张廷琛等译，上海科学技术文献出版社，1989，第 97 页。
④ 参见〔美〕道格拉斯·凯尔纳等《后现代理论》，张志斌译，中央编译局，1999，第 132 页。

而独龙族也会每年定期到察瓦龙进行交换，如迪郎家族每年都由数人背上麂皮、麻布、黄连、贝母，到那里换回盐巴、饰珠、土罐、针、线等物品[1]。在独龙江东部，纳西、汉、傈僳等周边民族的商人，定期背着货物进入独龙江，也有独龙族背着药材、兽皮来到贡山交换。在两地长期以来的货品交换中也生成了各种物资间的普遍的比价关系。如 1 碗盐 = 1/4 个篾背篓 = 1/2 个竹背篓 = 1 个竹筒 = 1/4 张麂子皮 = 1/20 张野牛皮 = 1/10 床麻布 = 1/4 把砍刀 = 1/10 把斧头；1 个藏族大袍 = 1 张 3 尺的水獭皮等[2]。又如 1 把斧头 = 3 捧黄连 = 1 捧贝母、2 碗黄蜡；1 碗盐 = 1/2 碗黄蜡 = 1/2 捧黄连 = 1/4 张麂子皮；6 排麻布 = 2 捧黄连、1 张鹿皮 = 1~2 捧贝母；1 斤茶叶 = 5 捧黄连；5 斤重的怒锄 = 3 捧黄连、3 碗黄蜡；3 尺铁锅 1 个 = 3 捧贝母；2 尺铁锅 1 个 = 2 捧贝母；1 个大三脚架 = 4~5 捧贝母；1 个中等三脚架 = 3 捧贝母；1 个小三脚架 = 1~2 捧贝母；1 条牛 = 20 捧贝母等[3]。

　　独龙族的外部交换网络的展开，广泛借助了已存的族缘、亲缘关系和现实中的拟亲关系。如在独龙江西南部的缅甸一侧，在恩梅开江和迈立开江之间的广阔地域上，就聚居着与独龙族同一族缘的十万之众[4]。这些具有不同称谓的部落群体，都和独龙族保持着密切的亲属部落关系。例如：居住在迪子江的同一部落称为"迪就"；居住在迪布勒江的称为"迪布勒"；居住在托洛江的称为"托洛龙"；居住在恩梅开江上游两岸的称为"阿迈"或"迈哇"；居住在拉打阁的称为"打斜"；居住在墨河一带的称为"墨哇"或"甲又"；居住在五约、腊埂一带的称为"折哇"或"迪秀"；在缅甸，他们被统称为日旺人。而独龙族把这些不同的部落集团称为"斐千"，即亲戚的意思[5]。正是这些久远的共同体记忆为独龙族向西南

①　参见民族问题五种丛书云南省编辑委员会编《独龙族社会历史调查》二，云南民族出版社，1985，第 73 页。
②　参见民族问题五种丛书云南省编辑委员会编《独龙族社会历史调查》二，云南民族出版社，1985，第 73 页。
③　参见民族问题五种丛书云南省编辑委员会编《独龙族社会历史调查》二，云南民族出版社，1985，第 103 页。
④　参见李金明、杨将领《中缅跨界独龙族：自称与他称释义》，《世界民族》2010 年第 4 期。
⑤　《独龙族社会历史调查》云南省编辑委员会编《独龙族社会历史调查》一，云南民族出版社，1981，第 14 页。

部拓展外部交换奠下了最为深刻的基础。特别是独龙江下游经过马库、钦兰当、滴郎当等诸村出境至缅甸的交换通道，在当地被称为"亲戚之路"。在缅甸一侧的同族同胞善于编织竹篾器，常常携带竹器、山地药材、兽皮等步行至独龙江，交换后买进盐及日常用品等[1]。正是借助于独龙族的中介转换，缅甸葡萄平原的众多族群可以交换到来自察瓦龙、贡山等地的牛、盐、土锅、铁三角、麻布等，而这些地方可以从缅甸获得品种繁多的竹器、兽皮等[2]。如在独龙江以北诸村的独龙人用一根竹背索，到察瓦龙可交换到陶锅一个，陶锅最后却交换到了缅甸的同族同胞手中[3]。

　　正是在这深厚的族缘、血缘关系的基础上，"走朋友"也成为独龙族外部交换的一种广泛形式。在外部的交换中，独龙族会以杀猪、鸡，饮血酒和宣誓的方式与交换对象建立起朋友关系，独龙语称作"布嫩牟"[4]。这是一种"通过经常性交往和互换礼物得到证明的真诚关系"[5]。独龙族通过与察瓦龙、贡山等地的"布嫩牟"的交换得到盐巴、砂罐等，带到缅甸的朋友家，换回斗笠、刀、水桶、花带、花棉布等。拟亲关系的运用，对独龙族的外部交换提供了又一个有力的支撑。正是在这些关系的合力支撑下，独龙族与外界的交换可能是延时的，也可能是不等价的或无固定比例的。独龙语称为"布伦"或"随伦"。围坐于个体的火塘，交换的双方一般事先通知彼此所需的物品，以便使主人事先准备好交换所需的东西。双方并不计算彼此交换的件数，不计算某一方多，某一方少，双方互相招待食宿，作主人的一方，常酿酒杀鸡热情招待来到的交换者。这是基于朋友之情，对自己的生产与生活之需作出的帮助[6]。

---

① 参见云南省民族研究所编《独龙族社会历史综合考察报告》专刊第一集，1983 年 12 月铅印本，第 49 页。

② 参见民族问题五种丛书云南省编辑委员会编《独龙族社会历史调查》一，云南民族出版社，1981，第 67 页。

③ 参见民族问题五种丛书云南省编辑委员会编《独龙族社会历史调查》一，云南民族出版社，1981，第 58 页。

④ 参见《民族问题五种丛书》云南省编辑委员会编《独龙族社会历史调查》一，云南民族出版社，1981，第 67 页。

⑤ 参见施蒂恩《19～20 世纪滇西北盐、牛及奴隶的交换与政治》，罗布江村主编《康藏研究新思路：文化、历史与经济发展》，民族出版社，2008，第 111 页。

⑥ 参见民族问题五种丛书云南省编辑委员会编《独龙族社会历史调查》一，云南民族出版社，1981，第 108、109 页。

2015 年已逾 70 岁的纹面老人蒋贵金所保存的几串由蓝、红、白色的玛瑙和兽骨制成的珠链，就是从察瓦龙藏区交换而来。作为独龙族女性的传统配饰，曾经广泛地流行于独龙江北部，而如今数量非常少，只鲜见于年老女性身上。蒋贵金说道：

> 在我妈妈她们那个年代，独龙女人都时兴佩戴珠串和耳坠，后面被商人们大量收购了，现在年纪大的才有一两个。还是以前的东西好，现在东西越来越多，可是质量越来越不好。这些配饰都是以前从察瓦龙那边换过来的。以前，我爸爸、妈妈都帮过察瓦龙的土司挖过贝母，去了好几年，我爸爸和察瓦龙土司的手下连布是很好的朋友，他来过我们家，我曾经见过他，他是一个高大的藏族。他们会送来兽皮做的衣服等。后来我妈妈还被划分为富农。我小时候和我叔叔去到察瓦龙那边的村子里面交换过东西，我们走了 3 天带着竹子编的篮子、麂子皮、独龙毯等去换青稞、小麦、苞谷等。以前啊，要是副业搞不好的人，衣服都没有穿的，一晚到亮地在火塘边上。

雄当村的莲自仙老人说：

> 在 1950 年前，我到过察瓦龙两三次，都是去交换东西。从南代上去，要翻越两座大山，走好几天才能到察瓦龙。第一次去我带去了竹子编的篮子、背篓、独龙毯等，换了两头小猪，土陶制的罐子，珠链，小孩吃的零食等。

斯共家族的熊文国老人说：

> 我妈妈与我爸爸结婚前，嫁过两个男人，两个都不幸过世了。而我爸爸在他青年时期就被察瓦龙的连布看中让他去家里帮工了 7 年，后来察瓦龙的连布看着我妈妈觉得可怜，快没有后代了，就让我爸爸回到独龙江的雄当村与我妈妈成家。我爸爸后来基本上每年都会去察瓦龙，背着皮毛等货物去，换回很多漂亮的珠链、陶罐、

刀具、衣服等。

现年 70 余岁的文面女黛齐尔说：

> 我在以前去过察瓦龙三次，从我们村出发要走 1 天的路程。我妈妈的家族中有个妹妹齐马当·阿金琴能嫁到了察瓦龙，我每年背着"夏比"、"百格等"去到她家，这些东西是在献九当以下才有。她又送给我很多珠链等饰品。

综上所述，对人类社会而言，交换并非是可有可无或时有时无的配件，而是人类社会自我构建的一个必备要素。尼采在《论道德的谱系》中提出：

> 人类把自己看成是衡量价值的生灵，他们认为自己有价值、会衡量、是"本身会估价的动物"。买和卖，连同它们的心理属性，甚至比任何一种形式的社会组织和社会群体的出现还要古老。[1]

我们甚至可以把人类之间所发生的所有互动关系都视为某种形式的交换。在前现代社会中，无论共同体成员之间的食物分享，或更为广泛的互惠或贡纳交换，其核心指向都是在一次次地确认以人的依附关系为基础的人们彼此之间的责任和义务。现代社会市场交换形式所完成的，只不过是在交换中完全剥离了人们的社会身份，这种剥离隐喻着人们把对方视为平等的，同时也隐喻着社会中的人分离为彼此独立的个体存在。在此视角基点上，我们可以看到，不同的交换形式，不过是在不同的、具体的历史时空中，依据人们由彼此承诺、共有责任乃至分享的历史而精心编织成的网，不断地更新和重建着人类的联系。如果超越了单纯经济的界面来审视交换，我们甚至可以说，不同交换形式之间的重叠、替代乃至共存，其核心指向不过是在摧毁、创造或重新安排社会结构体系中人与人之间的关系；为既定的社会结构的合法性提供了最基本的保障。

---

① 参见〔美〕大卫·格雷伯《债：第一个 5000 年》，孙碳等译，中信出版社，2012，第 74 页。

第十一章

交往工具与符号涵义系统

一 经济的社会性关联与价值悖论的展现

"价值"是一切经济过程的核心要素或指向。而当人们面对钻石的无用之昂贵与水的不可或缺性之廉价这一基本事实时，也就使经济过程以及人们对经济过程的看法，陷入了"价值悖论"永无休止的困扰之中。

价值悖论的形成，直接源于人类的两个经验性基础：一是在人们经济交往或物品交换中某种比例关系或比例结构的形成与存在；一是贫富两极的社会存在。后者不仅以其对"经济"的多重性关联的隐喻，引出了社会管理与控制的问题，即一个既存的经济运行体系以至它所依托的整个社会，要获得什么样的要素或在什么样的条件下，才能维系其运行或支撑其现实的存在；而且鲜明地揭示出，价值绝非是一个单一性的经济存在，进而经济也总是表现为一个具有多重社会关联性的存在，并一直在生发着社会关联性的意义。由此使经济繁荣的标识究竟是昂贵而丰富还是与廉价而丰富？成为人们审视经济过程甚或经济学理论的一个基本论题。

如果说，经济的实质功能在于给人们丰富的物质供给，那么，匮乏与昂贵就意味着苦难；但是，基于经济内在的社会关联性，丰富而廉价不是富裕，只有丰富而昂贵才意味着富裕。如早在重农学派时期，魁奈就作过如此的表达①。这也进一步凸显了一个隐藏更深的理论事实：对经济的分析从来就是在多样性的基点上和不同的进路中展开的。一方面，这些不同的基点把各自的分析意义限定在一定的范围和界限中；另一方面，即便是获得了"纯粹"经济理论形式的表达，无论是对特定经济行为的分析，还是对特定经济过程的阐述，最终都要落脚于对与之关联的社会意义的说明上；所有的经济理论都无可避免地内含着意识的、道德的、政治的等要素。这也就导致了人们对经济的认识，是以财富的生产与分配所引致的社会关系和社会结果为起点的。而两个直接的经验性基础把价值分析引入两条不同的进路：确定交换比例的努力，驱使人们为价值的存在寻找一个实体承载物；而"经济"寻求维系社会存在条件的努力，则推动人们去建构"自然的"或"公正的"基础。这就把交换乃至整个经济问题的思考与实践，不可分割地与不同的制度模式关联为一体。

在传统经济学中，"什么是货币"的命题，被简单地归结为货币在某一经济社会中有哪些经济功能的问题，进而演变成人们习惯地称之为"货币"的某一对象物，在历史上一种极为特殊的市场经济社会——现代社会——中，拥有哪些经济功能的问题。这一状况及其货币的形式规定的存在，不仅妨碍了人们对货币本质的认识，而且把货币理论的视域，限制在一个极其狭窄的空间。在这个空间里，人们既看不到货币是一种经济制度，也无法把对货币涵义的分析，作为比较分析社会的一个重要工具。

柏拉图在《理想国》中提到，货币是为了便利交换而设计的一种"符号"②。亚里士多德把欲望及其满足作为分析的基础，在区分使用价值和交换价值的基础上，把交换价值归于使用价值的衍生物，同时引入了"公正价值"的概念，它代表"社会对每种商品的估价"，从而意味着价值是超越个人能力的社会构建，而表现为"社会价值"的存在③。这样，他不是去假设一种形而上学的或固定的"客观价值"的存在，价值就以正常的竞

① 参见〔美〕约瑟夫·熊彼特《经济分析史》第 1 卷，朱泱等译，商务印书馆，1991，第 431 页。

② 参见〔美〕约瑟夫·熊彼特《经济分析史》第 1 卷，朱泱等译，商务印书馆，1991，第 91 页。

③ 参见〔美〕约瑟夫·熊彼特《经济分析史》第 1 卷，朱泱等译，商务印书馆，1991，第 97 ~ 99 页。

争价格的形式表达出来，以商品数量乘以正常竞争价格而表达出来的价值，不是一种抽象的、绝对的存在，而是实在的和可变的存在。

这一分析进路延续到中世纪，由圣·托马斯·阿奎那提出"公平价格"的概念，彰显出这一时期经济分析的主流倾向，是把内生于经济的社会关联性中的"公共利益"作为其理论努力的聚焦核心。价值悖论在此又获得一种新的形式表达：价值的原则意味着一个人的予取必须"相等"；但是，参与交换的内在驱动力是"有利可图"，即交换的参与者要放弃交换前的状况而愿意接受交换后的状况，这样，无论在物物交换还是在钱物交易中，参与者的"主观"价值或效用价值不可能相等。

而当弥散于经济生活中的价值获得了货币形式的普遍表达，货币便成为财富的一般代表，使财富具有了普遍性，它表现着一切交换价值的平等关系，一切交换价值在货币上都是同名的，"这样就在物质上和在空间上创造了交换价值的真正的一般性"①；也同时使物的价值同物的实体的分离成为显性的存在。这种显性的分离催生了经济的实物分析与货币分析，也使价值悖论得到了更多的形式表达。

如从实物分析的基点出发，"经济生活的所有主要现象都可以用商品和劳务，用有关它们的决定，用它们之间的关系来描述。货币只不过是配角，是用来便利交易的一种技术装置"②。这在现代经济学理论中升华为"中立货币"的概念，而其隐含的理论前提是：经济的实质在于使用价值的供给，价值可以仅仅只作为一种符号的存在。

而货币分析所赖以展开的理论前提则在于——货币本身就是一个价值实体的存在。因此，在本质上作为一切价值代表的货币，可以把各种在具体劳动层面上展开的、实际的并具有巨大差异的经济活动，抽象化为纯粹的数量关系，并把各种变量归并为若干社会总量，来进行经济的总量分析或宏观分析。这就使价值悖论具体化为货币理论中金属论与名目论的对立：坚持货币作为价值实体的存在，就要求货币在逻辑上必须由某种商品构成或由某种商品"予以担保"，而由其导引的货币政策实践，声称货币

① 《马克思恩格斯全集》第 46 卷上，人民出版社，1980，第 175 页。
② 〔美〕约瑟夫·熊彼特：《经济分析史》第 1 卷，朱泱等译，商务印书馆，1991，第 416～417 页。

单位应该牢牢地与一定数量的某种商品相联系并能与之自由兑换，这二者被分别表达为理论金属论与实用金属论；而在逻辑上对货币与商品的这种关联予以否认，并相应导致的不把货币与任何特定商品的价值相关联的政策实践，也分别得到了理论名目论与实用名目论的表达。这种对立，进一步延伸到货币理论的数量分析中：如果货币是一个价值实体，那么，这一实体（不论是金、银，还是粮食、布帛等）如同其他商品一样，其数量的增减会带来自身价值的降低或提高的变化，使它在与具体的商品关联时，会使这些具体的个别商品表现出涨价或贬值的现象；但同时展现的现象是，货币的价值变动，丝毫不会妨碍其执行价格标准的职能，也不会妨碍其执行价值尺度的职能。货币的地位使其数量多少、供求变化及其所带来的相对价值的变化，一方面，既不改变这个货币本身的单位比例的规定；另一方面，由于"这种变动会同时影响一切商品，因此，在其他条件相同的情况下，它们相互间的相对价值不会改变"①。所发生的情况只会是，流通中的商品通过比过去更多或更少的货币量而得到表现。这一结果恰恰不是出于货币的实体性存在，而是出于货币的符号性存在。由此展示了货币的符号功能或符号性的存在；展示了货币作为一般价值的代表，在其完成形态上，是作为"交换价值的被人承认的符号"，"作为商品的商品的象征"而存在的②。

马克思曾明确指出：一旦"商品在价值表现中取得等价物的地位，它的价值量就不是作为价值量来表现了。""在价值等式中，等价物始终只具有某物即某种使用价值的单纯的量的形式，对这一事实的肤浅了解，使贝利同他的许多先驱者和后继者都误认为价值表现只是一种量的关系。其实，商品的等价形式不包含价值的量的规定"③。

存在于经济生活中的价值悖论，把价值分析引向了为价值寻找一个实物载体的方向，并且从未间断过。而为价值所寻找的实物载体的理论努力，演成了使用价值"像幽灵般存在于交换价值中心"的情况④。鲍德里

---

① 马克思：《资本论》第1卷，人民出版社，1975，第116页。
② 《马克思恩格斯全集》第46卷上，人民出版社，1980，第89页。
③ 马克思：《资本论》第1卷，人民出版社，1975，第70~71页。
④ 〔法〕让·波德里亚：《象征交换与死亡》，车槿山译，译林出版社，2006，第3页。

亚（J. Baudrillard）在马克思对劳动二重性的分析中看到，劳动的使用价值失去了它的"自然性"，而在交换价值的结构功能中获得了相应的"特有"价值，引出了"使用价值是被交换价值生产出来的"论断；并且明确指出："认为交换价值产生于使用价值并终止于使用价值，是一种曲解。"①

自意大利人达万萨蒂 1588 年的《货币讲稿》开始，众多的人都把效用因素引入了定价过程，作为英国古典经济学之父的威廉·配第，也以"劳动是财富之父，土地是财富之母"②的话语，为后来的价值分析确立了两个"原始要素"。而加利亚尼 1751 年发表的《货币论》，把这一分析推向了 18 世纪的顶峰：他先是毫不犹豫地把"价值"定义为"一定数量的一种商品与一定数量的另一种商品之间的主观等值关系"，而"效用"与"稀缺性"成为价值的依托或价值过程的要素。同时，他借助于商品数量的这种价值描述，又出人意料地突然"从稀缺性转向劳动，并立即把劳动尊崇为唯一的生产要素和赋予物品以价值的唯一因素"③。无论是被人们后来归纳为客观价值论，还是主观价值论，它们为价值所寻找的实物载体的基本要素，在此都得到了展示。

这种理论努力具体化为价值构成的要素分析。无论这种要素是主观的构建，还是获得了一种"实在"的形式表达，都是为了使价值的存在得到一个实体的依托。当重农学派把农业视为唯一的生产性劳动时，便把价值的构成要素归结到配第所提出的两个原始要素之一的土地上。在重商主义那里，其实践基点使贸易差额成为主要聚焦点，也就把货币视为价值唯一的和真正的存在。

价值构成要素的分析，在古典经济学时代得到了更为多样性的表达：亚当·斯密的《国富论》在对前人分析的整理中提出 3 种不同的价值理论：（1）以海狸和野鹿交换的例子所表明的劳动数量价值说；（2）以"辛苦和麻烦"所导出的劳动负效用作为价值现象的基础，这一被约瑟夫·熊彼特称之为"那些无所不指又一无所指的貌似有道理的陈词滥调之一"的

---

① 〔法〕让·波德里亚：《生产之镜》，仰海峰译，中央编译出版社，2005，第 5 页。
② 参见马克思《资本论》第 1 卷，人民出版社，1975，第 57 页。
③ 参见〔美〕约瑟夫·熊彼特《经济分析史》第 1 卷，朱泱等译，商务印书馆，1991，第 451～453 页。

"劳动负效用价值理论"①，虽未获得分析的展开，却也蕴含着把价值与效用相关联的理论倾向；（3）在表述"工资、利润和地租，是一切收入和一切可交换价值的三个根本源泉"的基础上②，以成本分析为基点而引出的生产费用价值说，把价值分析推进到认为"价值是生产费用对效用的关系。价值首先是用来解决是否应该生产，即效用能否抵偿生产费用的问题"的方向上③。

此后，"萨伊认为决定实际价值的是效用"④，并铸成了生产、分配和消费以及土地、劳力和资本三位一体的分析图式。

李嘉图凭借以价值概念为中心的方法，用劳动量的价值理论改铸了《国富论》的理论内容，他认为："具有效用的商品，从两个泉源得到交换价值，一是它们的稀缺性，一是获取它们时所需的劳动量。"⑤ 这样便把效用视为产生交换价值的必要条件，然而，由于意识到"任何一种商品本身都会和其价值须加确定的物品一样地发生变化……使我们可以想到的任何商品都不能成为完全准确的价值尺度"⑥。不可能有这样一种商品（不管它获得何种形式的表达），它的一个单位所具有的交换价值能够充当一种不变的标准，用来衡量其他商品的交换价值的变化，那么，一个单位的劳动的交换价值必然不能令人满意，而一个单位的劳动本身就成为真正需要的东西。从而，唯一需要的就是想象一种总是含有同量劳动的商品，以便确立一种衡量交换价值的尺度。正是凭借这种逻辑上的非凡技艺，商品便获得了绝对价值，这种绝对价值能够比较，能够相加，能够同时增减，这是仅把价值视为交换比率的基点所不能企及的。

马尔萨斯、穆勒等人，则从供给与需求分析的另一条进路，展开了价值理论的重构。价值悖论在价值的供求决定和劳动量决定的理论冲突中再

---

① 〔美〕约瑟夫·熊彼特：《经济分析史》第2卷，杨敬年译，商务印书馆，1992，第463页。
② 参见〔英〕亚当·斯密《国民财富的性质和原因的研究》上卷，郭大力、王亚南译，商务印书馆，1972，第47页。
③ 参见《马克思恩格斯全集》第42卷，人民出版社，1979，第3页。
④ 参见《马克思恩格斯全集》第42卷，人民出版社，1979，第3页。
⑤ 〔英〕大卫·李嘉图：《政治经济学及赋税原理》，郭大力、王亚南译，商务印书馆，1962，第1页。
⑥ 〔英〕大卫·李嘉图：《政治经济学及赋税原理》，郭大力、王亚南译，商务印书馆，1962，第35页。

次得到具体化的展现。古典政治经济学把分析的重心从流通向生产的转折，使为价值寻求构成要素的各种各样的理论努力，都或多或少地涉及劳动要素的存在。然而，只有马克思，凭借于对劳动二重性的区分，提供了一个最为彻底的劳动价值理论。在直观的层面上，马克思和李嘉图为价值分析提供了同样的劳动数量理论，但二者却存在着一个根本性的区别。有如约瑟夫·熊彼特所说：

> 李嘉图这个最不形而上学的理论家采用劳动数量价值理论，仅仅是作为一种假设……用来说明相对价格的实际长期正常状态。但对马克思这个最形而上学的理论家来说，劳动数量理论不仅仅是关于相对价格的假设。包含在产品中的劳动数量不仅"调节"产品的价值，而且就是产品的价值（的本质和实质）。产品就是凝结的劳动。[①]

经济的社会关联性赋予经济学研究的内在基点，使这一学科的理论努力具有一个内在的冲动——服务于自己的时代或国家。由此而导致一个内在的倾向——把既存的制度视为当然并据此而进行推理。与此相对应，在诸多的经济理论中，马克思的经济分析之所以成为最强有力的理论存在，就在于对这种内在倾向的超越，其理论分析的聚焦点是证明：由于自身内在逻辑而不断变动的经济过程，是如何不断地改变着社会结构——事实上是整个社会。而经济学的这一内在倾向，却终于从 1870 年以后，日益得到了显性的和最为普遍性的表达，在承认既定宏观制度设置合理性的基点上，"为供给量固定的生产要素规定价格和分配资源成为唯一的经济问题"[②]。

在经济学再度转向的总背景下，奥地利的卡尔·门格尔，法国的马利－埃斯普里·里昂·瓦尔拉和英国的威廉·斯坦利·杰文斯，各自独立地提出边际分析理论。在把经济化约为一个变量与其他变量的纯粹分析基础上，效用和稀缺性作为便利的分析工具而被表达为价值构成的要素，而强烈依赖于对"效用"的主观评价的边际理论，也使其价值分析获得了主观价值论的称号，并成为延续至今的经济学主流。在此，有两个基本问题

① 〔美〕约瑟夫·熊彼特：《经济分析史》第 2 卷，杨敬年译，商务印书馆，1992，第 336 页。
② 〔美〕R. D. C. 布莱克等编《经济学的边际革命》，于树生译，商务印书馆，1987，第 11 页。

是值得强调和重视的：一方面，这种把价值托付于主观认定的分析，却是建立在对经济的一个更为深刻的"客观"的认识基点上，即作为理论抽象的"生产一般"，对任何民族或社会都是一个不可扬弃的基础，这种生产或经济的活动一旦停止，也就立即中止了任何社会的存在。这样，在建立了一定社会设置的前提下，经济的活动及其运行完全可以表现为纯粹的量的比率或关系。正是在此基点上，边际效用成为"一种适用于所有经济问题的分析工具"①。经济学也由此一方面获得了"纯粹经济性分析"的表达；另一方面，这种"纯粹经济性分析"也从未扬弃经济学的社会关联性的内在基点，只不过是对这一内在基点作了影响更深的隐藏。在它所推进的各种数量分析中，无论是描述既定框架中的变量关系，还是假设这些变量关系"最优化"所必需的条件，都明白无误地揭示出这些理论努力的根本性目标，在于为维系或改善现实的经济运行以至整个社会的存在寻求支撑的力量或前提性条件。

这些经济变量的分析，最终都落脚到了对与之关联的社会关系、预期结果或意义的说明上。经济学转向所形成的社会整体性关注与经济学的分离或经济学自身的这种"孤立化"，并非前者的消失，而仅仅意味着一种遮蔽，转而潜入到经济学的假设以及研究者对思想、概念、变量的选择中。有人曾在具象层面上指出，"将劳动力看作与土地、资本同等重要的生产要素也许对分析很有帮助，但不论多么含蓄，它还是反映了一种道德观，即人与资本是可以互换的"②。然而，以另外一种理论视角或许可以看到，边际学派的先驱戈森以享受为价值研究的基点所展开的绝对价值批判，在"没有绝对价值的假设，价值便成了某种变化无常的东西"③的声言背后，实际已经把经济价值的基础性问题关联于不同的社会文化，并把这种"文化价值判断"的领域引入到经济分析的事实中，作为经济学理论核心的价值理论便遭遇了文化差异的问题。从某种角度甚至可以这样说，正是现代经济学的这一理论变调，疏通了对经济进行文化与社会分析的进路。

---

① 〔美〕约瑟夫·熊彼特：《经济分析史》第3卷，朱泱等译，商务印书馆，1994，第242页。
② 〔加拿大〕文森特·莫斯可：《传播：在政治和经济的张力下——传播政治经济学》，胡正荣等译，华夏出版社，2000，第35页。
③ 〔德〕赫尔曼·海因里希·戈森：《人类交换规律与人类行为准则的发展》，陈秀山译，商务印书馆，1997，第54~55页。

上述事例表明，人们为价值的存在寻找承载实体或构成要素的理论努力，尽管在形式上表现为对价值本质的说明，却在实质上全都转向了对价值的社会关联性功能的说明。这一转向使"人们至今仍未充分认识到，劳动价值理论这个术语包含几种不同的含义"[①]。为价值的设定所寻求的不同构成要素，最终都落脚到为财富的分配提供依据的基点上，以至今天衍生出人力资本、文化资本、社会资本以及知识就是"知本"等的不同论说，预示着在某一特定的价值设定下，社会存在中的不同类型的资源或力量，具有了获得经济转换的潜能。为价值设定提供出的不同构成要素，都可以为其实证性体系找到肯定性或否定性的事实依据，使这些不同的理论论说无一幸免地表现出对某一特定的社会，或对社会中某一特定力量或辩护或批判的社会关联性目的。

于此我们或许会明白，历史上围绕着不同经济理论所展开的争论（不管是赞成抑或是反对），为什么其争论的核心或聚焦往往不在理论本身，而在于这个理论所引导的实践及其社会后果？对经济的社会关联性的关注，使这些争论无论在过去还是现在，都主要转换为政治、道德或社会意向的表达。或许也可以说，这种研究的努力或进路，使价值分析在对价值的社会关联性功能的说明方面，已经获得了长足的进展；却同时似乎离价值的本质说明愈来愈远。如果以同样的方式在同一进路上展开价值的分析，我们所能得到的不会比我们的前人更多。

索绪尔在从经济学意义上理解语言的价值时，把语言的词项与货币相比，区分了词项交换的两个维度：一枚钱币应当可以交换某种价值的真实财产，另外它也应当可以被放到与货币系统各项的关系中。价值的存在由此而具有功能的维度和结构的维度。他倾向于把价值一词专用于这后一个方面：尽管在概念上，价值"无疑是意义的一个要素"；然而，所有价值都受到一个两难原则的制约，即价值是："（1）一种能与价值有待确定的物交换的不同的物；（2）一些能与价值有待确定的物相比的类似的物"[②]。这就表明，价值并非一个固定的存在，它是在与一个给定的概念相"交

①〔美〕约瑟夫·熊彼特：《经济分析史》第1卷，朱泱等译，商务印书馆，1991，第463页。

②〔瑞士〕费尔南迪·德·索绪尔：《普通语言学教程》，高名凯译，商务印书馆，1999，第160、161页。

换"中而得到展现的，"要借助于在它之外的东西才能真正确定它的内容"①。因此，所谓的经济价值，无非是一个既定物品在一个由各种意义关系构成的系统中的差别性定位。因此，价值分析的重心若要转到对价值本质的说明上，其聚焦点就是对价值结构维度的分析。尽管这一说明仍然不能使我们在价值范畴的运用中排除社会关联性的存在，但至少它能够使理论运用中的多重性社会意图或功能目的，不再以隐性的、含混的形式来表达，而得到显性的或明晰的展现，进而使我们有可能对理论运用中的各种可能性趋向有更为清醒的认识或更为稳健的把握。

二　价值与货币的本质探析

价值本质问题的探究源远流长，但是，由于对价值功能性的主要聚焦，使这一说明或未能展开，或为人们所忽略。价值的功能性分析，指向的是经济交换中的具体操作；而正是在价值结构维度的基点上，才衍生出经济活动的可交换性。

在形式上，马克思也同其他人一样为价值的存在寻找某种基质或构成要素，但是，他在创立劳动价值论的过程中，已经敏锐地抓住了价值是一种对象性的存在："价值对象性纯粹是社会的"，在这种价值对象性的存在中，不包含任何一个"自然物质原子"②。从来没有一个化学家在珍珠或钻石的物质结构中发现交换价值，"物的价值只能在交换中实现……只能在一种社会的过程中实现"③。这便展现出价值的本质在于社会性建构的理论涵义。因此，尽管马克思的整个经济理论都立足于劳动价值论的基础上，但仅从某种特定的物质形式来理解价值的存在，实在是对马克思的一种误解。并往往使人们过多地忽略了马克思对价值存在的非物质性的表述："既然交换价值是表示消耗在物上的劳动的一定社会方式，它就像汇率一样并不包含自然物质"④。

---

① 〔瑞士〕费尔南迪·德·索绪尔：《普通语言学教程》，高名凯译，商务印书馆，1999，第161页。
② 马克思：《资本论》第1卷，人民出版社，1975，第61页。
③ 马克思：《资本论》第1卷，人民出版社，1975，第100页。
④ 马克思：《资本论》第1卷，人民出版社，1975，第99页。

　　在经济学中，马克思从商品二重地存在这个简单的事实出发，而得出
了最为精湛而深刻的分析：一方面，商品作为特定的产品存在，在其自然
存在形式中，观念地或潜在地包含着自己的交换价值；另一方面，商品作
为表现出来的交换价值（货币）存在，又抛弃了它同产品的自然存在形式
的一切联系。"这种二重的、不同的存在必然发展为差别，差别必然发展
为对立和矛盾。商品的特殊的自然属性同商品的一般的社会属性之间的这
个矛盾，从一开始就包含着商品的这两个分离的存在形式不能互相转换的
可能性。商品的可交换性作为同商品并存的物存在于货币上，作为某种和
商品不同的、不再和商品直接同一的东西而存在"①。这便在第一个层面上
展现了货币作为一种商品，在商品世界的矛盾运动中分离为一般等价物的
本质。

　　可见，货币存在的前提是社会联系的物化。它首先是表现一切交换价
值的平等关系的东西：一切交换价值在货币上都是同名的。我们由此而得
到了一个警句："一切商品都是暂时的货币；货币是永久的商品。"② 在产
品或活动成为商品，商品成为交换价值，交换价值成为货币的过程中，
"货币内在的特点是，通过否定自己的目的同时来实现自己的目的；脱离
商品而独立；通过使商品同交换价值分离来实现商品的交换价值；通过使
交换分裂，来使交换易于进行；通过使直接商品交换的困难普遍化，来克
服这种困难；按照生产者依赖于交换的同等程度，来使交换脱离生产者而
独立"③。这样，在本质上作为一切价值代表的货币，使物的价值同物的实
体分离了。然而，马克思的一个更为重要而深刻的分析，是以商品拜物教
的理论揭示出，人们的劳动交换，同时也是一种精神的交换。"货币代表
一种社会关系，不过采取了一种具有奇特的社会属性的自然物的形式"④。
这种拜物教的神秘性质，既不来源于商品的使用价值，也不来源于价值规
定的内容；而只是人们自己的一定的社会关系，"在人们面前采取了物与
物的关系的虚幻形式"⑤。商品的交换是以对劳动的抽象为前提的，"而在

①　《马克思恩格斯全集》第46卷上，人民出版社，1980，第92页。
②　《马克思恩格斯全集》第46卷上，人民出版社，1980，第94页。
③　《马克思恩格斯全集》第46卷上，人民出版社，1980，第96~97页。
④　马克思：《资本论》第1卷，人民出版社，1975，第99~100页。
⑤　马克思：《资本论》第1卷，人民出版社，1975，第89页。

实际交换中，这种抽象又必须物化，象征化，通过某个符号而实现"①。

这样，交换过程使产品成为商品，商品成为交换价值，产品开始在头脑中取得了二重性存在。"这种观念上的二重化造成（并且必然造成）的结果是，商品在实际交换中二重地出现：一方面作为自然的产品，另一方面作为交换价值。也就是说，商品的交换价值取得了一个在物质上和商品分离的存在"②。这两者之所以能够并存，只是商品取得了二重存在："除了它的自然存在以外，它还取得了一个纯经济存在；在纯经济存在中，商品是生产关系的单纯符号，字母，是它自身价值的单纯符号。……作为价值，商品是一般的，作为实际的商品，商品是一种特殊性"③。因此，商品作为价值的自身和作为产品的自身是不同的。价值不仅是商品的一般交换能力，而且是它的特有的可交换性。

可见，产品作为交换价值的规定，产生了一个同商品界本身相脱离、而自身作为一个商品又同商品界并存的交换价值。从而，"商品作为交换价值的一切属性，在货币上表现为和商品不同的物，表现为和商品的自然存在形式相脱离的社会存在形式"④。

事实上，被用作交换媒介的商品，只是逐渐地转化为货币，转化为一个象征。而在发生这样的情况后，"这个商品本身就可能被它自己的象征所代替"。人类学的诸多资料都表明："被无文化民族用作货币的物体中很少是具有使用价值的，大多是给展示它们的人带来声望"⑤。在数不胜数的各种货币的原初形式中，就有许多既非粮食也非贵金属，而超出了劳动价值衡量的商品范围。如密克罗尼西亚的开孔平石，新几内亚的木制胸甲，新不列颠岛的犬牙，以海贝为基质的罗塞尔岛的达普币和达荷美的安产贝，以及斐济岛的鲸牙，等等。用拉德克利夫－布朗的话说，它们是具有最高社会价值的物，带有构筑更大社会关系和社会整体的能力。在太平洋中的雅普（Yap）岛，巨大的石盘就是一种"货币"，但它们几乎无法搬动，因而也就无从谈起便利性，更重要的是，这种用于礼仪性交换的货

---

① 《马克思恩格斯全集》第46卷上，人民出版社，1980，第88页。
② 《马克思恩格斯全集》第46卷上，人民出版社，1980，第89页。
③ 《马克思恩格斯全集》第46卷上，人民出版社，1980，第85页。
④ 《马克思恩格斯全集》第46卷上，人民出版社，1980，第90页。
⑤ M. J. Herskovits, *Economic Anthropology*, New York: Alfred A. Knopf. Knopt, 1952, p.214.

币——石盘——是其他价值不能与之折合的；存在于特罗布里恩岛库拉交易圈中的"货币"——用贝壳做成的红色项链"索拉瓦"和用贝壳做成的白色手镯"母瓦利"——也具有类似的价值不可转换性；并且在其本身并无直接经济有用性的同时，却拥有一种社会身份的认定和稳定的非经济的社会涵义。与此并存的其他"财富标志"，也是用"稀罕并难于获得的"材料并花费"大量时间和劳动"来制作的，而"几乎没有任何实际用途"的"仪式使用的大斧斧身"①。劳姆（Laum）则证明了，荷马史诗中著名的牲畜货币，不是从牲畜作为实用产品的任何用途中产生，而是从牲畜在献祭和仪式性的圣餐中所具有的神圣意义里产生。他从赎罪仪式的收费中引出了等值（相同价值）概念，从象征性替代的仪式中引出了价值象征物的概念，从仪式中散发圣餐引出了价格的概念。尽管人们把一些古代货币看作装饰品，并从其装饰目的中产生其价值，但劳姆也明确地论证了，装饰不能被视为终极的心理范畴来接受。而且，装饰品事实上基本是巫术护符和象征②。同样，鲸牙在斐济岛"遵从礼俗认真地呈献，作为酋长间的交易，鲸牙安排战事、刺杀、贵族联姻，鲸牙缔结或解除政治联盟，鲸牙拯救濒临灭亡的村庄和王国，鲸牙祈诉神的恩典。从它能创造社会，予生予死的角度看，鲸牙与神旗鼓相当……于是就有霍卡特（Hocart）得出的鲸牙的交换价值：几两重的神性等于成磅的粗货。因而也就有斐济人所持的观点：在 19 世纪国家形成的过程中，鲸牙的作用远胜毛瑟枪。流通的鲸牙愈多，斐济群岛上存在的国家愈强大③。这些实例表明，正是价值作为"社会性建构"的本质存在，可以使各种各样的物质形式乃至石头成为"并不需要它的所有者的间接财富……这个对象的价值对他而言就是一种交换价值"④。

西皮翁·德·格拉蒙在 17 世纪就指出："货币并不从自己的组成材料

①　参见〔美〕诺尔曼·布朗《生与死的对抗》，冯川等译，贵州人民出版社，1994，第 263 页。

②　参见〔美〕诺尔曼·布朗《生与死的对抗》，冯川等译，贵州人民出版社，1994，第 264 页。

③　马歇尔·萨林斯：《别了，忧郁的譬喻：现代历史中的民族志学》，王筑生主编《人类学与西南民族》，云南大学出版社，1998，第 39 页。

④　〔法〕米歇尔·福柯：《词与物——人文科学考古学》，莫伟民译，上海三联书店，2001，第 263～264 页。

中获得其价值，而是从作为君主的形象或标记的形式中获得其价值。"① 人们可以恰当地使用另一个商品，而不管它有多劣等和下等。如铜在许多地方是便宜的，而当它在某些地方转换成货币时，就获得了"昂贵的"存在。并非金属内在固有的价值赋予物品价格，物品是通过相互之间的关系才获得价值的②。这样，货币与财富之间的关系就被限定了。

米歇尔·福柯认为："这是任意的关系，因为这不是金属内在固有的价值赋予物品以价格；即使没有价格的物体也能用作货币；但它必须具有特有的表象性质和分析能力，它们使得它能在财富之间建立起平等和差异的关系。"③ 货币从其纯粹的符号功能中接受了自己的价值，也就揭示了价值的约定性特征。也就是说，价值"只是一个由公共同意所接受的筹码，因而，也就是一个纯粹的虚构"④。这就使福柯进而认为："并不存在公正的价格：在无论什么样的商品中，都没有什么通过某个内在固有的特性来表明必须用来支付商品的报酬的货币数量。"⑤

对价值的本质或形成来说，"问题不再是要知道财富根据何种机制能在相互之间进行表象（以及根据贵金属这一普遍可表象的财富来表象它们自身），而是要知道欲望和需求的对象为何要被表象"⑥。对此，马克思曾指出，在人"以他自己直接需要的量为他生产的尺度，这种需要的内容直接是他所生产的物品本身"的状态下，人"所生产的东西不多于他直接的需要"。而在"进行生产只是为了占有"，"生产的目的就是占有"的状态下⑦，就有了超过需要的直接界限的剩余产品；也就有了实现"占有"的

---

① 参见〔法〕米歇尔·福柯：《词与物——人文科学考古学》，莫伟民译，上海三联书店，2001，第232页。
② 参见〔法〕米歇尔·福柯：《词与物——人文科学考古学》，莫伟民译，上海三联书店，2001，第232~233页。
③ 〔法〕米歇尔·福柯：《词与物——人文科学考古学》，莫伟民译，上海三联书店，2001，第233页。
④ 〔法〕米歇尔·福柯：《词与物——人文科学考古学》，莫伟民译，上海三联书店，2001，第240~241页。
⑤ 〔法〕米歇尔·福柯：《词与物——人文科学考古学》，莫伟民译，上海三联书店，2001，第245页。
⑥ 〔法〕米歇尔·福柯：《词与物——人文科学考古学》，莫伟民译，上海三联书店，2001，第252页。
⑦ 《马克思恩格斯全集》第42卷，人民出版社，1979，第33页。

社会要求。从而，价值的本质实在不过是以"占有"为基点，服务于"占有"这一核心而进行社会性建构的一个产物。

把货币视为交换手段，是经济学货币研究的理论起点。而在世界的不同民族中，当我们面对货币诸多的不同形态时，民族经济学所得到的启迪是：货币理论要获得更大的阐释力，是否应该去寻找更多的理论起点与视角？1993 年，具有经济学背景的法国人类学家菲利皮·罗斯帕比（Philippe Rospabe'）开启了以"债"为考察货币基点的研究，并认为：

> "原始货币"的诞生并不是为了偿还债务，它是一种手段，用来承认存在某种不可能偿还的债务。[①]

美国人类学家大卫·格雷伯（David Graeber）继之也认为："货币最初、最重要的作用，是承认某人欠下了比金钱珍贵得多的东西。"[②] 这样的研究视角，源于他们在世界民族的实存结构中看到，有些"货币从来不会在买卖过程中使用。它们反而是用在创建、维持和重新组织人们之间的关系：安排婚姻、确定孩子们的生父、防止结下世仇、在葬礼上安慰送葬者、犯罪后寻求宽恕、谈判条件、赢得追随者……""这些经济体系考虑的首要问题并不是积累财富，而是创造、摧毁、重新安排体系中人与人之间的关系"[③]。这样，透过货币所体现的信任或信用关系，货币在本质上表达的是一种权力结构和权力关系。货币存在中的权力建构得到了清晰的展示。

不理解价值作为"社会性建构产物"的本质，对价值构成要素的追寻，不过是形成了相反意义上的两个询问：或是询问"在什么条件下一个财产能成为交换体系中的价值"；或是寻思"在什么条件下一个评价判断能转变成这同一个交换体系中的价格"[④]。而只要认识到价值的社会性建构本质，就可以清晰地看到，价值通过货币这种象征形式，表达着不同的社会涵义，被概念地当作一种"超现实的物"。然而，这种超现实性，并不

---

① 参见〔美〕大卫·格雷伯《债：第一个 5000 年》，孙碳等译，中信出版社，2012，第 129 页。
② 〔美〕大卫·格雷伯：《债：第一个 5000 年》，孙碳等译，中信出版社，2012，第 131 页。
③ 〔美〕大卫·格雷伯：《债：第一个 5000 年》，孙碳等译，中信出版社，2012，第 128 页。
④ 〔法〕米歇尔·福柯：《词与物——人文科学考古学》，莫伟民译，上海三联书店，2001，第 260 页。

唯一地限定在某一物质上。货币对象物的具体形式，究竟体现为金、银、铜，还是海贝、豚牙甚或现代的纸币等的物质形式上，首先在历史上表现为一种偶然。而这种偶然性，又强烈地透出不同文化实存或社会建构的决定关系。作为价值表达的货币，之所以具有社会性的力量，乃是社会的各种关系和各种要素的联结之力，象征之力，而不仅仅来源于它的所谓"商品性"规定；它从共同体生存的深层系统规定的象征或社会建构中，获得了一个相对恒久性稳定的根据。

这样，货币作为社会性建构产物的价值存在，其存在的前提是社会关系或联系的物化，它"蜕掉了它自然形成的使用价值的一切痕迹，蜕掉了创造它的那种特殊有用劳动的一切痕迹，蛹化为无差别的人类劳动的同样的社会化身"①。正是价值的社会性建构本质，使我们"从货币身上看不出它是由什么东西变成的，那么，一切东西，不论是不是商品，都可以变成货币"②。在人类早期历史中，劳动含量极其细微的海贝作为一般等价的货币，在非洲、亚洲、欧洲和印度洋地区都获得了普遍性的存在，而这恰恰不是基于海贝作为一种实在商品的存在，而是特定区域和特定社会群体在文化模式传承中，对权力支配的现实关系的一种符号象征形式的表达。"如果不是因为贝壳货币这种纯粹的理想性，它的广泛传播是不可能的"③。海希尔海姆（Heichelheim）也曾指出，在古代近东地区附加于金银之上的价值，本质上具有巫术－宗教的性质。约翰·洛克对这一现象的表述是"人类同意给金银赋予一种想象的价值"④。进行纯粹经济学分析的凯恩斯也充分承认，现代经济附加在金银之上的想象的价值，是从宗教领域中衍生出来的，"古老埃及祭司的巧计使这种黄色的金属充满了其有魔力的特性，这至今也没有全部消失"⑤。

在此，如果归结到"稀缺性"的解释上，那么，正如齐美尔（G. Simmel）所说："是稀缺与不稀缺之间的某个比例，而非稀缺自身，才是价值的条件。"因此，"价值总量等于获得客体的在自然的、生产的与社会

---

① 马克思：《资本论》第 1 卷，人民出版社，1975，第 128 页。
② 马克思：《资本论》第 1 卷，人民出版社，1975，第 151 ~ 152 页。
③ 〔德〕齐美尔：《货币哲学》，陈戎女等译，华夏出版社 2002，第 84 页。
④ 参见〔美〕诺尔曼·布朗《生与死的对抗》，冯川等译，贵州人民出版社，1994，第 265 页。
⑤ 参见〔美〕诺尔曼·布朗《生与死的对抗》，冯川等译，贵州人民出版社，1994，第 265 页。

机遇等方面的难度这个公式是不对的"①。而若归于"效用"的解释，马克思也曾明确指出："金银根本不是必要的使用对象，所以它们也被排斥在直接生产过程之外"；"金银的使用价值的性质就在于它应是某种多余的东西"②。"在商品流通的初期，只是使用价值的多余部分转化为货币。这样，金和银自然就成为这种多余部分或财富的社会表现"③。一方面，金的生产"只需要人的最粗笨的劳动，既不需要科学，也不需要发达的生产工具"④；另一方面，它既不作为消费对象来满足直接的需要，又不作为要素加入生产过程。就此而言，金银成为货币恰恰源于其"无用性"或"无价值性"。因此，仅在劳动或商品的意义上，来认识金银成为货币或其象征材料的存在，是不充分的。当某种物品获得了货币象征材料的存在时，必然具有更为深厚的社会和文化的意涵。

　　"昂贵而丰富与廉价而丰富"的论题所展现的经济和社会的涵义，对此作了最集中和最充分的表达。如果一个客体在它的完备形式下首先产生于我们的意识，那么，"价值"就完全居于主体之中；如果说"价值"是一种客观存在，那么，这种客观性仅仅在于由社会性建构所确立的"对主体的普遍有效性"。由此，经济价值被表达为"在一种相对主义的世界图景中的排列"⑤。可以看到，是文化过程，更确切地说，是"价值"的社会性建构，把冲动、愉悦、需求等的主体条件转换为客体的价值。而经验基础所提供的无限多的客体都完全作为这种表象的产物，一次又一次地引发了"关于价值主观性与客观性的误导性问题"。如果考虑到意志客体与表象客体的区分，那么，"即使二者在空间、时间与性质序列里占有相同的位置，被欲求的客体也以一个不同的方式与我们相对且与被表征的客体有极其不同的意义"⑥。

　　在世界经济历史中，价值的社会性建构，曾经以海贝一类几乎不含有劳动量要素的符号象征体系来进行自我表达。自这一表达形式落脚于贵金

①　〔德〕齐美尔：《货币哲学》，陈戎女等译，华夏出版社，2002，第15页。

②　《马克思恩格斯全集》第46卷下，人民出版社，1980，第458页。

③　马克思：《资本论》第1卷，人民出版社，1975，第150页。

④　《马克思恩格斯全集》第46卷下，人民出版社，1980，第455页。

⑤　〔德〕齐美尔：《货币哲学》，陈戎女等译，华夏出版社，2002，第40页。

⑥　〔德〕齐美尔：《货币哲学》，陈戎女等译，华夏出版社，2002，第19页。

属的实物形体上，尤其是自西方的市场经济模式确立了世界性的支配地位后，它的存在形式从其符号象征的意义来说，并不是比先前那些"原始形式"更为纯粹，相反，而是紧紧地附着和依赖于金银这种特殊商品的实物形式上，而使其符号象征的意义表现出不完全的性质。而进入 20 世纪后，1944 年的布雷顿森林会议，是在货币要取得纯粹象征意义的存在形式和体系发展的趋势下，人们对这种符号象征体系与特殊商品实体的关系，进而是对货币的象征存在体系与真实经济体系关联性的最后一次认定。而凯恩斯经济理论及其所引导的以大规模信贷扩张刺激经济增长政策实践，实际的内容便是凭借于货币形式的符号象征体系的存在，把对未来的透支用于现实的经济过程；开启了价值的社会性建构以纸币形式逐渐摆脱经济的实体存在，而谋求其象征意义的存在形式和体系的独立发展的道路。最终，尼克松在 1971 年 8 月 15 日决定停止以黄金支持美元的地位，给布雷顿森林会议的货币体系画上了句号，使货币形式在完全的符号象征意义上获得了前所未有的、全球性的规模扩展。

价值的社会性构建，使货币成为人类的一种外化了的能力存在，它"能够把观念变成现实而把现实变成纯观念的普遍手段和能力———一方面把人和自然界的现实的本质力量变成纯抽象的观念，并因而变成不完善的东西和使人痛苦的妄想；另一方面，同样地也把现实的不完善的东西和妄想，把个人的实际上无力的、只存在于个人想象中的本质力量，变成现实的本质力量和能力"①。即便以某种实物形式作为价值的表达或存在基础，也并不源于其所具有的使用价值或直接有用性。最初表象价值的不同实物形式，往往是由它们所拥有的非经济因素、它们在各种仪式中的实质性位置一起进入特定民族共同体社会生活的不同方式，使它们与这个民族中其他类型的财产相区别而获得了货币地位。

基于此，赋予"价值"的各种表征物具有一种决定和调动整个社会生活的无形的、幻想般的力量；直接担负着与社会物质生活密切相关的表层的整合使命。而其所以能发挥把社会整合为一个统一体的功能，又是与社会的传承因素紧密相关的。货币作为价值一般存在形式的物质化，是从它

---

① 马克思：《1844 年经济学—哲学手稿》，刘丕坤译，人民出版社，1985，第 108 页。

所依据的物体的彼此相互关系中获得意义的，从而也使"货币在最纯粹的形式上代表着纯粹的交互作用……成为人与世界关系的充分表达"①，价值的本质就是一种关系的存在。

基于此，齐美尔把货币完全视为"一种社会学现象，是人类互动的一种形式"，从而，"社会互动的稳定性和可靠性——即经济领域中的连续性——为物质意义的货币的消解做好了准备"。"文化互动的普遍稳定性和可靠性影响了货币的所有外在方面"②。"只有在质料要素后退的意义上，货币才真正成其为货币"③，这样，价值的社会性建构不过是通过货币体现和升华了"人对于他的意志、他的力量施加的对象以及他无能为力的对象的实际关系"④。所以，一切价值表征物的可流通性，在根本上要由社会、法律和个人的担保和关系来保证。从而，"公共权威、公共制度和一般公共交往及各种各样的担保形式，都越来越构成货币的涵义"⑤。

价值的社会性构建的本质，展现了价值的任何载体和表征物，"它的价值可能就会是零，价值越高，危险性就越大"⑥。经济存在的社会关联性，由此得到了最为深刻和生动的展现。

可以看到，物的价值同物的实体分离，是在货币的符号形式上得到完全实现的。但也正是在这种形式上，货币展现出了它的社会性质。货币，作为个体化的交换价值，从而作为物体化的财富，曾在炼金术中被人追求。而金作为人们最先知道的金属，在人类的最初记录上，被认为是人类状况的尺度。但是，人们并不能在黄金的物质化学结构上发现其价值，而正是其象征价值，使黄金的客观特性成了人类社会中的一个强有力的因素。如果不从文化与传承的价值角度去把握金，是不可能趋近于"金问题"的本质理解的。

经济学从一开始就作出许多有价值的探索，也是具有启示意义的。国际通货理论的权威波尔·爱因齐格（P. Einzig）曾为了弄清包括"金问题"

---

①　〔德〕齐美尔：《货币哲学》，陈戎女等译，华夏出版社，2002，第65页。
②　〔德〕齐美尔：《货币哲学》，陈戎女等译，华夏出版社，2002，第104～105页。
③　〔德〕齐美尔：《货币哲学》，陈戎女等译，华夏出版社，2002，第129页。
④　〔德〕齐美尔：《货币哲学》，陈戎女等译，华夏出版社，2002，第141页。
⑤　〔德〕齐美尔：《货币哲学》，陈戎女等译，华夏出版社，2002，第116页。
⑥　〔德〕齐美尔：《货币哲学》，陈戎女等译，华夏出版社，2002，第114页。

在内的现代通货问题的本质，以数年时间完成了《原始的货币——从民族学、历史学和经济学的角度分析》一书，而受到了高度评价[①]。从经济学的视角看，交换经济资源的所有权，是社会的一个普遍现象。当我们把引导权利转移的这种安排称作交易系统时，一个交易系统是由法律、法令、传统习惯和各种促进付给的手段、工具所组成的。在几乎所有已知的社会中，人们看到了某些特定的资产或物品经常充当间接的联结环，频繁地出现在交易链中。这些资产或物品就被称之为交换媒介。而当某种交换媒介经常性地使用，并排除了其他物品充当潜在的或现实的媒介和支付的作用时，这种物品就被称之为货币。经济学还在个体交换中看到，货币的有用性在于它使信息经济化，并带来了交易成本的概念。这样，经济学分析的一个基本假定是，货币需求的部分原因，在于出现了与生产专业化有关的收益。只要人们的生产与消费直接相联，或者说人们同时专业化于生产领域和消费领域，交换媒介就没有必要存在；而且，只要专业化分工和交换中的信息使用是无成本的，交换媒介也没有必要存在。这样，人们的交换面临着两种选择：或者为了直接交换而花费一定的成本来搜集信息，以确定他们商品制作的质量和对特定商品的需求，用经济学家的语言说，就是试着发现特定商品的实际的需求曲线和供给曲线；或者就是在他们的交易链中，加入间接联结环，以获得有关质量信息而降低交易成本。如果人们愈多地交易同一种资产，有关成本就下降得愈低，最终绝大多数交易者所面临的交易成本结构是可以比较的。一旦买卖双方作出某些安排，来降低不确定性和改善期望价格时，某些商品就开始充当专门的交换媒介了。假设每个交易者都拥有一份最初的资源禀赋，假设交易成本与交易量成正比，把交易成本纳入交换模型。那么，交易者在追求最优化过程中所面临的选择范围是很广的。他的问题是，在挑选最优的一组商品或在确定消费计划时，如何找到一个最优的交易结果并确定最优的信息成本该是多少。交易成本类型不同，所得到的付给体系就不一样，有些是货币型的，有些是非货币型的。

马克思关于商品拜物教的分析，以现代社会为基点，提供了一个关于

---

① 参见〔日〕栗本慎一郎《经济人类学》，王名等译，商务印书馆，1997，第115页。

经济过程的文化层面的经典论述。并揭示出，被嵌入生产过程之中的系统的社会关系，是如何通过货币形式，而在生产者对商品的偶像化和移情意识中获得表现的。这表明，货币是一种社会关系，它作为特定人类共同体的行为体系的一部分而存在。尽管货币是整个社会的共同创造物，但对于个体而言，它又是外生的力量。

这一理论分析蕴含着一个为人们长期忽视的观点，即货币并非从来就有；而在同一个经济中，可能同时存在着几种交换体系。只有将货币现象与不包括货币在内的社会关系体系加以比较研究，才能把握货币的本质特性。为了理解包括货币关系在内的社会关系体系，则必须有一个比较的和历史的视野。然而，这一具有深刻意蕴的洞见，并未被经济学充分理解，而在经济民族学场域中，这正是应该得到广泛接受和运用的理论成果。经济民族学强调对货币作为沟通社会与经济之间的一种制度性手段的描述，也形成了对经济学货币理论的重要补充。

三　货币符号象征的制度文化意义

人类学的经验资料向我们表明，货币的原初形式，是先于其任何功能而存在于社会中的一种对象物。这种对象物必然是为人们所珍重和崇拜的、拥有精神威力的东西，有时甚至成为维持共同体的精神支柱。韦伯也曾指出，在作为官许凭证的货币出现之前，"交换手段的形式在其产生中主要是由习俗、利害关系和形形色色的惯例所决定的，交换伙伴们的协议以它们为取向"[1]。

马克思最重要的发现，是从交换过程的固有逻辑中看到，"商品的价值形态与商品的对立，只是为了马上又消失"[2]。在 W—G—W 过程中，与货币不断换位的商品相继退出流通，而货币同一个又一个商品的位置变换，使其始终驻留在过程之中。由于"运动的连续性完全落在货币方面"，由于"货币流通表示同一个过程的不断的、单调的重复"，"所以在货币流通中就隐藏着一种可能性：可以用其他材料做的记号或用象征来代替金属

---

① 〔德〕马克斯·韦伯：《经济与社会》上卷，林荣远译，商务印书馆，1997，第100页。
② 马克思：《资本论》第1卷，人民出版社1975，第148页。

货币执行铸币的职能"。货币的表现或存在的具体形式，可获得"纯粹的象征性质"①。实际上，这种历史和逻辑的分析同时表明了，要全面地把握货币的本质，除了亚里士多德所揭示的、以货币作为商品这一物质基础相连的线索外，还有货币作为社会整合的制度性存在，而与社会性的规定和传承紧密相联的另一条线索。

如果我们承认，货币"是一种统一的语言，每个社会都以自己的方式讲这种语言，每个人都必须学会这种语言"②，那么，以不同物质为承载的货币地位，正是由这种不同方式的社会语言所赋予的。尽管至迟到 1760年，经济学家已注意到透过表面去分析货币现象，但在整个 19 世纪，以至延至 20 世纪凯恩斯彻底改变局面为止，几乎所有人都倾向于把货币看作经济交换的中性工具，而未能迈进货币制度性关联的分析中。

今天的价值观念告诉我们"金贵于银"。但是，在布罗代尔对欧洲经济的长时段分析中，显现出了"金和银是自相残杀的亲兄弟"的俗语，我们无法看出二者作为货币天然质料的同一性。二者的比价有时对黄金有利，有时对白银有利，在金银之间展开的慢吞吞的角逐中，一方的运动必定带动和影响另一方的相应运动，二者相继扮演着"劣币"的角色③。因此，无论以何种物质为主导的货币体系的结构本身，就都意味着不同货币之间的竞争。而这种竞争的深厚基础，并不在于货币的物质性，而在于不同货币与文化和制度性的关联。在一般抽象的意义上，只要某种商品在价值表现中取得了等价物的地位，就意味着，这种特殊商品的自然形式发生了一种社会的结合。它的这种独占性，意味着一种经济支配的权力体系。

正是货币符号象征的制度文化意义，使其尺度职能在形式上表达出民族、政治等的限制。"拿铸币来说，它起初无非是金的一定的重量部分；后来加上花纹作为保证，作为重量的名称，所以还没有发生什么变化；作为价值的外形即标志的花纹又使价值符号，价值的象征独立化，并通过流通机制本身取代形式而变为实体；在这里出现国家的干涉，因为这种符号

① 马克思：《资本论》第 1 卷，人民出版社 1975，第 134、135、145、146 页。
② 〔法〕费尔南·布罗代尔：《15 至 18 世纪的物质文明、经济与资本主义》第 1 卷，顾良等译，三联书店，1992，第 566 页。
③ 参见〔法〕费尔南·布罗代尔《15 至 18 世纪的物质文明、经济与资本主义》第 1 卷，顾良等译，三联书店，1992，第 544～546 页。

必须由社会的独立权力即国家来保障。……货币在这种职能中自行分立并能升华为纯粹的价值符号"①。这样，货币在铸币形式的象征表现上，丧失了它的"普遍性，而具有民族性、地方性"；"它取得了一个政治头衔，并且在不同的国家可以说操着不同的语言"②。

但是，"表现这种象征的材料决不是无关紧要的，虽然在历史上曾出现过各种各样的材料。社会的发展，在产生出这种象征的同时，也产生出日益适合于这种象征的材料，而以后社会又竭力摆脱这种材料；一种象征如果不是任意的，它就要求那种表现它的材料具有某些条件"③。在被体现者的条件中，诸如概念的规定、一定的关系等，就包含着对体现者的要求。克洛尔（R. W. Clower）就曾指出，许许多多商品都具有作为交换媒介所要求的物理特征（如可携带性、不损性、同质性、可分割性和可识别性等），但选择通用的媒介物，基本上是一个社会性的决策。"在被选作充当'货币'时，商品本身的专门特征几乎没有什么经济重要性，起作用的是由习惯和法律所组成的社会制度，这种制度促进个人可有效地进行贸易，如果这些人遵循一定规则的话"④。"一旦货币成为同商品并存的外界的东西，商品能否换成货币这一点，马上就和外部条件联系在一起，这些条件可能出现可能不出现；要受外部条件的支配"。"随着生产的社会性的发展，货币的权力也在同一程度上发展，也就是说，交换关系固定为一种对生产者来说是外在的、不依赖于生产者的权力。最初作为促进生产的手段出现的东西，成了一种对生产者来说是异己的关系。生产者在什么程度上依赖于交换，看来，交换也在什么程度上不依赖于生产者，作为产品的产品和作为交换价值的产品之间的鸿沟也在什么程度上加深。货币没有造成这些对立和矛盾；而是这些矛盾和对立的发展造成了货币的似乎先验的权力"⑤。进而使货币对个人的关系，"表现为一种纯粹偶然的关系，而这种对于同个人个性毫无联系的物的关系，却由于这种物的性质而赋予个人对

---

① 《马克思恩格斯全集》第 46 卷下，人民出版社，1980，第 439 页。

② 《马克思恩格斯全集》第 46 卷上，人民出版社，1980，第 176 页。

③ 《马克思恩格斯全集》第 46 卷上，人民出版社，1980，第 90 页。

④ 参见〔冰〕思拉恩·埃格特森《新制度经济学》，吴经邦等译，商务印书馆，1996，第 208 页。

⑤ 《马克思恩格斯全集》第 46 卷上，人民出版社，1980，第 91、92 页。

于社会，对于整个享乐和劳动等等世界的普遍支配权"①。

弗洛伊德曾从精神分析角度，提出过货币与排泄物相关联的象征性涵义假说，激发起一个范围广泛的研究。经埃尔内斯特·鲍内曼（E. Borneman）的总结性整理，编著成《货币的精神分析学》一书，为这一问题的进一步理解提供了较为丰富的实证材料。如法国经济社会学家弗朗索斯·希缅德（F. Simiand）对黄金——这个在地中海文化中备受珍宠的物品——的研究认为，货币起源于一种"多少有些贵重的、带有宗教性色彩或魔术般的神秘性的、能发出威力并能生出财富的物品"②。正是与特定文化的联结，而赋予黄金的"超现实性"，使其获得了货币的地位。比起把货币与排泄物进行关联的分析更具深刻意义的，是对货币与贝壳象征系统的考察。米尔希·埃里阿戴就从远古象征系统的"月—水—贝"象征体系，来解读了货币的存在。他指出，贝壳的影像并不只是与受孕、生育这类生命的创造有关，在贝壳的象征系统中不仅有诞生，也包括复活与再生，这实际上意味着更深层意义上的"创造"。这样，"无论多么原始的东西，其圣体显现都必然是悖理的。……通过神启圣物，一个事物会变成某种'截然不同的东西'。然而它终究还是原来那个事物"③。这便意味着，所谓圣物并非与其自然存在形态相别的某种东西，地中海世界的黄金和挪亚人的牛，仍然是现实世界里的金与牛；但是，当这些东西成为货币时，是在远古象征系统直接或间接支配下，而得到的一个圣体显现的过程。它使眼前的物质现实转变成超自然的现实。也正是这一点向我们表明，货币通过其符号象征体系，而表达着不同的社会涵义，被概念地当作一种"超现实的物"。然而，这种超现实性，并不唯一地限定在某一物质上。不同文化和物质的差异，可使货币落脚于不同物质的自然形态上。

从这些实例中似乎可以看到，"货币系统是通过制度安排、技术装备和能动主体创造和维持的一种生活秩序"④。人们为了不同的目的或不同的社会互动而创造了不同的货币，在不同的规则体系下，它们通过不同的价

---

① 《马克思恩格斯全集》第 46 卷上，人民出版社，1980，第 171 页。
② 参见〔日〕栗本慎一郎《经济人类学》，王名等译，商务印书馆，1997，第 114 页。
③ 参见〔日〕栗本慎一郎《经济人类学》，王名等译，商务印书馆，1997，第 143 页。
④ 〔瑞典〕汤姆·R. 伯恩斯等：《结构主义的视野：经济与社会的变迁》，周长城等译，社会科学文献出版社，2000，第 88 页。

值规范和符号体系的标识，转换为关联于使用价值、关联于社会甚至宗教的特殊货币。因此，"货币显然不是一种简单的物质（无论是金银、纸张或者分类账中的标识），它是一种价值符号，一个在文化－制度可见下，特别是在文化模式和制度安排内构建和定义下的实体"①。

　　浪漫主义可把货币媒介的交换过程描述为，冷酷无情的金钱关系代替了人类丰富多彩的紧密关系。然而，正是"在这种形式上，财富完全摆脱了地方的、自然的、个人的特殊关系"②。"作为财富的一般代表，作为个体化的交换价值，货币也是一种双重手段，它使财富具有普遍性，并把交换的范围扩展到整个地球"③。交换双方彼此只代表"交换价值本身的抽象的社会的人而发生关系"，即交换"借助于社会过程取得了无差别的形式"。"在从前的形式中掩盖着交易的那种适意的外观就消失了"④。基于价值社会性建构，形成了货币的"无个性的"财产的存在或表达，正如马克思所说："我可以用货币的形式把一般社会权力和一般社会关系，社会实体，随身揣在我的口袋里。货币把社会权力当作一件物品交到私人手里，而私人就以私人的身份来运用这种权力。社会联系，社会的物质变换本身通过货币表现为某种外在的东西。"⑤ 因此，价值的社会性建构在经济上的重要结果，就是把经济交换从物物交换的情境制约中解脱出来。它使交换在原则上不再同任一特定的场所联结在一起；使人们能跨越时－空地组织和调整"产品"和"存货"。这样，货币成了"贮存和转化资源的手段"，"扩张的手段、时—空伸延的手段，因而也就是权力工具"⑥。这便充分展现了，价值的社会性建构在财富的名义下，真正渴望获得的实质上是对人的权力。因此，价值的社会性建构这一本质的核心指向是权力的建构，或者说，价值是社会权力建构的经济形式或经济表达。

　　在中国的货币衍变历史中，我们或许可以得到一些货币符号象征体系

---

①　〔瑞典〕汤姆·R. 伯恩斯等：《结构主义的视野：经济与社会的变迁》，周长城等译，社会科学文献出版社，2000，第41页。

②　《马克思恩格斯全集》第46卷下，人民出版社，1980，第430页。

③　《马克思恩格斯全集》第46卷上，人民出版社，1980，第175页。

④　《马克思恩格斯全集》第46卷下，人民出版社，1980，第429页。

⑤　《马克思恩格斯全集》第46卷下，人民出版社，1980，第431页。

⑥　〔英〕安东尼·吉登斯：《民族—国家与暴力》，胡宗泽等译，三联书店，1998，第156页。

对制度文化意义表达的直观感受。

在中国早期多民族群体的"农工商交易之路通，而龟贝金钱刀布之币兴"的过程中[1]，货币的存在，一方面体现在不同的实物形式上；另一方面，金虽然成为货币存在的最早形式之一，却未能成长为中国民族经济中的货币主导形式。这充分表明，符号货币本身没有什么有价值的物理特性来告诉人们，这种货币提供什么质量的货币性服务。因此，仅从特定物质的物理性质或经济性供给的角度，来理解货币的不同形式的存在，是极其片面。在中国经济史的研究中，诸如"海贝为渔民所常获，食其肉而贮其壳，贝壳轻小，以之为交易媒介，便于行使，且贝壳亦为装饰物，故为一般人民所乐用。若猎民之猎器，牧民之兽皮，农民之农具，虽有正功用，而限于专用之民，且体质笨重，行使不便，其为交易之媒介，亦不过为同业之民互相需要，其范围不及海贝之广，故海贝为非金属时期主要之货币，若猎器、兽皮、农具，乃次要之交换物也"[2]。这类的论述，尽管获得了广泛的认同，但由于其对文化解释的严重缺失，隐含着把对货币存在和发展的研究，导向简单化的片面道路的趋向。

在商代这一由石器时代向铜器时代转变的过渡时期，贝已成为基本的或主体的货币形态。王国维的考证认为："殷时玉与贝皆货币也"[3]。然而，到了经济和物质都已发生根本性变化的青铜器时代鼎盛时期的西周，仍沿用石器时代的自然物货币形式，至少仍以贝为主，本身就反映了一定的文化符号的传承意义；重要的是，出土的西周墓葬所展现的铜铸贝的存在，似乎表明中国以铜作为货币的质料，就是从仿铸贝币而起步的。随后在春秋战国时期独立流通于楚国的蚁鼻钱，以其正凸背平的形状和阴文字符的铭铸，似乎也可视为铜贝的一种变形或其高级形态[4]。与此同时，出现了取形于农耕工具"镈"的布币和取形于渔猎工具的刀币。这一事实展现了，铸币——这一更具制度性意义的符号货币——与某种实物货币形态的关联性。如果在贝币这种自然物的货币形式上，已表现出其符号象征的存

---

[1]　《史记·平准书》。

[2]　参见傅筑夫《中国封建社会经济史》第 1 卷，人民出版社，1981，第 136 页。

[3]　王国维：《说珏朋》，《观堂集林》卷三。

[4]　彭信威：《中国货币史》，人民出版社，1958，第 11、22 页。

在意义，那么就意味着，更具制度性符号象征意义的、人工制作的铸币形式，一度更多地依托于某种物的自然形态，其符号象征的意义也就明显不及，至少并不高于贝币这一自然物的符号货币形式。

春秋战国时期的布币、刀币、圜钱和蚁鼻钱，这四大货币体系的一个共同特点，都是以不同字符的铭铸，来体现其符号象征意义的。而这种符号象征意义，也同时更多地被赋予了制度性的特征。布币始行于周、韩、卫、晋、魏、秦等农耕氛围浓厚的地区，刀币行于东部之齐、北之燕赵等具有渔猎经济色彩的地区，在制度性碰撞的融合中，才出现了刀布流通的交叉与混合，并在这种融合中产生了与圜钱的并用。尽管人们以仿贝、镈、刀等物品自然形态而铸铜质货币的同一思路，从石环、纺轮等物的自然形态中，寻求圜钱的起源，但是，我们似乎更有理由把圜钱的圆体形态，视为一种更具抽象性符号象征意义的货币形式。作为一种承上启下的货币形式，圜钱在圆体圆孔和圆体方孔的演化过程中，进一步摆脱了布币和刀币对不同自然物形态的依托，并确立了日后符号货币在中国的、统一性制度的基本形式。而蚁鼻钱则始终独行于楚国这一与中原文化体系和交往保持着相对独立性的南方江淮地区。

在此值得一提的，还有存在于古代云南多民族社会中的贝币。在云南的考古发现中，先后出土了700余公斤，逾26万枚的贝币。据对与这些贝币一起的出土物的放射性碳素测定，贝币在公元前550年±105年就流通于云南。而汉朝在云南置郡县，汉朝货币如"大黄布刀""五铢钱"等，亦在云南出土墓葬中屡有发现。在与前之出土贝币相距约1300年后，贝币在云南的流通又复见于史籍记载。据《新唐书·南诏传》和樊绰的《蛮书》所记，此时与海贝并用作货币的，还有"缯帛、毡罽、金银、瑟瑟、牛羊"等。并且形成了以贝币为主的最普遍的流通现象。以至到1276年元朝在云南行大统之制时，不得不在该地"许仍其俗""以贝代钱"[1]。形成了云南贝币与中原中央皇权制度的货币体系并存的流通格局。元大德元年，云南行省"官储趴二百七十万索，白银百锭，比四年，得趴一千七十万索，金百锭，银三千锭"[2]。据元朝金1钱值贝20索，银1钱值贝2.5

① 《元史·赛典赤瞻思丁传》。

② 《元史·刘正传》。

索之定规①，并参照银每锭约重 48～50 两的记载进行折算②，贝与金银在云南地方财政储备中的比例，大约从 22∶1 迅速滑落到 2.2∶1，但仍居显著的优势地位。这样，在元大德九年（1305）时，便"以钞万锭给云南行省，命与贝参用，其贝非本土者同伪钞论"③。即除了已行流通的海贝外，开始限制流通新贝的增加。至明成化十七年（1481），"云南户口商税课以乏钞请折收海贮，户部定拟十分为率，三分本色，七分海贮"④。到万历年间（1573－1620），专门兑换海贝与银钱的"巴行"的出现，则表明了在约 300 年的时间中，中央皇权的货币体系对贝币的步步紧逼，已获得了地位和范围上的实质性进展。并在随后的几十年中，最后完成了"废贝行钱"的根本性转变。但这一历史性的转变，并非一朝完事而干净利落，从清康熙、乾隆时期的一些历史文献中，我们仍可看到"滇中用贝，今已渐少"⑤；贝在内地停滞不行后而"转发彝方"，在楚雄、泸西、广南、腾冲等地行使，至少有与钱并用的现象⑥。这种现象实际上是标识出了，中央皇权制度的货币体系对贝币流通进行限制并逐渐取而代之的过程。进而展现了中央皇权制度对云南多民族经济体系进行社会整合，与建立有效的统一支配系统的过程，以及中央皇权制度对云南各民族经济体系实施社会整合的程度，或其统一性支配的有效范围和力度。

在以往云南贝币的研究中，有不少学者作出了具有开创性意义的贡献，提出了诸多的假说，这些研究无疑都是弥足珍贵的。然而，或许是受到了所谓"经济理性"过多的缠绕，人们迄今未能对古代云南贝币行止的原因，作出更为深层的阐释。毕竟我们注意到，在杨寿川对云南贝币研究所做的总结性整理中，只有米·皮拉左里的《滇文化中的贝和铜钱》概略地提到，江上波夫（Egami Namio）在 20 世纪 70 年代、张秉材（Zhang Bing-Cai）在 80 年代，曾把贝视为古滇社会统治中的"特殊财富"。他们认为这些贝"可能暗示着拥有和控制这些贝的贵族的权力和地位"，"作为

---

① 参见杨寿川编《贝币研究》，云南大学出版社，1997，第 20 页。
② 参见彭信威《中国货币史》，上海人民出版社，1958，第 379～380 页。
③ 《元史·成宗本纪》。
④ 《续通考·钱币考》。
⑤ 师范（清代官员）：《滇系》。
⑥ （康熙）《楚雄府志》，檀萃：《滇海虞衡志》等。

生殖力的象征"，"可能起着联系社会和宗教的多重作用"；进而提出了"是否东南亚其他群落的贵族也与滇有着同样的文化传统"的问题①。仅仅以货币作为商品的这一物质性基础为着眼点的研究肇端，不仅掩盖了经济学在货币起源和本质研究上的简单化倾向；而且隐含着把整个研究引向"经济"死角的危险。

在经济学的简单化把金属货币之前的一切等价形式视为实物货币，并成为一个教规后，许多人便把作为货币的海贝直接而简单地视为一种实在的商品。甚至更进一步地把在现代商品市场中生成的供给–需求定律扩展为云南贝币研究基本的，甚至是唯一的理论工具。从而，把后随的研究者引向了将贝币行止的原因归于海贝与其他商品的比价关系、海贝数量的多寡及其供给关系变化的歧路。事实上，在一般抽象的意义上，只要某种商品在价值表现中取得了等价物的地位，就意味着，这种特殊商品的自然形式发生了一种社会的结合。它的这种独占性，意味着一种经济支配的权力体系。因此，把对一般商品交换关系分析的价值高低、数量多少、供求变化等行之有效的概念用于货币的分析，就显现出了不充分性，是不能用来说明这种货币行止原因的。

经济学中著名的"劣币驱逐良币"的格雷欣定理，也不能用于两种货币体系相互取代的说明。实际上，它所给予指明的是，在同一货币体系中，货币具有以符号象征的存在形式，取代实在商品的存在形式的必然趋势和根本性质。理解这一点的关键，是要充分认识货币符号象征的存在形式，并不是在它的存在落脚于贵金属货币形式后，才发展起来的一种更新的形式。而是在此之前，就可能产生了多种不同的符号象征的存在形式。而一旦货币取得了符号象征的存在形式，就充分显示了，货币不仅仅作为一种经济工具，同时也是作为一种社会整合的工具而存在的性质。作为一种社会整合的工具，它不仅同社会文化模式的传承相关，而且与社会中现实的权力支配关系紧密相连。进而，特定区域不同货币体系更替，实际上是对社会和经济实施统一性整合的权力支配体系替换的标识。

在此基点上，我们可清楚地看到，元行钞法，在中统钞有充分供给的

---

① 参见杨寿川编《贝币研究》，云南大学出版社，1997，第230~236页。

保证下，并未能排除贝币的流通，而贝币的充分供给，则受到了中央皇权支配系统的限制。相反，当海贝的供给在明朝发生困难之时，流通于云南的贝币与银钱的比价不贵反贱。这种现象，无非是中央皇权的货币体系，对来自另一权力支配系统的货币——海贝——的象征价值地位的有效贬低。在流通于云南的贝币既有"供给不足"，又有"价值贬低"，终于"滥不能行"的经济现象后面，更深层的内容是，中央皇权支配体系绝对主导性地位的最终确立。

更为重要的是，在古代云南贝币的这一具体实存中，从实在商品的意义上说，海贝"既不作为消费对象来满足直接的需要，又不作为要素加入直接生产过程"[①]。这样，在它的使用价值上，它不是必要的使用对象；它的使用价值的性质也就同金银一样，表现为某种多余的东西。而它同金银最根本的区别在于，在劳动价值的意义上，它所包含的价值（劳动量）是极其细微的。这也是一些研究者所直观感受到的事实。而劳动价值如此细微的海贝，能成为一般等价的货币，与其把这种货币归结为一种实在商品的存在，毋宁把其归结为货币的一种符号象征形式的存在。

在此，应该对云南贝币研究提出的深层问题是：如果贝币在古代云南的流通中，所占据的是一个主导性的地位。那么，就表明在这特定的历史时空中，云南多民族经济体，实际上处于一个与中原中央皇权体系相别的、社会经济的支配体系中。如果认定，贝币的流通与其他多种不同的货币体系并存，那么在这块土地上发生的，就是多种不同社会经济体系的交融、冲突和替代。对这些问题的解答，将使我们趋近于对古代云南多民族社会经济状况的真实把握。也将为经济民族学的货币分析，再一次提供丰富的资料证实。

同样，在世界经济历史中，自货币的发展落脚于贵金属的实物形体而获得其完成形式后，尤其是自西方的市场经济模式确立了世界性的支配地位后，它的存在形式从其符号象征的意义来说，并不是比先前那些"原始形式"更为纯粹，相反，而是紧紧地附着和依赖于金银这种特殊商品的实物形式上，而使其符号象征的意义表现出不完全的性质。也正是这一现象

[①]　《马克思恩格斯全集》第 46 卷下，人民出版社，1980，第 458 页。

普遍的和具有支配性地位的存在，成为经济理论审视货币的基点，并因而产生了局限其理论视野根本性的影响。

诚然，货币与某种使用价值的密切联系，确实是货币存在最为普遍的现象，以至人们往往只把金银视为"商品货币"的一种形式，而忽视了其作为制度性存在的符号象征意义。但是，货币向黄金或白银转换的可能性，本身不能作为是否存在商品货币的指标。在现代国家权力的集中过程中，国家凭借法律所认可的手段对货币单据的垄断，使得货币的交换价值，已绝对不再会严重地依赖于固定总量的稀缺物质资源。货币变成了一种"信托物"，它的存在从根本上说，并不依托于某种物的有用形式，而是依赖于人们对政治和经济组织的信任。它由这些组织缔造出来，并通过它们来流通。这样，货币符号象征体系的内在发展趋势，便以信用货币的形式，成为全球性民族－国家体系形成过程中的重要组成部分，成为产品的商品化交换得以在全球推广开来的前提。

在纸币这种货币的社会存在形式中所表达的，是"对作为商品内在精神的货币价值的信仰，对生产方式及其预定秩序的信仰，对只是作为自身增值的资本的人格化的生产当事人个人的信仰"[①]。从根本上说，符号货币是否被接受取决于信用，而信用与国家权力有关。早期许多国家被迫抛出更多的贵金属铸币，部分原因是统治权不稳定，而且国内铸币面临着外国铸币的直接竞争。随着现代国家政权的兴起，符号货币越来越得到普遍使用。国家建立起防止货币相互替代的法律和税收的边界，使货币成为一种强有力的工具，来降低统治者行使权力时的交易成本。稳定和权力似乎孕育出了不兑换货币，它对这种符号货币的信誉资本的大量投资，使社会产生消费信任感的成本降低，从而为符号货币的流通奠定了一个社会性基础。如果消费者对货币估值的认识不足，并小于货币供应者本身的估值，则易于出现符号货币的发行过度、符号货币无价值等现象。正是符号货币的这种根本性质及其流通的经济规定，使中国历史上的每一种纸币，都表现出以成功开始，以彻底失败告终的发展结局。

同样，把现时的全球性金融危机，归于战后30年来货币存在形式的符

---

① 马克思：《资本论》第3卷，人民出版社，1975，第669～670页。

号象征体系的发展所导致的一系列沉疴的积淀，确实展现了，为那些声称专注于现实经济问题研究的经济学家的短见所不可能具有的独特而犀利的眼光。这也正是经济学的货币理论不能周全解说现代的货币存在现象，而不得不产生出困惑的原因所在。在这一现象背后，我们看到了货币与实体经济相连的实物性存在；同时也看到了，货币作为一种权力的规范和运作的符号象征形式的存在。它使货币的存在摆脱某种具体的实物形式，而谋求其符号象征存在形式的发展。在更深的层次上，这可视为人类的主体性发展"逼使自然限制退却"的一个具体反映。然而，尽管人类各方面的一切发展，都已获得了逼使自然限制极大地退却的成功，但这种限制永远也不会完全消失。正是这种本质性的联系，使货币的符号象征形式，得以摆脱某种具体实物的羁绊，而展现出人类的自主性发展努力；这也使得人们在摆脱特定实物制约的基础上，充分运用货币存在的符号象征体系，而创造经济巨大增长奇迹的同时，隐埋下了危机的可能性。

马克思认为，属于流通的本质的东西是：交换表现为一个过程，表现为买卖的流动的总体。"这一运动虽然表现为社会过程，这一运动的各个因素虽然产生于个人的自觉意志和特殊目的，然而过程的总体表现为一种自发的客观联系；这种联系尽管来自自觉个人的相互作用，但既不存在于他们的意识之中，作为总体也不受他们支配。他们本身的相互冲突为他们创造了一种凌驾于他们之上的他人的社会权力；他们的相互作用表现为不以他们为转移的过程和强制。流通是某种社会过程的总体，所以它也是第一个这样的形式，在这个形式中，表现为某种不以个人为转移的东西的，不仅是社会关系（就像在一块货币或交换价值上那样），而且是社会运动的总体本身"①。这样，个人相互间的关系作为凌驾于个人之上的独立权力，通过货币的象征系统而表达出来。

这一事实充分表明，为了弄清货币本质上的社会涵义和制度性关联，对货币的分析就必须超越货币在完成形态上的某种具体形式，而扩展为一个全面性的分析。马克思曾明确指出："商品形式和它借以得到表现的劳动产品的价值关系，是同劳动产品的物理性质以及由此产生的物的关系完

---

① 《马克思恩格斯全集》第46卷上，人民出版社，1980，第145页。

全无关的。"① 一切投入流通这个巨大的炼金钵的东西，再出来时都成为货币的结晶；流通不断地把货币像汗一样从每一个毛孔中渗出来。这样，由货币（或特定的金银形式）所体现的这种社会存在，就具有了一种邻近又超越社会财富真正因素的物质或商品的侧面。货币凭借这种超越而获得的力量反映了货币是作为人类的一种外化了的能力而存在的；而这种货币的存在，则表现了一种文化构建的过程。因此，即便某种实物形式作为货币存在的基础，甚至也不在于它所具有的使用价值或直接有用性。

其实，只要理解货币具有这种社会存在的本质，就能清晰地了解"金银天然不是货币，货币天然是金银"的这句名言，前半句道出了这种存在与表现的关系本质，后者仅仅是对人类历史中一个特殊的运动过程所造就的一种具体的社会习惯或文化模式，并且这种模式在一个特定的历史时空中获得了世界性支配地位的观念表达。或者简洁地说，是对"欧洲文化中心"的一种观念反映和陈述。如果还能进一步理解金银的"无用性"或"无价值性"，那么也能清楚地看到，当人们把货币的贮藏手段功能定位在金银上时，贮藏的实质并非金银的"实物性"或其自身的"物质有用性"，而是社会赋予它的一种"权力关系"的价值。一旦这种社会的赋予发生位移，用于货币贮藏手段的"实物"也就不可避免地随之变更。贮金与古代社会中的贮贝，甚至与现代社会中更为常见的，对纸币这种被克纳普和韦伯称之为"官许凭证"② 的保有，实在是没有什么本质性的区别，唯一的不同仅仅反映了"权力赋予"的社会情境的变化。

如果说，纸币这种纯粹符号的货币形式具有价值不稳定的特征，那么，今天摆放在精致橱窗中的、价值不菲的金银珠宝饰品，在 20 世纪 60 年代的中国大陆，当特定的社会情境赋予它们某种阶级性的"秽物"含意时，其所表现的价值同样也是一落千丈。在当时昆明菜市的地摊上，一个质地精美的翠玉手镯，普遍不及 100 斤大米的等值。在社会情境的变化中，当人们从"保值"的角度，或者把金银珠宝这类货币的"实体"转换成"官许凭证"的纸币或其他物品时，或者在面临通货膨胀的可能和现实，而把纸币转换成金银珠宝和各种各样的、耐用的和日用的商品时（这种转

---

① 马克思：《资本论》第 1 卷，人民出版社，1975，第 89 页。
② 〔德〕马克斯·韦伯：《经济与社会》上卷，林荣远译，商务印书馆，1997，第 101 页。

换不是为了现实的或即时的使用，而是为了获得未来的更多的使用或转手），都共同展现了贮藏的实质就在于，为了获取支配未来的权力。反映出货币贮藏是对超越人的真正和直接需要的剩余积累的追求。这种积累的动力来源于把人的享乐延迟到永远延迟的未来，这种没有真正目标的从而也没有止境的追求，实际上表现着把金钱视为人本身，从而把现实的生命转移到不朽的、然而却没有生命的物体上来克服死亡的一种社会性幻想。同样，当世界货币的功能定位在金银上时，仅仅只从实物的或商品的形态上来作出理解也是不够的，这种特定的货币存在的物质形式，实际标识着一种强势文化体系在世界范围内的支配地位的确立。

应该看到，货币形式在财富的名义下，真正渴望获得的实质上是对人的权力。而其经济上的重要结果，便是创造了"超出需要的财富形式"，"货币是无需要的人用来占有财富的形式，也就是人们用来占有多余的部分，即占有财富中无须直接作为使用价值的部分的形式等等"①。正是对这种超出需要的财富形式的渴望，改变了事物的固有价值，而这本来仅仅取决于事物对人的生存的有用性。货币作为剩余使用价值的特点，隐含着金钱即声望。而声望与实际无用的"剩余使用价值"关联的观念，揭示出把真正人性的需要与无用的（非理性的）需求区分开来的必要性。把握了这一点，似乎正是从经济价值理论的角度，人们可以这样说，金钱的本质是其绝对毫无价值。因为以合理用途和真正的人类需要来衡量，现代经济中的金银和古代经济中的贝壳、狗牙或羽毛束毫无区别，雅普岛的那些"即使在海下也继续象征着价值"的巨大石盘，与诺克斯堡地下的黄金也并无不同。在某种充盈着社会文化和制度含意性的实物形式向货币形式的转化中，在无价值的东西向昂贵的东西的转化中，许多具有深邃洞察力的学者都看到了，作为货币完成形态的金银所具有的文化和制度性含意。

正是货币符号象征体系的制度性建构，不仅使货币可以依托于不同的物质形式，而且可以在不同的时代或社会中发挥不同的功能。波拉尼就认为："人类学上的货币应当定义为一种'涵义论'的系统，即如语言、文字、度量衡一样。""它们相互间的区别，主要在于被使用的目的和实际操

① 《马克思恩格斯全集》第46卷下，人民出版社，1980，第440页。

作中所运用的符号，在于某个象征系统在什么程度上有了一个统一的、明确的目标"①。以波拉尼的观点，假设货币的支付手段，价值尺度和标准，交换手段这三种职能从一开始就同时出现，使人们对货币功能的理解，长期制约在一个极其狭隘的空间。致使人们尽管看到货币在其不同的功能发挥中，可以表现为"观念的"或替代性的"符号的"存在，却始终不愿放弃货币在金银实物形态上的"商品性"定位。马林诺夫斯基也在《特罗布里恩岛民的原始经济》中指出，假如我们按照现代经济理论给货币下的定义，把其视为集价值尺度，流通手段、贮藏手段为一体的物体，那么在古代经济中就没有货币。这一说法的意义在于表明了这样一个事实：在现代货币中居于首要位置的，是交换媒介的功能；而在古代经济中没有与之相对应的东西。古代经济的确也划出了一类特殊物体来充当敛集和贮藏财富的工具。但可以看出，不同经济体系对货币首要功能的强调是不同的，这至少说明，古代的交换心理，与现代经济理论所假定的那种自我获利和精细算计的交换心理，是大相径庭的②。货币在不同社会中表现出不同的功能，甚至表现为目的本身，不过反映了货币在不同的社会情境中的职能扩展，如存在于特罗布里恩岛库拉交易圈中的"货币"就是这样："索拉瓦"和"母瓦利"在拥有能购买各种物品的交换手段功能的同时，还能给参加库拉交易并持有这种"交换价值"——即便是暂时持有——的人，带来一种社会身份的认定和稳定，以及社会声望的积累。又如在罗塞尔岛的贝币——达普币中，不同种类的达普币有的只能与猪交换，有的则可交换新娘。在罗塞尔岛，交换手段就这样分别地对应各种特定的商品，不用说全目的货币，就连一般的交换手段也不存在。在非市场经济中的货币，有时甚至按照人们在社会上的身份地位，而区分为不同的种类。形成所谓富人货币与穷人货币的分离。

因此，也许可以说交易和货币是自古就有的，但以"需求－供给"的价格基质为基点的市场，是在晚近的社会中才发展起来的。在现代市场框架中，许多经济制度表面上似乎不可分割地连结为一体，但实际上，它们的这种联结，不过是在掩盖着各自不同本质起源基础上的一种功能联结而

---

① 参见〔日〕栗本慎一郎《经济人类学》，王名等译，商务印书馆，1997，第36、107页。

② 参见〔美〕诺尔曼·布朗《生与死的对抗》，冯川等译，贵州人民出版社，1994，第262页。

已。事实上，马克思也曾阐述过，在不同社会历史中，货币所发挥的不同功能：古代世界的腓尼基人、迦太基人和中世纪社会中的伦巴第人、犹太人等，作为商业民族所表现出来的单纯性，是由农业民族占优势这种情况本身决定的，并反映出作为商业资本和货币资本的资本，还没有成为社会的支配因素；流通尚未成为生产过程的内在要素。因而，"凡是在货币本身不是共同体的地方，货币必然使共同体瓦解"①。在表现为目的本身规定上的货币，要起生产的作用，"就不但必须是流通的前提，而且也必须是流通的结果，并且作为流通的前提，货币本身必须是流通的一个要素，是流通设定的一种东西"。这一简单规定本身表明，"货币作为发达的生产要素，只能存在于雇佣劳动存在的地方"②。这样，在以雇佣劳动为基础的社会中，货币不是起瓦解的作用，而是起生产的作用，成为"社会形式发展的条件和发展一切生产力即物质生产力和精神生产力的主动轮"③。并由于它"是个人在一种社会规定（关系）上的物化"④，致使货币对共同体的瓦解转化为涉及个体的瓦解；而这种个体的瓦解本身，只不过使社会上从事生产的一部分人发财致富。

　　货币形式在此再次展现了现代"理性"的虚假性。正是这些理性原则，使我们一直把某些最令人厌恶的人类品质抬高到最高美德的地位，使我们没有胆量按照金钱动机的真实价值来评价它。这昭示着，从人类的本性需要和人的真正的全面发展的角度出发，我们所需要的不仅仅是关于交换价值的科学，同时需要一种关于使用价值的科学，以便使人能摆脱异化，摆脱社会的奴役，把外在化了的经济活动同人的发展的真正需要联系起来，而最终实现人向其本质的回归。更重要的是，货币存在的本质，可能并不仅仅在于其所谓的"经济性"规定；只有同时把握住货币的"制度性"涵意，才能对货币存在的本质作出全面的审视。

　　经济民族学对解释现代社会的基本主张之一是：尽管市场经济的原则支配着整个现代社会，但是在这个社会的许多方面，依然可见大量的文化

　　① 《马克思恩格斯全集》第 46 卷上，人民出版社，1980，第 174 页。
　　② 《马克思恩格斯全集》第 46 卷上，人民出版社，1980，第 173 页。
　　③ 《马克思恩格斯全集》第 46 卷上，人民出版社，1980，第 173 页。
　　④ 《马克思恩格斯全集》第 46 卷上，人民出版社，1980，第 176 页。

延留的母斑。货币表现就是其中最为耀眼的一个。当然，作为社会深层的某些存在物的影像或象征，除了货币以外还有其他许多东西。但在所有的影像或象征中，只有货币，才成为财富的化身；才拥有社会性权威并具有强烈的拜物教性质；才能够穿梭于交换的网络，并在历史上被普遍地当作"物神"来顶礼膜拜；才能够成为统摄社会的物。货币作为显现在社会制度表层上的所有物象中的一个最为重要的"规定物"，它的运动和性质是标识社会基本性质的主要因素。离开了对货币本质的这种社会涵义和制度性存在的考察，是不可能对人类社会的经济过程作出全面审视的。经济民族学的这一货币分析视野提出了一个极为深刻的启示：货币的存在可能并不仅仅表现为一个由低级到高级、由简单到复杂的发展过程。即便对当代的货币理论来说，这一分析视野也是有启示意义的。

第十二章

消费与文化主导价值

一　消费与文化关联性分析的理论进路

一个流行的说法是现代社会产生了消费文化。但应该指出，消费从来就是"文化"的。消费与文化的关联性，直指经济过程的一个基本问题，即物的社会性使用和社会性规制的问题，或者说是使用价值的社会属性问题。

有人用现代术语把"经济"称之为"用商品生产商品"（斯拉法，P. Sraffa），而在更广泛的意义上，我们可把它称为用物品生产物品的过程。这一说法最基本的意义，就是道出了经济的自然性和社会性的二重性存在。基于此，商品二重性理论为整个经济理论体系的拓展奠定了最重要的基石。然而，令人遗憾的是，使用价值是商品的自然属性、价值是商品的社会属性这一辩证的区分，被普遍地作了机械性的割裂，从而把使用价值的实现或物质要素的社会性使用问题，摒弃于经济学视野之外。在更为具体的层面上，则是长期一度地使许多有关消费本身的思想，受阻于社会过程之外；消费本身仅仅只被视为生产的一个结果和经济过程之外的一个行为，而把经济从整个社会系统中抽象出来，对生产、消费以及商品进行人为的分割，这种方式已危害了对经济过程的这些方面进行理解的可能性。

对商品二重性最为深刻的洞见，产生于马克思极为精湛的理论阐述。虽然许多人注意到了马克思对使用价值与价值、自然属性与社会属性的形式区分，但是却忽略了这一形式的区分是为了在实质上说明：人们一定的社会关系，总是通过某种物质承担者体现出来的；而一定的物在使用或消费中实现其使用价值时，其本身的自然性也总是展现着一定的社会意义和一定的社会制约。

马克思是为消费与文化的关联性分析拓疆辟路的先行者。唯物史观的理论基点使他坚持认为，物是以社会的方式而与人类发生关系的。这样，物的自然性成了"对自己本身和对人的一种对象性的、属人的关系"；"而自然界失去了自己赤裸裸的有用性，因为效用成了属人的效用"①。这种自然性与社会性相互交渗和统一的而非对立割裂的辩证存在，是由人的生产或经济活动，在本质上给予确立的。在《雇佣劳动与资本》中，马克思进一步指出：

> 我们的需要和享受是由社会产生的，因此，我们对于需要和享受是以社会的尺度，而不是以满足它们的物品去衡量的。因为我们的需要和享受具有社会性质，所以它们具有相对的性质。②

这就表明，如果人的生产作为历史性的生产，不仅仅是物质的再生产，也是生产关系的再生产；不仅仅是指向人的肉体存在的再生产，也是一定生活方式的再生产，那么，整个生产系统以至整个经济领域，都是一个充满了文化意图的场域。这样，作为劳动对象的自然界，是由人的本质对象化了的或人化的自然界；劳动资料则是人的知识力量的物化表现。所谓自然，并非一种完全脱离于人的独立客体，而是由人的存在赋予了一定意义的用精神的线予以贯穿起来的一种社会存在。这种自然性与社会性的统一，决定了"人同自然界的关系直接地包含着人与人之间的关系，而人与人之间的关系直接的就是人同自然界的关系"③。在此意义上，真正构成生产要素的，是物品的一套用途而非物品本身。物品可以轻而易举地被取代，物品的使用方式却是极其复杂的文化积成物。也正是在这个意义上可

---

①　马克思：《1844 年经济学—哲学手稿》，刘丕坤译，人民出版社，1985，第 78 页。
②　《马克思恩格斯文集》第 1 卷，人民出版社，2009，第 729 页
③　马克思：《1844 年经济学—哲学手稿》，刘丕坤译，人民出版社，1985，第 72 页。

以看到，把物或使用价值视为一种纯粹的"自然属性"，而把其排除在经济研究的视野之外，是不可能获得对经济过程的全面而深刻的见解的。

人类的经济过程既是"自然的"，也是"社会的"；既是实在的，又是意象的。物质要素不失其客观实在性，但同时被赋予了某种文化上的象征价值；文化范畴和关系不失其象征性，同样也被赋予了物质性。对于把这种自然性和社会性割裂开来的人来说，他们刚刚想拙劣地判定是物的东西，会突然表现为社会关系，他们刚刚确定为社会关系的东西，却又表现为物来嘲弄他们，而陷于不断的错觉中。这意味着对物的自然属性的使用，是由社会的价值体系所赋予的。

可见，我们眼中的"自然物"，实际上是由各种不同的"人为"的文化逻辑所建构的。我们社会中对不同物质要素的运用或特定的使用价值的实现，是与不同文化系统的特定方式相互联结的。在资产阶级所主导的这样一个纯经济的、可测度的、明确化的和宗教淡化、神圣性消失的现代社会中，当所有东西都被转化为商品形式的时候，某种物神的精神性因素，又悄悄地通过商品回来了。这便是马克思所揭示的商品拜物教。这一分析指出，尽管商品并不是精神性的，因为它不是一种思想；但商品并不是纯物质的对象，商品中含有观念性的东西。既然商品并不完全是物质性的，商品的使用就必然与某种精神状态关联。在主体方面，食欲和性欲就不完全属于肉体，它还有精神的因素；这也决定了在客体方面的商品，并不是完全以其物质性来使人满足的。例如，人的食物需要，"几乎从来不是在任何'自然'形态中被满足的。饥饿就是饥饿，但什么算食物则由文化所决定和获取。……性就是性，但什么算性则同样由文化所决定和获取"①。福柯也曾指出："事物的显现是理解这个世界的钥匙，它自身成了某个秩序的签名，这种签名的存在旨在去确认，而不是去分析。"② 从而，物指认社会的功能价值自身根本上受到了社会的结构性控制。

马克思还进一步从"生产直接是消费，消费直接是生产"的分析思路，深刻揭示了物的社会性使用、涵义和规制的问题："在第一种生产中，

① 参见王政等编《社会性别研究选译》，三联书店，1998，第30页。
② 参见〔法〕让·鲍德里亚《符号政治经济学批判》，夏莹译，南京大学出版社，2009，第91页。

生产者物化，在第二种生产中，生产者所创造的物人化"①。如果说，"生产不仅为主体生产对象，而且也为对象生产主体"；生产在物质上提供了消费的对象，那么，当消费把需要再生产出来的时候，"消费在观念上提出生产的对象"，消费由此成为生产内在的意向，成为生产的动力和生产的目的；由于"它在生产者身上引起追求一定目的的需要"，"消费生产出生产者的素质"，"所以，消费不仅是使产品成为产品的最后行为，而且也是使生产者成为生产者的最后行为"②。马克思这一极为简明而精湛的理论阐述，对经济民族学的消费分析是极富启示意义的。

在马克思对消费与文化关联性的深刻理论洞见被遮蔽多年之后，凡勃伦以荣誉因素和纯物质的效能因素"两者混合起来构成了物品的不经分析的、综合的适用性"为基点，提出"凡是仅仅具有在物质上满足的力量的物品，是不会被认为合格的。物品还须把它的荣誉因素显示出来，才能使消费者满意，被消费者接受"的炫耀性消费分析③，再次推开了消费的文化分析之门。

而鲍德里亚以"被消费的东西，永远不是物品，而是关系本身"；"在物品构成的系列中，自我消费的是关系的理念"④ 的声言指出："在器物的创造或制造里，人以赋予形式的文化手段，使自己成为自然的质变者"⑤，因此，所有的物都是由若干个结构性的元素构组起来的。在其物质技术结构的层面，赋予物以使用的功能性；然而，任何物品一旦进入生产和消费的社会程序，总是会传递出比它的物质性存在更多的意涵。这样，物品既存在于它的物质技术的结构性中，也存在于它引申意义的结构性中。"透过后者，物品被心理能量所投注、被商业化、个性化进入使用，也进入了文化体系"⑥。不仅物品的这种引申意义的结构性"会明显地加重和改变技术的结构"，而且物品的使用也使它们"持续地逃离技术的结构性，走向

① 《马克思恩格斯选集》第 2 卷，人民出版社，1975，第 93 页。
② 《马克思恩格斯选集》第 2 卷，人民出版社，1975，第 94~96 页。
③ 〔美〕凡勃伦：《有闲阶级论》，蔡受百译，商务印书馆，1981，第 114 页。
④ 〔法〕让·鲍德里亚：《物体系》，林志明译，上海人民出版社，2001，第 224 页。
⑤ 〔法〕让·鲍德里亚：《物体系》，林志明译，上海人民出版社，2001，第 26 页。
⑥ 〔法〕让·鲍德里亚：《物体系》，林志明译，上海人民出版社，2001，第 7 页。

一个二次度的意义构成，逃离技术体系，走向文化体系"①。鲍德里亚以
"人们从不消费物的本身（使用价值）——人们总是把物（从广义的角
度）用来当作能够突出你的符号，或让你加入视为理想的团体，或参考
一个地位更高的团体来摆脱本团体"② 为出发点，提出了分析消费过程
的两个基本的进路："1. 作为建立在一个密码基础之上的明确意义和交
流过程……消费是一种交流体系，而且是一种语言的等同物。2. 作为社
会分类和区分过程，物和符号在这里不仅作为对不同意义的区分按顺序
排列于密码之中，而且作为法定的价值排列于社会等级。"③ 在当代社会
中，"提供给我们的从来都只是消费的一种被消费的意向"；"无论是在符
号逻辑里还是在象征逻辑里，物品都彻底地与某种明确的需求或功能失去
了联系"④。所以，对物体系的描述，"一定要伴随着体系实践的意识形态
批评"⑤。

马尔库塞（H. Marchse）也指出，由于内在于消费的文化因素把物
的世界转化为人的身体和精神的一个面相，因此，人们可以在"他们的
商品中识别出自身；他们在他们的汽车、高保真度音响设备、错层式房
屋、厨房设备中找到自己的灵魂"⑥。社会控制由此锚定在它所产生的新
需求上。

这种研究继之以布迪厄的《差异：品味判断的社会批评》、米勒的
《物质文化与大众消费》等而得到丰富，阿普杜伊 1986 年编的《物品的社
会生活：文化视野中的商品》，包容了理论、历史和人类学对这一主题的
反响，并指出了对经济进行交叉研究的倾向。这些研究明确提出，食物、
衣服、住所是承载权力、地位和权威的符号，是诸如语言、人体神态的交
流符码。

人类学领域回应这一研究主题的最杰出的代表是玛丽·道格拉斯

---

① 〔法〕让·鲍德里亚：《物体系》，林志明译，上海人民出版社，2001，第 6、7 页。
② 〔法〕让·鲍德里亚：《消费社会》，刘成富等译，南京大学出版社，2001，第 48 页。
③ 〔法〕让·鲍德里亚：《消费社会》，刘成富等译，南京大学出版社，2001，第 48 页。
④ 〔法〕让·鲍德里亚：《消费社会》，刘成富等译，南京大学出版社，2001，第 66 页。
⑤ 〔法〕让·鲍德里亚：《物体系》，林志明译，上海人民出版社，2001，第 8 页。
⑥ 〔美〕赫伯特·马尔库塞：《单向度的人——发达工业社会意识形态研究》，张峰等译，
重庆出版社，1988，第 9 页。

（M. Douglas）。她与经济学家巴伦·伊舍伍德合著的《商品世界——消费的人类学探寻》，以及《社会秩序中的食物：对美国三个社区食物与庆典的研究》《建设性饮酒：人类学对饮酒的透视》等，都对这一论题作了极为精湛的经典论述。

基于被渴求的物品或为赠送，或为分享，或充满了社会义务的假设，玛丽·道格拉斯指出，所谓消费，是为了使其他人得以在其头脑中转化的整个主体。这样，便展示了把消费视为一系列仪式的思想方式的一个完整源流。消费是为作出评价，制定历法，进行认同而作出的姿态，就像银的验印一样。买卖是消费仪式的准备，或是其深层结构的发展。消费并非附加于固定化了的社会型构上的一种行为方式，它是生活方式的一个部分。

消费，这一使用价值的自然属性得到实现的过程，同时也是作为社会需要的一部分，而与其他人相联系的；并对他们的这种联系提供了具有指导意义的中介材料。因此，面对聚合无数个体对商品的购买和使用，而不考虑他们由共同分享消费所作用的变化，显然是荒谬的。

当把个体的背景置于其社会义务，并把消费背景置于社会过程中时，商品以其对理性生活的一种极其实在的贡献而展现。因为除非周围世界存在着一些稳定性和可靠性，否则理性的存在必定中断理性的行为。要继续理性的思考，个体就需要可理解的整体，而这种理解力就需要一些显见的符号。抽象概念总是难以记忆的，除非它们立足于一些物质显像上。就这样，商品或多或少地被视为代价性和理性范畴的转换符号。商品在所有权中的集合，对它们的选择者认购的价值等级作出了有形的、可见的标识。没有什么东西是以其自身而拥有价值的，因为价值是由人类的判断所授予的。每个物品的价值，取决于它与其他物品互补系列中的地位。商品可被持有或被不恰当的评价，放弃和替换。这样，商品在其集合中，展现了一系列或多或少具有连贯性和意向性的涵义。它们是被那些知道这种符码，并把其审视为信息的人来解读的。所以，除非我们了解怎样使用它们以构成一个可理解的整体，否则，我们将永不会明白怎样解决我们经济生活的矛盾。正是这样一个视野，使道格拉斯在经济学家都小心翼翼地避开了人们为什么需要商品的问题时，把它置于社会文化的背景中进行讨论，进而把商品的使用或使用价值的自然属性实现的问题，视为社会的"一个信息系统"①。

一方面，道格拉斯对消费作了再定义："如果我们把消费定义为一个超越贸易、和在法律框架内自由地使用物质的过程，就会看到，消费决策变成了现时文化的根本性源泉。养育于特殊文化中的人们，在其一生中看着它变化：新词语、新思想、新方法。它在演进而他们则构成变化的一部分。消费正是文化冲突和整形的场所。"② 玛丽·道格拉斯在家庭日用品购买的这一简单行为中，看到了由社会文化规范的一系列行为：在家庭主妇带回家中的购物筐中，有的用于家务储备，有的用于父亲，有的用于孩子；其他的则预定为客人的特殊享受。她邀请的客人来到她家，通常地把家中的各方面布置得为外来者接受，为其提供音乐、食物、饮料和交谈。这些选择都表达和产生了文化的一般意义。同样，她的丈夫也在决定把其工资的多少交给她，多少留作其与朋友的花销等，而导致了收入的规程化。他们把活力赋予或这或那的行动。最终，对男人什么样，女人什么样，一个人应怎样对待年迈的长辈，他应该给予他的子女多少生活的机会；他自己怎样优雅地或是不得体地度过晚年等，作出道德的判断。他有多少叔伯姊娘和侄男甥女是他希望给予支持的？他的家庭义务要以迁徙终止吗？他应该对他的社团给予贡献吗？进行医疗和人寿保险吗？这些消费选择可能正涉及沉重的花费，而当作出这些选择时，也可能决定了文化的演进。

另一方面，道格拉斯基于对商品的需要是为了可见而稳定的文化范畴的构造假设，假设了所有的物质过程都载负着社会的涵义。让我们理解到，商品既提供了物质的使用，又同时显现了另一个重要用途："它们也构造并维持了社会关系。"③ 这是对物质方面存在的一个长期努力而富有成果的探索，它得出了比单纯的个体竞争更为丰富的、关于社会涵义的思

① Douglas, M. and Isherwood, B. [1979], 1996, *The World of Goods —Towards an anthropology of consumption*. London, New York: Routledge, p. 1.

② Douglas, M. and Isherwood, B. [1979], 1996, *The World of Goods —Towards an anthropology of consumption*. London, New York: Routledge, p. 37.

③ Douglas, M. and Isherwood, B. [1979], 1996, *The World of Goods —Towards an anthropology of consumption*. London, New York: Routledge, p. 39.

想。这一强调商品既提供生存必需，又勾画社会关系界线的双重作用的研究，开辟了一条充分理解人们为什么需要商品的道路。"社会生活的主要问题就是固定涵义，以便其依然存留一个小小的时段。没有一些选择和固定已获共识的涵义的常规方法，社会最低限度的交感基础就会消失"。所以，在消费中所展现的不同仪式，"提供了对涵义漂流的制约。仪式是确立可见的公共界限的常规"；仪式要更具效能就要使用物品，"而仪式的配饰花费越巨，我们就可推断其固定涵义存在的意向就越强。在此场景中，商品是仪式的附件；消费是仪式的过程，其基本功能是构造事件初始变动的意义"①。而任何个人要成功地改变公共范畴，克服它们的无序并构造更易于理解的世界，他就需要温顺的伙伴。他所创造的可理解性的筹划，依赖于对他们的压力。他必须确保他们参加他的仪式，并使其为他们所瞩目。凭借他们自愿给予的表现，他获得了一种来自于他们的、对他用于特殊庆典的商品消费选择、对庆典场合的一种适当性的评价，和一种把他自己的关系地位视为正当的一种评价。在有效时空中，个人运用消费是为了诉说有关他自身，他的家庭，他的环境的一些事。他所作的陈述类型与其置身于其中的世界类型相关，证实或反抗，或许是竞争，或许通过消费行为获得同类消费者的赞同，以把一些过去视为无足轻重的传统事件，重新定义为重大的，并允许其他人全面附和。消费便这样成为"持续地对所有社会范畴进行再定义的一个行动过程"②。

消费者最一般性的存在，仅仅是能以其所选择的商品，构造一个易于理解的世界。商品的使用成了价值区别的一种中介，区别层次为数愈多，所需要的商品愈是多样。所有这一切都支撑着概念的范畴。它们的特定和现世的构架提供了物化的标记。"商品的选择持续地创造出确定的区别型式，对其他的型式进行压制或增强。因而，商品成了文化的可视部分。它们排列于对人脑所能区别的所有层次发挥作用的等级体系和场景中。这种场景既不是固定的，又并非是在一个变幻莫测场景中的任意排列；最后，

---

① Douglas, M. and Isherwood, B. ［1979］, 1996, *The World of Goods —Towards an anthropology of consumption*. London, New York: Routledge, p. 43.

② Douglas, M. and Isherwood, B. ［1979］, 1996, *The World of Goods —Towards an anthropology of consumption*. London, New York: Routledge, p. 45.

它们的结构依托于人类的社会目的"①。

玛丽·道格拉斯所得出的经典名言是:"商品是中性的,而它们的使用是社会性的,既可以成为樊篱,也可以成为桥梁。"②"如果说,语言的基本功能是其对于诗歌的能力,那么可以假定,消费的基本功能是其赋予意义的能力。忘记商品是用于吃、穿、住的,忘记它们的使用性,并力图代之以商品是用于想的思想;把它们视为人类创造机能的一种非言语的中介"③。

正是在这个意义上,马歇尔·萨林斯的《文化与实践理性》,把生产视为某一文化逻辑的物化过程,"因为生产的逻辑是文化意义的分化性逻辑"④。从自然的利用中获得的满足,以及人们之间自我利益的关系,都是通过符号象征系统而被建构起来的。对人类而言,并不存在未经文化建构的纯粹自然本质、纯粹需要、纯粹利益或纯粹物质力量,等等。这并不是说人类不受生态和生物的自然性制约,而是说文化传达着人类对自然的所有认知。因此,生产和消费作为某种文化的体现,不在于产品的物质意义,而在于物质所代表的符号代码。因为就解释人类事件的关键来说,对文化传递的理解,比理解自然对人的制约远为重要。这一广阔的视野,加深了人们对物的社会性使用和社会性规制问题的理解。

二 日常消费中的文化意义与消费时尚

上述分析表明:当人们买进商品的时候,他们不仅仅是"使用"对象,同时也买进了一种观念,并对这种观念进行了独特的处理。这种二重的关联,展现在更为广阔的历史范围中。

以最为普通的吃、穿行为而论:在不同的民族共同体中,都有着不同

---

① Douglas, M. and Isherwood, B. [1979], 1996, *The World of Goods —Towards an anthropology of consumption.* London, New York: Routledge, p. 44.

② Douglas, M. and Isherwood, B. [1979], 1996, *The World of Goods —Towards an anthropology of consumption.* London, New York: Routledge, p. xv.

③ Douglas, M. and Isherwood, B. [1979], 1996, *The World of Goods —Towards an anthropology of consumption.* London, New York: Routledge, pp. 40 – 41.

④ 〔美〕马歇尔·萨林斯:《文化与实践理性》,赵丙祥译,上海人民出版社,2002,第276页。

的食物禁忌，有着可食用—不可食用的规范。正如玛丽·道格拉斯所言：
"食物分类范畴为社会事件进行编码。"① 在同一文化体系中，当人们把可
食用的动物区分为具有高贵形象的不同部位的体肉（如牛排、里脊等），
和可食用但形象低劣的皮、爪、内脏时，经济核算的机会成本，也不得不
从属于这种文化的建构。"这种隐喻性的食物归属也是根据选择食物的人
的地位来确证的"②。如巴蜀之"火锅"作为船工、纤夫等苦作之人的代表
性饮食，而得到最初发展之时，便反映了一种社会的等级性构造，以及地
位等级与可食性程度的正比关系。而在不同的文化背景下，就有着不同的
饮食选择。费什勒（C. Fishler）曾指出："当我们观察与人类饮食习惯相
关的象征和文化表现时，只能接受如下的事实，其中大部分很难讲出什么
道理，其固有的持久性完全是任意的原因造成的。"索勒更明确地认为：
对食物的偏好与厌恶的解释，"不应该到食物项目的性质之中去寻求"，而
应该到"人们的基本的思维模式"中寻求③。

　　马文·哈里斯在更具广泛性的考察中看到，当印度人拒绝吃牛肉，犹
太人和穆斯林人痛恨猪肉，还有美国人想都不敢想要吃狗肉时，表明了在
消化生理学背后，是人们饮食文化的因素使人们确认什么是好吃的。因
此，"食物与营养关系不大，我们吃我们所吃的东西，并非因为它方便或
因为这对我们有好处，或因为这很实际，或因为它味道好"。相应地，当
"欧洲人和美国人拒绝把昆虫当作食物，这几乎和作为疾病携带者的昆虫
无关，也和它们与肮脏及污秽的联想没有什么关系。我们不吃它们不是因
为它们脏并且让人恶心；相反，它们脏并且让人恶心是因为我们不吃它
们"④。更重要的是，把昆虫作为美食，并不出于"贫困"等经济或生态的
原因，也不局限于村民野夫的狭小范围，在作为人类辉煌文明（或"高
级"文明）之一的中国，诸如蜂蛹、蚕蛹、蝉、蜻蜓、蟋蟀、蝗虫等的昆

---

① 参见〔美〕马歇尔·萨林斯《文化与实践理性》，赵丙祥译，上海人民出版社，2002，第
144 页。
② 〔美〕马歇尔·萨林斯：《文化与实践理性》，赵丙祥译，上海人民出版社，2002，第 227 页。
③ 参见〔美〕马文·哈里斯：《好吃：食物与文化之谜》，叶舒宪等译，山东画报出版社，
2001，第 3～4 页。
④ 〔美〕马文·哈里斯：《好吃：食物与文化之谜》，叶舒宪等译，山东画报出版社，2001，
第 3～4、169 页。

虫就一直是不同地域的美食组成之一；而当西方把各种动物的内脏视为低劣且有害的食物时，猪肚、羊肝以及各种动物的肾、睾丸等却在中国被视为具有特殊效用的美食而得到远远高于同类体肉的推崇。

同样，服装也是符合特定的条件、活动以及不同范畴的人而存在的。服装生产的种类依赖于社会对身份、时间和空间的预先分类。着装条件、活动类型、人的种类等，是服装生产应以回应的情况，也是广告塑造的品位。一个广告不能想象出一种与众不同的形象，进行产品的定位与区分，这个广告就是失败的；而当人们把某种品牌与某种特殊的形象联系在一起，或展现出男与女、精英与大众、成人与未成年人等的差异，"在服装中被再生产出来的，是这种分类图式。……通过特定的服装差异的象征复合体，被生产出来的是这些类别之间的意义差别"①。服装的每一种属性都承载着某种意义，它传达着"一系列与年龄、性别、活动、阶级、时间、地点以及文化秩序的其他维度等有关的相反相成的命题"②。这样，清晰的文化代码和逻辑关系就时刻在我们的日常生活中展现着，塑造了一个整体性的"图腾"体系。

物品总是在其正意义和反意义的呈现中得到使用或消费的，"社会体制把它们的地位赋予物品"③，从而，物品就参与进了"一个道德秩序凌驾空间秩序的整体"④。这样，物品的功能并非仅仅在于其物质性或使用性，最首要的是作为人与人关系的物化符号而存在的。在展示物的隐喻深度的象征坐标和表达社会等级的分类坐标的交汇点上，物的意义得到了充分的呈现。"物品不再存在于它们的目的性之中；它们只是在彼此的关系中存在，使得我们所消费的东西，只是一个符号体系"⑤。人们在物的身上"投射他的游戏、他的运筹、他的论述，并使得这个游戏本身蕴含意义，成为一个人向他人和自己发出的信息"⑥。物由于这种与人的关系而得到了一种密度和情感价值，物品存在的真实向度受到其所要表达的道德向度的根本

---

① 〔美〕马歇尔·萨林斯：《文化与实践理性》，赵丙祥译，上海人民出版社，2002，第 233 页。
② 〔美〕马歇尔·萨林斯：《文化与实践理性》，赵丙祥译，上海人民出版社，2002，第 243 页。
③ 〔法〕让·鲍德里亚：《物体系》，林志明译，上海人民出版社，2001，第 160 页。
④ 〔法〕让·鲍德里亚：《物体系》，林志明译，上海人民出版社，2001，第 13 页。
⑤ 〔法〕让·鲍德里亚：《物体系》，林志明译，上海人民出版社，2001，第 262 页。
⑥ 〔法〕让·鲍德里亚：《物体系》，林志明译，上海人民出版社，2001，第 23 页。

性束缚。"消费是一种［建立］关系的主动模式"①，而且这不仅仅是人和物的关系，也是人和人及其与世界的关系。这样，"消费体系超越了单纯的消费而成为一种个人和集体的表达，它构成了一个真正的语言、一个新的文化"②。从而，"消费领域是一个富有结构的社会领域"③。

以中国而论，从 19 世纪鸦片战争引发的，有亿万生灵亿万顾客在翘首以待英国的毛料、棉纺织品、钢制刀叉等商品的臆想，到 20 世纪 80 年代中国再度打开国门后，对一个无限大消费市场的推测，无一不反映出，经济理论对这一问题的长期忽视而生成的内在缺陷。使其对异文化市场的种种憧憬和期望，总是展现出虽屡试屡败而依然流行不衰的景象。应该说，作为一种文化标识的长城，从未能把以"蛮夷"为代表的一切外来之物有效地拒之门外，但却成功地把国人囿于其内，这种文化的整形，把一切外来之物收编进自己逻辑严密的关系之中，无论何时，进入中国的这些外来物，其再生产与意义都获得了"中国特色"的展示。这一典型的事例表明："人们总能为远在自己社区活动范围之外的人与物，在各自的文化体系的再生产过程中，寻到一个合适的位置"④。

可以看到，"事实上，商品的使用价值是既定的前提，是某种特定的经济关系借以表现的物质基础"。使用价值一旦由于生产关系而发生形态变化，或者它本身影响生产关系并使之发生形态变化，"它就属于政治经济学的范围了"⑤。民族志有关波特拉赤（potlatch）的资料，也揭示了使用价值的社会属性的深层扩展。波特拉赤这一北美西北海岸的印第安人所特有的饮宴和赠礼习俗，展现了他们对以财富作为获取声望的媒介的祈求。因此，波特拉赤这一消费行为并非随意的"自然"行为，而是一个展现社会代码并受到一系列社会习俗和关系的制约。所以，萨利·斯奈德（S. Snyder）把波特拉赤称之为"在物质方式中的颤抖的手"⑥，波特拉赤

---

① 〔法〕让·鲍德里亚：《物体系》，林志明译，上海人民出版社，2001，第 222 页。
② 〔法〕让·鲍德里亚：《物体系》，林志明译，上海人民出版社，2001，第 206 页。
③ 〔法〕让·鲍德里亚：《消费社会》，刘成富等译，南京大学出版社，2001，第 50 页。
④ 马歇尔·萨林斯：《别了，忧郁的譬喻：现代历史中的民族志学》，王筑生主编《人类学与西南民族》，云南大学出版社，1998，第 31 页。
⑤ 《马克思恩格斯全集》第 46 卷下，人民出版社，1980，第 411 页。
⑥ S. Snyder, *Quest for the Sacred in Northern Puget Sound: An Interpretation of Potlatch*, in *Ethnology* 14: (2), p. 154。

来自于平民赠礼的资助，而与后者紧密关联的，正是他们的头衔持有人给整个村社带来的名望和声誉。波特拉赤这一消费习俗，同时饱含着政治和经济的意义。

在消费作为一种炫耀、一种攀比、一种挑战的社会性表达中，消费转化为一种显示某种价值秩序的仪式，转化为一种用来凝聚社会的游戏规则①。关注于使用价值的社会属性的消费研究，事实上是对经济所蕴含着的文化和意识形态内容的研究。它凭借对生产的分析，把经济的研究整合为一个整体，即把生产、分配、交换、消费共置于社会存在的总体性中进行考虑。

当我们看到了消费中的文化意义甚至是文化的规制时，消费就不再是一个单一层次的物质行为，而会展现出诸如列菲伏尔所列举的"商品陈列的消费，消费的商品陈列，记号的消费，消费的记号"② 等丰富的层次来。也就可以明白，在以物品的消费来实现自我满足的表象后面，我们实际上是在参与一场文化的游戏；我们是在扮演着和表达着自己的社会角色；并且是在令人愉快地履行着社会责任。这就把消费概念化为一个公共性问题，而非一个私人的问题；也就把文化推至社会生活的中心位置；从而也就把"关系"和"场域"确立为研究的聚焦基点。

对消费行为来说，在肤浅的表象上，尽管人们往往把自己快乐或痛苦的原因归于对物品的是否拥有，而齐美尔正是立于这一研究基点给出了一个明确而坚定的回答："不，并非我是否拥有它决定着我的感觉，而是别人是否不拥有它，还是拥有它，决定着我的感觉。"③

文化规制及其意义渗入不仅对消费行为实现了全面性的覆盖，而且为消费行为划分了等级层次。一般来说，人渴了要喝水，饿了要吃饭，这类消费行为是直接的、无须培养的；与此相应的是，对美酒、音乐、美术之类的产品消费或欣赏，则少不了所谓文化能力的培养，这一前提的实质性内容，是要求消费者具有为当下社会标准所认可的文化理解能力。更进一

---

① 参见〔法〕让·鲍德里亚：《符号政治经济学批判》，夏莹译，南京大学出版社，2009，第16页。

② 〔英〕迈克·费瑟斯通：《消费文化与后现代主义》，刘精明译，译林出版社，2000，第151页。

③ 〔德〕齐美尔：《社会是如何可能的》，林荣远编译，广西师范大学出版社，2002，第186页。

步，筷子、刀叉和手抓肉在不同的社会环境中都具有非常丰富的文化意蕴，但是，当它们汇集于由某一类型为主导的文化氛围中时，就会通过个体行为的选择而建构起一个等差结构的序列。消费行为的等级层次结构，不仅存在于同一社会或文化内部，而且存在于不同社会与文化的联结中，而无论在何种状态下，它都是文化霸权与经济霸权双重合力的产物。

在消费的直接表层，通常表现出人们对物品的效用性追求；然而，消费绝不仅仅是为满足特定需要的使用价值的消费，潜藏于更深层面的是人们对物品的非效用性态度。文化规制及其意义渗入对消费行为的全面性覆盖，给各种进入使用或消费的物品都赋予了文化产品的意义，使文化产品得到了外延的扩展或泛化，在文化产品的消费、体验以至在现实的生活方式中，引发了大量的、冗长的阐释，而阐释的差异就划分出了消费等级层次结构。

既然所有阐释的目的都是为了表达自身，消费的等级结构在直观上便展现出区隔的功能；但是，无一例外地，所有的阐释都奠基于理解，也就使消费在本质上要求他者的迎合，从而为模仿开通了社会的坦途，由此形成消费时尚。齐美尔认为："时尚是社会形式之一，它以特殊的比例结合了独树一帜、变化之魅力同追随相似、一致的魅力。"① 一方面，它以个性特征的展示，满足着区别的需要；另一方面，它又通过模仿，满足对社会的依靠的需要，夷平化的本能冲突欲望和个性化的本能冲突欲望成为时尚的两个基本要素，并总是随时随地得到同时的表达。由此呈现出"时尚的本质在于：总是只有群体的一部分搞时尚，但是，整体则处在通往时尚的道路上"②。时尚由此而成为那些生活形式中的一种特殊的形式。

对时尚的分析最终应该追溯到人的社会性存在的本质问题上。正是这一本质，产生了人的认同需要；而人的分离性发展的现实，又使得人的这种合类性成为以文化形式来表述的"不再无声的合类性"③，"区隔"由此成为人类认同的一个显性要素；成为认同的一种特殊形式或表达；也充分

---

① 〔德〕齐美尔：《货币哲学》，陈戎女等译，华夏出版社，2002，第374页。

② 参见〔德〕齐美尔《社会是如何可能的》，林荣远编译，广西师范大学出版社，2002，第149～153页。

③ 参见陈庆德《资源配置与制度变迁——人类学视野中的多民族经济共生形态》，云南大学出版社，2001，第2～9页。

揭示出迄今为止的人类认同的有限性。正是在这种有限性的认同中，人对物品的消费或使用，这些"无声"的行为转换成为文化的"有声"表达；使一切消费都表现为"文化"的消费，表现为文化产品的消费。

这样，在一个保护、巩固并强化有限性认同的社会氛围中（诸如血缘世袭的奴隶社会、封建等级的贵族社会等"身份性社会"），文化产品消费的"有声"表达就会沉淀为"品味""风格"等形式的存在，来强调一定群体的限制性和同质性。然而，一旦社会发生了以开放性和异质性对这种限制性和同质性侵入甚至是替代，就意味着，尽管认同依然有限，但原来的有限性范围已被突破，从而打开了我们常说的"社会垂直流动"的通道。一个更大范围的有限性认同，借助于社会下层人员向社会上层地位群体攀升的欲望冲动的特殊形式，而得以全面地展开。只有在这样的社会条件下，那些在内心和生活内容方面都有着强烈的社会依赖的需要的人，在对"风格"或"品味"的模仿中，终于使潜在的时尚要素转换成现实的存在。例如，在以自由小生产者来构筑自身存在的直接基础和前提的现代社会中，尽管这种"自由"的标识在社会实践中的实际结果往往是"自由得一无所有"[①]，却同时在理论上开拓了让每一个微弱的无产者都有机会成为资产者的广阔的可能性空间。这样，在他们以对"风格"的模仿来提升自己无足轻重的地位时，造就了一个庞大的、易变的社会中间群体，并且这一群体构成了最主要的时尚承载者、追逐者和推动者。最终使时尚成为现代社会的显性特征。只有在深刻把握时尚本质的基础上，才能充分理解时尚赋予消费的文化意义。

在直观的表象上，时尚往往表现下层对上层、附属对主流的模仿。但只要承认，模仿既是表达自己，也是读解他人。那么，它就蕴含着交流之意，就从来不是单向的而是双向的。鲍德里亚也曾指出："无论怎么进行自我区分，实际上都是向某种范例趋同，都是通过对某种抽象范例、某种时尚组合形象的参照来确认自己的身份，并因此而放弃了那只会偶尔出现在与他人及世界的具体对立关系中的一切真实差别和独特性。区分鉴别的奇迹和悲剧就在于此。"[②]

① 马克思：《资本论》第 1 卷，人民出版社，1975，第 192 页。
② 〔法〕让·鲍德里亚：《消费社会》，刘成富等译，南京大学出版社，2001，第 82 页。

　　尽管更多的时尚是由社会的主流或"精英"所发起，但它从不排斥社会的边缘者作为时尚的牵引者。20世纪后半期中国服装潮流的变化或许可对此做一说明。20世纪60年代的细腿裤、70年代的喇叭裤，都曾一度先是作为社会边缘群体或"反叛"青年的标志性服饰，而后才得到普遍流行的。尤其是喇叭裤在70年代后期经改造成"筒裤"后，更获得了普遍的认可而一度主导了服装时尚。在80年代得到流行的美国牛仔裤，也是经由社会的中下层传达到上层而成为其"休闲"标志的。"火锅"由重庆口岸的苦作之人的代表性饮食，走向川西平原"皇城老妈"的精美雕饰，也同样对此作出了一个极好说明。这便引出了时尚的第二个重要特征。

　　在时尚赋予消费的文化意义中，由金钱提供的消费自由，"只是一种潜在的、形式化的、消极的自由"，如同齐美尔所说：自由这一范畴的真实涵义"不是纯粹的与他人脱离干系，而毋宁说是一种与他者完全确定的关系"。由于"自由本身只是一个空洞的形式，这种形式只能在其他生活内容的发展中，以及凭借这种发展变得卓有成效、生机勃勃、富有价值"[1]，因此，在消费的文化意义赋予下，我们是在义务的转换中体验自由的；我们无法割裂文化的关联，无可摆脱文化的规约，我们只不过是把对具体个人的依赖或依附，转换成了对社会整体的更深刻、也更为抽象的全面性倚赖。消费的文化诉求，使我们从穿衣打扮到房屋装饰的一切消费行为，都为他人"拣选"我们的社会地位，对我们表达其接纳或区隔、尊重或轻视的态度，提供了重要的参照性基础。物的消费"可以使任何人说任何话，但是，所说的一切或是被吸入到主流中，或是被排斥到边缘上去"[2]。消费的文化诉求引发了该领域的竞争性斗争，诚如韦伯所说，"进入了角逐的那些人（在开始前，他们已经被征服了），由于坚信差距的存在，单单通过参与这一事实，已经隐约认识到了他们所追求的那些人追求的目标的合法性"。因此，"这是一种一体化斗争"；"也是一种再生产斗争"[3]。它揭示了当消费表现为一种自由选择行动时，仅具有形式上的虚假

---

①　〔德〕齐美尔：《货币哲学》，陈戎女等译，华夏出版社，2002，第225、319、320页。

②　〔美〕爱德华·W.萨义德：《文化与帝国主义》，李琨译，三联书店，2003，第460页。

③　参见〔美〕约翰·R.霍尔、玛丽·乔·尼兹《文化：社会学的视野》，周晓红等译，商务印书馆，2002，第186～187页。

性，消费的实质性内容，是在消费者的"整体性配合"的支配下展开的。

更进一步，当我们在广告的引领下，去选择、购买和消费并不完全了解的物品时，这个广告无论是以质量、价格、品牌、情感背景还是以其他的什么东西作为展示的内容，其实质都是对消费实施文化意义的附加，对消费进行文化的引导或规约。唯其如此，广告成了推进时尚流行的润滑剂。文化产品以广告的手段，僭取了诸如爱、友谊和青春等的文化的核心价值观，并转化为市场方式的运用。它不断消解着个体定位于工作中的自我地位或阶级意识，持续地推动着他们在消费中寻求身份感和自我表达。

最后，时尚以社会生活方式"对立形式"的面貌，把自身构组为社会生活方式的"变换形式"①。时尚把文化意义赋予物品的消费，也就促成了各种各样的商品为自身的市场立足点寻求文化支撑的普遍的和大规模的努力。商品存在的根本性目的和基点，是要使它所凝结的私人劳动得到社会的承认，能否获取更大的市场份额也就成为商品成败的关键。从而，当老的商品以自身的历史资质或品牌充斥了有限的市场空间时，文化要素的借用和附加就成为新商品进入市场的重要手段。如 20 世纪 80 年代，一些初入中国酒类市场而酿酒传统资源较为匮乏的地区的新产品，就纷纷借用了诸如"孔府""杜康"等中国深厚的历史文化资源，内蒙古的"宁城老窖"，成功地以"塞外茅台"暗喻地借用了茅台的文化地位；进入 90 年代，湖南的"酒鬼"酒和四川新酒"水井坊"，也分别凭借著名画家黄永玉富于文化创意的包装设计和文化古迹的要素，先后一度成为中国市场上最昂贵的国产酒。这反过来推动老的资深名品挖掘其内蕴的文化要素来与之抗衡，"剑南春"树起了"唐时宫廷酒，盛世剑南春"的旗帜；"泸州老窖"则亮出了"国窖 1573"的根底；作为国产酒至尊的"茅台"，则以"喝出健康来"的标识，充分运用了时尚流行中的健康要素。与此类似地，"长虹"的"产业报国"所依托的，是近代百年国耻凝结的文化情结；"海尔"所借重的，是"国际合作"和进入世界市场为其附加的"先进"意义……如此不一而足。正是这种社会的合力，使一切消费泛化为文化产品的消费。

---

① 参见〔德〕齐美尔《社会是如何可能的》，林荣远编译，广西师范大学出版社，2002，第155 页。

　　然而，当人们面对某个具体商品的兴衰沉浮时，却往往忘却了时尚转变中的文化要素。如 20 世纪 80 年代在中国烟草市场一统江湖的"红塔山"，其大获成功的重要基础之一，在于当时从高官、富商到追逐时尚的各色人等，都以拿出一支红塔山香烟作为其能力或成功的标志，是时尚的流行使"红塔山"成为"地位商品"。然而，当人们在 90 年代从质量或管理经营的角度来分析"红塔山"兴衰沉浮的原因时，却忽略了致使它大获成功的这一重要基质，而没有看到诸如湖南的"芙蓉王"、陕西的"好猫"、浙江的"大红鹰"、广西的"真龙"、四川的"娇子"、重庆的"天子"、湖北的"黄鹤楼"等的地方品牌，能够以数倍于"红塔山"的价格来分享它原有的市场份额时，其根本性的借重，恰恰是时尚转变中"以金钱衡量成败"的文化要素。可以说，时尚的流行与转变，是商品兴衰沉浮的关键性因素之一。

　　这一分析引出的一个更具深刻意义的启示是：集认同与区隔为一体的、通过消费范围与能力差异而展现出的、存在于人类所有社会中的消费等级，从来不是一个固化的结构，而是一个由文化赋予、规制并追随其意义变换而变化的动态结构。基于人类消费结构的动态变化性，在时尚的流行与变化中，关注文化意义的赋予与变化，充分挖掘产品内在的文化要素，可以为现存市场体系中的边缘者或新入者提供更多更大的机会，为改变他们在现实经济体系中的参与条件、参与方式和参与地位提供可能。

三　文化消费的历史转换

　　人类的消费从来就是文化的消费，消费存在于一切社会中，消费不过是在不同的社会中具有历史的差异性，产生了不同的消费模式。消费在不同来源的力量推动下变换着，"消费模式也在不同的时代对于不同的人们而言有不同的意义"[①]。而"消费文化"一词的适当性，恰恰在于它表达了消费的这种历史差异性。

　　与此相对应，文化产品的消费也同样展现出极其强烈的社会与经济的

---

　　① 〔美〕约翰·R. 霍尔、玛丽·乔·尼兹：《文化：社会学的视野》，周晓红等译，商务印书馆，2002，第 90 页。

关联性。雅克·阿塔利（J. Attali）就指出："音乐反映一种流动的现实。在原始的多声曲、古典的对位法、调性和谐、十二音阶音乐和电子音乐之间，唯一的共通点是依据句法结构的变迁来赋予噪音形式的原则。"在"每一次社会的重大断裂来到之前，音乐的符码、聆听模式和有关的经济模式都先经历了重大的变动。"在欧洲 10 世纪的宗教仪式音乐、16 世纪的复调音乐以及 18 ~ 19 世纪的和谐乐风这三个不同时期，"音乐在单一而稳定的符码中呈现出来，有着稳定的经济体制模式。与之相呼应，这些社会也很清楚地被单一的意识形态所支配"。同样，在 20 世纪 50 年代成形于美国黑人音乐炼炉的乐风，所呈现的特色则是"稳定的生产，有经济飞速发展国家内广大年轻人的市场需求作为后盾，还有经由录音才可能有的一种新的流通经济体制"①。

尽管一切文化产品消费的根本性基础是为人所理解，"但事实上它只是零零星星地被人理解"②。这便产生了社会生活的整体性与个体存在内容碎片化之间谜一般的关系。因此，时尚不可排除解读他人的要素，无论是"误读"还是充分"理解"，都会存在这样的可能：赋予原来的消费新的影像和记号，改变原有消费的观念及其文化意义。在这种改变中，时尚所直接表达出的"个性化"，就是对原有社会榜样的否定。而这种否定的实质，是对原来的有限性范围的突破，对原有社会平均水平束缚的突破，由于它把不同群体的人都吸引到了一个更大范围的有限性认同中，所以，应该说，时尚以直接表达个性化的表象，实际而有效地实施着内在的夷平化过程。所以，我们会看到，任何时尚的首倡者，在展示其拥有特殊性的个人感觉时，实际也在要求着"被大家模仿和因此被大家的精神所支持的社会感觉"③。

消费并不是对任何人都同等齐一的，一个人能够消费什么也不完全取决于个体选择，它在很大程度上是由文化场域对关系位置的配置所规约的。

---

① 〔法〕雅克·阿塔利：《噪音：音乐的政治经济学》，宋素凤等译，上海人民出版社，2000，第 10 ~ 11 页。
② 〔德〕齐美尔：《货币哲学》，陈戎女等译，华夏出版社，2002，第 364 页。
③ 〔德〕齐美尔：《社会是如何可能的》，林荣远编译，广西师范大学出版社，2002，第 152 页。

在 18～19 世纪的法国，当人们把"新贵族"或"暴发户"之名冠以新生的资产阶级时，正是利用了消费行为的等级层次结构，由当时主导高层消费的权势集团基于消费行为和能力差异，而一手导演的对新兴经济强势集团进行文化排斥的一场社会剧。

无独有偶，当欧美积二百年的经济强势，给自己罩上了"文化先进"的虚幻光环后，这种文化的强势对其经济力量作出了最深厚、最强劲的支撑。所以，当中国在 20 世纪末期再度崛起于世界舞台，当"中国制造"能够在同类商品中以同等的，甚至是更高的物质属性在这些"先进国家"的社会生活中得以普及时，欧美产品凭借于文化塑造所赋予的这种背景意义，仍不乏对许多中国人的特殊吸引力。如中国双星鞋业的产品，无论其外观式样还是内在性能，都已进入了世界一流的产品行列，有的物质指标还远远超过了"耐克""阿迪达斯"等同类名牌产品。但是，在中国消费者的选择中，双星鞋所内含的文化意义的贫乏，使其产品价格远远低于这些世界名牌，甚至当这些世界名牌实际上已大量地由"中国制造"时，在经济能力有所保证的条件下，即使质量指标稍低，即使价格更昂贵，对相当的中国消费者来说，首选仍然不是中国民族工业的品牌，而是中国制造的欧美名牌。据 2007 年 1 月 13 日 CCTV《焦点访谈》的报道，连续 6 年进入中国服装百强企业，在全国设有 16000 多家专卖店的中国品牌美特斯·邦威，在全国最重要的商业中心之一的上海淮海路为打造"国际品牌一条街"的规划中，面临被排斥的境地；更有甚者，在江西的公路建设、安徽的政府采购等个案中，都在对"洋品牌"的一味追逐中明确地拒斥着国产品牌；深圳某拥有自主品牌的企业，虽然其产品早已广泛进入国际市场，进入了联合国，但却在国内市场上遭遇了重重的障碍……在直观的层面上，这样的境况源出于人们没有弄清洋品牌与本土品牌只是品牌属地的区别，而"国际品牌"的地位内涵则在于品牌的产品质量；但在更深层面上，这些境况确实生成于文化强势的背景塑造。唯其如此，与成都小吃、两广河粉等同属快餐食品的美国"麦当劳""肯德基"等，可以以高于前者数倍的价格占据了前者只能远远望其项背而力所不能及的更大规模的市场空间；具有同等性质的昆明的"烧饵块"和"米线"也是一样，后者凭借文化资源的介入，以"过桥米线"的形式获得了阳春白雪的形象和同等丰厚的经济收益；而前者则由于文化资源的相对缺失，始终无法摆脱下里巴人的地位和相应的低廉收入。

20 世纪末期的韩国，也正是在充分挖掘民族文化资源的基础上，才使"提倡国货""使用国货"的口号表达转换为习性的存在，从而为其民族经济的发展奠定了深厚的国内市场基础，继而以"小龙腾飞"的形象逐鹿于世界市场；而这种依凭文化资源所获得的经济发展，转而为其文化产品开拓了更为广阔的空间。进入 21 世纪后，韩国的游戏软件、电视剧等文化产品，至少已在亚洲呈流行之势。据报载，韩国的电视剧出口在 2002 年为 1639 万美元，2003 年飙升为 4200 万美元，而 2004 年更高达 7140 万美元，仅以中国市场而论，进入中国的韩剧在 2002 年是 67 套，2004 年上升到 107 套。在 2005 年 6 月举办的上海电视节上，涌入过百部韩剧参加交易，其中不少是针对中国制作，尚未在韩国播出，就直接进入国际市场的交易①。这充分展现了韩国文化产业的外向型特征，有效地发挥了文化产业为国民经济整体运行获取外部资源补偿的积极功能。目前"韩流"在世界文化市场占有率已达到 1.5%，日本为 25%，而美国高达 65%②，文化强势与经济优势的关联由此可见一斑。

如果说，消费模式（pattern of consumption）展现了社会模式（pattern of society），那么，消费模式的变化就意味着"人们在生活方式这一重要领域接受了社会变革和个人改造的观念"③。

首先，在前现代的社会中，生产狭小的局限性在根本上制约了消费的可能性，"物质的"或"经济的"意义占据了消费的首要位置，消费的"文化"意义则淡化为隐性要素的存在。而当现代社会以"社会生产力的无条件的发展"为其生存的前提，以"为生产而生产"为其内在动力时④，便以大规模批量性生产的技术方式，为现代社会消费结构的形成奠定了根本性的基础；进而把"消费"强调为当代社会最耀眼的主题。

其次，在上述的根本性基础上，前现代社会在消费能力差异的形式

---

① 参见《南方周末》2006 年 2 月 16 日，D26 版。
② 参见《南方日报》2005 年 10 月 17 日，A06 版。
③ 〔美〕丹尼尔·贝尔：《资本主义文化矛盾》，赵一凡等译，三联书店，1989，第 114 页。
④ 马克思：《资本论》第 1 卷，人民出版社，1975，第 279 页。

掩护下，建构起消费的等差层次结构。尤其当它把绝大多数文化产品限定在地位群体的特权消费的范围中时，就以"高雅文化"与"通俗文化"及"精英消费"与"大众消费"的明确分野，维护并强化着消费的区隔功能，作为社会地位区隔的消费获得了新的价值。现代社会则恰恰相反，它依凭于社会化大生产的批量性复制的方式，把以往在金钱、地位等要素限制下仅供少数人消费的文化产品，普及成大众的更广泛的消费；以消解或模糊"高雅"与"通俗"、"精英"与"大众"界限的方式，把消费的"夷平化"功能，强调为自身最鲜明和最重要的特征。在以"时尚"对"风格"的取代中，在把"夷平化"确立为消费主旋律的过程中，开辟了社会流动多样性和多向性的广阔空间。一个明显的例证是：在以往要依凭于对"高雅文化"的理解、消费和使用及其"精英"地位才能获取的"明星"身份，在当代则无论是以"高雅"或"通俗"的方式，还是以"精英"或"大众"的途径，都可以获取"明星"的地位与荣耀。具体地说，歌唱无论是"美声"、"民族"或"通俗"，体育无论是所谓"贵族"或"大众"，同著名学者专家、达官贵人一样，都可以成为靓丽耀眼的"新星"。

最后，基于当代社会消费的"夷平化"特点，终于把"文化"推至消费的前沿并确立为消费的中心。消费或购物不仅仅只是一种追求最大效用的、纯粹理性算计的经济行为或交易，而主要是一种闲暇、愉悦和体验，并最终把消费建构为一种表意的手段。文化消费在对社会情趣的迎合中，一方面，"提倡并增强了个体性。个体性的特征是对经验的开放，以及感觉和感觉能力的发展……在生活的许多方面人们可以更自由地作出选择，这些选择并不一定由传统、权威或稀缺性来指定"[1]。另一方面，也带来了经济活动的领域扩展和经营方式的改变，如旅游产业的兴起、商业广场或购物中心以及博览会等的形式，与这些消费取向里外应和、推波助澜，把一切消费泛化为文化或文化产品的消费，消费场所成为商品拜物教的"殿堂""消费的宫殿"和激发回忆与联想的"梦幻世界"，使消费具有了更大的互动性。美国潘神博览会景点简介中的指导性语言——"请记住，当

---

① 〔美〕约翰·R.霍尔、玛丽·乔·尼兹：《文化：社会学的视野》，周晓红等译，商务印书馆，2002，第145~146页。

你一跨入门，你就已是被展示的一部分了！"① ——对这种互动性作了最好的注解——消费者也在被消费。这样，当代消费的文化转向，使仿真的堆砌、影像的易变和参照缺失的碎片化存在终于像神经系统一样伸展到社会的每一个角落。

由于消费成为一种"系统化的符号操作行动"，消费也逃逸于通常所谓的"现实"，而成为对"可供消费的物品—符号所进行的系统化和无限期的占有"②。进而，在由符码所控制的消费社会里，人际关系转变成与物品尤其是与那些物品的消费之间的关系。物品的意义在根本上不再源于它的使用价值，也不源于人们之间的具体关系，相反，任何物品的意义都只来自于它们与其他物品的关系或差别。"流通、购买、销售、对作了区分的财富及物品/符号的占有，这些构成了我们今天的语言，我们的编码，整个社会都依靠它来沟通交谈。这便使消费的结构、个体的需求及享受与其语言比较起来只能算是言语效果"③。在商品被当作一种风格、声望、奢华以及权力等的表达和标志而买卖时，所揭示的一个事实真相是：我们趋于需要的不是某种特殊的物品，而是某种差异。我们正是通过这种差异而获得一定的社会地位和社会意义。而当需要以这种方式而被界定时，它永远不可能被满足，因为我们拥有的，是一种持续不断的、贯穿终生地把自己与在社会中占据其他位置的那些人区别开来的需要。

从物品已经成为一种其价值是由学科性的符码所决定的符号这一核心思想出发，可以看到，为了进入消费，"物品必须成为符号"。不仅所有的商品都是符号，而且所有的符号都是商品。现代社会中，所有的物品、服务、身体、性、文化和知识都可以被生产和交换的现象，对此进行着持续而有力的支撑。符号、商品与文化由此难分难解地纠缠在一起。商品形式已让位于符号形式，等价的符码已经比商品交换更具有意义。

符号的结构性控制借助消费压力而得以实现。消费压力在社会层面和系统层面得到了双重的表达：在社会层面上，为了与同类的人保持象征性

① 参见〔英〕迈克·费瑟斯通《消费文化与后现代主义》，刘精明译，译林出版社，2000，第152页。
② 参见〔美〕乔治·瑞泽尔《后现代社会理论》，谢中立等译，华夏出版社，2003，第110~111页。
③ 〔法〕让·鲍德里亚：《消费社会》，刘成富等译，南京大学出版社，2001，第71页。

的一致；为了创造出赋予差异与区别的自我定义；为了获得社会认可等，使消费者个体感知到了压力的存在。在系统层面上，则以对推销者的压力而得到表达，一个愉快花钱的消费者是系统的必需；而对消费者个体来说，花钱则成为义务。

从这些分析中所得到的一个更为深刻，也更具批判力的结论是："消费是一种确保符号调控和群体整合的系统：它是一种道德（一种意识形态性的价值系统），同时又是一种沟通系统，一种交换结构……这一结构组织远远地超越了个体，并根据一种无意识的社会制约凌驾于个体之上。"①人们通常把现代社会称之为物欲横流的社会，在表象形式上，对物的占有已经成为现代社会最根本的基础和最普遍的追求，但在其深层结构中，一切物（或使用价值）恰恰是由交换价值来中介的。"认为交换价值产生于使用价值并终止于使用价值，是一种曲解"。"使用价值是被交换价值生产出来的"②。正是这一深层结构的性质赋予，现代社会"消费的真相在于它并非一种享受功能，而是一种生产功能——并且因此，它和物质生产一样并非一种个体功能，而是即时且全面的集体功能"③。从"需要和消费实际上是生产力的一种有组织的延伸"出发，"消费不仅要在结构的意义上被界定为交换体系和符号体系，同时还要在策略的意义上被界定为一种权力机制"④。这样，通过各种物品，每个个体和每个群体都在寻找自身在一种秩序中的位置，始终在尝试着根据一个人的生活轨迹竞争这种秩序。通过物品，一种分层化的社会开口说话，将每个人都保持在一个确定的位置里。消费成为现代资本生产的一个不可或缺的基本因素，消费对整个社会生产体系结构的从属性，并不被个体体验为各种施加控制的努力，而是体验为欢乐和快感的来源。这样，在个体层面上的需要——愉悦，遮蔽了社会整体上需要——生产力的深层结构。鲍德里亚从"奴隶获得了能够吃饱肚子的保证仅仅是因为那个体系需要奴隶劳动。当代社会的公民发现自己的'文化'需要能够被满足，仅仅是因为体系需要他们的需要"中，得出

---

① 〔法〕让·鲍德里亚：《消费社会》，刘成富等译，南京大学出版社，2001，第69~70页。
② 〔法〕让·鲍德里亚：《生产之镜》，仰海峰译，中央编译出版社，2005，第5页。
③ 〔法〕让·鲍德里亚：《消费社会》，刘成富等译，南京大学出版社，2001，第69页。
④ 〔法〕让·鲍德里亚：《符号政治经济学批判》，夏莹译，南京大学出版社，2009，第70页。

了"消费力本身就是一种生产力的结构模式"的深刻洞见①。个体在消费领域所展现的自由作为一种安全阀，帮助资本维系了对生产以及全社会的支配；正是借助于这种诱惑形式的转换，比之于传统的控制手段更为廉价和高效，而取代直接的压制成为系统控制与社会整合最重要的工具。

---

① 〔法〕让·鲍德里亚：《符号政治经济学批判》，夏莹译，南京大学出版社，2009，第69页。

第十三章　经济行为与文化模式

一　理性与经济行为

　　人的生命历程是在各种不同的活动、行动或行为过程中展开的。这也就使人类行为成为整个社会科学聚焦的重心。在社会学领域，以行为作为连接自我与他人以及实践的能动要素为基点，产生了马克斯·韦伯《经济与社会》对不同行为范式的研究；阿尔弗雷德·舒茨（A. Schutz）在肯定和接受韦伯社会行动理想类型的基点上，以"生活世界"和"主体间性"的提出，进一步拓展了行为的"意义"分析；塔尔科特·帕森斯（T. Parsons）则以《社会行动的结构》建构起了一个庞大的行为理论体系，强调了个人行为在社会秩序作用下的社会复杂性，在他看来，"文化价值是用于约束制度机构中的社会行为，社会行为将'价值标向'和'动机力量'综合在一起，从而保证了社会角色的规范有效性"[1]。尤尔根·哈贝马斯（J. Habermas）的交往行动理论则提出了"社会行为依赖于行为者的'情景界定'，而且这绝不仅仅是一个主观动机的问题，社会行为所指向的意义首先是一种主观际意义，它对个体在其中发现自身并在其中行为的社会文化母体来说具有构成性特征：可继承的价值和世界观，制度化角色和

---

[1]　参见〔德〕J. 哈贝马斯《交往与社会进化》，张博树译，重庆出版社，1989，第9页。

社会规范，等等"①。对于经济学来说，弗兰克·H. 奈特认为它从一开始就是"以人类行为的原理为其基础……把对控制经济生活的人类行为心理的某些观察作为研究起点"的②。从赫尔曼·海因里希·戈森 1854 年问世的《人类交换规律与人类行为准则的发展》把效用递减定律与享受均等定律引入经济行为的分析，到加里·贝克尔（G. S. Becker）1976 年的《人类行为的经济分析》把经济行为的分析扩展到歧视、犯罪、婚姻、生育和家庭等更为广阔的社会领域，并坚持经济人假设和人类的一切活动都蕴含着效用最大化动机的理性解释，再到奥利弗·威廉姆斯、道格拉斯·C. 诺斯、罗纳德·哈里·科斯、思拉恩·埃格特森等人把经济行为的分析转向制度关联性，从而把经济行为置于一定约束条件下。这些研究表明，"如果不对人类的行为做研究，这样的经济理论是有误导性的"③。

经济行为分析的一个核心基点是"理性"的假定。然而，"理性"一词却有着多层次的涵义表达：在古希腊，斯多葛学派把它归为神的属性和人的本性；在德国古典哲学中，理性对应于知性概念，是对本体或宇宙真相的认识；而 18 世纪启蒙运动所贡献的理性的实体内容，是把人从神的绝对支配下解放出来，强调了人的自主自由的选择是实现人类未来命运的基本途径和保障，这样，理性指向了人的自主自由的选择行为是否合乎自然和人性的维度。理性的这一结构性实体内容，带来了人类社会历史发展的重大变革；确立了现代社会的一些基本规范；并一直发挥着长远而深刻的影响。从而把有关理性的论说，导向了这一历史结构性内容所确立的现代基本原则的基点上。

同时，从马克斯·韦伯提出"目的理性"和"价值理性"的论说④，到尤尔根·哈贝马斯以"达到理解为目的的""沟通理性"与"工具理性"的对应⑤，"理性"也一直显现着两个维度上的关联性存在：理性既表达为工具性计算手段，又表达为信仰基础。理性在工具性计算的维度上，

---

① 〔德〕J. 哈贝马斯：《交往与社会进化》，张博树译，重庆出版社，1989，第 5 页。
② 〔美〕弗兰克·H. 奈特：《风险、不确定性与利润》，安佳译，商务印书馆，2006，第 49 ~ 50 页。
③ 莱因哈德·泽尔腾：《有限理性与经济行为》，《南开管理评论》2004 年第 2 期，第 4 ~ 6 页。
④ 参见〔德〕马克斯·韦伯《经济与社会》上卷，林荣远译，商务印书馆，1997，第 56 页。
⑤ 〔德〕J. 哈贝马斯：《交往与社会进化》，张博树译，重庆出版社，1989，第 1 页。

表达了经济行为者具有完全的充分有序的偏好、完备的信息和无懈可击的计算能力，在经过深思熟虑后，他会选择那些能够比其他行为更好地满足自己的偏好（或至少不会比现在更坏）的行为，即最大化选择；但在信仰的维度上，由于在多极且相互冲突的各种可能的价值承诺中不存在一个决策的合理方式，信仰体系本身正是特定理性的生产器，信仰体系的理性生产，提供了社会组织的原则框架。因此，忽视理性在两个维度上的关联性或理性的双重性，并且仅仅局限于手段——目的的狭隘范围，会使"理性"概念最终滑落为对现代社会的实体内容的表达。例如，"在对经济行为者的许多不同描绘中，经济人的称号通常是加给那些在工具主义意义上是理性的人的"[①]，但是，基于对理性的单向度与局限性的理解，从而使其不能阐释"1. 各种可供选用的社会法规（产权）和经济组织如何影响经济行为、资源配置和均衡结果？2. 在同样的法律制度下，经济组织的形式为什么会使经济行为发生变化？3. 控制生产与交换的基本社会与政治规则背后的经济逻辑是什么？它们是如何变化的？"[②] 理性在两个维度上的关联性存在与表达，充分揭示了"理性"作为一个历史性范畴存在的根本性质；更重要的是，它既展现了对"理性"进行形式与实体的两个层面分析的理论可能，也明白无误地昭示出理性概念的运用只有立于这一分析基点才能充分展开。然而，正是这一缺失，使理性概念的运用充满了歧义性。

例如，尽管韦伯从经济行为具有或多或少的形式理性出发，并强调目的和手段的作用，尽管他并不赞成将"自利"看成是人类行为的根本动机，除了要考量计算利害状况外，人们的行为还常会被风俗习惯、情绪感觉、信仰价值等因素所左右；他也关注到了不同宗教或文化要素对经济行为的导向性作用。然而，在现代社会基本原则普适性主流的裹挟下，理性和经济行为不同的历史性表达遭遇了太多的遮蔽、淡化和消解；韦伯自己也滑落到提出"非理性"来与"理性"对应的窘境[③]。而自帕森斯以降，

---

① 参见约翰·伊特维尔等编《新帕尔格雷夫经济学大辞典》第 1 卷 E－J，经济科学出版社，1996，第 57 页。

② 〔冰岛〕思拉恩·埃格特森：《经济行为与制度》，吴经邦等译，商务印书馆，2004，第 10～11 页。

③ 参见〔德〕马克斯·韦伯《新教伦理与资本主义精神》，于晓等译，三联书店，1987，第 37 页。

从社会、文化和个人不同层面进行理性的实体论说更成普遍趋势①；其所滋生出的有关简单化趋向是，"理性"仅仅意味着基于现代基本原则的"意义联系的体系化"②；理性的解说完全依赖于现代社会的唯一标准；理性异化为迫使人们服从于资本活动准则的"正义"宣言。正是理性表达的现代社会实体内容的基点和简单化趋向的压力，使不少学者避开了对理性本身的形式分析和理性结构性内容的比较，而提出其他的概念来表达与现代社会不同的"理性"的存在。如萨林斯在指出现代"理性，因忘掉它自身的文化基础，乐于把自己想象成是具有本质意义的"同时，以"象征逻辑"的概念来表达与之迥然不同的、同样可称之为理性行为的逻辑存在③；而皮埃尔·布迪厄则以"实践逻辑"的提出与之相对应，它不仅表明："行为人对自己和他人在社会空间中所占位置的表象（以及他们通过自己的实践活动或资产自觉或不自觉地给出的对上述位置的表象）产生于一个感知和评价图式体系，而这一体系本身则是某种条件（亦即在物质资本和象征资本分配体系中占据一定位置）的身体化产物，其依据的不但是集体评价指数，而且是被该集体评价考虑在内的、在分配中实际所占位置的客观指数。"④ 而且也表明，"每个人对世界都有一种实践知识，并且都将它运用于日常活动之中"⑤。实际上已经隐含地表达了"理性"在不同场域的差异性存在。

理性概念的狭隘化及其功利主义的解说倾向，引发了巨大的张力。这种狭隘化的理性行为理论，在力图进行模式化的分析中，武断地强调了仅以现代社会为唯一标准的理性实体内容和利益的重要性；忽略了无意识在社会生活中的作用；并在方法论上缺乏对个人之间以及个人与环境之间关系的理解。布迪厄就认为，这种"理论是在'意识'的'意向'中寻找严格的经济或非经济行为之'根源'，常与一种狭隘的实践行为'理性'

① 参见〔德〕哈贝马斯《交往行动理论》第1卷，洪佩郁等译，重庆出版社，1994，第209页。
② 参见〔德〕哈贝马斯《交往行动理论》第1卷，洪佩郁等译，重庆出版社，1994，第231页。
③ 参见〔美〕马歇尔·萨林斯《文化与实践理性》，赵丙祥译，上海人民出版社，2002，第256页。
④ 〔法〕皮埃尔·布迪厄：《实践感》，蒋梓骅译，译林出版社，2003，第224页。
⑤ 〔法〕皮埃尔·布迪厄等：《实践与反思》，李猛等译，中央编译出版社，1998，第9页。

观结合在一起，与一种把由花费最少成本获取最大利润这一意志有意识引导的实践行为当作理性行为的经济主义结合在一起"①。

应该看到，在不同的时代、不同的社会结构和文化背景、不同的经济类型中，就会有不同的经济行为的表达；而只有在对理性作出形式分析的基点上，才能充分理解这些经济行为所内蕴的理性的结构性内容。

比之于众多的行为类型划分，弗洛伊德极为简洁地把人类行为归为两类：一类是本能行为，它所追寻的是快乐原则；一类是生存行为，它必须服膺于现实原则。快乐在根本上归属于自我的体验，而与理性无涉；现实则总是关联于他人、关联于社会结构和文化背景，这就在根本上使人的生存行为在众多的因素、条件、途径和目的的利弊权衡中作出选择，由是，理性成为此类行为的评价指标。按霍布斯的说法，"理性是为实现欲望而设计方式和手段的一种官能"②。也正是基于此，理性成了社会权威对个人限制的主要手段。

在形式分析的层面上，"理性"一词所获得的初始表达是：行为目的、方式与行为环境、条件的适配性。它的核心基础是"合理性"。然而，仅仅止于合理性是不充分的。在人的发展既要实现类存在的本质要求，又是以分离性的发展方式来趋近这一本质实现的现实基础上，类的相互依赖性和生存利益（以及由此而衍生出的或具象化的多重利益形式）的冲突性成为人的生存的两个基本的社会性要素，人的存在也由此表现为一种双重的或悖论的关系存在。对这种现实基础的双重性，马克思以"人们的社会存在决定人们的意识"作了表达③；弗洛伊德以"压抑"概念进行阐述④；胡塞尔则引入了"主体间性"的解说……⑤据此如果我们承认，每一种人类的文化创造或制度体系似乎都是一个限制性的社会空间的话，人就被迫在各种为社会所培植起来的价值中间进行选择，用齐美尔的话说，就要用"意志调整自己以适应不以意志为转移的存在"⑥。在人的分离性发展的现

---

① 〔法〕皮埃尔·布迪厄：《实践感》，蒋梓骅译，译林出版社，2003，第77页。
② 参见〔美〕T. 帕森斯：《社会行动的结构》，张明德等译，译林出版社，2003，第100页。
③ 《马克思恩格斯选集》第2卷，人民出版社，1975，第82页。
④ 〔奥〕弗洛伊德：《精神分析引论》，高觉敷译，商务印书馆，1986，第232页。
⑤ 〔德〕埃德蒙德·胡塞尔：《经验与判断》，邓晓芒等译，三联书店，1999，第193页。
⑥ 〔德〕齐美尔：《货币哲学》，陈戎女译，华夏出版社，2002，第430页。

实基础上，"不同的群体具有不同的传统，各种生活方式都发现了完全值得他们忠诚的完备性观点"①；在自我生存的基点上，他们有完全充分的理由认为自己的行为选择是合理性的。因而，合理性概念只"适用于单个的主体或联合的行为主体，该主体在追求目的时具有其判断能力和慎思能力，也具有他自己特殊的利益所在。……适用于如何采取、认定这些目的和利益，也适用于人们是如何给予这些目的和利益优先性的"②。纯粹合理的行为主体潜藏着忽略他人所要求的独立有效性的可能：有如不同的利益主体强硬地坚持自己的"合理性"要求，从而相互间不能达成协议，当然也就不能实现其利益诉求的目的；也如在日常生活中屡屡发生的"为什么他认可的事情你却不认可？"的诸多现象。因此，理性的形式概念必须得到进一步的界定。

人类生存行为的互动是以被预期的他人行为的构想为前提的。在主体间性的概念基础上，阿尔弗雷德·舒茨认为，人的行为总是在"我们关系"中展开，从而，"他人的行动过程、这种行动过程的动机以及他的人格，都可以通过直接性被别人共享"③。他进而提出了有力的发问："难道意义概念、动机概念以及活动概念，指涉的不是某种意识结构、不是所有存在于内在时间之中的经验的某种安排、不是某种积淀类型吗？难道对他人的意义、对他的活动的意义以及对这些活动结果的解释，不以观察者或者伙伴的自我解释为前提条件吗？"④ 这就昭示着所谓的理性行为，是在不同主体相互联系中彼此理解和认可的行为。在主体间性共有的知识背景下，理性形式分析的完整定义是：以行为目的、方式与行为环境、条件的适配性所表达的理性行为，不仅要取得主体内部在文化评价上所表示的一定范围的认可，而且必须是一个能够得到各种不同且相互对立的完备性学说或文化主导价值标准的广泛认可，甚至是普遍赞同的存在。

理性的形式分析表明，理性是一个历史性范畴的存在。值得强调的是，不能从利他或利己的基点来理解理性，理性表达的是人们之间不同关

---

① 〔美〕约翰·罗尔斯：《政治自由主义》，万俊人译，译林出版社，2000，第211页。
② 〔美〕约翰·罗尔斯：《政治自由主义》，万俊人译，译林出版社，2000，第52页。
③ 〔美〕阿尔弗雷德·舒茨：《社会实在问题》，霍桂桓等译，华夏出版社，2001，第52页。
④ 〔美〕阿尔弗雷德·舒茨：《社会实在问题》，霍桂桓等译，华夏出版社，2001，第170页。

系或位置的协商与调整，理性的最大化目标只能是一个经修正的妥协性目标。它是在与特定的社会结构、文化模式的关联性中，借助理解、协商、妥协等的形式而达成的、对行为的原设手段－目的有所修正并得到部分实现的一种表达；或者说，是在利益冲突的基点上对现实原则的服膺；是凭借于"历史合力"而得到的产物。作为历史性范畴的存在，构成理性形式要素的手段－目的所诉求的最大化，就会展现出不同的结构性表达：在不同的时代、不同的社会结构和文化模式、不同的民族共同体中，理性表达着不同的实体内容；在任何一个规模扩大了的社会中，都会产生一个居于主导地位的理性与其他多元化理性的并存。罗尔斯据此从"重叠共识的理念"进而提出"公共理性"，然而，在具象的层面上，他遭遇了"悖论性"的困惑①。在理性形式分析的基础上，充分把握理性历史性范畴的性质，即可揭示出：任一理性都有局限性或特殊性的利益诉求，因而，公共理性的理念，既蕴含着一种未来的可能，通过多元理性的互动交融，把人类社会导向类存在本质实现的方向；也包容着一个更大的现实威胁，即把某种特殊的利益诉求提升为普遍利益，进一步固化人类社会的"史前史"存在状态。

理性指向人的生存行为，而经济行为就是最基础性的生存行为。理性的历史性范畴的意义，也就指向了经济行为的多样性历史表达。韦伯把经济行为称为"一种和平行使主要是以经济为取向的支配权力"②。其实，经济－非经济的对应，只是人类历史一个断代——现代社会——的特殊产物。波拉尼曾以"经济嵌合于社会之中"的话语，揭示了经济总是沉浸在文化的汪洋大海中的事实。即便在"经济支配了社会"的现代，也并不存在所谓纯粹的经济、经济行为乃至纯粹的经济逻辑。普拉特纳（S. Plattner）就指出，美国1960年停止购买古巴的糖是政治上的原因，而非经济原因；零售活动在每年12月底达到高峰是由于宗教的原因而非经济的原因；加利福尼亚大麻作为重要现金收入的作物种植，它所具有的社会意义和经济意义同样重要。经济行为和制度习俗可以用纯粹的经济学变量

---

① 〔美〕约翰·罗尔斯：《政治自由主义》，万俊人译，译林出版社，2000，第141、225、229页。

② 〔德〕马克斯·韦伯：《经济与社会》，林荣远译，商务印书馆，1997，上卷，第85页。

来分析，但这只不过是忽视了相关社会变量的一种分析罢了①。而马克·格兰诺维特（M. Granovetter）1985 年的《经济行为与社会结构：嵌入问题》也提出经济行为被嵌入"具体的、不断变化的社会关系之中"，从而，经济行为不可能纯粹是经济的，而总是关联于文化、社会和政治的诸多要素②。因此，在历史性的层面上，在不同的社会结构和文化模式中，所谓的经济行为往往可能借助于政治、军事、婚姻、祭祀等的形式而得以表达；而诸多不同的社会行为也会获得经济意义的存在。

不同的生产体系都是为了保证既定的社会体系中人口与食物的平衡关系，这样，理性似乎是对生产体系中各种经济行为精巧配置的描述，只要这种平衡关系还得以维持，这种生产体系就不会改变，而这些不同的且依然有效的生产体系，就会培育出大相径庭的理性标准。

二　渔猎－采集经济文化模式中的经济行为

从行为的文化维度看，人所生存的物质环境是被文化组织起来的，并通过语言、符号等来传递。因此，人的行为是由文化建构起来的。如果说，经济行为在本质上是人类生存行为的一种具体形式的话，那么，互动情境和背景文化的共享，则是经济行为实现的前提；不同的文化模式也就为经济行为提供着价值导向和意义图式。如不同民族通过习俗、传统、宗教甚至于时尚等诸多正式和非正式制度规范，对衣、食、住、行这些最基本的日常生活行为所实施的禁忌或鼓励，就对生产、交换、分配、消费的基本经济行为形成了根本性的规约。而文化模式又总是可以具象化为不同的社会结构，从而在不同的社会结构中，经济行为就会表现出不同的范式或类型；表现出价值取向和实体内容的多样性。

在人类历程的 99% 以上的时间中，都是生存于渔猎－采集经济文化模式中。据李和德沃尔的研究，地球上 90% 的人们都曾经是狩猎者和采集

① 参见 Plattner, S.（ed.）1989, *Economic Anthropology.* California：Stanford University Press. p. 4。
② 参见〔瑞典〕理查德·斯威德伯格：《经济社会学原理》，周长城等译，中国人民大学出版社，2005，第 26 页。

者，而到了今天，世界仍大约有 25 万人，即不到 0.005% 的人生存于这样的经济 - 文化模式中[1]。在中国，鄂伦春族和赫哲族曾经是山林狩猎型和河谷渔捞型的典型代表；而东非的博尼人（Boni）、桑涅人（Sanye）、恩多罗博人（Ndorobo），博茨瓦纳的昆人、巴芬岛南部的爱斯基摩人、尼加拉瓜东部的米斯基托人、东南亚安达曼群岛人、马来亚山地的塞芒人和巴特克人，以及美洲巴拉圭的阿切人（Ache）等，都是当今世界现存的典型渔猎 - 采集群体[2]。

在此经济 - 文化模式中，群体规模平均 25~50 人，最大不超过 100 人，此类共同体通常缺乏核心领导和等级结构，社会分层不明显，并且大都是凭借直接的血缘纽带构筑起社会交往和组织的框架。对于此类经济 - 文化模式来说，生产的物质条件，并非生产的结果；并非共同占有和利用土地的结果，而其前提是与共同体的存在一起产生的"自然前提"，而这些"自然的生产条件的形式是双重的"[3]：一是个人作为共同体的一个肢体、作为共同体的成员而存在；一是以共同体为媒介，才发生人对土地的关系[4]。从而，各个个人都把自己视为生产条件的所有者和占有者，同时"也是进行劳动的共同体成员"[5]。

首先，在劳动与劳动的物质前提天然统一的基础上，人的经济行为首先表现为群体性的经济行为。个人沉没在群里，个别成员的一切行为都与群体紧密相联，人们只有依凭群体的力量，才能抵御外界对自身的压力。这种联合，形成了部落活动的局限形式，从而，整个经济行为的一切因素，都不具有个体性的意义，个体也就在其中化为无差异的总体性力量和群体的存在。于是，在这种组织框架中，生产是共同的，使生产得以进行的交换和生产成果的分配，都是在无意识的共同体习俗中得到了无差异的实现，消费也是共

---

① 参见 S. Plattner（ed.），*Economic Anthropology*，California：Stanford university press，1989，p. 21。

② 参见 A. 费德尔斯、C. 萨尔瓦多利《非洲的狩猎采集民族》，《世界民族》1983 年第 6 期；《狩猎 - 采集民族》上，《世界民族》1987 年第 3 期；大林太良《东南亚的狩猎民族》，《世界民族》1990 年第 5 期；〔美〕金·希尔、〔委〕玛格达莱娜·乌尔塔多《美洲的狩猎采集民族》，《世界民族》1991 年第 2 期。

③ 参见《马克思恩格斯全集》第 46 卷上，人民出版社，1980，第 472、491 页。

④ 参见《马克思恩格斯全集》第 46 卷上，人民出版社，1980，第 491 页。

⑤ 参见《马克思恩格斯全集》第 46 卷上，人民出版社，1980，第 471 页。

同的，当个体的一切行为被结合为一个共同体生存的共同行为时，当个体行为只有直接作为共同体行为的一个组成部分才得以存在或体现时，血缘组织框架所推动的经济行为，也就形成推进共同体平等关系的力量。

其次，如果说，生产是前现代经济行为的重心，交换是现代经济行为的聚焦点，那么，充分接受大自然的馈赠则是渔猎采集经济行为的核心内容。尽管捕鱼和采集相对而言具有一定的稳定性，在一定时段所具有的资源丰裕的条件下，"他们是免于感受物质压力的，因为他们使用适应于他们四周的生活工具是取之不尽的"，且对任何人皆属免费的资源之丰富，"取代了对工具的依赖"①。但是，对自然生物周期的直接依赖性，使整个经济体系具有高风险的特征。这种高风险性，在山地狩猎中表现得尤为突出，从而产生出猎物共同分食的经济行为。更为重要的是，这种经济行为以风俗的形式，普遍沉淀在了已经发生经济转型的许多民族共同体的狩猎行为中。面对这种猎物共享的经济行为，不管人们把它褒奖为慷慨大方的民族性格，还是把它贬低为"无理性"的非经济行为，都没有触及问题的本质。应该看到的是，猎物共享恰恰是一种分担或消解狩猎高风险的一种理性经济行为。同样，在此类经济－文化模式的次生变异形式中，或在它与不同质的一个更大的外部经济－文化模式的关联中，猎肉共享、而诸如皮毛、鹿茸、熊掌等特殊部位归猎手所有，也展现了他们的经济行为在变化了的环境中的理性选择。

最后，这种经济行为的目标指向不是财富，而是人，"人，不管是处在怎样狭隘的民族的、宗教的、政治的规定上，毕竟始终表现为生产的目的"②。同时，经济体系的高风险所带来的共同体的流动迁徙性，使他们不曾发展出长期储藏的手段；需求或再生产没有必要受到剩余及重农品的负累；他们相互借用他们没有的东西；他们既不储藏也不累积其他物件；他们甚至不愿在迁徙时把每样东西都带上。在此目标指向下，他们凭借共同体的群体性联系，以在群体内平均分配劳动产品的方式，使得共同体能够在高风险的压力下，群体的生存成为人类维系生存的根本性前提。

尤其值得一提的是，匮乏并非是采集－渔猎经济类型的普遍特征。以

---

① M. Sahlins, *Stone Age Economics*, London：Tavistock Publication Limited, 1974, p. 17。
② 《马克思恩格斯全集》第 46 卷上，人民出版社，1980，第 486 页。

中国西南边疆独龙族来看[1]，渔猎成为其动物蛋白最基本的供给渠道。以鱼而论，即便在1950年的察隅大地震引致独龙江鱼类资源锐减的情况下，在基本上以竹、木、骨、石制作捕鱼工具的基础上，以主要等待鱼儿自动入网入篓的捕鱼方式所获取的产量依然是极为惊人的。据20世纪50年代的调查资料整理，在孔当村，每个鱼口在每年5～8月的鱼汛期至少可捕鱼500～600斤，而拥有7户，共有78人的孔当家族有7个鱼口，仅汛期的渔获量就可达3500～4200斤，人均渔获量为44.9～53.8斤，也就意味着在汛期每人每月可得到15斤以上的鱼肉供给[2]。在独龙江，捕鱼能手称为"额久各勃拉"，每年可捕鱼数百斤。如茂顶村的滴朗当·独力在1951年以前，每年捕鱼12背，折合720斤，平均每天吃2斤的话，足够一个人吃一年。而以当时的家庭规模来看，南部第四行政村平均每户4.6口人[3]，按照滴朗当·独力一人全年所得鱼量，他家全家每人每月可得13斤鱼肉。相类似的调查也可供参详，1950年以前，好的人家一年能捕鱼几背，约360公斤，足够一个人吃一年有余，再如迪正当一带，以前平均每户能捕鱼280斤[4]，而更多的家庭每年的捕鱼量是在100～400斤之间[5]。在钦兰当村的70多岁的老人约那说："以前在捕鱼的季节，天天都有鱼吃。"[6] 2015年，雄当村桑立阳家族75岁的李文正也这样说：

> 小时候，我家里的成年男人们，一天去一个人捕鱼，其中叔叔格鲁捕鱼最厉害，他经常在晚上带着我去"秋"，我给他打火把，我们回来就是满满一"宗"，分给村里的亲戚之后，还够全家吃2、3顿。那时候还是麻线编的网，十多条鱼就可以把"宗"装满，以前的鱼都

① 有关独龙族的田野资料和分析，参见杜星梅《独龙族生计方式的历史启示》，云南大学2018年博士学位论文，未刊稿。

② 参见民族问题五种丛书云南省编辑委员会编《独龙族社会历史调查》一，云南民族出版社，1981，第22、25页。

③ 参见民族问题五种丛书云南省编辑委员会编《独龙族社会历史调查》二，云南民族出版社，1985，第148页。

④ 何大明主编《高山峡谷人地复合系统的演进——独龙族近期社会、经济和环境的综合调查及协调发展研究》，云南民族出版社，1995，第54页。

⑤ 参见民族问题五种丛书云南省编辑委员会编《独龙族社会历史调查》一，云南民族出版社，1981，第24页。

⑥ 资料来源：2015年8月16日钦兰当村的田野访谈。

是大大的。①

1973 年独龙江的泥石流灾害成为独龙族捕鱼生计衰退的重大拐点，自此之后，1 人每年只能捕到 15～20 斤的鱼。但有资料显示，在 20 世纪的中后期，独龙人每人每月平均也能吃到一二斤的鱼肉。②

独龙族的山地狩猎在 20 世纪末中国全面禁猎之前，也是收获颇丰的。

20 世纪 50 年代进入独龙江的调研者们看到，野牛肉几乎是独龙族的主要食品，他们把吃剩的野牛肉晒干后，用微火烘烤，或捣成丝状，或切成小块，放在竹筒里，用树叶密封，作为能携带的食物，以便在狩猎或采集途中吃③。

熊昆昌说：

> 有次打了 2 头野牛，一个人实在背不动就放一个在山洞里面，后面倒回去再背了一次才全部背回家。我们这里附近哪个地方都有野牛，每次去山上打野牛，都会看见很多一起，打野牛时，一般都会盯住一头或两头大的，一直跟踪它们，直到它们跑不动，站不起来，就可以动手了。有的人还会带着猎狗去追野牛。我们的习惯是今天我跟踪的这几个，就一定要把它们打到手。我在布隆这个地方打野牛的时间最长，有 8 年之久，每次至少 1 头。④

迪政当的"拿木泽"——恭姆乾·都力，他的妻子思如·都娜回忆说：

> 以前，我丈夫和此里·泽宗松、滴布谦·比亚、达克夏·都利塞尔、恭姆乾·博塞尔，他们几个是专门去打野牛等的，是公认的"拿

---

① 资料来源：2015 年 8 月 15 日雄当村的田野访谈。

② 何大明主编《高山峡谷人地复合系统的演进——独龙族近期社会、经济和环境的综合调查及协调发展研究》，云南民族出版社，1995，第 54 页。

③ 参见民族问题五种丛书独龙族简史编委员会编《独龙族简史》，云南人民出版社，1986，第 63 页。

④ 资料来源：2016 年 7 月 15 日向红村的田野访谈。

木泽"。一般能够打到 3、4 头野牛，最多的时候打了 7、8 头。我在 1965 年生第一个孩子的时候，丈夫还打了 2 头野牛回来吃。丈夫也经常打熊，我们也能经常吃到熊油。[①]

陈荣说道：

野牛虽然是一年四季都可以打，但是我们在 6 月打得最多，有一次我们村子一次打了 10 多只。以前听父辈说，我们村子里的以前那些猎人，看见一只野牛就打中一只，我们村打野牛最厉害的是恭姆乾·都力。我们几个自己去打野牛的话，最多只能一次打 2 头，太多了也不好背。[②]

现年 80 岁的向红村的文面老人当姆松说：

我丈夫格哇布·格鲁是迪不利家族的，他娶了两个妻子，第一个是邦·松旺，她生有一个女儿。我是大肯硐家族的，我爸爸是皮向当·泽宗松。迪不利家族是猎人家族，每一个男人都会打猎，打猎很厉害的有格哇布和他的大儿子、二儿子、四儿子等。他们除了老虎，什么都打过，我丈夫很少有失手的时候，每次多少都有带回来的；四儿子打熊最厉害，他一辈子打的熊我们都数不清。每年都至少有 3 头。[③]

孔美家族的打猎高手是孔美·曾，他的大女儿孔美·嫡在 2015 年已逾 60 岁，她回忆说：

我爸爸打猎是很厉害的，尤其是熊，他一生总共打过不下 30 头，很擅长于设计捕熊的陷阱，也用弩弓毒箭射杀。他曾经打过最大的熊有

---

① 资料来源：2015 年 8 月 14 日迪正当村的田野访谈。
② 资料来源：2016 年 7 月 17 日冷木当村的田野访谈。
③ 资料来源：2016 年 7 月 15 日向红村的田野访谈。

800 多斤，那次，父亲回来讲给我们听，说本来看见的是 3 头，还有 2 头小一点的，但是因为树林里面，天又黑，他的注意力都在那只大的上，后来就让那两只逃跑掉了，这只大的他们用了 9 个大背篮才算基本背回家。我还记得在我十来岁时，父亲他们打到 2 头熊，那天晚上，我和家人一起去背爸爸猎到的熊肉，月光很亮，一直照着我们走路，我背了四、五十斤肉。到家后光把厚厚的熊油抽出来，存放在家中吃了很久。①

东给村的董寿昌说：

我 10 多岁以后就开始下陷阱、上山打猎了。在 30 多年的打猎生涯中，我总共打了 50 多头岩羊，还有 20 多只山驴，在龙元的基登拉嘎山以北是没有麂子的，我只猎获过一只麂子。还有熊数头，猴子、野鸡、山鼠等无数。到我们家族的猎场滴秋洛要走 5 天，我们一般去这个地方打野牛的话来回需 20 天，一个人一次至少可以背回来 100 多斤的干肉。②

在 20 世纪 50 年代的社会调查中给我们提供了更多的猎获个案，呈现出了狩猎为独龙族社会所提供的十分充裕的肉类供给。如茂斗老人说，在 70 多年前与其父茂爪棒一年打到野牛、岩羊、麂子、山驴等 70 只以上，足够当时他家 12 口人吃 5 个月。茂斗老人说，有时两个人出去猎获 40 多只猎物。而叶明滴的父亲叶明及，一年猎获的野兽肉 60~70 背，足够当时他家 12 口人吃 6 个月③。同样，麻必洛村的麻必登家族一家上山围猎，一次就猎获了 40 多头野牛。他家一家平时出猎，半天之内就获 3、4 只麂子，全年猎获的野牛、麂子、山驴等动物，均在几十只以上，足够 13 口人吃 4 个多月④。例如学哇当的老人困哥，他在 50 多年中，一共猎取了 50 多只

① 资料来源：2015 年 8 月 11 日龙元二组的访谈。
② 资料来源：2015 年 8 月 10 日东给村的田野访谈。
③ 参见民族问题五种丛书云南省编辑委员会编《独龙族社会历史调查》一，云南民族出版社，1981，第 88 页。
④ 余新：《独龙族狩猎活动纪实》，《独龙族：云南特有民族百年实录》，中国文史出版社，2010，第 76 页。

山骡和大量的麂子、獐子、老熊等野兽①。甚至由于劳力不足被视为贫困家庭的孔当村的布卡王·彭一家，在 1949 年全家只有 2 口人，1 个劳动力，但在当年也猎获了 2 头熊，1 头野牛②。

生于 1934 年的孔当·娜老人叙述说：

> 我在 20 多岁时嫁给孔当家族的孔目·丁。在此之前我在学哇当的时候，父母干活很厉害，我没有被饿着过，那时可以吃的东西很多，尤其我的父亲打猎很厉害，基本上每月都能够吃到几次肉。③

现年 67 岁的文面女李文仕说：

> 我父亲打猎很厉害，小时候一个星期可以吃 2~3 次兽肉，经常吃的是麂子、岩羊、山鹿、山驴等。后来父亲干活受伤，不能经常打猎后，只能吃合作社里一起分的肉了。④

孔越文说：

> 对于山上的肉，冬天的肉要比夏天的肉好吃。（在这些肉里面）我觉得獐子肉最好吃，软软的，然后是麂子肉，也很香。熊肉虽然好吃，但是太肥了，有一层厚厚的油。野牛的肉相比之下太硬，要煮很久。10 月份的野牛肉质是最好的，长得肥壮。我小时候吃得最多的是獐子肉。一般一个月吃好几次，尤其是在 7、8 月份的时候，我吃到肉是最多的。⑤

---

① 参见民族问题五种丛书云南省编辑委员会编《独龙族社会历史调查》一，云南民族出版社，1981，第 88 页。
② 参见民族问题五种丛书云南省编辑委员会编《独龙族社会历史调查》二，云南民族出版社，1985，第 102 页。
③ 资料来源：2015 年 4 月 11 日于孔当村的田野访谈。
④ 资料来源：2015 年 8 月 14 日雄当村的田野访谈。
⑤ 资料来源：2016 年 7 月 16 日冷木当村的田野访谈。

另一位纹面奶奶，江仁·则普让说：

我小时吃的肉很多，数都数不清，男人们打回来的肉在家里面吃都吃不完，一个星期吃两三次肉。吃不完的肉全部烤干，放在火塘上的"赫不切"中慢慢烤干。一大坨肉烤干后，缩得小小的，够吃半年。我记得他打得最多的一次，背了一大大的篮子回来，有一两百斤，有岩羊和山驴等。我吃的岩羊和麂子肉最多，野牛肉其次。我最喜欢的是熊肉和猴子肉，吃起来很好吃。①

孔美·婻说：

在我们兄弟姐妹小时候，直到我出嫁之前，我的记忆中一直不缺肉，每年10月到次年的6月我家总是能够吃到肉。爸爸打回来的熊肉切成大块后用口径1.5米左右的大锅煮熟，分给亲朋之后，当天吃不完的，就会放在火塘上面大竹架上烤干，存着慢慢吃。②

当姆松老人又说：

我嫁到迪不利后能吃到很多的肉。我生了三个儿子，每次生孩子的时候，丈夫都打猎、打鱼、找蜂蜜给我吃。岩羊和山驴我吃得最多。打回来的肉吃不完的，把它烤干后，留着慢慢地吃。我们没有在迪不利住几年，三四年后，就搬到邦。③

另一位文面老人黛齐尔说：

我爸爸是大江仁家族的，叫江仁·松那·比亚，打猎很厉害，他娶了4位妻子，我妈妈是最后一个娶的，听我妈妈说在我出生那一天

---

① 资料来源：2016年7月16日冷木当村的田野访谈。
② 资料来源：2015年8月11日龙元二村的田野访谈。
③ 资料来源：2016年7月15日向红村的田野访谈。

爸爸还打了 2 只岩羊、1 只山驴回家来。①

综合估算这些历史资料，独龙族的捕鱼大体上可为每户家庭每天供给 1 公斤的鱼肉，而山地狩猎也能够让独龙族家庭一月能吃上 3~4 顿肉，甚至有的家庭半年以上能够达到 1 星期吃 2~3 顿的肉。若我们能想起，自 20 世纪 50 年代末，以三年自然灾害为肇端，在中国大陆延续了 30 余年的短缺经济时代，即便是得到供给保障的城市成年居民，每个月不过二两油、半斤肉。这不得不引起我们反思：在这样的对比反差状态下，我们却给独龙族贴上了"贫穷、落后"的标签。

三　以自我劳动为基础的个体私有制框架下的经济行为

以自我劳动为基础的个体私有的经济结构，在人类社会中延绵达数千年的历史；也获得了多重的组织形式的表达。无论是在部落社会，还是在以人身依附为基本特征的封建框架中，抑或是散落在不同社会政治框架中的自由小生产，在个体性生产力基础上所构筑起的家庭经济，成为这一经济结构最基本、最普遍和最核心的生产组织形式。

在此组织形式下，"经济条件的全部或绝大部分，还是在本经济单位中生产的，并直接从本经济单位的总产品中得到补偿和再生产"②。它们彼此以其对特定资源的所有权，在共同体内形成相对独立的关系；也使得这一经济结构中的经济行为首先表现为个体性的经济行为："这里的财产主要是各个人的劳动"③，它使个人相对地获得了自己"财富的独立发展"，使人类获得了"个人独立发展的基础"④。这种生产力性质，亦使生产资料具有了个体性质：无论土地、作坊、农具、手工业工具等，都具有独立操作的个体性质；无论在大庄园、地主出租地，还是在家庭自有的有限资源

---

① 资料来源：2016 年 7 月 11 日雄当村的田野访谈。

② 马克思：《资本论》第 3 卷，人民出版社，1999，第 896 页。

③ 马克思和恩格斯：《德意志意识形态》，《马克思恩格斯选集》第 1 卷，人民出版社，1995，第 70 页。

④ 马克思：《资本论》第 3 卷，人民出版社，1999，第 893、909 页。

基础上，亦都表现为简陋的、有限的、小规模的个体性生产。在此组织状态中，个体生产者大多是按照自己的意愿来安排其经济行为的。他们几乎没有遭遇现代社会在劳动中没有自由与劳动之外拥有自由的境况，也就根本未能去想象前者是后者的条件。从而，围绕着生产实践所集合起来的经济行为，总是同诸如宗教、道德或由人们之间的关系、对其土地与耕作或放牧的观念等其他的组成部分连为一体，形成了一个图式系统，勾画了人们行为与观念的地志学。由此表现出如下一些基本特点。

第一，整个经济行为的重心仍然是生产。它虽带来了个体财富的独立发展，但生产也同时受到了这种个体财富的制约，使得整个社会生产对生产资料的支配和使用，表现出极大的局限性，并呈现出一种分散的、难以聚合的状态。

第二，作为一种直接过程和关系的生产与消费，在家庭经济中不可分割地联为一体，经济行为同时就是生活行为，家庭自给性由此成为整个经济行为的核心，基本目标指向家庭生计的维持。又由于它面对资源占有的有限性，不可能把其多余的劳动力推出体外，从而又使个体生产力得不到充分发挥，表现出低效劳动的特征。

第三，人的不断发展的需求的多样性，为其单一生产的局限性所限制，从而使交换已经成为经济行为的一个必备要素；但是，这种交换的首要指向是家庭生计的必需品。交换发生的内在基础或动机是使用价值的获取，而非交换价值的占有。进而，交换的行为既是经济性的，也是社会性的：交换目标越是指向家庭生计的维持或自给性的实现，集市或市场的位置就越是重要；集市或市场是会见邻居、亲属、朋友的重要场所，也是实现由孤独所导致的对信息的强烈需求的周期性满足的基本场所。对现代社会来说，"生产暗指通过改变物品的属性来创造经济价值的一次分离的活动，这种活动从概念上讲和宗教相分离"①。但在这里，经济行为与社会性的广泛关联，不仅使它直接内蕴于日常生活中，而且深深地浸润着宗教、祭祀、节庆等多种的文化要素和行为方式。

第四，在此结构中，经济发展的主要行为方式，是依赖于各个生产单

---

① S. Plattner（ed.），*Economic Anthropology*，California：Stanford University Press，1989，p. 11.

位的内部积累或扩张。而资源与生产的单一性和局限性，导致了经济的风险性和低效性。这就使家庭经济的个体生产者从其有限资源的占有中所获甚少，也正是这种所获甚少把他们驱入对家庭自给性目标的疲于奔命中，而无暇进行生存改变的出路选择。这样，已存的、以身份性标识为基点的各种血缘或地缘联系所构筑的直接性的互识互助关系，既成为他们抵御或消解经济风险的直接依赖或基本保障，又同时进一步把他们固着于狭小的地域性存在中，使既存的社会结构表现出长期延续或固化的特征。在此状态下，每一个共同体都表现为身份性社会的同构存在，又同时表达出地方性或特殊性的意涵。

这一经济结构中的经济行为，大体上又细化为两种经济－文化模式的表达。

（1）游牧经济－文化模式中的经济行为。

从最基本的层面来说，游牧是人类利用农业资源匮乏之边缘的一种经济－文化模式。利用草食动物的自身生产性，将广大地区人类无法直接消化、利用的植物资源，转换为人们的肉、乳等食物来源。恩格斯曾指出："家畜的驯养和畜群的繁殖，开发出前所未有的财富的来源，并创造了全新的社会关系"①。这种经济体系充分利用了劳动对象自身的生产性特点，人的劳动主要表现为对劳动对象最简单的看管和照顾。经济行为由此在这类经济－文化模式中获得了不同特点的表达。

首先，生产的粗放性要求更大面积的草场储备作为生产的必要条件。这导致以家庭为基本单位而构建的小规模生产群体的存在，以分散性来减免经济的风险；同时，对资源要求的多变性又使这些分散的生产群体不得不以家族、氏族等的血缘纽带为基本依托，通过世系、部落等形式结为更大的团体，为生存资源的竞争提供必要的社会保障条件。例如，在横跨许多国家和民族的欧亚大平原以至延绵到东北非的游牧经济－文化模式中，牧民们总是奉行对旅人的热情待客之道（hospitality），而这种热情待客之道所内蕴的经济必要性在于："每个游牧民必须随时掌握有关周围环境的最近情况，了解的空间越大越好，信息越新越好。四周天气变化、草场情

①　《马克思恩格斯选集》第4卷，人民出版社，1975，第48页。

况，各放牧家庭转场的位置，以及周围狼等野兽的最近活动范围，病害情形，人员来往情况，等等"。从某种意义上说，"游牧民的问候言行就是一种形式的信息交换。他们的问候打招呼中就包含着信息内容。……不懂问候礼节的人在草原上很难得到信息。不掌握足够的信息量的人，也不可能成为合格的游牧人"①。又如，在蒙古草原，只要有人打马从冒着炊烟的蒙古包前经过时，都必须下马进包向主人问好并询问有何帮助的需要，即便没有做任何事，他也会得到主人的款待；假若来人是男子为主人杀了羊，主人会立即解下羊腔骨煮熟来奉献客人；而如果这路人有急事不能耽搁，他就必须从蒙古包后面经过。这些行为往往被解说为蒙古族"热情好客""慷慨大方"的风俗或民族性格，但在深层结构上，这正是蒙古族经济行为的一种表达。蒙古族分散的游牧经济体系，常常会使各个个体处于孤立无援的境地，正是这种经济的根本性特征，使他们经常需要得到陌生族人的帮助，也同时赋予每一个蒙古人有在场帮助的义务。也正是这种经济行为，为该经济体系提供了一种整体性的社会保障，并以这种经济行为有效地扩展着他们社会交往的空间。生产的粗放性对资源储备的更高要求，进一步赋予他们的经济行为具有向外扩张的内在冲动，要求他们组成较大的社会政治组合，来对应与异质共同体频繁接触所产生的各种各样的复杂的涉外事务。这样，经济行为不仅获得了社会和政治行为的形式表达，而且，在经济行为分散性的直观表象下，却使族称等民族性要素具有特别强的社会凝聚力，成为非同寻常的社会动员的有效工具。

其次，劳动对象自身的流动性使整个经济生活表现为持续性的移动状态，气候的变化、植被的丰厚程度、水草资源的分散性等种种的不稳定和不确定性的因素，聚焦于牲畜能在各个季节都能找到适宜的生存环境的基本点上，使游牧者得以突破各种空间的、社会的和意识形态的边界，而常常穿梭和游离在多种边界交错和并存的地带。从而，经济行为乃至整个社会的存在都具有了很大的适应性和结构弹性。如在不同的游牧民族中，在较为永久的居住点与临时放牧点之间，都广泛存在着每年的生活周期的替换。再次转向努尔人，这里一个重要的自然事实是每年的雨季周期。雨季

---

① 王明珂：《游牧者的抉择》，广西师范大学出版社，2008，第 26～27、138、139 页。

和旱季交替地把努尔人赶上高地，又逼迫他们去寻找水源。大地先是一个沼泽网并为江河所淹没，其后又变成一个几乎寸草不生的热带草原。三月雨季将临之时，老人就离开江河湖泊边的临时营地，而转移到建筑在高地上的更为永久性的村庄，准备放牧之地。六月，年轻人把牛赶回村庄，缓慢的营地生活转变为村庄生活，他们必须住在村庄以防止洪水和蚊子，种植和收割所需的谷粟、叉鱼和采集野菜，来补充牛奶的普遍缺乏。在十月末或十一月初，大地干透后，年青男女又把牛群从村庄赶向湖边的营地，并烧火清理牧场。直到一、二月间，从一个营地游牧到另一个营地，最后到达的营地，则是在几乎为永久性水源的附近。这样，努尔人的年度周期大多是与牛相关的同样行为的重复。其行为随雨季和旱季的相互交替而变更。流动性作为这一经济－文化模式的基本特征，使此类经济行为普遍地为一个与众不同的价值观所主导：一般说来，他们对固定财产的意识比较淡漠，财富的积累不在于大量固定性资产，而聚焦于方便携带的财富形式上；即便在土地和疆界的观念上也呈现出较为模糊和宽松的状态，他们不固守一地，不像农耕民族那样安土重迁，相对轻忽土地领域之所有权，而注重土地资源的使用权。同时，在游牧群体中，以肉和奶所构成的主要食物来源是可以随时得到补充的，而渔猎、采集甚至种植的重要性则小得多。因此，他们在一年中的生态时间并没有一个极点时段。也就使经济行为在文化图式中表现出链式系统的特点。

最后，这种基于生物模式并表现出强烈流动性的经济体系，主要聚焦于、也局限于食物来源问题的解决，在根本上决定了它不能在体内实现经济的自给自足，不论是日常生活的基本必需——诸如衣料——等对农耕纺织的依赖，还是重要生产工具对手工业的依赖，都使它必须通过交换获得辅助性资源，从不同的经济－文化模式中获取维系整个经济体系运行的必要的体外补偿。以突破本地资源边界对其生存的约束性。交换因此成了经济行为的一个基本要素，也获得了多种形式的表达。

有人把此类交换行为分为积极交易和被动交易两种类型①。在积极交易的推动下，会使共同体的部分成员转化为商人的存在，甚至使整个民族

----

① 参见〔日〕栗本慎一郎《经济人类学》，王名译，商务印书馆，1997，第35页。

表现出"商业民族"的特征。这种交换行为的拓展，也会推动这些交易者远涉重洋而落脚于不同民族的经济－文化模式中。例如，不少信奉伊斯兰教和犹太教的游牧群体中的积极交易者，主要就是在 13～14 世纪的元代，通过由成吉思汗蒙古帝国所建立的漫长的交易通道进入中国。而被动交易则通常使交换行为通过和亲联姻、战争掠夺等温和的或极端的社会的、政治的、军事的诸多行为方式而得到表达。例如，基于经济交换的必要性，在和亲联姻中，"起决定作用的是家世的利益，而决不是个人的意愿"。它使结婚表现为"一种政治的行为，是一种借新的联姻来扩大自己势力的机会"①；如果说，联姻在该经济－文化模式内部，具有建立不同氏族部落间的联系和扩大社会交往结构，保持友好和平关系或部落相互控制等社会政治意义，它同时也具有通过社会性长期契约的形式，构建经济联盟的经济行为的意涵；那么，对于该经济－文化模式的外部关系而言，联姻更侧重于对交换这一经济性基点，它意在以较为温和的行为方式，为经济交换提供社会或政治的保障条件。在中国古代社会中，无论是汉朝与匈奴、乌孙、鲜卑等的和亲；魏晋时期中原王朝与匈奴、柔然等的和亲；还是隋唐时期中原王朝与吐谷浑、突厥、吐蕃、铁勒诸部、契丹、奚等的和亲；以至到辽与西夏、西夏与吐蕃、蒙元与高昌、西夏、金、高丽以及清代的满蒙联姻等②，大都呈现出为经济交换提供社会政治保障条件的实质性内容，或多或少地带来了"关市"的增辟，以及对"蕃贡继路，商贾交入"的经济行为方式的维系。而一旦这种外部交换受阻，经济的交换行为就会通过战争、掠夺的极端形式来表达。长期横亘于中国北方游牧民族集团与南方农耕民族集团之间的经济类型的差别，就为这些民族集团之间的战争提供了一个宽阔的历史舞台。而这些战争背后深刻的动因，在于打通不同经济类型的共同体之间的外部交换之路，或者说，战争不过是外部交换的一种极端形式的表达。当然，交换行为以战争、掠夺等形式的极端表达，也普遍发生于同一经济－文化模式内部的不同民族共同体之间，甚至发生于同质共同体的不同部落或群体之间。例如，埃文思－普里查德就把东非"丁卡人总是靠偷窃为生，努尔人则以战争为业"的表述，视为"两个人群之

① 《马克思恩格斯选集》第 4 卷，人民出版社，1975，第 74 页。
② 参见崔明德《中国古代和亲通史》，人民出版社，2007。

间的一种结构关系"；在相互掠夺对方牲畜的激烈形式的外表下，"丁卡人与努尔人之间的文化割裂是最小的"①。并且，这种交换行为的极端表达，也不仅仅是利益的冲突，而是同时具有维系不同部落共同体之间均衡对立关系的社会意图。路易斯·斯威特（L. E. Sweet）也认为，骆驼游牧部落间的相互掠夺与战和关系，有如一种经常性的、制度化的交换，各个部落都可恃此以应不时之畜产损失。同时也借此表达着各部落之血缘谱系亲疏与空间距离远近，不断强化部落组织以及部落间的血缘与结盟②。

（2）农耕经济－文化模式中的经济行为。

在农耕经济－文化模式中，某种特定农作物的丰收成为经济活动的中心，围绕着这一中心，从丛林、泉源、火烧地到村庄，从人们的行为、观念到生产劳作，到社会生活，以至到祭祀仪式、节庆等，所有事情都围绕这一中心来构组，所有行为或是依凭于系列的有用性或是借助于符号意义的不同方式，相互联结为一个整体性的行为系统并呈现出放射式的系统特征。

基于这种经济行为的整体性和放射式的系统特征，农耕经济－文化模式中的经济行为，并非止于实际的生产或交换，人们的信仰、希望和思想等共同构组了每一个具体的经济行为。在农耕群体中，年度周期有一个极点——收获。这一极点依赖于雨神和赐神。焦虑和祈祷都指向这一极点。在时间的接续中，以收获的丰饶或匮乏，带来了幸福的保证或饥饿的威胁而得到记忆。农耕群体的年度周期像一出戏剧，人、神和谷物构成戏剧的角色。尤其在刀耕火种的农耕群体中，这场戏剧的序幕，便首先悬挂于砍烧时间表上的安排；农民在烧荒垦种时的心情是极其焦虑的，因为若烧林太早，会由于树木未干透而不能烧净；而若拖延太久落下第一场雨，林木如此之湿以至使其不得不待到来年再烧。其后的发展便是谷物的生长；并有了或好或坏收成的一个结局。共同体每一年都生活在这场戏剧中，尽管各年的最后一幕或许会不尽相同。人们的行为似乎都遵从于一些流行而有

① 〔英〕埃文思－普里查德：《努尔人——对尼罗河畔一个人群的生活方式和政治制度的描述》，褚建芳等译，华夏出版社，2002，第146、151页。
② 参见 L. E. Sweet, "Camel Raiding of North Arabian Bedouin: A Mechanism of Ecological Adaptation", *Aemerican Anthropologist*, Vol. 67, 1965, pp. 1132－1150。

影响力的、关于事物本质的笼统想法，于是，求助于超自然力量的祈祷、占卜和仪式纷纷登场，成为经济行为内在的基本要素。

在地方性的基点上，这种敬神信约的思想及其仪式获得了众多的不同表现形式。例如在中国，包括汉族在内的不同的农耕民族集团中，就普遍盛行着形式各异的土地信仰及其祭祀仪式和节庆活动。以往的一些研究基于现代社会的分类基点，把这些行为视为"非经济"的或"非生产性"的，甚至引出这些非经济行为对生产性时间的大量挤占，是这些共同体经济低效和生活困窘的原因之一的极为肤浅且简单化的结论。

应该看到，祭祀仪式的投入对农民来说是生产的真正的成本。农耕经济－文化模式对固定土地的深刻依赖性，引发了农民对土地占有与土地边界问题的高度关注，进而升华为不同的祭祀仪式；同时，以家庭为基本经济单位的小生产，既无力承担土地占有与土地边界的社会性保障任务，个体的日常经济行为又具有获得更大社会支援的内在需求，从而使这些祭祀仪式不仅与具象化为石神、树神等的自然神灵信仰重叠融汇，而且与关系于地缘性组织标识的社神信仰，以及落脚于血缘基点的祖先崇拜等社会性信仰相交织。这些信仰及其祭祀仪式同时包容着对保证农作物丰收的自然条件和社会条件的双重祈求。诸如不同民族的土地庙、树神、石神、水神等；侗族的鼓楼、风雨桥；以及傣族、布朗族、哈尼族等众多中国西南少数民族形式各异的祭寨心仪式，都充分表达着这种双重性的内容。而社会性信仰因素的掺入，以及祭祀仪式以广泛的集体参与所获得的公共性质，使它所发挥的基本功能，就是使每一个共同体成员持续地确认他在特定社会结构中的角色、地位与关系，从而使农民日常实际的经济行为能够得到实实在在的社会性保障，在此意义上，这些行为就是经济行为。同时，在这些仪式的进程中，尤其是在中国西南众多民族以形式纷繁的傩戏来展演仪式时，农事活动总是一个不可或缺的主要内容，如果我们把这些表演视为农业生产技艺的传承、模仿与培训的一种特殊形式，那么，这些祭祀行为就理所当然地、直接而同时地表现为经济行为的存在。值得一提的是，郑宇在对云南省红河州元阳县箐口村哈尼族的长期考察中指出，在这类祭祀仪式中充盈着交换行为：

　　从仪式交换的交换者来看，有个体与个体之间的交换，有个体与群体之间的交换，有群体与群体之间的交换；从交换对象来看，有献祭牺牲的交换，有食物的交换，有其他生活用品的交换，还有象征性物品的交换；从交换的性质来看，有人与物的物质性的交换，有人与人之间的经济性和社会性交换，还有人与超自然世界的象征性交换，当然还有它们之间相互转换的交换；从交换的目标来看，有礼物的互惠交换和分配性交换，还有商品参与的市场交换；从交换的时间来看，有即时性的交换，也有长达几十年的延时性交换等等。[①]

　　借助于不同方式的表达，仪式交换集中体现了交换的多样性特质，也折射出交换是农耕经济－文化模式日常生活中一个基本要素或行为的事实存在。

　　另外，脆弱性和家庭经济风险的问题，又使农民的家庭经济单位普遍经营各种副业，以弥补家庭经济的短缺；而定居生活的状态，使他们与手工业者、商人、城市等具有一种相对稳定的关系格局。因此，尽管农民经济行为的总目标是家庭生计的安全性和自给性，它使作为主业的农业生产目标直指使用价值的自给性供给，然而，正是依凭这种关系格局，农民家庭经济中的副业生产目标却普遍指向了交换价值的获取。副业是农民获取现金流的基本手段和途径，并以这些现金参与市场交换，来弥补自身生产的短缺。可以说，农民家庭经济的自给性，正是凭借市场交换的联结才得以实现的。从"耕织结合"的外观，就直接推论出农耕经济－文化模式是隔绝于市场的"自然经济"的存在，实在是一种过于简单化的做法。施坚雅曾指出，中国古代的农业社会中存在着由八个等级层次所构成的市场体系：中心都会，区域中心，区域城市，大城市，地方城市，中心集市，中间集市，标准集市。1893 年，有大约 27000~28000 个标准集市构筑了中国农业社会市场交换的基础[②]。如果说，农耕经济－文化模式表现为一个自给自足的经济体系，那么，这种自给自足的实现单位，既不是家庭，甚至也不是村庄，而是把 15~30 个村庄联为一体的"标准集市"的市场网

---

① 　郑宇：《箐口村哈尼族社会生活中的仪式与交换》，云南人民出版社，2009，第 259 页。

② 　参见〔美〕施坚雅主编《中华帝国晚期的城市》，叶光庭等译，中华书局，2000，第 339 页。

络。在农耕经济－文化模式中的农民，尤其是摆脱了法权依附关系的小自耕农，并非隔绝于市场，而是天生具有市场参与的能力。

上述分析表明，在农耕经济－文化模式中，经济总是嵌合于社会或文化体系中，也就无法对所谓的经济与非经济作出明确的区分，在此区分框架下，也难于全面审视农民的经济行为；同时，也不能简单地把农民经济行为的选择，完全视为一个纯粹的文化意识问题。其实，只要承认任何人都有其经济行为的选择，只不过依其不同的社会环境而各具差异。那么，对农民经济行为的分析，与简单归为文化意识的做法相比，从其本身的经济制约性出发，会得到更为清晰和更有说服力的解释。

四　现代社会中理性与经济行为的多元化存在

现代社会的一个基本特点，是基于市场运行体系所引发的使用价值与交换价值的分离、交换自身的分离和间接化，生产与交换的分离，生产与消费的分离等一系列分离，最终演化成经济与社会文化其他体系的分离，而呈现为一个独立的体系存在，并形成了经济支配社会的局面。经济运行的市场形式在现代社会获得了自身最为成熟的发展，或者说，市场体系在现代社会获得了自身的一个特殊形式的表达，即它是由资本原则所主导的特殊市场。这一特殊的市场体系为现代社会的一切经济运转筑了一个宽广的外部基础。它所"关注的是未来收益和成本流所有权和控制权的交换"[①]，从而给人类社会的经济带来了一个倒置性的根本改变：诸如生产的目的从指向人转而指向了物；从使用价值的获取转向交换价值的目标；从人使用和支配生产资料转向生产资料吮吸人的劳动并支配人；从生产为了消费转向消费为了生产；从生存转向占有……所有这一切转变，使生产的尺度超越了生产者自身的需要，确立了价值交换在经济过程中的主导性地位，把经济过程的其他环节包容在其中：各个环节都以交换运行为前提，并在交换形式中实现自身的存在。遵循资本原则的"市场交换"也由此成为主导现代经济的基本运行形式和整个经济的重心。

---

① 〔美〕丹尼尔·W. 布罗姆利：《经济利益与经济制度——公共政策的理论基础》，陈郁等译，上海三联书店，1996，第 60 页。

　　为资本原则所主导的市场在现代社会中的这一特殊存在形式，把每一个市场参与者，每一个主体都置于同一规定中，并构成他们的社会规定："他们只是作为主体化的交换价值即作为活的等价物，作为价值相等的人互相对立。作为这样的人，他们不仅相等，他们之间甚至不会产生任何差别。他们只是作为交换价值的占有者和需要交换的人，即作为同一的、一般的、无差别的社会劳动的代表互相对立。"① 每个主体都作为全过程的最终目的，作为支配一切的主体而从交换行为本身中返回到自身。在流通或交换中，证明自己是价值相等的和彼此漠不关心的人。这一市场在形式上依凭价格这一共同语言，"超越一切宗教、政治、民族和语言的限制"②，把立足于不同的生存基础并发挥不同的社会作用的多层次的市场，甚至是"非市场"的民族经济体都裹挟进了它的运行轨道中。

　　从市场交换体系自身的发展来看，商品以其自身价值形式不同层次的发展，显示了交换关系成熟完善的历史过程。在这种交换关系的发展中，每一更高层次上已完善起来的价值表现或流通的形式，并不排斥原来低层次上旧有生产所提供的商品，而是使各个不同层次的生产方式所生产的商品，融汇在已完善起来的市场体系之中。不论商品是奴隶的产品、农民的产品，还是公社的产品、国家生产的产品，抑或是渔猎－采集群体所提供的产品等，都可以交错在一起构成一个总的市场运动。这种运动既不要求生产者一定要隶属于某种特定的经济成分要素（如资本），也不要求这种要素一定要直接支配生产过程。这一总体运动，"按它的性质来说，包括一切生产方式的商品"③。这样，为资本原则所主导的市场在现代社会中的这一特殊存在形式，不仅包容了不同的经济内容，而且可以服务于不同的社会目的。

　　"市场"一词在两个话语层面上有着不同的表达：在日常语言的层面上，"市场"意味着商品交换的时空场所；在理论分析的层面上，"市场"则是一种创造交换环境的制度复合体，是对特定经济运行形式的表达。这

---

① 《马克思恩格斯全集》第 46 卷上，人民出版社，1980，第 473 ~ 474 页。
② 马克思：《政治经济学批判》，《马克思恩格斯全集》第 13 卷，人民出版社，1962，第 142 页。
③ 马克思：《资本论》第 2 卷，人民出版社，1975，第 128 页。

样，尽管遵循资本原则的现代市场在形式上表现为一个独立的体系，但它并非一个纯粹的经济系统，不可避免地要与特定的社会产生制度性的关联。在市场自身的成熟形式中，或者说，正是在以资本原则为基准的现代市场体系的主导下，这种多样性的共存得到了最充分的展现。由其所确立的现代世界体系，远非一个同质整体，而是一个多种经济－文化模式、多层次的市场、多元理性和多元经济行为所构成的混合体，在中心－边缘、主流－附属、支配－被支配的关系格局中，由于人们的交往关系各自依附于不同的社会结构中，这些关系和结构在起源上是互不相关的，这便引发了多元理性与多元经济行为的冲突，从而使"这个世界体系的生命力由冲突的各种力量构成，这些冲突的力量由于压力的作用把世界体系结合在一起"①。不同的主体和物流进出于市场而得到的结果，便呈现出极大的差异性。

面对多元理性与多元经济行为共存于现代市场体系中的基本事实，如果没有对理性的形式分析及其对理性结构性内容的历史表达的把握，我们就难于理解，为什么在资本原则的主导下，依然会有不同经济行为的选择和存在？面对以资本原则为基点，把一切不符合现代理性实体内容追求的其他经济行为选择都斥为"非理性"的责难，我们可以看到，当李和德沃尔问及昆人何以尚未转向农业时，昆人以"当世界上还有那么多的芒岗戈（Mongongo）果实时为什么应该种植呢"的回答，透彻地说出了他们在特定的自然环境、社会结构和特定的主导文化价值标准下的经济行为的选择是充分理性的；甚至基于低下生产力基础上的一些民族共同体中所表现出的溺婴、弃老的行为，也可视为那一特定结构条件中的理性选择。即便在现代市场体系中，理性的经济行为仍然表达着不同的实体内容。

在图 13－1 中，在 H1－A 这一基本生存最小临界线状态中的个体农民，在产出水平只能达到家庭最低限度的消费需要时，生存威胁成为生产者面对的最基本的问题，产生了使风险最小化的内在要求。农民的经济行为，是一个内在地关联于农民"生计"与经济脆弱性的问题。"生计"既表达着生存所必须的最低限量的食物和蔽所的状态，也表达着获得这一最低量的技术结构。从而，生计无法与其他生活要素分割开来而产生所谓的

---

① 〔美〕伊曼纽尔·沃勒斯坦：《现代世界体系》第 1 卷，尤来寅等译，高等教育出版社，1998，第 460、462 页。

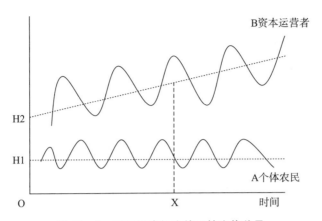

图 13 - 1　不同经济行为的理性实体差异

非生计因素，它表达了农业生计中的低效益问题。这样，从农民生计的角度看，经济行为理性选择的主要目的并非收入的最大化，而是家庭生计可能性的最大化；进而生产革新与发展的风险和不确定性，使生产的常规化成为其首要的选择。正是这一根本性的原因，使小农难于启动大规模的生产变革，而陷于低产量－低收入－低投入－低产量的贫困循环之中。这为农民，尤其是在最低生存线上挣扎的农民对于生产创新的态度和行为，提供了一种新的解释路径。而对于在 H2 － B 这一趋于提升的生存状态这类资本运营者来说，其所具有的承受发展与变革风险的基本能力，使其经济行为理性选择的实体内容，最充分地表现为利润的最大化，其所获取的经济剩余也能有效地转化为发展的投入。

　　西奥多・W. 舒尔茨从索尔・塔克斯对危地马拉帕那加撒尔的研究、W. 戴维・霍珀对印度塞纳普尔的研究中看到，传统的农业社会固然在现代社会中陷于贫穷，但在同时却也是有效率的。这一事实得到了卜凯（J. L. Buck）20 世纪 30 年代对中国农业社会的研究，以及彼得・T. 鲍尔、巴兹尔・S. 迈耶所引用的许多经验个案的证实；另外，雷杰・克里斯娜的研究也表明，印度旁遮普邦的棉农对供给的反应与美国的棉农是相似的。他关于"这些社会的要素配置总是基本上有效率的"结论，隐含地表达了非资本运营的小农经济行为同样是理性的[①]。这便揭示了一个严酷的事实：

---

　　①　参见〔美〕西奥多・W. 舒尔茨《改造传统农业》，梁小民译，商务印书馆，1987，第 32 ～ 39 页。

在现代市场体系中多元理性和经济行为的共存，使得不同于现代理性的其他理性存在，以及不符合资本原则要求的其他经济行为，难于获得前者所追求的最大化的实体内容。面对这一事实，如果把后者斥为"非理性"或"非经济"，就蕴含着要求不同经济类型、不同社会结构和文化背景的人们，无条件地绝对服从于资本主导的原则；而在充分理解理性的形式分析要义和把握理性的结构性实体内容的历史表达的基础上，就会清晰地看到，理性和不同的经济行为作为历史性范畴存在的性质；现代社会中非资本运营者的经济行为，并非天生"保守"、"无效率"或"非理性"。如果说，生产者对发展的态度，取决于他的经济实存关系，那么，非资本运营者对经济变革与技术创新的冷漠态度，或者因循于旧有生产模式的习惯，并不能归结为所谓的传统意识、守旧心理等，更不能归结为这些不同的经济－文化模式的固有特性，而主要是引导经济的主流文化价值标准对不同经济行为的塑造。而在资本强势化主导下，这些不同的经济－文化模式被边缘化的结果，却在根本上遮蔽了这些不同经济行为所具有的启迪意义。

以中国西南的独龙族为例，独龙族的采集、渔猎和以刀耕火种为普遍方式的生产性种植而构筑起的三位一体的经济体系一直延续到 20 世纪末。从狭义上来说，采集－渔猎的立足点并非以人为主的积极生产，而是直接立足自然生物循环周期的基础上，仰仗大自然的丰厚馈赠得以世代延续。适度征集也就成为其最基本的生存策略，以占有为目的的过量获取之道在此是遭到鄙视的。以独龙族山地狩猎中最普遍也最主要的捕猎野牛来看：

　　　　人们在牛群喝完卤水后返回的必经路上控弦埋伏。但绝不能射杀头牛，若因头牛受伤乱窜，群牛相互抵触，滚落悬崖，伤亡必重，下次就不会再来。依据实际需要事先确定每次射杀的数目为了让大多数的野牛继续繁衍增殖以保证充足肉食的持续提供，必须先放过走在前面的牛群，射杀总是从最后一头殿后的牛开始。当此牛受伤剧痛前奔，用角猛触前面一头的时候，第二号弓弩手及时放箭射杀倒数第二头，其余照此类推，依次射杀……这样，牛群不易发现射手，一线奔去，队形不变，当此牛群奔出两、三里的距离时，埋伏在岩石最前面的一个猎手，便用网石从很远的高处投下一块石头，落到路旁，让牛群以为是岩石落下，虚惊一场，也就放慢脚步，逐渐安静下来，缓缓离去。下月定然再来。被射中的野牛，由于毒箭上的毒汁侵入心脏而倒下，前面的牛群也未发现，俟前行的牛群已经全部消失在视野之内，猎人们才一拥而上，把猎获的野牛剥皮剔骨，放进篾箩里，背回村寨均分……①

采集也是这样，独龙江可采集的野粮有 30 多种，所获食物占到全年食物供给的 2/3 以上②，一年有 200 多天都可采集③。但人们所奉行的是"吃多少摘多少，吃不完就坏掉了"④。

在漫长的历史过程中，独龙族依凭竹、木、石工具，以采集 – 渔猎的生存方式获得了一种"初步丰裕而闲暇"的生活样态。马歇尔·萨林斯综合世界各采猎经济的资料认为：在这样的状态下"每人每天投入获取与准备食物的时间平均是四至五个小时，更重要的是他们并不持续工作。生存的追求是高度闲歇性的"⑤。直到 18 世纪，维西厅叶枝土司的势力渗入独龙江流域后，铁制工具始传入独龙族社会，至今巴坡以下的南部独龙族称铁斧为"兰贝"，源于纳西语对铁斧的称呼⑥。延至 19 世纪，铁制工具才得到更为广泛的传播。正是在此技术保证的基础上，生产性种植这一新角色进入了独龙族的经济生活中。然而，在"充分接受大自然馈赠"这一文化逻辑的强力推动下，刀耕火种成为独龙族生产性种植的基本方式。

以往，人们普遍把刀耕火种关联于低下的生产力基础，但全面的考察

---

① 参见民族问题五种丛书独龙族简史编辑委员会《独龙族简史》，云南人民出版社，1986，第 63 ~ 64 页。
② 参见民族问题五种丛书云南省编辑委员会编《独龙族社会历史调查》一，云南民族出版社，1981，第 25 页。
③ 参见民族问题五种丛书云南省编辑委员会编《独龙族社会历史调查》一，云南民族出版社，1981，第 25 页。
④ 资源来源：2015 年 8 月 14 日于雄当村的田野调查。
⑤ 〔美〕马歇尔·萨林斯：《石器时代经济学》，张经纬等译，三联书店，2009，第 21 页；并参见许宝强等编《发展的幻象》，中央编译出版社，2001，第 67 页对该论述的不同译文。
⑥ 民族问题五种丛书云南省编辑委员会编《独龙族社会历史调查》一，云南民族出版社，1981，第 55 页。

可以使我们看到，刀耕火种这一生计方式的选择是在高度依赖于特定生物圈生物再生率的周期基点上，根据雨量、土壤、土地坡度等的要素，以砍烧替代精耕细作而实施免耕或浅耕的一套农业生产技术体系。正如布努克菲尔德（H. Brook field）指出，"刀耕火种不是一个种植系统，而是上百个甚至上千个种植系统"①。独龙族在刀耕火种的生产实践中，"一块地里同时种几种作物，有的多至九种……"② 在"刀耕火种"的生产实践中，包含着丰富的民族植物学知识和多样化的复合种植的经验③。

　　值得强调的是，在现代社会单位效率的评价标准下，刀耕火种给人们带来了"效率低下"的直观，然而，在投入产出的基点上，刀耕火种的效率却远远高于积极生产的诸多类型。以龙元村 15 户人家在 1949 年的收获来看，独龙族刀耕火种的每个人工投入即可获得 9.48 斤粮食，当年每个劳动力投入的年收获量为 330 斤，仅需投入 34.8 个工④。这就意味着，独龙族的刀耕火种仅需一个月的劳动投入，就可以普遍获得半年以上的基本口粮，而对一些富裕家庭来说则产生了余粮。20 世纪 50 年代，水稻种植这一精耕细作的农业生产技术体系被引入独龙江，并且即刻显现出远远高于刀耕火种的单位效率。然而，在投入产出的评价基点上，以水稻的人工投入收获量为基数 1，与同期刀耕火种各类谷物的单位人工收获量相比，最高的苞谷人工单位效率比是水稻的 4.78 倍；最低的荞也达到 1.5 倍，各类谷物的简单平均，也获得了高于 2.59 倍的惊人效率⑤。在刀耕火种如此之高的投入产出效率比的参照下，精耕细作的水稻种植就更是"太辛苦、太累人"而令人难于接受⑥。50 年代进入独龙江的调查者们在巴坡以南的诸

①　Brookfield H., Padoch C., "Appreciating agrodirversity: A look at Dynamism and Diversity of Indigenous Farming Practice", *Environment*, Vol. 36, No. 5, 1994, pp. 6 – 45.

②　民族问题五种丛书云南省编辑委员会编《独龙族社会历史调查》一，云南民族出版社，1981，第 3 页。

③　Reyes-Garcia V., etc., "Ethnobotanical Knowledge and Crop Diversity in Swidden Fields A Study in a Native Amazonian Society", *Human Ecology*, Vol. 36, No. 4, 2008, pp. 569 – 580.

④　民族问题五种丛书云南省编辑委员会编《独龙族社会历史调查》二，云南民族出版社，1985，第 61 页。此处 50 年代的调查者是按照 1 石 ≈ 300 斤计算。

⑤　民族问题五种丛书云南省编辑委员会编《独龙族社会历史调查》一，云南民族出版社，1981，第 84 ~ 86 页的资料计算。

⑥　资料来源：2015 年 4 月 12 日的田野调查。木新张，男，身份证出生日期 1919 年，是孔当村木切哇家族成员。

村留下了这样的感叹："有大量可供垦殖的土地和未经砍伐的森林，还不需要年年在一块土地上耕种，因此独龙族反而觉得，极端粗放的刀耕火种农业技术比锄耕农业要轻松便利些。"①

可以说，刀耕火种的生产性种植以其延时性与平稳性，为采集－渔猎即刻性设置的一个可靠的安全阀。然而，它并没有取代前两者的存在，而是以一种低度生产的方式，十分紧密地与采集、渔猎结合为一体，呈现出三位一体、三足鼎立的社会经济图景。刀耕火种在独龙族全社会基本口粮的供应方面，仅仅提供了 1/4 到一半左右的份额。以拥有 15 口人的丁更·来赛奎家为例，仅"斯蒙木朗"地就达 40 亩，每年仅耕种 14 亩②。当其砍烧其中一段而连续种植 3~4 年的周期结束时，之前刚刚抛荒火山地的植被已复苏到 70%~80% 的状态，而第三段得到充分完全的植被恢复的火山地，早已在等待着砍烧的来临。在独龙族的生活实践中，种植并非他们的唯一选择和依赖，所以他们"没有其他民族的储粮备荒的想法。反正没有粮食就上山采集"③。如娃泽·代松此家的采集量为 1860 斤，刀耕火种仅仅提供了 442 斤的贡献；再如，滴郎当·代松家的采集量仅为 600 斤，而刀耕火种量为 1150 斤，高出采集量几乎 1 倍；娃泽·培克邓与甲路阿刻情况相似，即在刀耕火种中收获了足够一家人吃的粮食，前者有接近 1000 斤，后者为 1200 斤，干脆就不进行采集活动了。1957 和 1958 两年对拉宛夺村的全年采集量的调查，刀耕火种的粮食产量统计中的对比估算中，绝大多数家庭的采集量和刀耕火种产量呈现出的是结构性平衡。几乎 50% 的家庭的采集量与刀耕火种产量之和后的人均淀粉类食物量在 300~478 斤之间④。

在现代社会，当人们普遍把"生产"视为生存的基本准则时，布须曼人却发出了这样的疑问："世界上有那么多的芒各芒各栗子，我们为什么

① 民族问题五种丛书云南省编辑委员会编《独龙族社会历史调查》一，云南民族出版社，2009，第 55 页。

② 参见民族问题五种丛书云南省编辑委员会编《独龙族社会历史调查》二，云南民族出版社，1985，第 76 页。

③ 民族问题五种丛书云南省编辑委员会编《独龙族社会历史调查》三，云南民族出版社，1985，第 101 页。

④ 参见中国科学院民族研究所云南民族调查组、云南省历史研究所民族研究室编《云南省怒江独龙族社会调查材料之七》，1964，第 187、196 页。

还要种地?"① 博塞鲁普的计算认为：低产量的刀耕农业需要每家每年 1000 小时的劳动，而高产量的集约农业使这一劳动量提高到了 5000 小时②。有人认为，深耕和单一栽培的农业系统推崇更先进和更勤奋的人③。而对独龙族以充分接受大自然馈赠为基点的刀耕火种来说，这一为其人口提供基本口粮的劳作，以日均工作 8 小时的标准计，所需投入仅 278 小时。可以说，积极高度的生产是以单位面积高产量的虚假幻象，遮蔽了人们必须以劳累的血汗来获得每一粒收获的残酷真相。现代社会的生产，正是日益偏离接受大自然馈赠的基点，使人们沦落到丧失闲暇的深渊。以至一些对农业革命以来的人类生产方式进行反思的学者，得出了延续至今的那些积极生产模式，是人类"史上最大的一桩骗局"④。

因此，独龙族的刀耕火种、渔猎、采集三位一体的经济体系所形塑出的低度生产的经济行为，与"停滞、静止、僵化"等词语毫不搭界，而展现出高度的灵活性和极强的适应性。"它们在生态上是小心谨慎的"⑤。独龙族三位一体的经济体系所形塑出的经济行为，体现出对大自然的敬畏，展现出了极其高度的生态智慧。这一体系的立足点并非是改造自然，相反，它是立于充分接受大自然馈赠的基点，来获取更为便利的生产条件。它展现着一种与所有以改造自然为基点的生产体系大相径庭的能量交换和物质循环完整的生态系统知识，也正是在与我们大相径庭的经济行为的选择中，独龙族的整个社会经济展现为一个其组织结构具有内在变化的动态系统。采集—渔猎—刀耕火种三者从技术选择和资源基础的角度上看，它们其中的任何一种生计模式都具备进一步拓展的空间，可独龙族在漫长的生计抉择中却没有让它们哪方一足鼎立，独立支撑起独龙族的社会经济生活。而是充分运用生态智慧来维系三者稳定，建立了一个相互依存的多元经济体系，这其中透露着对多样性的尊崇，正是生计多样性的保持，才使

---

① 参见〔美〕马歇尔·萨林斯《石器时代经济学》，张经纬等译，三联书店，2009，第 33 页。

② 参见〔美〕唐纳德·L. 哈迪斯蒂《生态人类学》，郭凡等译，文物出版社，2002，第 52 页。

③ 参见〔美〕詹姆斯·C. 斯科特《国家的视角——那些试图改善人类状况的项目是如何失败的》，王晓毅译，社会科学文献出版社，2012，第 363 页。

④ 〔以色列〕尤瓦尔·赫拉利：《人类简史：从动物到上帝》，林俊宏译，中信出版社，2017，第 79 页。

⑤ 参见〔美〕詹姆斯·C. 斯科特《国家的视角——那些试图改善人类状况的项目是如何失败的》，王晓毅译，社会科学文献出版社，2012，第 363 页。

得独龙江的生态相对在一个既定的地点中长久地处于物质交换与能量转换稳定循环中。独龙族三位一体的经济体系应该是蕴含了一个更为深远的重要贡献在于：既然生态环境是人类共同体生存中不可扬弃的一个基本因素，那么，生态的多样性及其本质联系，也就使人类社会发展的多样性和多线性成为必然。

在此基点上，就会引导人们去追问，是什么样的基础、结构和条件引导了他们经济行为的选择？进而，在这更有意义的方向上，人们会更确切地了解，即便是为人类提供了巨大物质财富的现代主流经济体系，即便是前所未有地实现了人对物质世界最大控制的现代社会，也并非人类历史的终结；只有在社会的批判中，人类才能不断趋近于自己美好的未来。

第十四章

经济过程中的制度构建

社会以制度化的方式，使每一个单独的个人服从于某种特定的组织形式，并在这一组织形式中进行其经济活动，伴随着"公平""正义""合理"等一系列的价值取向或判断，这些道德因素便通过制度化成为一种权力要素，规定着人们社会交换的基本框架，并赋予人们特定的权利和义务。作为权力要素具体表现的制度，既然影响经济的活动，那么，一种完善的经济分析，就必须包括一种制度变迁的理论。制度以其独特的存在和运行，对人类社会经济过程发挥着重大影响，由此而成为人类社会经济发展与变革分析的一个基本因素。制度的设置与变迁，支配着所有社会的和个人的行为，规范着其行为方式的选择，影响着人们利益的分配、社会资源配置的效率和人力资源的发展。

一 人类社会的文化存在及其内在的制度性要求

人类是在对身外自然和自身自然的双重改造中成长起来的。在此过程中，人创造了文化。这一结果不仅使人同自然界相区别，而且使人的本质得到实现。历史本身就是"自然界成为人这一过程的一个现实部分"。正是基于特定的文化联结，个人成了"社会存在物"，人本身"无论就其内容或就其存在方式来说，都是社会的，是社会的活动和社会的享受。自然界的人的本质只有对社会的人说来才是存在的；因为只有在社会中，自然界对人说来才是人与人联系的纽带，才是他为别人的存在和别人为他的存在，才是人的现实的生活要素；只有在社会中，自然界才是人自己的人的存在的基础。只有在社会中，人的自然的存在对他说来才是他的人的存在，而自然界对他说来才成为人"①。因此，任何一个特定的人类群体或社会，都是作为一种文化体而存在的。

源于拉丁语 Cultura 的"文化"一词，实际涵盖了人类社会的全部生活内容。如果我们承认"文化本身是为人类生命过程提供解释系统，帮助他们对付生存困境的一种努力"的话②，那么，这种提供解释的努力，首先必须取决于人的生存存在。因此，人与自然界进行物质交换的生存活动，便构成整个解释系统的前提或基础。而人类自身生存行为的解释，则产生了共同价值体系；这种共同价值体系的制度化，又反过来规范着人们的生存努力行为，决定他们与自然界进行物质交换的方式，调整他们在此生存活动中的相互关系，使他们的行为表现为他们所意向的、或在文化传统中所表达的东西。《易·贲卦·篆辞》所言的"观乎人文，以化成天下"，或许就可视为中国古老智慧对文化的制度性本质的一种诠释。这样，文化作为一种特殊鉴定，表明了人类所达到的、由人同自然界和社会关系所构成的历史发展水平。

文化是人类一切行为的技术方式、社会方式和价值取向的解释、规范和综合。迄今难以数计的各种文化定义，均只揭示了文化的某种性能或某一侧面。它实际上表明了一个事实：人类社会是作为一个文化体而存在的。所以无论何种社会科学学科，亦无论研究人类社会的哪个方面，不可避免地或者直接就是在研究这一文化体存在的某一方面。从这一基本认识出发，当把特定的人类社会或群体视为一种文化存在时，"文化"这一概念实际上蕴含了三层含义。

首先是物质的文化，它表现为人类特定的、具有历史差异性的生存技能，表现为人与自然界，以及人们相互之间进行物质交换的方式和组织。人们以何种方式或联系来进行生命的生产，表现出他们对不同物质文化结构的艺术，亦正是由此展开了经济活动的基础，进而为人们建立和开展各

_____

① 马克思：《1844 年经济学—哲学手稿》，刘丕坤译，人民出版社，1985，第 85、78 ~ 79 页。

② 〔美〕丹尼尔·贝尔：《资本主义文化矛盾》，赵一凡等译，三联书店，1989，第 24 页。

种社会交往，维系各种社会关系的结构、功能和秩序，提供了基本的物质依托，从而全面地创造和体现出他们的文化存在。因此，它构成了整体文化的基础。

其次是解释（或精神）的文化，它包容了人类一切具有主观意义的行为，而造就出千差万别的个体自我实现的成果。而其最重要的意义，是在社会层面上产生了一个价值共意，从而为人类社会活动发挥着一种基本的历史导向性功能。

最后是制度的文化，它把社会价值共意的道德秩序转化为一种权力秩序，为人类社会行为的合理性价值判断，提供了一套强制执行的机制。这种价值共意的制度化，把人们的意志追求转变为现实，并具体化为生活的规范和制度，使人们置身其框架内，来实现他的社会化过程。

人类文化的这三个层次并非截然分离，而是在相互交渗中构成一个整体的文化存在。这种文化存在与自然界相交形成一个边界，支配人类行为的自然强制力与旨在克服或减缓这种强制力的文化实践活动，在边界两侧相互作用着。这些自然强制力，经物质文化系统传递到制度文化系统和解释文化系统，通过它们的联结，实现着人类活动及其与生物圈的平衡，并在这种平衡被人类文化的创造活动打破后，不断造就出新的文化手段实现新的平衡。同时，这种文化存在亦形成了不同人类群体之间的社会边界，这种边界展示了人类发展的民族特点及其局限性，并成为民族经济发展与变革的指示器。

在三个层次的文化互动中，制度文化既是物质文化的精神化，又是精神文化的物质化。一方面，它把人们相互之间及其与自然界之间的现实的物质关系，升华为一种权力意志的精神表现；另一方面，它又把精神解释的某些意识观念，具体化为社会行为和组织框架的实践。这样，制度文化成了物质文化系统和精神解释系统连接的桥梁，成了二者互动关系的传承场。正是凭借这种文化存在的内聚力，人类维护了本体认同的连续过程，而形成社会历史的发展。

但是，从文化的总体性含义出发，并非所有的人类群体的存在，都可以构成一个社会文化整体。例如，当代社会两大对立阶级——无产阶级和资产阶级，无论从其经济活动的方式、价值观念、审美情趣等诸多方面，都可以归纳出具有自己独特阶级特征的文化表现，但双方都是在相互对立和依存的关系中，组成一个完整社会的。它包容着不同相互依存的社会层面，并构成由物质生产、社会组织和精神创造完整系列的群体。诸如血亲社会、民族、国家等基本的社会群体组织。

在这些完整的文化体中，以民族为单位的文化发展，是整个人类文化最广泛的形式。一方面，它既作为原始血亲社会的直接成长结果，又作为现代国家的基本构成单位，对透视人类总体文化的存在来说，以它作为分析单位具有典型意义。另一方面，当代以民族差异而表现出的种种问题，已提出了对有史以来人类发展方式重新进行价值评价和反思的问题。进而，涉及我们每一个人如何对自己的现世生活进行正确审视，并如何正确选择人类未来发展方式，以及更好支配人类自身命运的根本性问题。因此，以民族作为基本分析单位，进行制度要素与经济发展关系问题的研究，具有重大的理论和现实意义。

在这种文化体的存在形式中，随着人与自然的物质交换进程的开始，也就产生了人们在什么组织框架中同自然界交换的问题，并衍生出如何确立社会的交换方式、比率、组织等的问题。由此提出了制度规范的要求而形成权力要素。可见，人类社会的发展既是一种物质现象，又是精神上的一种状态。面对这种发展的整体性，仅从单一的角度难以作出全面阐释，而其中物质的或精神的、经济的或制度的种种现象和要素，从来就不是孤立存在的，而是作为文化整体存在的内部要素相互联系的。

从经济过程中物质交换的实体行为来看，制度似乎是一种与之相别的、虚化了的意志行为，对置身于经济过程的每一个人来说，制度也总是表现为一种外部意志的强加。但是对社会有效的制度概念，只能是社会共同价值标准的反映。它内生于现实的经济过程，并且是同物质的经济因素联为一体，才共同构筑起了一个完整的经济过程。因此，从根本上说，制度这种意志力量的表现，实乃来自人类发展的内在要求。

人以其社会性本质，既同自然界相区别，又把自然界作为自身对象化反映，而完成类存在的本质实现，并在自然与社会的对象化联系中实现自身的发展。这种联系表现为特定人类群体的共同文化体的存在。不同的个人和群体，就是在这种文化的界定中，展开社会活动的。其基本的行为特征便是"自觉的意图"和"预期的目的性"①。对于具有丰富差异性的人类行为来说,又可以归纳为两个基本类型,即理解行为和战略行为。哈贝马斯把达到理解为目的的行为看作是"最基本的东西",而"达到理解是一个在可相互认可的有效性要求的前设基础上导致认同的过程"②。这便肯定了人的社会性本质在其行为过程中的地位和意义,它把每一个社会交往的参与者导向某种价值共意。各个特定的社会群体在其交往中,逐渐形成的传统和惯例,作为制度的最初形式,无非是这种价值共意的存在或表现。它为那些没有任何直接接触的个体和群体,提供了社会交往的中介装置。使人们有可能超越直接交往或交换,而发展起间接交往或交换的复杂网络,从而扩大了社会交往或交换。如果这一理解行为失败,交往或交换便不可能继续,而使人们面临两种基本选择:或是转向战略行为,在通常意义上表现为冲突、竞争甚至完全中断交往;或是在不同的水平上,重新开始以达到理解为目标的活动。

因此,制度要素的产生,不过是使这种价值共意得到一种稳定性存在的保证,它为社会的共同价值标准和交换行为规范、组织原则以及知识技能等的人类发展的创造物,提供了一个基本的世代承续的社会机制,保存了人们交往行为和关系的模式,并且通过使价值共意合法化和固定化,而扩大了社会交换的范围。

制度化的价值保证着人们社会角色规范的有效性。一方面,它协调着人们的行为动机,而促成社会的一体化发展;另一方面,它构成了对非一体化动机力量的压制,使人们战略行为的选择不至于形成自身毁灭的破坏性力量。这样,当制度要素把人类社会行为的价值取向和动机力量综合为一体后,便保证了人类发展中社会同一性、连续性和可认可性,决定了一个群体对自身同其自然和社会环境的区分方式,调整着社会所有成员的关系。

每一个人都在特定的制度规范中成长,并实现其社会化过程。结果,制度要素不仅反映在个人人格中,而且成为人类存在和发展的不可或缺的核心条件。制度源出于人类发展有序化的内在要求,由制度要素所表现的

---

① 《马克思恩格斯选集》第4卷,人民出版社,1975,第247页。

② 〔德〕J. 哈贝马斯:《交往与社会进化》,张博树译,重庆出版社,1989,第1、3~4页。

"社会控制产生于本能需要和社会需要间的斗争，产生于个体内部的斗争"①。可见，只有从文化存在的三个层次的相互作用和联系中，才能全面地认识社会发展和变革的整体性和有机性。制度作为人类文化存在的中介系统，直接发源于人类发展的内在要求，使它在人类社会经济的发展和变革中，占据了一个突出的重要位置。

二　经济过程与制度要素

马克思并非是一个人们肤浅臆想中的经济决定论者。但马克思主义的一个内在的、历史的、不可逾越的特征，就是要求社会科学的研究最终触及经济结构。正是在此意义上，我们说人类历史是通过劳动、通过生产而形成和发展的历史；亦正是在此意义上，经济过程成了整个社会发展的基础，在这个基础上发展着的社会也发展了人本身、人的个性。这一普遍性的立场，使我们得以审视，特定民族的经济活动是如何塑造并限制一个民族的文化和社会组织的；而内生于其中的制度要素又是怎样与经济过程结为一体，而发挥作用的。

人类文化体的生存最初起源于对生态的适应，并以这种适应为基础，展开了自己的创造活动。对人口压力作出调整的直接结果，产生了人类社会的经济活动，由这种经济过程构筑起的物质文化系统，便成为整个文化存在的具有生态适应敏锐性的核心中枢。这种敏锐性又强烈地要求对经济过程最基本的关系和一般行为实现制度化，以稳定和规范人们的生态适应，进而引导人们改造生态环境的创造力的发挥。这样，制度要素便构筑了经济过程基本因素和行为模式的组合框架，决定着它们组合的方式、地位和功能，并产生差异性。

经济过程客观化为生产、交换、分配、消费四个基本环节。在这一过程中，人们并非仅同自然界发生关系，而正是在一定的社会联系和社会关系的范围内，才会有他们同自然界的关系，才有了经济过程的开展。可见，使这些社会联系稳定化并保持社会关系"秩序"性的制度要素，并不

---

① 〔德〕J. 哈贝马斯：《交往与社会进化》，张博树译，重庆出版社，1989，第73页。

产生于经济过程之外，而是直接内生于经济过程，并作为一种基本要素而发挥作用的。

一般说来，生产作为经济过程的现实起点，交换和分配一方面作为生产与消费连接的中介桥梁；另一方面又是生产得以进行的前提准备，而消费则不断地为生产提供着动机力量。但是，制度要素既然作为经济过程的内生因素而存在，就必然使经济过程的运行在不同的制度模式下，表现出不同的内容和存在形式。

例如，在血缘群体的制度模式下，对生态环境的直接依赖与获取，成为整个经济过程的重心，并把作为其前提的生产组织性交换和作为结果的财富分配性交换，隐含在共同获取的过程中。使这种对自然的适度征集的活动，紧紧围绕着群体的共同消费而展开。

在地域经济的制度模式中，个体的独立生产，已成为整个经济过程的出发点；生产目的亦由维系群体共同消费，转变为以满足个体生存消费为核心。生产环节虽仍居最显要的地位，但个体需求的多样性与个体生产的局限性相冲突，使交换成为必然，并从生产中分离出来。尽管此时的交换只作为经济过程的一种边际成分，但终究已获得独立的存在，而且日益显示出，它作为联结各个个体劳动，并实现其社会劳动本质的媒介意义。同时，在个体对土地的直接经济依附中，整个交换和分配从一开始，就表现出和权势依附性连为一体的交换与等级性分配的特征。

而现代社会的制度模式则使生产的尺度超越了生产者自身的需要，确立了交换在经济过程中的主体地位。交换得到了最充分的发展，并把经济过程的其他环节包容在其中。各个环节都以交换运行为前提，在交换形式中实现自身的存在。经济过程在世界经济制度模式下的如此巨变，使得生产与消费脱节，并在人与人之间、民族与民族之间以及不同国家之间尖锐的贫富分化中，造成了对人的本质及其健康发展的严重扭曲。对这一历史结果的批判，直接促动了社会主义思想及其实践的兴起，从而使新的制度模式的产生成为现实。

经济过程的主体性力量亦包容着努力、选择、出发点差异和随机因素四个基本要素。

首先，一个民族的生存和发展状况"既和他们生产什么一致，又和他们怎样生产一致"①。因此，人们所作出的经济努力成为其整个发展的基础。

其次，人类生存环境的多样性，为人类发展提供了多样性选择的可能，而若把选择视为人类对其生态环境的适应调整，并在这种适应中，实施对生态环境的改造，以获得更大适应性的话。那么，经济发展实际上就是人类选择的扩展过程。在人的最初的发展中，大体上还是"自然"的生活环境，规定他们必须采取同生物的再生产方式相近似的再生产方式。马克思曾反复谈到，人成为人的过程，是自然限制的退却和社会性的实现的过程。正是这一过程，使人类逐渐脱离了具有生物学性质的自发适应方式，而发生这一变化的基础，恰恰就是人对其周围环境的积极适应，它无法排除地包含着某种程度的有意识的活动。这样，在生物学的基础上，对已经完全或只是部分地改变了的，或者正在改变着的周围环境的适应，就不再是人这类生物再生产的唯一调节者了，某种社会性的积极适应方式，开始取代了原来生物性的自发适应方式。过去，个人的纯自然的单一性，是同原来的生物学意义上的自发再生产阶段相适应的。现在，随着新的再生产形式的出现，个人的纯自然的单一性被迫退却，社会性的东西对纯自然的东西的统治在日益增长，这样，人类的这种新的再生产形式就变得具有社会性。而这种再生产形式的表现方式和器官，也就成为人们作为个性而存在并实施其选择的方式。"事实上，选择乃是由社会与自然界的物质交换具体提出的。人必须冒着毁灭的惩罚，以积极的可选抉择以及新的目的论设定对这些选择作出反应"。当我们把选择同造就人的本质的劳动联系起来时，"选择也更明确地显示了自己的真实本质：它不是一个一次性的抉择活动，而是一个过程，一个随时不断地作出新的选择的链条"②。

再次，"人们自己创造自己的历史，但是他们并不是随心所欲地创造，并不是在他们选定的条件下创造，而是在直接碰到的、既定的、从过去承继下来的条件下创造"③。因此，许多先于现实经济过程的出发点差异，就

---

① 《马克思恩格斯选集》第 1 卷，人民出版社，1975，第 68 页。
② 〔匈〕卢卡奇：《关于社会存在的本体论·下卷——若干最重要的综合问题》，白锡堃、张西平、李秋零等译，重庆出版社，1993，第 36、192 页。
③ 《马克思恩格斯选集》第 1 卷，人民出版社，1975，第 585 页。

成为构组现实经济的基质之一。

最后，由于人类的历史是"从许多单个的意志的相互冲突中产生出来的"，是由无数互相交错的力量，无数个力的平行四边形所融合成的"一个总的平均数、一个总的合力"①的创造结果。因而在人类的一切历史活动中，总是存在着偶然性或随机因素。在经济过程中，随机因素就意味着一种"本来有可能"的机会的提供，如何对待这种机会，能否抓住并运用这些机会，是经济主体性力量实践成败的关键之一。

同样，在不同的制度模式下，经济过程主体性力量的这些组合要素所发挥的作用，及其在决定经济成败中的地位也是极不相同的。例如，制度是以对努力成果的承认和保护，来建立激发努力的激励机制，从而为经济发展提供动力来源的。在一个封闭性的制度模式中，最重要的发展基础，或许就取决于经济主体的努力程度；而在一个开放的制度模式中，其他因素的介入，或许在某些情况下，会比努力程度具有更为重要的意义。

又如，制度通过影响信息和资源的可获得性，通过塑造动力，以及通过建立社会交换的基本规则，来影响人类的选择。因此，在一个开放性制度模式中，它可以在人们的生存技能、生产、控制和稀缺性资源分配等诸多方面，为人们提供更大的选择可能。选择要素在人类是否能实现自身更好发展方面，显示出了更为重要的意义；但在一个以直接满足自身需求的生产活动构筑其经济主体过程并形成单一结构的制度模式中，选择要素所发挥的作用就会受到很大的限制。从总的趋势来说，是劳动使人逐渐摆脱那些纯粹自发地起作用的生物性的需要，使人不再单纯从生物学的角度去满足这些需要，并且让目的论设定变成人的决定性的需要，而这种需要的本质立即就使其获得某种可选特征。因此，从一开始就必须产生一些社会调节机构，根据一定的生死攸关的社会需要，来调节可选的目的论设定的内容。由于作为人类发展基质的日常劳动，不断地、每日每时地产生着冲突，而如何就这些冲突作出抉择，则往往可能直接或间接地包含着涉及一定社会的生死存亡的问题。制度的功能恰恰就在于把这种个别选择纳入所有人的某种共同生活的关联，并且努力让每个人都明白，他自己若要生

① 《马克思恩格斯选集》第 4 卷，人民出版社，1975，第 697 页。

存，就必须考虑根据全社会的整体利益作出抉择。一个社会如果不用各种手段，来引导和控制社会成员必要的社会活动和个人活动，就不可能进行真正的自我再生产。因此，社会把握当下主要存在特征的思想尝试，走向了与调节体系的密切结合，并蕴含着使之制度化的倾向。然而，正是在制度要素的作用中，选择的方式和地位是极不相同的。如对原始人来说，只有直接的可用性才构成了选择的对象，而在生产即经济的社会性发展中却不然，选择在此获得了一种日益复杂和细致的形态。卢卡奇对选择的发展趋势曾这样说：

> 一个社会愈是具有原始性，它所固有的那种迫使自然限制极大地退却的趋势愈是弱小，那么它就愈是很少向自己的成员提出那种只有通过问题与回答的途径才能加以实现的多种要求。然而随着社会的发展，这样的抉择形式不仅在量的方面有所增长，而且在包罗各种生命表现的规模方面也在不断扩展。①

再如，制度要素在强化或淡化经济主体出发点差异上的影响也极为重要，它不仅在社会意义上是经济公正性健康发展的标志，而且在经济模式上表现出不同的性质和发展方式的差异。从共同体内部来看，经济主体成员的努力程度及其效率大小的状况，依赖于制度要素的动力机制塑造，因此一个强调血统或社会等级秩序的制度模式，在强化经济过程中个体出发点差异的同时，也就压抑了人们的经济努力，限制了人们的选择范围和对随机因素的利用可能，使整个共同体的经济发展表现出呆滞的特征。在这种社会中，"贵族总是贵族，Rotuier（平民）总是 Rotuier（平民），不管他们其它的生活条件如何；这是一种与他们的个性不可分割的品质"。"有个性的个人与阶级的个人的差别，个人生活条件的偶然性，只是随着那个自身是资产阶级产物的阶级的出现才出现的。只有个人之间的竞争和斗争才产生和发展了这种偶然性"②。因此，一个相对封闭的制度模式，会使其

---

① 〔匈〕卢卡奇：《关于社会存在的本体论·上卷——社会存在本体论引论》，白锡堃、张西平、李秋零等译，重庆出版社，1993，第62页。
② 《马克思恩格斯全集》第3卷，人民出版社，1960，第86页。

各自的出发点差异，成为该共同体经济持续发展的基础性前提，并强化出发点差异的条件；而一个开放的制度模式，则可能以选择和随机因素的补充来淡化这一条件。

在不同的制度模式下，努力、选择、出发点差异和随机因素是作为一种变量关系而存在的，并且其效能的发挥亦具有极大的动态差异性。经济过程的客观环节和主体性力量与制度要素的相互关系，说明了制度要素在经济过程中具有不可忽视的核心地位。从技术方面来看，经济过程是人类在自然界中占有和创造资源，从社会方面来看，经济过程是人类围绕生产活动而构成经济关系的过程，制度便是这些关系在人们思想意识上的精致化和合理化的表现，而这些关系亦正是通过制度化而具稳定性的。

三 制度要素的性质分析

把社会习俗或惯例确切化的制度要素，内含某种共同价值标准的意味。而共同价值标准，无非是特定经济过程的参与者，为保证该过程的稳定和连续性，而产生的共同需要。因此，制度无非是把源于经济现实的共同需要，转化为一个确切的交往结构。如果考虑到经济过程的出发点差异，那么，制度便是由经济过程的主导者所推崇，并得到参与者普遍赞同的规范性要素，其性质可体现在以下几个方面。

第一，制度并非任何外力的强加，而是直接深深扎根于现实的经济过程。制度在其具体存在中，可以表现为某种道德观念的衍生物，约定俗成或契约关系的想象形式，甚至表现为某种他人意志的强加，等等。如对被纳入当今资本主义世界体系的各发展中国家，以及被纳入一个既存国家体系的少数民族来说，这些已存的制度模式产生了一种来自外部的对立力量的幻觉，使人们"服从毫无个性特征并且看来似乎是非理性的社会力量的必要性。这里的服从不仅一定要包括接受一些行为规则，而且还指人们必须愿意调整自己的行为，以适应影响他的财富和机会以及他无法预期的事件的变动"[1]。之所以会产生这种制度起源的幻觉，是

---

[1] 〔奥〕A. 哈耶克：《个人主义与经济秩序》，贾湛等译，北京经济学院出版社，1991，第23~24页。

因为制度作为一定经济关系观念化的反映的物质化表现，使其在形成过程中同时产生了关系的倒置，从而在某种程度上，表现为一种意志力量。但亦正是在此颠倒中得到确立的制度要素，又成为经济过程的一种基本的支配力量，构筑了人类社会交换的框架和合作与竞争的经济秩序，成为人们与资源存量之间、投入与产出之间、交换与分配之间、生产与消费之间的过滤器，从而在某种程度上，可以改变生养它于其中的经济过程。但是，制度确然起源于某种经济的和社会的职能基础，而且只能在现实过程的合力运动中产生。

制度虽直接起源于人类社会的经济过程，但它在生成过程中获得了确定的独立方式和内容，并派生出其他的必要关系。因此，把制度排斥在经济过程之外，或以经济活动分析取代制度分析，都不能全面了解经济的发展和变革。制度的基本性质表明："并不是只有经济状况才是原因，才是积极的，而其余一切都不过是消极的结果。这是在归根到底不断为自己开辟道路的经济必然性基础上的互相作用"①。而这种相互作用的意义就在于：尽管"知识和技术存量规定了人们活动的上限，但它们本身并不能决定在此限度内人类如何取得成功，政治和经济组织的结构决定着一个经济的实绩及知识和技术存量的增长速率"②。

第二，制度既然是社会价值标准的物化体现，其生存的根本性基础就在于，它在何种程度上获得了社会赞同。制度的生存不仅要求在经济上证明其有效率，而且要求在伦理上证明其正义性。在制度限定的框架中，有效的经济行为本身就具伦理性，人们从自己的生产和交换关系中汲取道德观念，而每一经济行为的目的，同时就是一种伦理道义之所在。如对市场经济制度的理解，就不可分割地包容着目的功利论和道义正义论的双重内容。因此，一种制度若不能在此双重的证明中，获取必要的社会赞同来为其生存运作补充动力源流，它存在的价值和合理性就会遭到怀疑。社会赞同的真正含义，来自于每个个体发自内心的真实判断。正是这种真实判断赋予制度的权威合法性。某种制度获得社会赞同的程度愈高，便意味着作

---

① 《马克思恩格斯选集》第4卷，人民出版社，1975，第732页。

② 〔美〕道格拉斯·C.诺思：《经济史中的结构与变迁》，陈郁等译，上海三联书店，1991，第17页。

为中介桥梁的制度，在人类文化体的物质系统和解释系统之间，实现了更大的一致性，并在降低制度维持费用的同时，得到了更大的收益；当一种制度为获取社会赞同的费用大于其制度收益时，或者说，当一种制度不能获得必要多数的社会赞同时，它就丧失了存在资格。

社会交换结构交织着冲突性的个体利益和共同性的社会利益。由制度所体现的社会价值共意，总是隐含着无数个体利益冲突的某种折衷和混合，个体在其有利的第一选择的相互冲突中和对抗选择的无利性压力下，不得不作出彼此相同的最后选择，社会价值标准就是在这种折衷中形成的。制度所代表的社会价值标准的这种性质及其实现方式，使任何制度都不能在其框架内赢得每个参与者完全的社会赞同。但是，不论"民主"制度还是"专制"制度，只要一经确立，就会对制度框架内的每一个个体形成强制潜力，来获得个体对制度的服从。"一种制度，如果它愈是坚决让自己统治下的人们尽可能永远不脱离他们的局部性水平，那么这种制度便愈是拥有较大的、不受任何批判限制的余地，去为它的既定目标确定直接内容，并为这些内容提供意识形态方面的根据"①。虽然社会赞同可以产生自愿的服从，但服从绝不全是社会赞同的产物。最终应该看到的是，社会赞同在根本上决定着制度存在的合法性。历史上"君权神授"等制度的神化，无非是借宗教意识形态的力量，来强化制度存在的合法性。它是为制度生存获取社会赞同的手段之一。而当人们吟出"水能载舟，亦能覆舟""主权在民"等济世警语时，正是对制度生存基础的性质的一种直观感受，尤其当孟子声称"民为贵，社稷次之，君为轻"时②，无疑是说明一定的组织体系和统治者，都是制度的一种存在形式或表达，因此必须随着社会赞同的变化而变化。

第三，制度是以社会的同一性，对所有参与者实施关系调整的规范和力量。它在促进社会一体化的同时，亦带来了社会的分化。因此，制度同时生而具有趋向一致性和趋向不平衡的张力。正如伊曼纽尔·沃勒斯坦所说："国家机器并非一个统一的强大的独立力量，而是两种相互冲突的潮

---

① 〔匈〕卢卡奇：《关于社会存在的本体论·下卷——若干最重要的综合问题》，白锡堃、张西平、李秋零等译，重庆出版社，1993，第 860 页。

② 《孟子·梁惠王》上。

流的战场"①。

个人在直接面对自然时产生的短缺，使他们聚集为一个社会体而展开其相互交换，这种交换合理性所产生的某种价值共意，又以制度的形式转过来调整着交换，但它并不能完全填补交换中的个体差异。人们在交换中所得不一定相等，也不一定同等地分担获取收益的成本支出，这便使自然稀缺变成了社会稀缺，变成一种体现人的不平等关系的稀缺。

即便在一个完全进行"公平交换"的氏族共同体中，财产的共有关系、共同生产和消费的方式，使其全体成员在交往中分担相等的收益与支出。甚至可以说，他们在获得交往收益时是无直接支出的。但他们是以某种制度形式提供的共同体保护，来排斥了非共同体成员而获取这种收益的。因此，这种支出实际上是由排斥在外的非共同体成员来担负的。

在社会经济的转型中，两种冲突的力量，一是拥有高贵的传统地位的人，他们至多是部分地适应新的经济可能性；一是那些正在兴起的人，无论从传统地位的角度看他们有什么样的背景，也无论他们当时的相对财富怎样，他们推动了经济生活朝向一种新的发展。这样，制度在某一社会层面上维持均衡的努力，同时在其他层面上构成了打破均衡的力量，在某一方面对社会一致性的维护，又在其他方面引起了新的不一致。制度由此而陷于永不停息的平衡调整和自身创新的过程中，亦由此表现为经济过程的一个可变函数。尽管一经确立的制度，会表现出一定的稳定性和凝固化的特征，而每种阶级意识都喜欢把它当作能解决所有问题的社会制度，说成是"历史的终点"；但从发展的观点来看，它是在不断地变化中而存在的。任何制度模式都不是永恒的、都是一种历史性的存在。

第四，制度过程的主流，是现存经济关系的合法化过程。凭借这种合法化实现社会的一致性，保证它们的稳定性、连续性和可认可性。"制度化是指社会机制的突生，社会价值准则和规范、组织原则以及知识和技能都是通过社会机制一代一代传下去的。一种社会的制度构成了社会的子宫，个体就在其中成长和社会化，结果，制度的某些方面被反映在他们自己的人格之中，其他的方面对于他们似乎就是人类存在不可避免的外在条

---

① 〔美〕伊曼纽尔·沃勒斯坦：《现代世界体系》第 1 卷，罗荣渠等译，高等教育出版社，1998，第 321 页。

件。传统的制度使社会生活稳定化，但也引进了僵化性，这种僵化性使社会生活很难适应条件的变化。反抗运动可能由此兴起，以促进这种调整，然而，这些反抗运动本身随着时间的流逝也往往会变得制度化和僵化起来，同时产生对于更加新的反抗的需要"①。一切新因素的产生，最初总是表现为非一致性的力量，表现为制度的直接对抗因素，因此，在本质意义上，制度是一种保守力量。

人类之所以能从对自然的全面依赖状态，到今日对自然实施最大程度控制的状态，从把役使奴隶视为公正，到认定等级关系的人身依附为公正，以至到今日把个人存在的自由、价值和平等视为公正等一系列社会价值标准，发生如此巨大的差异变化，均是这一过程的结果。制度的确立，一方面使人们得以超越个体直接的狭隘交换，而进入一个广大的社会交换网络；另一方面，亦确实构筑起了防止人们进行竞争性选择过程的栅栏，从而在根本上规定了人们的竞争性选择过程是不完全的，使人类的发展总是呈现一种有限的片面性状态。这一基本性质从一个侧面揭示出，新因素的成长在获取制度支持方面，有着特别重要的意义。

"制度"一词有着多层面的表达。制度并不限于由 Law & police 所表达的成文法典，它还包容着由禁忌、习俗等形式所表达的习惯法的存在；同时，制度的实施还需要由 Organization（组织）所表示的组织载体，以及 Institute 所显示的宏观设置等"实体"的显现；它还具有由 System 所蕴含的系统、机制；在最深的层面上，制度还具有由 Construct 所表现的结构等"关系"或"场"的涵义。对"制度"涵义的全面把握，将使经济人类学的制度分析拓展为一个纵向历史描述和横向的民族文化比较。这一研究的基本意义，是对人类发展的方式进行历史反思，并探索和领会出人类发展的新途径。

四　国家的经济参与行为方式及其选择

一个社会的经济包含着不同集团的活动。要使这些活动正常顺利地进

---

① 〔美〕彼德·布劳：《社会生活中的交换与权力》，孙非等译，华夏出版社，1987，第 29 页。

行，就必须设置秩序与规范，限定每个人相对其他人的活动。这是由国家这一本质上"和人民大众分离的权力"来实施的。因此，国家对社会经济的总体过程并非一种外界强加的力量，而是社会经济活动中的一个基本的组织要素。

> 国家是表示：这个社会陷入了不可解决的自我矛盾，分裂为不可调和的对立面而又无力摆脱这些对立面，而为了使这些对立面，这些经济利益相互冲突的阶级，不致在无谓的斗争中把自己和社会消灭，就需要有一种表面上驾于社会之上的力量，这种力量应当缓和冲突，把冲突保持在"秩序"的范围以内；这种从社会中产生但又自居于社会之上并且日益同社会脱离的力量，就是国家。[①]

国家既以第三者的身份参与社会的每一个经济契约，又是社会强制力的最终来源。这样，对每一个经济参与者而言，国家的经济参与，既可能成为它们所积极寻求的潜在资源，也可能成为制约它们活动的潜在威胁。这便使国家成为不同经济集团为控制社会经济决策权而争斗的对象。各方都希望获得国家强制潜能的帮助，而按有利于本集团的方式进行经济收益的再分配。同时，从国家自身角度出发，它既然作为一个存在实体，当然要求从经济参与中获取收入来维持其生存。这就隐含着国家依凭权力（诸如对产权体系的界定和维护等）来获取生存收入，并力求实现国家利益最大化的根本动机。古代的封建君主以及现代一些国家的通货膨胀政策，都是国家掠夺社会财富以实现自身利益最大化的本能反应，它隐含着国家聚敛民财、无视社会整体福利增长的倾向。但是，一方面，国家的这种本能倾向，面临着内外潜在统治者的竞争威胁；另一方面，国家收入的增加，最终要取决于社会经济的发展，这便使国家要在经济发展进程中，不断调整自身的经济参与行为以及社会经济关系，以符合社会发展的要求。

从另外一个角度看，人类的一切经济活动，总是在一定的产权关系规范下展开的。不同的产权形式，决定了人类经济活动中交易费用的高低、

---

① 《马克思恩格斯选集》第 4 卷，人民出版社，1975，第 170 页。

效率的大小、生产组织形式的更替，等等。产权自身的竞争性和排他性，把人们从原初的群体低效联合中推向私有化进程，亦赋予了社会经济活动更大的效率与活力。在此基础上，社会提出了明确界定产权的内在要求。而国家决定产权结构的基本职能，使国家最终要对造成经济增长、衰退或停滞的产权结构的效率负责。这样，国家作为社会经济活动的基本的设计者，组织者和参与者，其存在既可能是经济增长的关键；又可能是人为经济衰退的根源。这充分表明，对社会经济过程中的国家问题的关注，不是应否有国家参与的问题，而是国家的经济参与能否为社会提供一个合理使用资源的框架，并促进经济增长与社会整体福利增加的问题。

国家的经济参与或政府行为，可分为直接经济参与和间接经济参与的两种基本方式。

（一）直接经济参与的行为方式

国家的直接经济参与行为方式的基本特征，是三位一体的结合。即不仅作为产权体系的界定者，而且作为产权主体和经营主体直接进入生产过程。这种行为方式既可以建立在国家对经济活动集中的再分配模式中，也能以市场为基础，或以计划为核心，甚或计划与市场两者并用。而其最基本和最主要的内容，是建立和开辟国营经济的活动空间，通过国营和国有企业的创建，实行政府对生产资料的直接所有和直接管理，从而实现国家对经济活动的直接控制。

过去，人们习惯于把国家对生产资料的直接所有和管理，视为社会主义经济的一个基本特征，并把其与市场机制对立起来。事实上，这是一个误解。政府拥有和管理社会生产资料，是一个古老的历史存在。如古代中国各个时期的官府手工业和盐、铁、酒、茶等的专营专卖；即便在现代，国有或国营企业无论在社会主义国家，还是在资本主义国家，抑或在发展中国家，都是一个普遍的现实存在。如在 20 世纪 70 年代末，除美国以外的世界上 500 家最大的工业公司中，有 34 家是欠发达国家的国营企业。从资产规模看，巴西 3 家最大的公司和印度尼西亚 9 家最大的国内企业都是国营企业，墨西哥 3 家最大的企业中也有 2 家为国营；从销售情况看，韩国最大的 16 家企业有 12 家为国营。80 年代在玻利维亚、巴西、印度尼西

亚、韩国和中国台湾地区等以市场导向为基点的经济中，国营企业的作用
一点也不比印度、孟加拉国、斯里兰卡和埃及等这些政府当局干预经济的
历史传统较强的国家差①。

　　国家的直接经济参与行为，在各民族的经济发展中具有重要的地位。
世界上率先完成工业化变革的英国，在18世纪前尚落后于欧洲大陆国家，
这迫使英王室自14世纪起，就积极参与到经济过程中。在15世纪大规模
推行的重商主义政策中，英国国家力量的作用再次得到充分展示，它的每
一种工业，都是在国家力量的支持下，从比它先进的欧洲大陆国家模仿得
来的，"它学会以后就把这些工业建立在自己的国土上，然后在关税制度
下加以保护，促使它们发展"②。同时，在国家力量的支撑下，英国完成了
作为变革序幕的圈地运动，并先后战胜了西、葡、荷、法四大商业殖民帝
国，在军事的和拥有领土的政治强权保障下，以世界性的商业扩张为先
导，拉开了具有重大变革意义的产业革命的帷幕。可以说，正是依恃于国
家力量的统一协调与支撑，为英国工业化变革奠下了雄厚的基础，提供了
充分的社会保证。英国在确立了它在世界工业化进程中的主导地位后，也
并未放弃国家的经济参与行为，而完全使政府脱身于国民经济运行体系之
外。它只不过是对其经济参与行为的方式和内容，作了阶段性的适应调
整，依凭其商品生产的优势地位，而更多地运用了市场机制的功能，来实
现国家的经济参与。自19世纪以来，世界资本主义体系业已确立的新格
局，使被动的工业化起步成为后发展国家工业化进程的一般特征。这便使
国家力量历史地成为各民族工业化的主要启动者，国家力量对工业化的带
动和参与作用日益突出。纵观与中国工业化同时起步的德、俄、日诸国，
无一不是在国家力量的主导下进入这一进程的。第二次世界大战后，发展
中国家和新兴工业化国家的工业化进程，再次展现了，国家的经济参与是
世界工业化进程中的一个普遍存在的重要力量。国家对经济活动的直接参
与和管理运行的范围，呈日渐扩大的趋势。

　　首先，出于经济原因，国家对这一行为方式的采用，可以在公共储蓄

① 陈庆德等：《发展人类学引论》，云南大学出版社，2001，第336~337页。
② 〔德〕弗里德里希·李斯特：《政治经济学的国民体系》，陈万煦译，商务印书馆，1961，
　 第15页。

不能为经济发展所需要的资本形成提供充足资金的情况下，借国有企业的积聚力量，为经济发展的主要目标提供集中投资所需资金，达到动员储蓄的目的，加速资本聚集以进行大型基础项目的建设，并有助于国家关于社会就业目标的实现。

其次，出于社会政治的原因，国家可凭借这一行为方式，通过对国家经济命脉的掌握，来实现国家对社会经济的主导作用，并为其社会责任的履行提供保证。尤其是在发展中国家，这一方式是实现本国民族经济非殖民化的重要手段。如在印度尼西亚发挥着作用的近 200 家国营企业，约 3/4 是在 1953 年没收的荷兰企业和在 1962 年后没收的英国企业；在 1957 年的苏伊士战争后，纳赛尔将重要的外国公司国有化并建立大批埃及国营企业的行为，以及亚、非、拉大多数新兴民族独立国家建立国营企业的行为，既是对以前殖民政权的否定，更重要的是对当代经济新殖民主义的回答。这些举措，发挥了保证本民族经济独立发展的重要功能。

最后，国家经济参与的这一直接行为方式，还可以成为国家为限制某一经济集团的过度膨胀，实现社会财富公平分配的重要工具，也可以作为国家协调国内区域经济布局，促进欠发达少数民族经济和落后地区经济成长的手段之一。

但是，国家经济参与的直接行为方式，也显示出了局限性。

第一，在以市场机制为经济运行基点的条件下，这一行为方式使政府面临着平等与效率的两难抉择。从政府的角度出发，其最基本的目标是追求社会平等；而以企业的自身要求，则要在市场的统一标准下，把追求效益列为首要的目标。这一行为方式把二者结合为一体，形成了期望政府与企业一样去追求效益目标，又要求企业和政府一样去追求平等目标。其结果产生了政府与企业的权力倒置，低效率与"大锅饭"共生，效益和平等都不能得到很好选择的两难困境，使这一行为方式在市场和行政指挥的两种不同的运作条件下，都衍生出特有的局限性和弊病。

第二，这一行为方式虽不排斥市场机制，但它以市场机制为其运行基点时，政府一方面要把企业推向市场，一方面又让企业过多地承揽一些社会福利，企业为了完成政府所强加的社会职能，将以牺牲效率为代价。其结果，企业活力难于发挥，微观经济处于低效状态，而在市场竞争中处于不利地位；而政府在稳定社会秩序与追求效率的双重目标驱使下，常常会成为市场机制正常运行的障碍和犯规者，导致经济发展失去公平的社会秩序的保证。在极端的情况下，甚至会出现政府为保证这类企业的"盈余"产生，而对其他经济发展力量的挤压，从而形成对社会经济发展总体力量的削损。

第三，如果政府的直接经济参与行为排除或绝大部分地排除市场运行机制，而把此行为维系在行政指挥体系上时，势必造成政府把企业作为自己的附属物来指挥的状态。从而压抑企业的创新意识和行为，导致整个社会短缺资源的浪费和经济的低效运行。这反过来进一步加剧了供给的短缺，使国民经济发展陷于恶性循环。因为在此条件下，企业的行为准则，不是面向市场以提高经营管理水平而实现效率目标，而是在向政府的讨价还价中，获得更多的廉价生产要素和其他优惠政策，借此作为企业减少机会成本，获取较高效益的最便利的途径。结果，国家欲借此行为方式而实现的经济调控，总是在与企业无止境的讨价还价中进行，即便是以承包等方式给企业以有限的自主权，基于所有权关系而滋生的国家对企业的父爱心理，也往往使企业只负盈而不负亏，政府经济参与行为的调控效应实际上呈递减态势，在经济效益难以提高的情况下，政府经济参与行为对经济发展的控制和引导，日益力不从心。

可见，适度推行国家的直接经济参与行为方式，可成为社会经济迅速发展的重要杠杆；但是，直接经济参与行为方式的单一化和凝固化，必然造成阻碍经济进步的重要根源。

（二）间接经济参与的行为方式

间接经济参与是国家作为宏观的设计者和组织者，仅以调节者的身份参与到具体的社会经济活动中。其实际操作过程，是通过制定社会经济运行的秩序规则，以良好的制度环境的设置，来降低社会不同经济参与者的交易费用；为社会具体的经济活动提供制度性的服务，并借此服务作为交换，而向各经济参与者收取国家的收入。在此驱动下，国家主要通过对经济运行规则的制定、维护和引导，充分动员社会总资源投入到经济发展过程中，使经济的发展符合于国家的预期目标。国家在社会经济过程中的特殊地位和作用，使得它在一切行为中所展示出来的一个枢纽点，就是如何实现社会实存中整体性利益的要求与确认个体利益差异原则的对接问题。从这一角度可以看到，国家经济参与的两种基本的行为方式的根本性区别，或许就在于：直接经济参与的方式，隐含着否定个体性经济权益的内在倾向；间接经济参与的方式，则体现出对多元利益主体的确认，并以个体利益的追求来实现社会整体利益的基本精神。

这一行为方式的产生同样源远流长。如古代帝王的铸币发行，就是使社会经济活动穿上国家制服，在其统治范围内，降低所有经济参与者的交易费用，并借此作为获取国家收入的依据。在现代社会经济体系中，这种方式同样可以把计划和市场作为其行为运作的基本手段。这一行为方式的具体内容，是对社会经济的发展作出宏观预测，由此制订中长期发展计划，并主要通过货币政策、财政政策和收入政策等手段的综合运用，进行总量调控，为社会经济发展目标的实现提供协调保证条件。如在货币和财政政策方面，这一方式的基本功能就是稳定通货，保证币值和物价的相对稳定，建立税负公平的规范性税收制度，强化税务机构的强制性征管手段，并利用利率、贴现率、存款准备金以及税种、税率的变动等杠杆，支持或限制特定产业的发展，以保证国家产业政策的实现。在收入政策方面，其基本职能是，一方面，要控制社会工资总额和居民收入的增长幅度，使消费增长与经济增长保持适度比例，并使现阶段所产生的经济剩余能有效地转化为投资要素，加快经济增长。另一方面，则要通过劳动法规的制定，保证劳动者最低限度的收入水平，同时建立和完善有效的个人收入申报制度，适度控制社会分配不均的问题，在新的行为机制中，最大限度地实现经济增长与社会平等的双重目标的协调。

国家间接经济参与行为方式的突出优点在于，它能为社会经济的发展，提供更大的活动范围；为不同经济参与集团和个人，提供更大的选择自由的潜在基础。如果说，一个民族在工业化起步阶段，国家的直接经济参与行为具有不可取代的重要地位和功能，能对一个民族经济体的工业化发挥第一推动动能和示范效应。那么，当国家已经以集中的社会力量壮大了新经济因素在整个社会中的比重，而新经济因素亦使其内在的运行规律外化为对经济正常发展的普遍要求时，便应对国家产权主体和经营主体的双重身份的结合进行淡化，代之以对社会经济进行规范化和程序化的外部调控，完成由"控管性政府"向"服务型政府"的转变。

对国家经济参与行为方式的分析，必须充分把握三大基点：首先，不能把直接经济参与和间接经济参与这两种基本方式，同国家具体的经济行为选择（如计划、市场等）相混淆。诸如计划或市场的具体手段，实际上都可以为这两种基本方式所分别采用，甚至结合使用。其次，这两种基本方式并不专属某一社会类型或国家类型，它们的产生和运用与国家的存在同样古老。如政府拥有和管理社会生产资料的实践，在前资本主义经济形态中就已存在，而国营或国有企业在当今世界的不同类型国家中，也是一个普遍的现实。最后，这两种基本方式都有其各自的利弊，而且表现出明显的互补性，一种方式的最大弊病往往就是另一种方式的突出优点；同时，国家对不同方式的采用，既可以出自经济原因，也可以出自政治原因或其他社会理由。因此，从不承认"唯一模式"的正确性；从不据以理论演绎而得出结论，它总是力求在实证资料中作出客观的评述。

国家力量与社会经济运行间的关系，决定了国家经济参与的必然性。但这并不意味着国家的经济参与行为是任意而行的。人类经济发展的现实，不断地为我们展示着国家经济参与行为方式的成败范例。

英国、德国、俄国、日本以及战后韩国的崛起等，都展现了国家经济参与获得工业化成功的范例。在国家经济参与造成对社会经济毁坏的史例中，地理大发现时代的西班牙和近代的中国可作为两个典型：当时的西班牙是具有经济繁盛的前进因素的，但政府行为把专制政治和褊狭意识结合起来，摧残了国民的进取精神，200万最勤奋而富有的国民连同其资本被挤压出西班牙，从根本上导致了这一商业殖民帝国的衰落。近代中国的国家经济参与行为，则表现出资本特权化发展的基本特征。由此形成资本关系三重结构的变异发展。当兴办近代新式工业成为一个政治特许的时候，就使中国工业化发展未能像西方国家那样，成为前工业社会中各个阶层的融合剂，从而把已萌发的新经济因素从历史上沿袭下来的严格的政治控制中解放出来，而是以政治化了的特权资本，扼杀了民间一般资本发展的可能性。这种以国家资本为主体并对其他资本力量排斥摧残的发展格局，使中国近代工业化的发展局限在一个狭窄的孔道内，使资本力量难以聚集去推动整个社会生产基础的更新。1860～1894 年，中国政府资本创设自身活动天地的起步阶段就凸显了对民间资本的限制；在 20 世纪的最初 30 年间，随着中国政府政治权力的衰退，形成了以政府资本为主体的发展方式的中断，演成民间资本普遍发展的时期；自 30 年代以后，尤其在 40 年代中，在政府资本直接参与工业化的时期中，显现了直接吞并民间一般资本而保证政府特权资本发展的基本特征。民间资本普遍发展的第二阶段，也是中国近代工业化发展速度最快和总体水平最高的时期，过去，人们常常把它归结为第一次世界大战所提供的外部环境。其实，只要对中国近代资本进行深入考察即可发现，这一发展高峰与民间资本得以摆脱政府资本的挤压，而获得普遍发展的状况不无紧密的联系。在这一发展期的 1913、1920 和 1936 年，民间资本在本国资本中的比重分别达到 51%，61.3% 和 75.2%；而在首尾两个发展低谷区的 1894 年和 1946 年，民间资本在本国资本中的比重仅为 36.3% 和 32.7%，而在社会总资本中仅占 4.8% 和 12%[①]。正是这些因素的交互作用，使中国近代工业化表现为一个未完成的历史过程。

可见，无论在经济发展的历史和现实进程中，国家的经济参与行为都是不可排除的一个重要因素，所不同的只在于国家经济参与行为方式的选择。国家经济参与行为的具体方式是多样化的，并且是随着经济进程不同阶段的发展而变化的。即便是一种历史形成的政府经济参与行为方式，在已过去的或现实的经济发展进程中作出过卓越的贡献，但如果就此单一化和凝固化，也将会形成对未来新的经济发展的阻碍性因素，成为人为的经济衰退的重要根源。只有当国家力量的参与行为和经济进程的内在目标协同一致时，国家经济参与所表现出来的制度因素才是合理的，有效率的和建设性的；反之，则是破坏性的。

正是国家经济参与行为方式的可选择性和多样性，使人们对国家的经济参与行为本身产生了误解，往往把国家经济参与的职能限定在直接进行生产经营的狭隘理解上，由此引发了不少的理论误区。致使对国家经济参与的地位、作用和行为方式选择的再认识，成为当今发展理论的一个重大问题。

---

① 陈庆德：《中国近代商品经济研究》，彭泽益主编《中国社会经济变迁》，中国财政经济出版社，1990，第 540～659 页。

第十五章

资源博弈过程中的民族性要素

一　民族概念的歧义性

Nation 一词，可溯源于罗马时代的 Natio，它是由拉丁文"出生"（Na-sci）的过去分词 Natus 转化来的，意指种族、血统、出生物等。在古法语中，Natio 作为外来语，经演变成为 Nacion，这同后来移植于英语中的 Na-tion 在词形、发音和初始涵义上已差不多完全一致。而它又通常包容着：（1）由一般表现为共同语言、宗教、习俗等的假设的血缘纽带联结起来的人群。（2）具有相同的惯例、习俗和社会统一意识与共同利益感的人群。（3）统一在一个单一的独立政府之下的一国居民之总体，即国家等多重涵义。

当人们以"原生论""想象论""符号丛论""边界论"等论说来界定民族时，都可以在民族存在的重叠现象中，找到某种"事实"的依据。然而，在对民族存在的诸多理念定义中，其普遍的组成要素又并非具有事实上的确定性。这样，可以清楚地看到：民族理念的建构，虽非全然"主观"，但不可扬弃的却是理论的预设。正是凭借理论预设，不同的民族理念的界说，在彰显民族存在的某种事实的同时，却遮蔽了其他存在的事实。基于此，理念建构的民族组成"要素"，总是显现为悖论的存在。

以"血缘"或"共同祖先"而论，"民族"正是在超越了以血缘为标志的对直接关系的认同，而迈向对间接关系的认同过程中形成的。沃勒斯坦认为："血缘上的连续性纯属神话"，因为没有一个群体完全是这样行事的。"既然群体以外的人们不断以这种或那种方式设法进入群体或被拉入群体，就有了融合问题。而且，既然另外有些人不断设法从群体退出或被赶出，就有了边际化问题"①。说到底，无论其初始的血缘涵义是如何表达了一种自然的关系，但就其以民族的标识形成一定的共同体边界后，这种共同体边界最基本的意义和职能，就是确立了以人的个体发展实现整体发展的方式，开始对外执行资源产权的划分功能，对共同体外的其他类成员实施资源共享的排斥。因此，在历史演变中，民族血缘关系的自然意义越来越抽象，越来越具有假设性。

以"语言"而论，语言是人试图对其偶然经历的各种事物和事件表达感情的载体，语言的存在表明了人并非世界的消极观察者，而是世界的积极参与者；人也正是以语言的运用而把每一事物人格化。语言也就成了各种事物和事件及其在人身上所唤起情感的一种活生生的混合体。赫尔德在《论语言的起源》中说：

> 当人将每一事物与他自身相联系时，因为每一事物似乎在向他诉说，并真实地代表或违背他，他也支持或反对它，爱或恨它，以一种人的方式，将每一事物都象征他自身，人类天性的所有痕迹必定刻印在最初的种类命名上。②

语言正是以它表达生活的独特性和共同体的独特性，成为人们区别"我性"与"他性"的基本要素。但是，这样做却面临着三种可能的事实：

第一据称某种语言为特定共同体的遗产而加以占有；

第二在不同语言共同体的混合过程中诞生出新的民族；

第三某个民族完全放弃了自己的语言而融入别的民族中。

厄内斯特·盖尔纳曾指出③，斯拉夫语、条顿语和拉丁语之间的差别，

---

① 〔美〕伊曼纽尔·沃勒斯坦：《所知世界的终结——二十一世纪的社会科学》，冯炳昆译，社会科学文献出版社，2003，第114页。

② 参见〔英〕埃里·凯杜里《民族主义》，张明明译，中央编译出版社，2002，第57页。

③ 参见〔英〕厄内斯特·盖尔纳《民族与民族主义》，韩红译，中央编译出版社，2002，第57页。

和那些在其他地方通常被视为单一语言的各种方言相比，实际上并不很大。斯拉夫语系中各种语言之间的关系，可能比声称是同一种语言的阿拉伯语的不同形式之间的关系更接近。在苏格兰，如果以语言作为划分民族的要素，就会把一些苏格兰人划归爱尔兰民族，而其他人则划归英格兰民族。在更广泛的层面上，我们可看到，人们可能操有不同的"母语"，同时却操有相同的日常用语。在瑞士，汇集着德语、法语等不同的语言区；在匈牙利的一些地区，也曾存在着作为土地贵族的讲德语的马札尔人与作为农民的克罗地亚人和斯洛伐克人的集合；在英语、法语这样的"混合语言"中，有语言的相互交融和影响；在"纯粹的"德语中，也有低地德语和高地德语的分道扬镳；等等。为了实现更大范围相互理解而建立的书面语言，在根本上蕴含着对不同方言之间差别的忽视，这就是想象的语言民族共同体所要付出的代价——失去了对方言的控制力。如在中国、德国、意大利等的国家中，方言的差异甚至远远大于一些所谓规范化的语言差异和得到确认的民族语言的差异，但是，这种语言差异并未因此而转变成一种民族意识。又如，在"现代保加利亚人所讲的斯拉夫方言中已找不出一个古保加利亚语词"[1]，但并不妨碍保加利亚人作为一个独立民族的存在。再以极端的例子看，"意大利统一之际，讲意大利语的居民只占总数的2.5%。法国大革命时期，居民中不会说法语者远远超过半数"[2]。而他们正是在"民族"概念的感召下完成了革命和统一。所以，"语言共同体的同质性不是先天就有的"[3]。语言作为符号标识，其聚焦点是关系和结构的特征，然而，仅凭这种关系是不足以说明民族的存在的。

以"边界"或"共同居住地"而论，一个村庄、一个城镇能支撑民族的生存吗？在地球上，几乎没有什么完整的地理区域（如盆地、流域、高原、半岛或次大陆以至人为设定的国家界域等）呈现这种单一性的构造，也就是说，几乎每一个区域都有语言上或种族上的少数民族。在不同的时间跨度内，任何一个给定的地理空间，可能会有不同的本地居民和新的移

---

[1] 〔美〕亨德里克·威廉·房龙：《人类的家园》，何兆武等译，河北教育出版社，2004，第194页。

[2] 中国社会科学杂志社编《社会转型：多文化多民族社会》，社会科学文献出版社，2000，第30页。

[3] 〔德〕尤尔根·哈贝马斯：《后民族结构》，曹卫东译，上海人民出版社，2002，第13页。

民。简言之，迄今为止，世界上许许多多已得到确认的民族和潜在的民族一直以复杂的模式混居着，而不是居住在严格的领土单位里。在首先以"民族"旗号实现了现代"民族-国家"建构的欧洲，"每一个较大的国家都是由较小的国家或地区性社会构成的，它们都是多文化、多族群，远非通体同质"①。尽管我们承认，人必须构筑一些重要的空间区域才能形成一个生活世界，这是因为空间是一切思维模式的一种基本框架。而这进一步便揭示了，地理空间是在不同时期、不同文化中，以不同方式来看待和评价的。曾对领土性进行过最详尽分析的地理学者萨克（R. D. Sack）把领土性视为一种影响或控制策略的社会运用。可见所谓领土性不过是"个体或群体（X）通过划界和宣称对一块领地的控制，来影响、作用或控制客体、人和各种关系（Y）的企图"②。

以一群人集合在一起而建构的民族定义，是令人困惑的。它使人们不得不提出这样的问题，凭借某种理念把人聚集为一个群体的潜在力量究竟是什么？在20世纪中，不同而强烈的民族忠诚已经分裂了，并正在分裂着许多民族国家。而在1783才得以建立的美国，并没有一个统一的族裔世系，没有一个统一的宗教仪式，没有共同的历史背景，只有一个大家都参与的反叛行动。这个行动并未制造出一个民族，遑论造出一个统一的民族。简言之，美国为其民族特性的认同所能提供的历史追溯的资源，是极为贫乏的，但它却构造了一个统一的"民族-国家"的认同基础。正是这些使民族概念充满了歧义性。于此，或许应超越适用度或范围的层面而进入一个更具意义的讨论：也就是当我们不再囿于民族学说的理念框架，而把民族视为一种存在现象，去探询这一存在事实的社会条件时，什么是"民族"形成的根本性条件，以及"民族"存在的根本性涵义究竟何在的问题便得到了凸显。

"民族"理念建构的深厚基础，源出于人的类整体的存在与人的不再无声的合类性的尖锐的矛盾冲突。在从"person"的个体实存向"human"

---

① 中国社会科学杂志社编《社会转型多文化多民族社会》，社会科学文献出版社，2000，第30页。

② 参见〔英〕R. J. 约翰斯顿《哲学与人文地理学》，蔡运龙等译，商务印书馆，2001，第30页。

渴望的转换中，给人的存在赋予了社会性本质，而这种社会性本质，又始终缠绕于迄今为止的人类分离性的发展方式中。

人类的发展在实现类存在本质的要求与具体发展方式之间，一开始就具有深刻的内在矛盾性。当人的不再无声的合类性，从血缘共同体扩展到地缘共同体，即人对自己类本质的认识超越了直接的血缘认同，而代之以一种更为广泛的、对间接关系的认同时，也就为民族、国家等合类性借以存在的发展方式的形成，铺筑了最初的基础。在此发展条件下，尽管社会实践已大大扩展了人们对其类本质认同的范围，但又没有完全停止把处在这种客体化以外的人排除于人类之外。人一直以不同规模的群体为实际单位，产生着不同的规则，并以多种不同的方式塑造着他们的世界观。甚至到今天以"民族"或"国家"等形式而出现的群体形式，这些类群体的成员依然只是全球人类的一个特例，而这些成员也总是要把"我们"与"他者"区别开来。整体的这种不可置疑的进步性的表现方式，就这样客观地在不同层面上与整体处于一种完全相对立的关系之中。

显而易见，"民族"理念是一个双重性的存在：它既是人类分离性发展的结果；又蕴含着实现人的类存在本质的要求。在人类世界性联系的建立和加强的现代社会进程中，当原有的共同体力量既不能调和城乡之间、新旧生活之间的矛盾和实现思想融合，又要获得稳定的行政统治和和平安宁的政治环境时，在西欧便产生了各个分离性的"民族"共同体与封建主义、宗主国权威，尤其是教会和教皇的统治权力的长期斗争。而在"一个单一且不可分割的民族"的框架内所发生的法国大革命，则深刻地影响了民族概念的发育过程，在原有的"Race"（种族、家系、后裔）、"Tribe"（部落、种族、朋党、群类）、"Ethnicgroup"（人种的、民族群体）等的概念继续表达着人类分离性的共同体具有不同的生产方式、生活模式或文化差异的同时，"Nation"概念却与国家紧密关联，使"Nationality"（民族属性）与国籍相关，进而在根本上赋予它"People"（国民、一国之平等公民）的基本涵义。在现代社会所构建起的民族 – 国家的基本政治格局中，"民族"理念展现出鲜明的分层性。

正是在这一基本事实的基础上，马克思和恩格斯把民族的产生，视为对"部落制度"和"地方局限性"的超越，得出了"现代民族"的概念①。它意味着人类蛮荒状态的结束和国家形式的社会管理组织结构的真正确立。与此相类似地，黑格尔称民族是由国家创造的；列宁认为："民族是社会发展的资本主义时代的必然产物和必然形式"②。斯大林也完全追随了列宁的表述：

> 民族不是普遍的历史范畴，而是一定时代即资本主义上升时代的历史范畴。③

当人们分别以 Ethnic Group 和 Ethnicity 对应于 Nation 和 Nationality 时，引发了在"族群理论"标识下的诸多论说。纳日碧力戈曾对此作过系统的梳理④。而当许多人力图以"Ethnic"来表现出共同心理、语言、文化、宗教及共同血缘或地域等所谓"原生因素"的文化层面的含义，而以"Nation"来表达以利益为其组合实质的策略性集团或利益集团的结构性民族意义时，郝时远以一系列的文章提出了根本性的质疑⑤，认为 Ethnic Group 意指民族"碎片"，并不涵盖民族（Nation）。而内森·格莱泽（N. Glazer）和丹尼尔·莫尼汉（D. P. Moynihan）曾提出一个更深刻的问题："Ethnicity"有什么新的含义吗？或者它只是一种说明旧东西的新方式？它在描述世界时是更精确了，还是仅仅调和争端，从而使模糊的东西更加模糊？它是洞察力的结果还是一种迷惑人的手法？他们指出，在标识民族群体特征或民族群体素质的意义上，"Ethnicity"不仅似乎是一个新词汇，而且其词义变动不定：1933 年版的《牛津英语词典》尚未收入该词，戴维·里斯曼（D. Riesman）在 1953 年最早使用了这一词汇，1961 年，"Ethnicity"被编

---

① 《马克思恩格斯选集》第1卷，人民出版社，1975，第104页。
② 《列宁选集》第2卷，人民出版社，1995，第441页。
③ 《斯大林全集》第2卷，人民出版社，1953，第300页。
④ 参见纳日碧力戈《现代背景下的族群建构》，云南教育出版社，2000，第44~86页。
⑤ 参见郝时远《Ethnos（民族）和 Ethnic group（族群）的早期含义与应用》，《民族研究》2002年第4期；《对西方学界有关族群（Ethnic Group）释义的辨析》，《广西民族学院学报》2002年第4期；《中文语境中的"族群"及其应用泛化的检讨》，《思想战线》2002年第5期；《当代台湾的"原住民"与民族问题》，《民族研究》2003年第3期；《重读斯大林民族（НАЦИЯ）定义——读书笔记之一斯大林民族定义及其理论来源》，《世界民族》2003年第4期；《重读斯大林民族（НАЦИЯ）定义——读书笔记之二苏联民族国家体系的构建与斯大林对民族定义的再阐释》，《世界民族》2003年第5期。

进《韦伯斯特新国际词典》（第三版）中，但仍未被收进1966年兰德姆·豪斯版《英语词典》和1969年版的《美国传统英语词典》中；1972年，《牛津英语词典》的增补部分才首次编进该词，继之1973年收进《美国传统英语词典》中。在一系列的工具书中，1941年爱德华·拜伦·路透所编的《社会学手册》和1968年邓肯·米切尔的《社会学词典》，虽然收进了民族中心主义（ethnocentrism）的词条，但无论是Ethnic Group还是Ethnicity这些有关民族群体、民族性或民族关系的词条均未能得到收编。1969年，西奥多逊夫妇主编的《现代社会学词典》虽然包容了民族群体（Ethnic Group）词条，但其只用于描述大社会中的亚群体。而社会科学的研究拓宽了这一词汇的用法，把它定义为："在一个较大的文化和社会系统中的一个社会群体，根据其所展示或据信展示的民族综合特征所要求或被给予的特殊地位"①。这样，便把处于社会边缘、作为社会少数民族或亚群体的民族研究，扩展到了社会的主要部分。

这些论说实际上都聚焦于民族概念的适用度或范围问题上。在此层面上，无论持论于民族概念的精确化抑或泛化，不过反映了不同研究者所具有的不同的理论切入点、视野差异以及作为概念载体的语言对所有研究作出的理论预设这一根本性的事实。仅在适用度或范围的层面上也可以看到：Nation一词在最初的使用时，也只不过用来划分具有相同出生地的、大于家庭的一个小社群。埃里·凯杜里就列举了在中世纪的巴黎大学存在着四个Nation："尊敬的法兰西Nation，忠实的庇卡底Nation，尊敬的诺曼底Nation，以及坚定的日耳曼Nation；……法兰西Nation指的是操拉丁语的人们，包括意大利人和西班牙人；庇卡底Nation指的是荷兰人，诺曼底Nation指的是来源于东北欧的那些人，日耳曼Nation指的是英国人和严格意义的德意志人。"②

因此，只有分清了民族理念的层次性，我们才能充分领会不同的"民族"界说。如19世纪法国历史学家勒南（E. Renan）认为：一个民族是一个灵魂，一种精神原则。英国现代人类学家科本（A. Cobban）认为：没有任何一位人类学理论家能够从客观角度提供民族的定义。我们所能提供的

①　参见马戎编《西方民族社会学的理论与方法》，天津人民出版社，1997，第1~27页。
②　〔英〕埃里·凯杜里：《民族主义》，张明明译，中央编译出版社，2002，第5~6页。

最好回答就是：任何一个地域共同体，只要其成员意识到自己是该共同体的成员，并希望保持对其的认同，就是一个民族。塞顿－沃特森（H. Seton-Watson）说：当一个共同体中相当一部分人认为自己构成一个民族，或他们的行为如同他们已经形成一个民族时，该民族就诞生了。达意奇认为：民族即是一个种族或若干血缘因素在社会动员中递嬗的结果①。可见，民族（Nation）概念是在社会事实的动态过程中，才得以提升到国家层面，而获得了一个更具总体性的意指范围。至此，或许可以同意乔安尼·纳格尔的观点：

> 民族（性）并不是原初的、因袭的、古老的差别的产物，而是现代世界上众多的国家和新生的政治进程的产物。民族性是世俗的，它并无任何神圣感可言。②

当人们力图通过对民族概念进行文化和政治两个层面的划分，来达到对民族存在的客观阐释时，却没有明白，"文化"与"政治"都是作为民族的社会性发展而存在的。如果我们认识到"文化""政治"这类术语后面的经验现实，那么，它是一种社会互动的存在，是对不同的人所具有的不同认同的一套互动形式的标识。文化与社会是共存的，不能以排除社会的方式来界定文化。唯一的区别或许只在于，后者以利益为其组合实质的策略性集团或利益集团的结构性民族意义所表达的这种社会性，进入了更为具象的现实存在层面。这充分表现出人们对当今民族身份、民族要求、民族冲突等关键问题的关注③。这些问题是深寓于人类需求之中，还是深植于新的社会发展中，抑或是衍生于现代国家的特征中？从整个社会、经济、政治的更为宽泛的视域而展开的民族研究，表明人们已深深感到一直存在的、但只是到最近才为社会发展所强调的人类需求，并开始逐渐地把民族关系视为一种普遍的社会、政治和经济的现象。进而在更深的层次上，引导我们正视这样一个事实：一方面人的发展建立在这样的基础

① 参见王逸舟《民族主义概念的现代思考》，《战略与管理》1994年第3期。
② 参见王逸舟《民族主义概念的现代思考》，《战略与管理》1994年第3期。
③ 参见陈庆德《人类经济发展中的民族同化与认同》，《民族研究》1995年第1期。

上——他属于自然，受制于自然法则并无力改变这些法则，但在另一方面，他又超越了自然。这样，人诞生为人便意味着他开始脱离他的自然的家，开始割断他与自然的关系。然而，正是这种断绝使他感到害怕，只有在他找到人类的新根时，他才不需要自然的根；只有在他找到新根之后，他才会在这个世界上感到安全、自在。由此而产生了人的一种深切的渴望，渴望不割断其与自然的联系，不割断与自然、与母亲、与血缘以及与土地相分离的感情。因此，不论是文化表达还是政治表达，都诚如哈贝马斯所言："就民族而言，无论是纯粹的政治概念，还是谱系概念，都不适合描述的目的，因为不同民族的兴起和消失，都是'在文化的流变过程之中'进行的。"① 作为一个文化的和社会的观念，"民族"意指一种文化和政治的纽带。它把享有共同神话、追忆、象征和传统的人们联结为一个有声望的共同体。民族被定义为居住在确定地域上的集体，但它迎合的却是安全地寄托于过去的认同欲望，它是在不断追溯特定历史中的"民族"经历而形成的。

同时，"民族"作为我们观察对象的框架，显现出它的分类概念本质。涂尔干和莫斯早在 20 世纪初的《原始分类》中就指出："分类的独特之处在于，其观念是根据社会所提供的模式组织起来的。""分类不仅仅是进行归类，而且还意味着依据特定的关系对这些类别加以安排。"而"最初的逻辑范畴就是社会范畴，最初的事物分类就是人的分类"，"逻辑等级就是社会等级的另一侧面，而知识的统一性也不过就是扩展到了宇宙的集体的统一性而已"②。所以，"民族"无非是人类看待和理解自身与社会的产物。说得更简单一点，当我们在列举汉族、藏族，中国人、希腊人、日耳曼人等"民族"类型时，并不要求在这些具体群体的个体身上找到一个完全吻合的对照形象，而是产生于认识需要的一种理念构思，通过这种民族的概念形态，把这些群体成员的单纯总和所具有的情绪和行为方式，投射到一种理想的一般现象上。这种概念体现着这些不同种类的典型"人"，而且正好只有一个。

---

① 〔德〕尤尔根·哈贝马斯：《后民族结构》，曹卫东译，上海人民出版社，2002，第 21 页。
② 〔法〕爱弥尔·涂尔干、马塞尔·莫斯：《原始分类》，汲喆译，上海人民出版社，2000，第 8、34、89~90 页。

"民族"概念确实参与了对象实体的真实构造，它也扩展了民族身份认同的内容，在人们耳熟能详的"文化认同"外，还存在着诸如"政策认同"等多种不同的认同要求。当面对不同的人可以给同一概念赋予不同涵义的现象时，实际上已面对了一个更为深层的问题，即分类的知识基础问题。简言之，人类历史形成的现实发展方式，是以一部分人对另一部分人的牺牲为基本标志的。人类社会迄今所取得的一切发展和进步，既是作为人的发展要求实现类存在本质的具体结果，又在不断地产生出普遍的人的合类性最终真正实现的障碍。可见，人类现实的和特定的发展条件，使民族关系问题必然上升为社会经济中的根本性问题。

二　经济过程中的民族同化与认同

如果说，"民族"理念的双重性存在，表达了"民族"是一个"历史性范畴"，那么，在人类生活经济过程中的民族同化与认同，则对民族这种"历史性范畴"的涵义，作了最为生动而充分的具象展现。

对社会经济中民族"相遇"的过程和结果的描述，社会学家多用"同化"（Assimilation）一词，而人类学家则多用"文化适应"（Acculturation）一词，此词也多移译为"涵化"。这些术语意义并非完全同一，但又彼此交叉。20 世纪 30 年代中期，美国社会科学研究理事会的文化适应研究分支委员会，对"文化适应"（Acculturation）作了一个权威性的定义，它"用以理解如下一些现象：即当具有不同文化的各群体进行持续的、直接的接触之后，双方或一方原有文化模式因之而发生的变迁"。而两位社会学家罗伯特·帕克（R. E. Park）和欧内斯特·伯吉斯（E. Burgess）也对"同化"（Assimilation）作了一个有影响的定义："同化是一个相互渗透和融合的过程。在这一过程中，个人和团体获得了其他个体或群体的记忆、情感以及态度，并通过分享他们的经历与历史而与他们整合进入到一种共同的文化生活中。"[1] 如果舍弃这些术语的细微差别，可以看到，无论文化适应、涵化或同化，都是作为人的类存在本质实现的一种历史表达。其概

---

① 参见马戎编《西方民族社会学的理论与方法》，天津人民出版社，1997，第 91～112 页。

念的真实涵义，在于对人类追寻自身一致性的历史过程的阐释。因此，我们将以"民族同化"这一更为通俗和普遍的，也更多产生误解的术语的反思，对社会发展中民族"相遇"的过程和结果的关系问题，进行理论的澄清和说明。

在把同化视为"不同文化或代表不同文化的个人或群体融入一个同质单位的过程"的各种阐释中，普遍对该概念滋生了两个片面性认识：一是从肤浅的表象上，把同化视为一个民族模式取代另一个民族模式的单向性结果；进而是对达尔文进化论的简单移用，使人们把这一片面性结果视为所谓"先进"民族对"落后"民族的消融或优劣取代。正是这种片面性认识，在人类经济发展的历史和现实进程中，深深埋下了忽视不同民族发展权力和民族经济利益差别的隐患。当时代提出对发展概念进行重新界定与价值判断的要求时，对这一问题的重新认识尤显重要。

首先，民族同化并非是指某一民族的片面消亡，而是指具有不同民族传统的个人或群体，融入特定地域占社会支配地位的经济文化体系的过程和结果。在此过程中，这些人或作为相对独立的少数民族集团，或作为移民群体同当地的主导性经济文化体系接触，并参与到由此形成的社会生活中，共同合力创造融各方特点为一体的新文化形态。

从人类古老的地区－民族文化类型来看，苏美尔文化就起源于众多不同人类群体的聚合；法老埃及文化清晰地表现出苏美尔文化的影响，却并非现成或原装的苏美尔文化；阿卡德人与苏美尔人的碰撞所产生的民族同化的结果，则是更加坚韧而富有弹性的苏美尔－阿卡德文化；犹如小亚细亚充分吸收了苏美尔－阿卡德文化的养料，又维护了自己的形象一样，公元前17世纪，吮吸克里特岛米诺斯文化乳汁而成长起来的希腊文化，亦保持了自身的鲜明个性……

又以今天具有高度一致性文化体系的汉族为例，它本身就是由无数个小民族集团，在相互征战与结盟的民族同化过程中形成的。在汉族文化体系的最初构建中，很难说是以哪一个早期民族集团为基质，而是东夷、北狄、西戎、南蛮等各个早期民族集团文化基因的共同凝结。即便在汉族文化体系确立起主体地位的漫长史程中，中国各少数民族与汉族的同化，也并未单纯表现为各少数民族丧失其民族特征，而片面消融于汉族的过程。

古代匈奴、鲜卑、羯、氐、羌等民族的中原逐鹿，就曾使汉族文化接受了"胡服骑射"的文化基因；蒙古族的大统与满族的入关，不仅给以汉文化为主体的皇权制度加入了一些新因素，而且使蒙、满的文化传统和风俗习惯渗入了社会深层结构。面对这种具有丰富内容的民族同化现象，我们无法以蒙、满消融于汉，或汉消融于蒙、满的简单片面逻辑来阐释。而在当代具有高度一致性的汉文化体系中，所表现出的各地方言、风俗、习惯等的差异，似乎都可视为这一共同体内若干小民族特性的历史遗留。

再如在当代非洲的独立国家中，也有大量类似的现象：在肯尼亚，埃姆布族、姆贝雷族、恩迪亚族、基拉古族、梅鲁族正以基库尤族为最大的民族聚合核心走向民族联合；在几内亚，巴加人、姆马尼人、兰杜马人等小族体正与其语言文化相近的基西族聚合；在尼日利亚，豪萨族、安加斯族、安奎族、苏拉族、巴德族、博列瓦族、卡雷卡雷族、坦加利族、布拉族、万达拉族、马萨族、穆比族等也在形成新的豪萨民族，走向民族一体化；在坦桑尼亚，国内126个族体以斯瓦希里语为纽带，形成一个统一的民族政治共同体；等等①。

值得强调的是，民族同化在特定的时空条件下，通常只表现出，处于从属地位的或弱势民族群体为居社会支配地位的或强势民族群体所吸纳的内容。尽管在此过程中，非主体民族自身原有的经济文化特点或许会有更多的丧失，但接受新文化基因决非某一民族的单向行为，而是参与同化的各民族集团相互选择和融合的行为。以所谓"先进"与"落后"的区分法来看待民族同化，实际上只是种族中心主义的翻版。

以世界范围为例，公元前9~前8世纪，政治上弱小的阿拉米诸部落被亚述人征服，但阿拉米语言却传遍了西南亚各地，甚至远传到蒙古和东北亚；在非洲文化与阿拉伯文化的交汇中，东非的酋长们穿起阿拉伯长袍，姓名加以阿拉伯语前缀或启用阿拉伯姓氏等，但这并不意味着东非人与阿拉伯人之间的优劣之分，也不存在谁取代谁的问题，所发生的只是文化的调和。在此通行的斯瓦希里语，在结构和词汇上主要是班图语，但又掺杂了相当多的阿拉伯语成分，文化的调和发展了这种语言，后者转而推

---

① 张同铸主编《非洲经济社会发展战略问题研究》，人民出版社，1992，第80~82页。

动了文化的调和，人们在这民族同化过程中所看到的，是"两种文化真正的、果实累累的密切结合"[①]。

再看中国的云南，先后移入这一多民族聚居区的、拥有较高经济水平的各民族群体，在漫长的史程中却大多表现出直接融入当地土著，而进行经济开发的基本特征：公元前 300～前 280 年间楚人庄蹻入滇，虽以武力征服了"靡莫之属"的滇池各民族部落联盟，但也只能在"变服、从其俗"的前提下而成"以其众王滇"之举[②]；元代一些北方民族的徙入，虽丰富了云南的民族结构，但亦未能改变各小民族分割并存的封闭性地域开发格调；明代以大量的内地人口入滇，使云南民族结构发生了以汉族为主体而发展的重大转折，即便在此新的发展阶段中，仍广泛发生着汉族移民融汇于少数民族中的现象。明代入滇移民达 50 万之众，而清初全省人丁统计数仅为 12 万，战乱带来的人口流失自是原因之一，但另一重要的原因，很可能就是不少明代移民融入了当地少数民族，而为朝廷的人丁统计所不及。如今在云南民族田野调查中可见的碑铭谱牒，便反映了明代汉族移民融汇于当地彝、傣、白、哈尼等民族中的普遍现象。以优胜劣汰的观点来分析民族同化，在此遭遇了严峻的挑战。

另外，我们还可把 19 世纪以来的东南亚民族同化过程作一分析典例。19 世纪被抛出传统经济运行轨道，而又不能为本国资本主义经济吸纳的大批中国小农，作为世界资本主义殖民开发的劳动力资源，而涌入东南亚。这一特殊历史条件，为其经济成长设置了双层同化的环境：一方面，海外华人作为经济从属的民族集团，在生存压力下为增强和改善其生存保障性，要求他们尽快地吸纳西方文化基因，包括语言的学习、经济行为的模仿、宗教信仰的接受等，产生了东南亚华人民族集团与该区域西方经济主导民族集团的同化，其经济成长也由此而具有强烈的资本主义性质。无论是最初的华人劳工，还是后来的华人小商小贩、工匠乃至农业个体种植者，都从一开始就摆脱了自给性生产的状态，而完全维系在世界资本主义市场体系中。另一方面，东南亚华人经济的商品性生产本质，决定了他们

---

① 〔美〕斯塔夫里亚诺斯：《全球分裂：第三世界的历史进程》上册，迟越等译，商务印书馆，1993，第 102 页。

② 《史记·西南夷传》。

必须与当地基础民族集团相融合。市场联系使他们的一切经济活动，都脱离不了与当地各土著民族集团的联系，没有后者的市场需要，华人经济尤其是其初始阶段的小商小贩经营，就会失去意义和作用，最根本的是会失却其生存的基础。这便推动了他们与当地各土著民族集团的同化，促动他们把当地民族无冲突的文化基因溶合于自身的文化习惯中，借此获得更大的经济适应性。显然，东南亚的民族同化并未向我们展示"落后"民族片面消融于"先进"民族的任何迹象，只是带来了当今东南亚集中国、西方与当地土著民族等多种文化基因，而塑造起来的一个新的经济－文化体系的结果。

上述事实表明，民族同化的核心性质，是由多元民族共同构建一个多元一体的新经济－文化体系的合力过程。迄今为止，人类是在各种各样的地区－民族文化类型中成长起来的，而民族交往又在不断地以各种方式，使生存于一定地域的民族集团或其部分成员，永久或暂时地迁入其他民族集团生存的地域。这些进入异族地域并与之交往的人们，尽可能地带去了他们祖传的生活方式，自动地成为这种生活方式在异族集团中的传播者，他们无论是作为放逐者或商人，也无论是作为和平使者还是征服者，其一切交往接触都含有深刻的文化含义，都载有其生存和成长于斯的社会密码，以试图复制出自己所熟悉的那样一个社会的结构和价值观。在这些一致的努力和冲突中，无数互相交错的力量，无数个力的平行四边形，融合为一个总的合力。它的最终结果并非一种文化对另一种文化的吞食，亦非一个民族对另一个民族的消灭，而是既包含各种意志，又是谁也没有希望过的结局：新的民族复合体和新的经济－文化体系的诞生。在此过程中，众多的民族已以其在经济文化上高度统一，而融合为一个密不可分的共同体。就在这种共同体的存在中，有一些民族仍顽强保持其民族称号的现象；也有一些民族已丧失其族称的现象；更为重要的是，作为民族聚合中心的各大民族，已不再是原来意义上的民族体了，而是兼收并蓄了众多民族的经济文化基因，重新塑造出来的一个新的、统一的民族共同体。

民族同化的这种核心性质，是由人的类存在的本质性要求所赋予的。它表明，每一个民族文化体都是作为人类整体的一个部分而存在的，它一旦产生，就必然对后来发生的历史事件发挥持续的影响，甚至该文化原来

的民族载体已经消失，其影响仍通过民族同化的传导，延伸到新的经济文
化体系中发生作用。因此，尽管人类的技术－经济体系表现为直线型的发
展变革，不断地以先进取代落后、以高效率取代低效率，但人类文化的发
展始终表现为一种沉积方式。任何新文化要素的发展，都代替不了已存的
文化要素，而只是成为人类文化库存的一部分，并丰富这一永久的存积，
以便使后来的人们能够从中汲取养分，用新的风格重塑自己的文化经验。
正如约瑟夫·费彻尔所说：

> 同化是一种社会过程。通过它，两个和更多的个人与群体相互接
> 受或履行对方的行为模式。我们常说一个人或一个少数民族被同化进
> 另一个群体或社会，但此处再不能将其理解为一个单向过程。这是一
> 种互动关系。其中尽管有一方对于对方的影响可能会远远大于另一
> 方，但双方的行为是相互的。[1]

或许一种来自文化方面的分析，使我们能更易于理解这种互动关系。
在中国大地上，从炎黄时代直到殷周，氏族部落之间的大规模的兼并战
争、屠杀、俘获、掠夺、奴役等，构成了当时社会的基本动向和历史的常
规课题。史料文献记："自剥林木而来，何日无战？大昊之难，七十战而
后济；黄帝之难，五十二战而后济；少昊之难，四十八战而后济；昆吾之
战，五十战而后济；牧野之战，血流漂杵。"[2] 正是在同化的这种激烈形式
中，高高飞扬起中国史前时期两面光辉的图腾旗帜——龙飞凤舞。许多学
者认为[3]，"龙"来自以蛇图腾为主的远古西部的华夏氏族部落对其他氏族
部落的不断战胜与融合，即蛇图腾不断合并其他图腾的逐渐演变过程。而
与此同时或稍后，凤鸟则成为从帝喾到舜，从少昊、后羿、蚩尤到商契的
东方集团的另一图腾符号。以龙、凤为主要图腾标记的西、东两大部落联
盟，经历了长时期的残酷的战争、掠夺和屠杀，而以西（炎黄集团）胜东
（夷人集团）的结局，实现了融合统一。在此过程中，"蛇"飞腾升空变为

---

[1]　参见马戎编《西方民族社会学的理论与方法》，天津人民出版社，1997，第 91~112 页。
[2]　参见李泽厚《美学三书》，安徽文艺出版社，1999，第 44 页。
[3]　参见李泽厚《美学三书》，安徽文艺出版社，1999。

"龙"，但重要的是，"凤"并未就此消亡，而是成为这个新的统一体中的一个同样重要的基质，使龙飞凤舞成为中原文化的基本标识。并以更为广泛的地域扩展，获得了更为深厚的民族意蕴。

公元前221年，秦始皇实现了对龙飞凤舞这一社会文化体系更为深层的统一性的构造。然而，秦始皇的政治征服与统一，并不意味着这个同化过程的全面实现或终结。在秦统一的15年中，被征服者的对立与反叛始终绵延不绝。在统一的龙飞凤舞旗帜下的全面同化，是在"汉承秦制"的延续与巩固中实现的。如果说，龙飞凤舞成了中原文化体系的标识，那么，在这漫长的过程中，楚一直表现出它独特的文化特征。而承秦之汉正起于楚。刘邦、项羽的基本队伍和核心成员，大都来自楚国地区；项羽被围，"四面楚歌"；刘邦衣锦还乡，所唱为《大风》；西汉宫廷中始终以楚声作主导，南楚故地的乡土本色融入了龙飞凤舞的同一的社会文化体系中。高祖以斩"蛇"始的传说，似乎可视为楚民对秦所主导的认同过程抵制的文化演绎或象征；而其以承"龙"终现实恰恰说明，正是通过被征服者的重塑与再造过程，才在根本上实现了以龙飞凤舞为标识的、汉文化体系的全面民族同化。

透过人们的主观活动形式，民族同化强烈地展示出其内在的客观性质。在人类这一"物种"的自然意义上，人类正是通过民族同化，才促成了自身生理和心理上的健全与发展，才从根本上获得了对生物圈中各种于己有害的因素的抵抗力和适应性，进而使自己能够向自然选择发出挑战，用人类的选择代替自然选择。

在历史进程的基点上，民族同化的客观性展现了自身不可逆转的趋向。例如，占地球陆地总表面2/5、世界人口9/10的欧亚大陆，作为人类历史活动最为频繁的地区，横亘于其中心的欧亚大平原就是民族文化类型碰撞最为激烈而频繁的地区，在不同的时期，曾被多种操不同语言的民族所占领，民族冲突和排斥的内容充满了整个过程，并一直扩展到非洲、美洲、遍及世界的每一个角落，但它并未阻挡住民族同化的客观进程，透过不同民族间排斥与冲突的严酷形式，透过不同民族共同体所遭受的反复破坏，持续的民族同化内容在为新因素的扎根而疏松着土壤，使其成为人类社会存续最持久的地区。推动了人类各地区－民族共同体之间的关系日益趋于活跃和密切，造就出当今空前规模的更深更广泛的民族同化。任何人为的民族隔离意图和行为，在此趋势下均显得如此无能为力。其最典型的例子，莫过于印度社会独具特色的种姓制度。现译为"种姓"的梵文词汇是"瓦尔那"，意为"颜色"。该制度起源于讲原始梵语的异族入侵者力图把自己同被征服的、肤色和风俗习惯都与己不同的当地民族进行种族隔离的努力。然而，这种严厉的举措并未取得实效，而在民族同化中演变成阶级分层制度，它没能把印度社会分化成 2 个种姓，而是衍生出 4 个种姓，每一种姓又分为无数亚种姓。显而易见，这一方面是征服行为的继续，另一方面是入侵的异族与当地民族都在同化中，分别汇入了不同的阶级结构而得到的结果。

在历史进程中，民族同化的客观性，得以外化为人类集团的生存本能和经济需要。在人类历史的民族差异中，我们总是可以看到经济差异的存在，而经济上的相同性，又总是可以作为跨越民族差异的亲合剂。如马戎指出①：古代中国民族集团可大体分为农耕和游牧两大经济类型，这一经济差异长期横亘于中华文化中。从而，或是北方游牧民族集团部分或全部地征服南部，或是南部农耕民族集团把北方游牧民族远远赶向漠北和中亚。但无论是把匈奴驱向漠北的汉唐帝王，还是把华北农田变成牧场的部酋王公，都只是凭武力逞一时之雄，均未能把这两大民族集团真正结合到一个实体中，是介乎于两者之间的满族实现了这种结合。而这一历史创举，又正是基于满族与双方的经济通融性及其兼收并蓄的努力，才使其最终能同时被两大经济类型的民族集团所接受，而成功地把中华民族真正结合为一个稳定的政治经济实体。源于人类发展的生存本能和经济需要，当一定的民族群体所拥有的生存资源，不足以维系该群体的生存时，该群体便或立足于特定地域而同域外其他群体广泛交往，以弥补自身生存手段之不足；或迁徙他域而寻求新的生存环境。正是这种迁徙和民族交往使民族同化成为历史的必然。在不同民族共同体之间谋求某种经济相同性，也就因此而成为民族同化的一个重要内容。

外化为经济推动的民族同化过程，基于具有不同性质和内容的经济过

---

① 马戎：《重建中华民族多元一体格局的新的历史条件》，《北京大学学报》1989 年第 4 期，第 20~25 页。

程，而表现出同化发展的差异。当各个民族的经济生活扩展到生产各种农产品和手工产品的范围时，就提出了商业贸易的要求。而商业贸易发展的基本前提，就是异族语言的接受和学习。贸易和语言结为一体，成为传递其他文化要素的基本手段，从而带来了民族同化的全面发展。

在任何"以人为器官"构筑起来的生产体系中①，在任何直接以获取使用价值为基本目的的经济运行中，移民民族群体不论是与当地土著民族互融，还是在与其他民族的同化中，仍基本保持自身的民族形式，都可以凭借一定的地域范围，构筑起相对独立的社会经济体。其结果，在以经济本质制约下的民族同化，并未给处于地域分割中的各个民族经济体，带来具有性质差异的新因素，而不过是这种相对封闭性的、地域－民族经济体的数量增加或简单复制，民族同化便长期维系在地区－民族文化类型的分离发展状态。而当生产的目的更多地倾向于价值追求，生产体系必须依凭于市场流通的联结才得以运转时，移民群体的经济活动便不能独限一隅了，它必须与不同地区、不同民族的经济活动发生广泛而密切的联系，这便赋予该经济体系中的移民群体以社会交往黏合剂的功能，给民族同化与经济发展，带来了超越以往相对封闭性地域发展格局的可能。现代完全基于市场运转机制，并促成这种机制充分成熟发展的社会化大生产，以世界市场的形式，使各个单独的个人摆脱了各种不同的民族局限和地域局限，"而同整个世界的生产（也包括精神生产）发生实际联系，并且可能有力量来利用全球的这种全面生产（人们所创造的一切）"时②，各个个人的全面依存关系，及其世界历史性的共同活动方式，已开启了全球范围的民族同化与融合的进程。

民族同化与经济过程的这种关联性，不仅使经济过程无非表现为一个社会变革与民族交往发展的过程，而且使特定民族的经济进步，及其"整个内部结构都取决于它的生产以及内部和外部的交往的发展程度"③。一个民族集团与其他民族集团之间相互学习的机会愈多，彼此接触的方式愈是多样化，民族同化的程度愈深愈广泛，其经济进步也就愈大。因为经济过

---

① 马克思:《资本论》第 1 卷，人民出版社，1975，第 375 页。

② 《马克思恩格斯选集》第 1 卷，人民出版社，1975，第 89 页。

③ 《马克思恩格斯选集》第 1 卷，人民出版社，1975，第 68 页。

程中的技术发明，总是在民族同化中得到广泛传播的。民族同化除了带来经济技术的直接传播，使不同的民族集团可以直接采用异族的发明外，还具有间接传播的功能，它在民族同化中，为一定的民族集团带来了外部世界的发明信息，激发他们以自己的形式创造着同类的发明，形成了经济－技术发展中的刺激扩散。民族同化由此成为经济过程中的活体因素，它总是使得那些最易与外界接近，并最有机会与其他民族集团发生相互影响的人们获得发展的可能。

其次，在人类的历史发展中，这种活体因素又成了社会变革的催化剂。人类以民族文化体为基本单位来获取发展的方式，使其构筑起了各种各样的社会制度体系而自我标识，并以这种制度体系的更替变革来反映人类社会的发展。但是，就制度的内在性质而言，它使任何一种制度体系一经确立，便表现为一种沉淀的保守状态，并以程度不同的自我修复功能，导致旧社会或现存社会的生存维持。只是不断发生着的民族同化，源源不断地向已存制度体系输送的新因素，才促成了社会的变革和新文化类型的产生。人类社会历史发展格局的变化就充分地展示出，社会变革的突破点，往往不是在既存文化的中心地带，而是在这些文化中心的边缘，在那些民族同化更为深刻而广泛的地区首先引发变革。

如非洲自 8 世纪以来的制度构建过程，便表现出了极大的发展差异：在长途贸易极为发达从而民族同化亦更加频繁和活跃的北非和苏丹地区，产生了较为完备的制度体系，北非有闻名于世的埃及帝国，苏丹地区也相继出现过公元 700～1200 年的加纳帝国、1200～1500 年的马里帝国和 1350～1600 年的桑海帝国，在民族同化的联结下，形形色色的各种民族融汇于不同的统一行政制度下；而在撒哈拉以南的大部分地区，热带草原、雨林和沙漠所形成的天然屏障，阻隔着这些地区各民族集团之间的相互往来与同化，未能形成统一的发展，制度体系只形成了部落酋长和村社组织的普遍存在。

再以中国为例，从 17 世纪介乎两大经济类型民族集团间的满族，充分吸纳两类民族集团的精华，终而完成中华民族统一大业的历史创举中，给我们的联想是，公元前 3 世纪第一次完成中国统一大业的，亦非"华夏"中心国，而是处于"诸夏"与"戎狄"之间的秦国。秦统一六国固然有诸多因素，但最重要的，或许正是由于其在华夏与戎狄蛮夷诸族同化中的特定地位和条件，使其更易于摆脱更为纯粹的华夏或戎狄的文化制度体系的束缚，来推行更为彻底的变革举措而获胜的。犹如斯塔夫里亚诺斯所指出的："每一种社会制度趋于腐朽且将被新的社会制度所淘汰的时候，率先发生的转变过程多半不在中心地区的富裕的、传统的和板结的社会里，而是发生在外缘地区的原始的、贫困的、适应性强的社会里。"① 这里所说的"适应性强"，就包含了深刻而广泛的民族同化的内容和结果。

最后需要指出的是，既然民族同化是人类追寻自身一致性的历史过程，"同化"的涵义就并非仅限于实现了相似或相同的这个最终结果上。在人类趋向自身一致性奋进中的一切行为，即使尚未实现完全相同的最终结果，其本身也在构筑着民族同化的历史过程。民族同化的这种客观性质，不仅使其无限扩展地贯穿于整个人类的社会性发展史程，而且使同化实现的方式，表现出多样性的历史差别。以此来把握民族同化的本质涵义，我们不仅可以看到民族同化过程中的群体竞争及其衰减的变量，如同约翰·库柏所说的"同化可被定义为文化差异（和竞争）趋向消失的渐进过程"；而且可以看到在民族同化过程中，不仅仅是文化行为的变迁，还包含着更重要的社会结构性参与的内容。

在深层与人的类存在本质实现紧密相联的民族同化，必然在人类社会生活中得到全方位的表现。从而，同化的内容获得了纷繁的、多样性的形式表达。同时，作为人类发展客观进程的民族同化又总是不可分割地同源于民族意识、并反映这种意识的认同行为（identity）纠缠在一起，使我们有必要对民族同化与认同的历史合力作一番探究。

从人类的经济需要来看，人们在经济活动中，为了阻止非共同体成员分享由共同体所创造的财富，总是需要某种形式的共同体保护。人们最初是以血亲关系所构筑的"自然制度"或共同体来提供经济活动的保证条件的。但是，当经济活动的扩展，使以血缘关系为核心的不同的自然共同体成为唇齿相依的邻邦时，也就向人类提出了财富生产与分配中的人际关系问题。自然共同体之间的分裂与对峙，与其在经济和地理上的一体化状态

---

① 〔美〕斯塔夫里亚诺斯：《全球分裂：第三世界的历史进程》上册，迟越等译，商务印书馆，1993，第22页。

极不协调，宣告了立于狭隘的亲族关系基础上的自然共同体，显然已不再适于作为经济发展的组织核心。它使人们跨越直接的自然血缘关系，而立足于更为广泛的地缘关系基础，通过对间接而广泛的社会关系的认同，来构筑共同体及其制度的社会性存在，从而，也开启了人类的民族形成过程。这种认同，既标志着人们开始从自身的社会性存在中，来理解和认识其类本质统一性的要求，推动了规模更为庞大、范围更加广泛、多民族集团之间的相互认同，进而推动了民族同化的进程；同时，它又始终被置于一个极为有限的框架内。由于人类的任何社会性制度，最终都落脚于特定共同体的利益基点，不同共同体利益差别的制度化，便在根本上规定了人们之间的认同行为，不可能是完全的或普遍的，而只能从一开始就表现为一种局限性的主观选择。这样，民族同化向着人类统一的一体化方向的发展，只能在有限认同这种充满矛盾并制造对立的方式中实现，它使民族同化这一不可逆转的客观历史过程，同时表现为一个极不平衡的发展过程。

民族同化是作为人的类本质寻求自身一致性实现的一种历史形式而存在的。也正是这种存在，使其作为一个客观过程，而获得了无限的扩展。同时，人们的社会认同始终是这种同化借以表达的一个重要内容。

认同乃是把权威主义群体中所有成员束缚在一起的一种联系[1]。它们立足于一套为社会成员共有的有关社会行为的价值观、取向或规范的基础上，构成了集体意识。正是借助于这个集体意识，分离的个人才被社会化，才适应社会生活。而人类不同共同体差别（主要是经济利益）的制度化，又使得人们对一定既存制度的认同是可选择的从而也是有限的。人类在进行这种选择时似乎有着无穷的独创性。在社会规范的无穷可能性中，不同的民族群体会作出十分不同的选择。一旦某种规范选择确立后，人们对这种特别强有力的社会事实的认知差异，就会使个人和民族群体在获得所希望的状况方面，表现出成功程度的差异：人们在某种群体标准下，可能是成功者，而在另一个群体标准下则可能是失败者。这样，在有一个民族占主导地位的多民族群体混生的社会中，占主导地位的群体规范成为普遍的规范，而对这种社会准则遵从的程度差异，则成为民族群体不平等的

---

[1]　参见〔美〕诺尔曼·布朗《生与死的对抗》，冯川等译，贵州人民出版社，1994，第68页。

基本原因。而这种不平等的另一重要作用，又保持了现存社会结构的延续。这样，同化为实现自身一致性的无限扩展与认同有限性的尖锐冲突，产生了两者的区别与分离。

人类共同体最初是以"氏族""部落"等概念来实现群体认同的。这"当然预设着一些与某血缘群体或这类群体的联合体相关联的观念，而这些观念连同宗教符号象征，在各处都成为群体认同和群体排斥的主要源泉"①。当人们把各种不同的自然物作为最初的群体标识来加以崇拜时，不过是借助于自然物，来表达人们亲手创造的"社会"存在，并以此为依托而寻求有力的保护力量。它不仅以这种局限性提供了群体认同的基础，而且正是基于这种局限性，使人的发展从来就是在一定的共同体形式中实现的；他的发展权力及其利益的保护，也是依凭于一定的共同体形式而获得的。同时，也使人们对其群体或共同体的看法，与其对他群体、他共同体或局外者特性的看法密切关联，使群体认同的感情无论何时何地都表现出排他性。当"民族"概念成为"现代国家的特有属性"，当"民族－国家"成为"拥有边界的权力集装器"时②，显示出这种认同是在一种新形式上的、与众不同的成就。民族概念从发轫之时迄今为止的表现中，都包含着普遍的象征。"民族"是在人的不再无声的合类性以及人类的分离性发展方式中生成的。这样，不同共同体之间在道德、信仰、思想、感情上的种种龃龉的相应产生，反映了人类分立性发展所导致的、不同共同体最基本的生存利益的冲突。

人类历史的发展向我们展示了，认同可随同化而即时产生，亦可在同化进程中维系不认同现象的存在；在随同化而来的认同行为中，既可能形成支配民族与非支配民族的双向认同，也可能只形成某一方的单向认同。在单向认同的情况下，可能会表现出支配民族在种族歧视基点上，对被支配民族进行经济限制和政治排斥的内容。如元朝统治者以蒙古人、色目人、汉人、南人的四个等级对国内民族集团的划分。也可能会出现，一定的社会统治者以浓厚的民族背景为支撑，强制消除其他一些民族集团与现

---

① 〔英〕安东尼·吉登斯：《民族—国家与暴力》，胡宗泽等译，三联书店，1998，第142页。
② 〔英〕安东尼·吉登斯：《民族—国家与暴力》，胡宗泽等译，三联书店，1998，第141、145页。

存制度不相适的原存文化因素的现象。如清朝统治者以具有敏锐的文化符号意义的"发式"的改变与确定，来为其制度的确立与运转寻求一定的社会保障条件的努力。在双向认同的条件下，同样亦可能只形成局部认同的行为。甚至会出现即便在现实生活中已实现高度融合的条件下，也依然保持一种不认同或认不同的态势，当一个移民群体在迁入地已经繁衍生息若干代之后，依然保持其"侨民"的身份，便是这种情况的典例，等等。

十分明显，"强制"的意义并不是同化这种客观进程的属性，而只发生于认同这种具有主观意志的行为和选择中。强制认同的目标追求并不在于、也不可能完全消灭某种相异性的文化存在，而只是在由民族同化所带来的文化的融合中，对那些可能会有害于现存制度确立与运转的相异性因素，进行抵制与克服的一种努力。民族同化与认同的分离，展现出相异性文化激烈冲突与碰撞的现象，但其意义并不仅限于文化层面，透过文化表现的形式，可以看到，民族同化与认同的分离，以及由此产生的强制性、有限性等问题，都最终落脚在维系特定利益的制度基点上。

如果说，民族认同的深层本质是一个制度体系的选择问题，那么，认同选择的必要性则来自于不同民族集团对自身经济权益得到承认、保护和发展支持的要求。当民族同化的客观本质外化为经济推动时，不同民族集团利益基点的差异，以及特定制度体系对这种利益差异的相容性，总是赋予了民族认同最实在的内容。一方面，借以多种形式而表现的民族认同，总是立足于经济利益的对抗与冲突之中；另一方面，降低交易费用的经济要求，总是不断地推动着人们跨越经济利益基点差异的障碍，去扩展他们的认同行为。进而，在把人作为自然的一个部分而展开的社会化过程中，人们不断地以各种符号象征，为民族范畴添加着神圣意义和世俗内容；通过民族这一社会形式来代表人对意义的追求，寻找着身份感和归属感，为个人的行为制定着规范。因此，民族同化与认同的分离，以及同化扩展的无限性和认同选择的有限性的冲突交织的差异及其历史合力，贯穿于人类经济发展过程的始终，人类经济发展方式和道路也就由此而被赋予了丰富的多样性。例如，在最初的集团认同形式中，一个对相异性更具排斥力的制度认同，综合其他条件，就可能形成奴隶社会的发展。一个对相异性拥有更大包容力的制度认同，也可能会跨越奴隶社会的发展方式，而表现为其他类型的社会存在和发展道路。甚至会在某种特定的制度框架中，形成多种经济类型和发展方式的共存一体的现象，等等。

这就意味着，民族同化和认同的分离及其所产生的历史合力，必然使人类的经济过程产生极大的差异性。由其所促成的人类文化世界的联结，使以往在相互分离的区域和文化体系中生活的人类命运骤然改变时，对不同的民族共同体来说，却同时意味着，这种改变所带来的可能是福祉，也可能是灾难。这表明，在民族同化与认同的分离和历史合力的巨大差异性中所形成的民族文化意识，总是在现实的经济活动中，客观化为不同的经济原则，使各种文化价值成为抑制或加速经济增长的动机基础，并且决定着增长作为一种目标的合理性。它规定了民族共同体内经济活动的秩序，从而使不同民族面对同样的经济剩余时，产生了对其用途和分配的极大差异，进而形成不同民族经济发展方式和方向的区别。

正是在民族同化与认同的分离和历史合力的作用下，人类社会的进步和经济发展，显现出两种对立和相反的倾向。人类既要通过客观的民族同化，实现自身社会性本质的一致化要求，又在局限的认同行为中与这种本质相对立；既要作为一个类获得整体的发展，又通过自身个体的相互残杀的方式，来实现发展等的冲突，第一次鲜明地在全球规模上显示出来。

应该看到，资产阶级社会所确立的人类的现代发展方式，确实给人类社会带来了巨大的历史进步；但同时也应看到，这种方式的局限性，仍无法保证人类在其体系框架中获得真正的全面发展。现代社会在民族同化与认同的分离中，揭去了以往遮盖在以民族压迫、征服和不平等为前提的、人类发展方式上的饰巾，并在世界性的意义上展示出一小部分地域控制绝大部分地域、一小部分民族掠夺绝大部分民族的发展格局。从而，在民族同化的全球性发展中，制造了全球范围的民族不平等，从根本性质上来说本应让所有人都能受益的全球经济一体化，竟给大多数民族共同体带来了毁灭性和破坏性的厄运。它清楚地告诉我们，这种以有限认同而实现的人类发展方式，尽管使人类取得了巨大的历史进步，但它对人类自身生存和发展的威胁，也以数倍于前者的速率在增长，正在把人类的发展引向自我毁灭的道路。

民族同化与认同的这种历史复杂性，产生了审视社会经济过程中民族关系的不同视角。如果说，同化的客观性产生于对人的类本质统一性的认识，那么，对人类群体间差异的赞颂与坚持，则得出了种族主义与文化多元主义两种不同的理论观点。种族主义把这些差异看作不平等竞争者之间冲突的基础，认为和谐的乐曲只能来自于种族净化，并以从美洲殖民时期到美国内战前 400 万非洲黑人沦为奴隶，和 20 世纪纳粹对 600 万犹太人的大屠杀，造成了人类群体关系最具破坏性和最骇人听闻的两个重大史实；文化多元主义则以一种宽厚的眼光看待这种差异，认为这些差异的组合可以演奏出一个共同的旋律。这里给我们的一个深刻启示是：相同的认识起点，并不意味着同样的道路和目标。

而在此所要强调的是，当人们把同化多样性的具体历史表达，视为同化的客观性本质时，已有的同化理论便表现出了，鼓励和赞同少数民族群体全盘接受某一核心社会的价值系统，以群体牺牲为代价，通过个人的有限性认同，来实现个人平等的理论趋向和特征。

正是对原有同化理论的局限性的回应，产生了文化多元主义的理论。作为文化多元主义思想的首创者和主要的哲学阐释者，出身于德国西里西亚地区一个传统犹太家庭的哈里斯·卡伦（H. Kallen），以其美国移民的亲身体验，感受到了暗含在"美国化"、盎格鲁一致性、或熔炉理论中的民族融合的现实压力。在美国特定地域内不同民族群体的社会化进程和协调方式中，他发现每一个群体都有保留其语言、宗教、公共制度和祖先文化的倾向。从 1915 年在《国家》杂志发表《民主和熔炉》开始，卡伦便关注于美国社会多群体关系的问题，并在 20 世纪 20 年代把这些文章集为《文化与民主》出版，在该书导言中第一次使用"文化多元主义"表述了他的主张。他认为，所有少数民族群体都应既无羞耻感、又无罪恶感地保留其各自的文化。这一理论赞颂人类群体间的差异，认为人类社会发展所形成的现代"民主并非要消灭差异，而是要改善和保留差异"[1]。

"文化多元主义"理论的积极意义揭示了，在民族同化与认同历史合力中的有限性现实中，个人的个体认同行为根本不能促成自身真正的变迁，只有通过集体行动才能获得变迁。因而主张通过种族组织、种族团

---

[1]　参见马戎编《西方民族社会学的理论与方法》，天津人民出版社，1997，第 30 页。

结、种族统一来坚决地抵制和消除人们发展机会中的不平等。同时，它在争取群体更高程度的自治和冒险进取的理论倾向中，也显现出一些消极的意义，这就是存在着鼓励这些群体成为社会的一个具有怀疑、褊狭特征的部分的可能，以及为群体进步牺牲个人，使个人创造力受到阻碍的可能。

如果说，人类以往分立性的发展方式，曾一度呈现了不同文化的民族共同体具有不同发展前途和命运的一个幻景，那么，现代社会给人们带来的，对这种分立性发展中的不平等、对世界民族结构统一整体性存在的巨大差异的体验，已使人们开始意识到，在世界整体性的统一构架中，各民族无论其大小、强弱，也无论其政治、意识形态或经济倾向性如何，它们未来发展的性质和特征都对整个世界的发展利害攸关。人类的发展方式，只要仍局限于以某一地域－民族文化类型征服其他民族文化的状态，人类在政治要求和经济利益之间仍会存在不可解决的矛盾；人类这一整体仍会被不断瓜分为彼此独立的存在。

同化与认同的历史合力在人类经济发展中的重要作用表明，在人的类存在本质基础上实现全面认同，是人类经济发展的基本保证之一，而任何形式下的局限性认同选择，不仅会给各被支配民族带来经济灾难，而且会扩及这些民族生存于其中的社会共同体，给包括支配民族在内的该共同体的发展设置严重的障碍。

三　民族性要素在资源博弈中的运用

民族发展的概念，在不同的格局中屡经变易。在群体性发展格局中，民族发展的概念，仅囿于血亲共同体的狭隘范围；在地域性发展格局中，民族发展的概念，往往突出地体现在各个实存个体直接交往的地域范围和生存社区的发展上；在世界性的发展格局中，国家——这一政治性的概念和实体——已成为民族发展最基本的立足点，使民族概念的层次性得到了直接的表达。一方面，同一民族为不同的国家政治体系所分割，而展现出不同的发展问题和要求；另一方面，不同的民族为同一国家所包容，既可能产生共同的发展问题，也可能因其在同一政治体系中的地位差异，而提出不同的发展要求。再进一步，当不同民族依托于国家形式，而展现出全球范围的发展、对抗与冲突时，已充分说明"民族"作为一种资源博弈工具的发展、演变及其社会性的运用。甚至在经济一体化的过程中，对抗与冲突仍以各种各样的形式显现着。如当今世界关于地球或空间作为整个人类共有资源的利用问题，发展与环境关系问题的对抗与对话，等等。这种对抗，使得类只能在一定条件下给定的诸多具体的个别形态中体现出来，而不能在这些个别形态的统一体中获得存在。这或许在更深层次上，揭示了人的类存在本质的实现与人类社会发展的内在联系及其所具有的根本性意义。它既表明了，各个民族的发展问题必须置于全球发展的框架中审视，也再一次证实了，人类全面发展的问题仅仅依凭于经济的发展是不可能得到完全解决的。民族平等和全面实现人的类存在本质的认同，不是仅仅关乎人类某一部分成员的自身发展问题，而是人类整体性发展的根本问题。

在人的社会性的历史发展中，"民族"这个共同体的边界日益含混。在不同的时间跨度内，任何一个给定的地理空间，可能会有不同的本地居民和新的移民。当这些内部结构不同的群体共享同一个经济体系时，每个群体都会努力维持各自的政治和经济条件，那些条件至少适合他们在接触前的各自内部存在的社会制度。这些相互交往的群体维持制度的条件可以不同，而且常常相互冲突。在交往过程中，循环的症结必然会涉及社会、政治与经济的制度，其核心就是资源控制。

有人提出，"资源交换可以认为是民族分层的动态层面"；在原则上，"民族群体的地位依赖于他们和其他民族交换资源的数量和类型"[①]。尽管从理论上说，每个群体资源的增加并不一定减少其他群体的资源，资源控制也不必遵守一种一方得益必然使另一方受损的规律。但在现实中我们可以看到三个基本事实：

（1）进入同一经济体系的不同民族，会表现出一种不同的资源上的生态位置（ecological niche）；

（2）资源控制状况随群体控制资源的种类而变化；

（3）在经济的循环中，资源能够增值变成更多的资源，而资源控制的

---

① 参见马戎编《西方民族社会学的理论与方法》，天津人民出版社，1997，第191～216页。

缺少只能产生更进一步的匮乏。如一个主要依赖于劳动力资源的群体，可能会表现出较高的劳动力参与率，但它只能向市场输出更多的劳动者，来扩散它资源控制的缺乏。

在世界的现代进程中，社会经济的一体化，正在使群体间先天性差异的意义变得越来越小；把一个群体与另一个群体区分开来的各种类型特征，将不可避免地丧失其重要性和显著性。但同样一个显著的事实是，在许多国家乃至国际上，一些民族群体的文化内涵，似乎已经和其他民族群体相类似，但他们对民族群体的情感认同的重要性的强调依然如旧。更具现实挑战性的一个现象是，自20世纪70年代以来，世界上几乎半数的独立国家，都在不同程度上陷入了民族不和谐的困境中；到了90年代，民族间的排斥、对立与冲突，已更为深刻地蔓延于世界的每一个角落。如果说民族冲突的原因或起源不是新的，那么至少也可肯定它们冲突的程度、规模和强度确实达到了新的高度。

当人们为这些群体的冲突贴上"民族"的标签时，实际上是反映了这样一个新的事实和因素：今天的民族群体如同其他由利益构成的群体一样，在实行有效的利益追求，而且其追求在事实上比其他利益集团的追求更加有效。虽然族群间的文化差异，正在现代社会的经济一体化过程中淡化，但具有不同历史的每个民族，同时也被有区别地置于不同的社会位置，结果便使民族群体可能成为追逐群体和个人利益的动员中心。

民族性要素在资源博弈过程中的广泛运用，根源于当代世界政治经济体系的不平等，也是对不均衡发展表现为域化形式的一种回应。如奈尔恩（T. Nairn）指出："随着资本主义的扩展，周围的古代社会形态被粉碎了，它们总是倾向于沿着包含在它们之中的断面来展开分裂。千真万确的是，这些断面几乎总是某种民族性。"① 吉登斯也这样说："民族主义象征提供了一个政治话语的核心，塑造了大量关于民族团结和民族对立的动人辞藻。通过提供一个神秘起源的图景，民族主义把民族—国家的新近性与短暂性自然化了。但与此同时，民族团结的话语也阻碍了利益可能具有的其

---

① 参见〔英〕安东尼·吉登斯《民族—国家与暴力》，胡宗泽等译，三联书店，1998，第257页。

他话语论说的方式。"①

　　民族性要素作为资源博弈的工具，大都是以文化形式进行社会动员，而表达其利益的诉求。尽管本尼迪克特在《文化模式》中提出过这样的观点：表现某种文化特质的类型是不存在的。文化不过是针对反复遭遇的人生基本问题而提供的象征系统，它包含着行为创造、复制与心理的预期。即便是在文化层面上，文化的界线是可渗透的，不同的群体不断地拥有他者的内涵，成为人类的基本特点。而作为文化特色群体的民族的边界，也是可由个人穿透并划归的。随着人们之间的相互交往与文化上的相互吸收，即使同一族体内部，Ethnic 的文化因素也日益淡化，而逐渐形成以利益为其组合实质的策略性集团或利益集团，而使 Nation 的政治含义得到突出表达。因此，民族概念中文化心理的每一次的发掘，可以说都是为其对资源提出合法性要求的策略性功能的发挥，提供最基本的依据。沃勒斯坦曾坦言："文化是人们用来包装其政治—经济利益和动机以便表达它们，掩饰它们，在时空中扩大它们并牢记它们的领域"②。就结构而论，"民族"理念内蕴的层次性，使这一资源博弈的工具得以在国际和国内两个层面上展开；就场域来说，政治和经济成为这一资源博弈工具运用的聚焦热点。

　　沃勒斯坦认为，在以往的帝国格局中，政治结构趋向于通过占领把文化联系起来；而在现代民族－国家的政治格局中，"政治结构趋向于通过空间定位使文化联系起来。其原因就是在一个世界经济体中，对于各个集团形成有效政治压力的主要是地区的、民族的国家结构。文化的趋同往往倾向于为各主要集团的利益服务，而压力的加强是为了创造文化—民族的同一性"③。因此，当代世界的民族－国家的政治格局，既有促成民族主义激进情感与既存国家边界复合的可能，也有引发歧异与对立的民族主义的可能。从而引导了各民族对国家身份的向往。因为离开国家的保护，民族不仅在国际社会和国际组织中得不到承认，甚至连基本的生存权利也难以保障。只有取得国家身份，才能实施自我治理，而不是隶属于或受制于其

----

①　〔英〕安东尼·吉登斯：《民族—国家与暴力》，胡宗泽等译，三联书店，1998，第 265 页。

②　伊曼纽尔·沃勒斯坦：《现代世界体系》第 2 卷，庞卓恒等译，高等教育出版社，1998，第 68 页。

③　伊曼纽尔·沃勒斯坦：《现代世界体系》第 1 卷，罗荣渠等译，高等教育出版社，1998，第 463 页。

他主体，尤其是实行民族歧视和压迫的主体。同时它还意味着成为现代国际体系内的主体，进入了现实世界法理秩序的顶层。正是由于民族概念同政治国家的紧密联系，使其具有更为重要的现实意义，而得到了更为普遍的关注。这样，民族概念从最初的对本民族的强烈忠诚和热爱的情感，增生了争取政治、经济等方面独立的运动内容，进而形成每个民族都有权利和义务将本民族组成一个国家的信念。就这样，民族概念从根本上获得了作为一种资源博弈的工具或政治工具的存在意义。

从地缘的角度来看，各种特定的经济活动在地缘上的集中，会对身份集团的形成不断产生压力。当地方统治阶层受到来自任何较低阶层的、初期的阶级意识威胁时，以民族性来强调地方文化，就会有利于转移当地的内部冲突，同时形成对抗外部世界的地方性团结一致；而若这些地方统治阶层，感到他们受到外部世界体系的更高阶层的压迫时，就会加倍地激发他们打出民族的旗号，去追求一种地方性的认同。我们当然不能把民族的存在简化为简单的阶级存在事实，但马克思把民族问题最终归结为阶级斗争问题时，确实指出了，民族作为资源博弈的工具和策略性集团的一种存在。说到底，在人类的分立状态中，"民族"作为政治资源博弈工具的最本质的功能，就是借此获得一种高度的权威力量来保护共同体的生存利益。

"民族"这一资源博弈的工具在政治场域的运用，所凭借的是"自治"理论工具。而鲍葵桑基于由"个人的"精神引申出来的"自我"这个说法"既能适用于实际上是由一些人用来强制其他人的社会力量的代理人，又能适用于忍受这种强制的人"的事实，他早就指出，"从被人们所承认的权力或社会强制出发"，"自治"这一概念"用于个人自身，就会得出关于道德义务的悖论，把它应用于组成社会的个人，就会得出关于政治义务的悖论"。因为"行使这种权力的'人民'并不总是被人治理的那些人；所谓'自治'也不是由每一个人自己管理自己，而是每一个人都由所有其余的人来管理"[①]。在 20 世纪中，这一政治理念借助于"边界"要素的形式，提出族裔疆界与政治疆界重合的政治诉求，并借此假定形成了民族自决的

---

① 〔英〕鲍葵桑：《关于国家的哲学理论》，汪淑钧译，商务印书馆，1995，第 86~87、101 页。

原则。这一原则由布拉格大学的哲学教授托马斯·马萨里克第一个付诸实践，威尔逊和列宁等当代的政治家和理论家也曾从不同角度阐释了这一原则。然而，它不仅遭遇了实践的悖论——当今世界上90%以上的国家的实存状况已否定了这一原则的有效性——如果不管民族自决原则实现的手段和程度如何，就其直接目标而言，在理论逻辑和历史实践两方面都意味着，有关民族获得国家资格，成为独立的主权单位。这便同现存国际秩序形成了根本性的冲突，而引出了一个重要问题：如何看待当代民族与国家的重合性或不重合性。如果主张国家和民族应当成为有机整体，民族只有披上国家这件"外衣"才能维持其有机体生存的话，那么，一个严酷的事实是，并非所有的民族都配有大小合适的外衣。事实上，如果以人口90%以上属于同一文化民族的标准确定民族国家的话，当今世界近190个国家中只有不到10%的国家属于这种类型。这样，有的民族就不得不处于非主体民族或少数民族的地位。而且它给20世纪的人类社会带来了一系列差异极大的实践结果——在20世纪之初，它引发了奥匈帝国的解体和第一次世界大战，也造就了捷克斯洛伐克这个新国家；它也曾一度成功地作为世界上绝大多数人们抵抗压迫的有效手段，在20世纪中期促成了全球范围的民族解放运动的蓬勃兴起。然而，它并不因此而意味着一条通天的坦途，而是持续地引起了国际层面上的民族冲突和亚国层面上的民族分立。这一趋势不再仅仅局限于某一地域，而是从广大的第三世界地区扩展到了欧洲、北美，真正成为一个全球化的现象。从而使这些社会事实超越了地域意义，成为构组当代全球一体化的基本事实和基本特征之一。

民族性要素之所以成为现代社会中追求利益的一个有效工具，一个基本原因就在于，它的核心诉求是利益，而它诉求的形式又远远超越了利益范围，其形式的根本性特征，是把利益与更为广泛的文化和情感纽带联结起来。在经济场域，民族性作为资源博弈手段的运用，在根本上是依据于一定制度变迁所形成的利益倾向性的基点游移而生成的。在博弈过程中，也使得民族集团的形式不稳定性不仅充分展现，而且以一种悖论的方式表现得淋漓尽致：一方面是一体化的趋势，一方面则是个性化的崛起。民族性作为人类社会性发展可资利用的因素，虽不否定非策略性的民族实体的存在，但也说明了民族集团作为策略性集团存在的事实。这导致了一定民族实体中群体角色的多样性演变过程：有的是地域迁徙引起群体角色变化，如犹太人在以色列国成立之前由古犹太公民（多数群体）向分散于世界各国的犹太人（少数群体）的转变，明朝以前移入云南的中原汉族向当地少数民族的转变，以及近代本土中国人向海外华人的转变等；有的是地缘政治变迁所导致的改变，如立陶宛、爱沙尼亚和拉脱维亚三个民族在归属苏联时期，所发生的由多数群体向少数群体的转变及其在 20 世纪 90 年代由少数民族向主体民族的转变，等等。在此演变过程中，产生了群体生存能力、生存状态、心理归属、文化调适，以及群体的再制度化或游离于制度之外的种种变化。文化上的异质性和本土化的现实在此变化中便导致了社区的冲突或一体化趋势。如 20 世纪 40 年代，中国人类学者在大理白族聚居区进行民族调查时，所遇到的普遍情况是人们对汉族身份追求的执着；而数年后社会制度的变迁，当以民族平等的基本原则，使利益倾向性的基点发生了向有利于少数民族一方的游移时，虽仍在同一地区，但人们对其少数民族的身份认同，却转而成为普遍的趋势。

周旭芳 20 世纪 90 年代所作的一个实地调查研究，则为我们提供了一个更具现实性的佐证材料①。这一报告指出，在陕西商洛山区，集中了来自中国南方移民氏族村落的农业封闭社区，他们均为从本属文化圈内移植到商洛山中的少数群体，在这个汉族居住的腹地，这些移民群体在经历了300 年或更久远的演变、与当地汉族的融合已几乎没有了文化特质的差别，但在 20 世纪 70 年代，却发生了一些移民家族力图获得官方认定的少数民族身份的现象。该研究据以实地的考察提出了这样的问题，是什么引发了以本土化为特质的地方文化群体又开始分化呢？这些移民除了居住较为集中，操另一种类似于广东客家话的方言以外，与当地汉族很少差别。假定他们无论作为新生民族还是作为复出民族，存在着其民族特征在民族迁徙过程中全部流失的可能性，假定他们在迁徙到广东之前已很少其特定的民族特征，因而不被其祖居地的县志记载也是可能的，但为什么他们直至数百年后才提出自己的民族属性问题？假如这些移民保留了其祖居地所具有的文化特色，又是什么因素促成他们进一步向官方界定的民族群体游动？

---

① 周旭芳：《"族"的神话——对一个山区社区移民氏族的文化人类学考察》，《战略与管理》1995 年第 1 期。

这种界限不清的亚民族群体的主观性与社区生存和发展形态的关系是什么？基于这些提问而引出的结论是：当民族属性构成个人或集团获取其生存发展资源的社会保障时，民族的忠诚程度，也就与该民族所从属的集团所能提供的资源和利益的多少成正比。这便是民族存在的社会性发展所产生的必然结果。

这些因素的扭合，使"民族"成为一个极为复杂的概念。民族性要素在国家这一基本尺度下划分出了众多的类型：如亚国家民族主义、泛国家民族主义、超国家民族主义以及社会主义的民族主义、保守的民族主义、自由的民族主义和经济的民族主义，等等。具有深刻的人类学理论渊源的民族主义词汇，就这样直接表现为一个现代政治学的概念，且获得了政治上的"爱国主义"、经济上的"国家干预主义"等不同的替代概念。

"民族"理念的核心，是从 Individual rights 出发，着重强调了 Human rights 的意义。它以一个民族或一个国家的理想，把社会个人的权利和共同体的权利包容其中。这一人权内核的充分展现，使"民族"理念不仅表现为一种民族的排他性力量，而且也成为社会内部经济、政治、文化发展的推动力量。这样，"民族"理念从共同体排他意识的初始形态开始，扩展到对经济、政治和社会文化发展目标的渴望，趋向于民族国家的建设与发展。无论是民族主义的发展为建立地区性主权国家的努力，还是在已形成的国家框架中塑造民族主义的精神；也无论是在民族主义的标题下所形成的国际关系问题，还是其所蕴含的民族分裂内容，都表明了不同的人类群体在资源博弈中，为了自身利益的保护和获取，实际上已使"民族"——这一具有深厚历史渊源，而又被赋予了丰富现代内容的概念，成为进行广泛社会动员的有效工具。这些复杂的情况表明，民族理念的动员确是一把双刃剑。这个理论构想作为人类解决自身发展问题的一种尝试性方法，我们无法简单地把它归之为正确或错误，而要依据充分的情境分析，认识到这种方法的限度，并更加积极地寻求更为有效的新方法。

基于对民族主义在现代社会发展中作为资源博弈工具的性质的理解，我们可以深刻体会到，"民族"作为人类分离性发展方式的产物，其所提出的利益诉求固然有由分离性发展所造就的民族不平等的历史基础，却也明白无误地揭示了它作为一个历史性范畴的存在性质。尽管从"共有文化"角度而展开的"民族"概念的建构，使民族这种社会存在单位获得了一种"自然"性质，隐含着它负有保卫和复兴某种特殊文化或地方性知识乃至某种社会传统的责任。然而，我们所面临的事实却是：这一概念的建构有时利用了先存的文化而创造"民族"，但更为经常的情况是，以先存文化的破坏来创造"民族"。20世纪的民族国家进程的实际结果，正是以更具一致性的工业化的大众社会，对以地方性知识为内核的乡村社群的取代。这一"民族"概念的建构以宣传和捍卫"多样性"为标识，却以更大的力度推进着社会一体化进程。这样，面对人类历史在当代所出现的一个深刻而具有决定性的断裂，民族概念的建构是作为某个特定的社会传统，为证实自己的价值、延续性和团结，所使用的一种理念或仪式的工具。同样，超越了民族的地方性认同，而把人类社会的发展带入一个广大认同范围或规模的民族－国家也是一个历史性范畴的存在，从而也就不可避免地展现出它作为一种政治框架的历史局限性。正如汤因比所说："几乎没有人愿意承认，在过去的5000年中，地区性主权国家制度在满足人类的政治需要方面曾一再失败；同样也没有人愿意承认，在一个全球性社会中，这种制度必将被再次证明是昙花一现的，而且这次将比以前更为确凿。"① 作为历史性范畴，"民族"理念作为资源博弈工具的运用，其消极的作用使它可能成为现实社会的分裂性力量；但是，其所蕴含的实现人的类存在的本质要求，又使它作为对当代不平等的国际政治经济秩序进行抗辩的力量存在，而展现出积极的意义。面对这一把双刃剑所引发的各种问题，欲以某种人为的促进或抵制来予以解决，只会得到欲速则不达的结局。而只要充分领会到它们作为"历史性范畴"存在的深刻涵义，那么便能理解，这些问题只能在民族同化无限扩展的历史进程中得到全面性的解决。

上述分析给予我们的深刻启示在于：对民族发展问题的关注，是不能囿于孤立的"民族"框架的。人类学研究的基本问题，并非是否要提什么"民族"理念的问题，而是最终落脚在对人类整体性发展的全面理解上。以此为基点，在初级层次上，要使这种资源博弈的工具成为处于不平等地位的各民族共同体实现民族平等的有效手段；在中间层次上，要在现实的

① 〔英〕阿·汤因比：《人类与大地母亲》，徐波等译，上海人民出版社，1992，第733页。

发展框架和发展方式内，寻求趋利避害的发展途径；在终极层次上，则是要深刻理解相互承认民族文化的差异，并非纯粹的"共处"，而是以此启发我们怎样才能建立一种越来越抽象的"团结他者"的模式；通过对人类发展方式的反思，探寻人的类本质实现的历史道路。

第十六章

经济与社会的总体性

一 区域经济活动中的民族差异

地域与民族，是一切经济活动中两大基本的主客体因素。这种主客体因素的融合，构成了一定的社会经济过程。从生产力的角度看，一定的地域或空间，以一定的土地、生态环境和各种自然资源，构成了生产力的物的要素的直接载体，并在此基础上形成人们一定经济组织和一定经济成果的表现客体：诸如以工厂、农场、矿山等各种经济机构和家庭、集团等生产及消费单位，表现出某地或某区域的经济组织状况；以个体性生产或社会化生产以及一定的国民生产总值等，表现出某地或某区域的经济结构的特征。而从事经济活动的人群集团，即一定地域上的不同民族共同体，则构成生产力的主体成分。他们基于自身的需求，而促发了一定的经济活动，并力图使这些活动合乎自身的目的。这就使价值观念、道德意识和行为偏好等，即由民族文化特征赋予各人的行为选择方式，成为经济活动中最基本的要素。这样，从客体角度出发，我们看到了一定区域经济活动的物量指标；而在主体角度上，则会看到经济活动中的人文内容。

经济学在经济区域研究中影响最大的核心结论是，每个地区往往生产具有比较利益的商品，即便在它可能处于经济劣势或优势地位的情况下。这一结论的主要假设是，地区之间缺乏资源要素的流动性。而引入了劳动和资本在地区之间的流动性，它们就成为地区经济调整的关键特征。在国内资源完全流动性的条件下，一个地区的增长，不会因劳动或资本的短缺而受限制。因为这两种要素的可获性，仅仅在要素的流动在地区之间有障碍时才受到约束。这样，经济活动的地区分布，在很大程度上依赖于其所面临的需求的增长，这便强调了动态的和相互依赖的地区发展过程。而这里提出的一个重要问题是，不同地区的结构适应性有着巨大的差异，有的能相对容易地针对变化了的竞争条件作出调整，有的则经历了严重的困难。这便把制约要素流动和内部投入供给的各种社会文化因素，推到了分析的前台。

同时，区域的资源环境差异和民族的社会文化差异，不仅使不同民族经济活动的内容各不相同，而且使其经济活动的方式和道路选择，也表现出重大的差异。因此，一定社会经济的发展，不仅仅是一种物质资源的变动关系，而且必然受到民族现存的并不断演变着的特定文化价值标准的制约。

从作为"经济曲线上的横坐标与纵坐标"的生产与交换来看，"这两种社会职能的每一种都处于多半是特殊的外界作用的影响之下，所以都有多半是它自己的特殊的规律"①。这便决定了经济运行的民族特征。唯物史观所揭示的一个基本事实是：

> 历史的每一阶段都遇到有一定的物质结果，一定数量的生产力总和，人和自然以及人与人之间在历史上形成的关系，都遇到有前一代传给后一代的大量生产力、资金和环境，尽管一方面这些生产力、资金和环境为新的一代所改变，但另一方面，它们也预先规定新的一代的生活条件，使它得到一定的发展和具有特殊的性质。②

在容纳着多种经济形态、多种谋生方式、多种社会组织和民族内容的经济运行中，必须创造新的分析工具，来剖析经济发展过程的结合与变化，论述多重的经济策略和多元化的生产与分配过程。如果看到，为了适应特定环境的民族文化决定了经济活动的多种途径，经济民族学就必须从

---

① 《马克思恩格斯选集》第 3 卷，人民出版社，1995，第 489 页。
② 《马克思恩格斯选集》第 1 卷，人民出版社，1995，第 585、592 页。

整体性的全方位角度审视问题。这一分析角度，使我们获得了两个重要的理论基点：

第一，经济问题是一个整体性的关联："明确'经济'问题或'经济'因素的含义，这个行动本身势必包含着一个包括所有'非经济'关联因素的分析。这样，唯一允许的区分——唯一完全在逻辑上站得住脚的区分——应是相关和较不相关的因素。"①

第二，经济的比较具有双重的含义：一方面，它并不意味着有一个放之四海而皆准的模式或唯一的道路；另一方面，不同民族各自的经济生活，已联结为一个密不可分的总体性问题。在漫长的历程中，不同民族的经济活动，呈现出巨大的历史差异性。不仅各个地域的特定民族进入一定社会经济形态的时间、速度各不相同，而且处于同一社会经济形态的不同民族，也展示出不同的活动方式和组织结构。

例如，无论是定居农业社会还是现代工业社会，都是在世界不同地区的某些民族中首先孕育成熟，并以不同的速度渐次扩散的。同样的定居农业社会，在两河流域、尼罗河流域、恒河流域和黄河流域等不同的地域，却培育了不同的民族文化；当今的世界工业化进程，亦同样陈列出具有不同民族特性的方式和道路选择。当今世界上的 2000 多个民族，正是这样以其令人惊叹的历史差异性，构成了全球体系中的民族结构。

现代社会是以其确立全球一体化结构的本质特征，来开辟发展道路的。它以商品价格为其发展的共同语言，依凭商品这一武器对所有民族性的抹灭，把整个世界融化在统一的市场观念中。在它看来，民族性不过是铸币上的印记，它们全都必须遵从世界市场的统一法则。这种把一切民族和国家都纳入同一个发展标准的理论和实践，歪曲了发展概念的本质含意，也使民族意义空前的凸显出来。

当现代社会的世界性发展把全球民族划分为工业化先驱民族与后发展民族两大块时，它使各民族内部原来非独立的个体成员，获得了个体自由的独立地位；同时，也使原来相互独立存在的各民族共同体丧失了独立性，而组合在统一的全球经济体系中。在此存在着后发展民族对经济先进

---

① 〔瑞典〕冈纳·缪尔达尔：《世界贫困的挑战——世界反贫困大纲》，顾朝阳等译，北京经济学院出版社，1991，第 11 页。

民族在资金、技术上的持续依赖；同样，也存在着后者对前者在出口市场和资源政策上的依赖。这种双重的依赖关系，在高度不平等的全球经济体系中，并未能消除现存的民族差距。相反，在人类历史进程明显加快的 20 世纪下半叶里，这种差距更加扩大，更为引人注目。它使全球一体化经济体系的维持与发展，面临着最为深刻的危机，并以许多直接和间接的、或未曾预料到的方式，开始了对当代世界经济秩序的全面挑战。通过 20 世纪的两次世界大战，尤其是自 20 世纪下半叶以来不断加剧的资源和环境问题，70 年代的能源危机，80 年代的外债问题、出口市场的持续缩小和世界经济发展势头的明显迟滞，90 年代的东南亚金融危机以及 2008 年美国金融危机引发的全球震荡、世界性的民族冲突等前所未有的重大事件，打破了世界发展进程，听凭于几个工业化先驱民族主宰，或置大多数后发展民族利益而不顾，就可以实现某一民族自身发展的幻梦；粉碎了工业化先驱民族作为世界经济发展的施恩者，而后发展民族仅作为受惠者的偏见与神话。它使人们开始意识到，在世界整体性的统一构架中，各民族无论其大小、强弱，也无论其政治、意识形态或经济倾向性如何，它们未来发展的性质和特征都与整个世界的发展利害攸关。它宣告，在 21 世纪，人类世界的发展不再可能有两个前途：几个工业化先驱民族一个前途，其他后发展民族有另一个前途。

如果说，前现代的不同社会类型，展示了不同地域经济体的民族差异和特性，而这些差异和特性，还尚未被人们所直接感受到的话，那么，当现代社会把具有广泛差异性的多元民族维系在一个统一的世界框架中时，民族的含意，才如此直接地同人们的实际利益融为一体，以前所未有的强烈刺激，成为人们日常生活中的一个普遍感受，而得到了广泛的关注。

现代社会一方面把民族和国家实体结为一体，赋予民族概念以国家政治的含义；另一方面，由于国家疆界与民族界限的重叠交叉，又往往使许多民族分属于不同的国家，或在一个国家实体中包容了众多的民族。这样，民族性问题在当代发展中的一个更为深远的意义，是它指出了，处于同一地域的不同民族共同体与当地区域经济的发展，产生了严重的不同步现象。正是在这种具有现代性质的民族差异的作用和影响下，尽管整个世界在 20 世纪 60 年代曾一度普遍地、不顾一切地追求经济增长，把其作为社会发展的首要目标，但是，许多获得了较高经济增长率的民族共同体，却发现这种高速增长所带来的民族发展利益微乎其微，这种单一的经济增长并不能必然消除，甚至不会减少存在于世界民族结构中的绝对贫困，在不同民族之间以及民族共同体内部的收益分配的巨大的不平等，已成为发展的重大障碍。尽管几乎每一个国家都宣称，要以经济增长的手段来实现各民族的平等与进步，然而，在世界经济中的现实的民族不平等却似乎在扩大。

这表明，当代世界民族结构中的发展与贫困的交错，绝非一个简单的问题。经济民族学对发展的研究，必须正视区域经济与民族经济非一致性发展中的特殊性，从而把发展的研究聚焦于究竟怎样更为合理地利用世界资源，使人类能够接受迫在眉睫的贫困的挑战，并走向更美好的未来的问题上。

二　非一致性存在中的民族特殊性

区域经济与民族经济体，作为同一经济过程中并存的两个侧面，本质上要求其体现出一致性的状态，但是，在迄今为止的经济过程中，二者却体现出差异性存在常态。

区域经济和民族经济共同体的差异性状态，主要由于民族文化的差异以及各民族在相互交往中的方式、内容和性质的区别，使不同民族在共同参与的同一经济活动中，所处的地位不同，发挥作用和影响的程度也不同，进而在同一经济进程中，使不同民族的收益分配大不相同，其所造成的这种差异性状态，突出地表现为发展的民族利益差别。

以往在地球的每一个区域所发生的经济过程，大都是以某一民族作为该区域经济活动的主导者，其他民族或是被排除在经济过程的主流之外，或是仅作为被动的参与者。这样，当基于某一民族经济利益基点的制度体系，通过其他非主导性民族集团的认同行为，上升为一种普遍的经济原则时，它推动了民族同化过程更为广泛的扩展，并带来了某种经济类型的上升或主导性的确立，但其本质上的有限性，总是或多或少地包含有牺牲其他非主导性民族集团经济利益的内容。

正是这种本质上的有限性，使得经济过程并非总是能发生一种空间整体效应。对于具体的民族共同体来说，这种状态"可能是人的发展和实际资源或潜在资源发展的结果和手段，也可能不是"①。这无疑向世界宣告，发展的概念，必须同实现人类各民族自身的全面发展和现状的改善联系起来。以民族共同体为基点来考察人类经济进程和发展方式的问题，已历史地摆到了每一个人的面前。

纵观 19 世纪以来西方资本帝国主义对亚、非、拉美的殖民侵略史程，固然可以在区域性的统计资料上看到新式产业的新建、工业产值的上升，等等。但在这些经济增长的指标后面，却是各边缘或被支配民族付出的惨痛代价和主权沦丧！这种区域的经济增长，几乎未能给这些区域内的各世居民族带来任何实质性的利益，也几乎未能触动这些民族原存的经济结构和社会组织，使这些区域的经济迅速增长与区域内少数民族停滞或衰颓的贫困状况，形成强烈反差。

例如，在近代中国的经济进程中，外国列强曾在各少数民族区域开创过一些近代工矿企业：新疆的塔城金矿、吉林的天宝山公利公司、贵州铜仁的英法水银公司，横贯呼伦贝尔盟 10 余旗的东清铁路和穿越云南境内 10 多个少数民族聚居区的滇越铁路，等等。这些事业固然可以在区域层面上，表现出新经济因素的出现和经济增长，但却并未给各少数民族共同体带来变革性的状态，普遍存留的仍是旧有的生产方式和社会组织。

最有典型意义的，莫过于中国东北的近代区域经济进程。日本在对华殖民侵略中，为了使该区域成为其在亚洲扩张的资源支撑地，曾在此大力推行工业化进程，并使该区域成为近代中国工矿业产值超过农业产值的唯一地区。然而，如此高度的工业化水平，却包含了中华民族的辛酸和苦难，使该区域的经济活动充满了极端的片面垄断性和权益外溢性，整个进程充满了对中国民族资本的摧残和挤压。据 1938 年对哈尔滨华人工厂的调查，华人新建企业自 1931 年后便日渐减少，1936 年便完全告绝；到 1943 年，华人私人资本在东北工矿交通部门的私人总资本中，仅占 3%②。可见东北工业的这一增长，并未带来中华民族的进步，反而招致了中华民族经济条件的进一步恶化。

---

① 〔法〕弗朗索瓦·佩鲁：《新发展观》，张宁等译，华夏出版社，1987，第 4 页。
② 孔经纬：《东北经济史》，四川人民出版社，1986，第 507～508、510 页。

从历史上看，区域经济与民族共同体的差异性常态，在白人对今天已成为美利坚合众国的那片土地上的印第安人的关系处理中，得到了最充分的典型体现。

在美洲殖民的最初时期，西班牙以建立王室统治领地的殖民方式，从未把印第安部落视为主权力量，而是把其看作王室和教会的臣民。在殖民者致力于"基督教化和开化印第安人"、强制印第安人认同于白人制度的过程中，所采用的方式不是向印第安人购买土地及其他权力，而是把他们强制归属于强迫劳力的悲惨地位。随后，当荷兰、英国、瑞典等欧洲人登上里奥·格兰德河以北的大西洋沿岸的北美土地时，其殖民活动从建立欧洲王室的统治领地，变为私有企业家为追求经济利益而从事的一项商业事业。在这一重大事实的基础上，立于私人商业事业基点上的殖民方式，未能形成统一的国家力量对土著进行军事征服，而产生了与印第安部落做交易的基本方式，承认印第安人对土地的占有，并予以购买，通过谈判签订条约。在理论上，这种方式意味着把印第安人当作独立的主权力量，但在经济、社会组织等方面的巨大力量差异下，印第安人实际上已被置于弱势群体的地位。美国著名历史学家弗雷德里克·杰克逊·特纳在1893年的《边区在美国历史中的意义》一文中就指出，在美国体制和美国民主的塑造中，占支配地位的影响，不是来自这个国家任何一种形式的欧洲传统，也不是来自东海岸城市的约束力，而是来自于边界不断变动且色彩斑斓的西部地区所产生的经验。他认为，美国独特环境的最突出的特征，是在扩展中的定居地的西部边缘，存在着一片可以自由进入的地区。欧洲和美国东部的移民，在期望改善经济生活和得到冒险机会的吸引下，蜂拥来到这片未被占领的地区。向西部移民的各民族集团，带来了他们各自原来生活于其中的社会中所必需的政治、经济和社会的复杂习俗和体制，但在边疆荒野生活的特定经济条件的制约下，这一切都变得那么不甚适宜：现代的政治结构，让位于简单的移民协会或初级的代表机构；专业行业在这片无需分工，而仅靠个人或群体就能很好完成任务的土地上被遗忘了；复杂的社会活动废止了……最终则是整套习俗和原有体制的破碎与重建。这种边疆环境所造成的许多影响，及其提出的许多挑战，对加入西进运动的许多民族群体的民族传统和分离主义倾向具有化解作用，促成了一个复合的新兴民族的成长。当人们把美国的边疆开拓归纳为毛皮商贸易边疆、牧场边疆、采矿边疆、农民边疆、城市边疆等类型时，反映了追求私人经济利益对边疆开拓的巨大推动，也正是这种推动，使绵延不断的族群冲突成为必然。尽管特纳指出："边区促进了美国人混合民族的形成。在边区这个大熔炉中，移民被美国化了，摆脱了束缚，融合成一个混合的种族，在这里英国人既非民族，也非其族群特征。"① 但在这一区域经济开发中的民族融合并非全面性的，而是把印第安人排除在这一过程之外。如果说，美国300年的历史充满了向西部扩张的内容，那么，在美国经济和文化的形成与发展过程中，印第安人是一个不可忽视的基质。犹如美国经济史学家所说：

> 必须记住，在某种意义上，印第安人曾为欧洲的移民开辟了道路。印第安人所走过的小道，标志着白种人从最早时期直到铁路时代通向内地的道路。印第安人为他们的简陋的农庄所开辟出来的土地，也就是被那些新来的人最先占领的土地。这些新来的人不仅使用了印第安人的土地，而且也采用了他们的耕种方法。此外，印第安人对皮毛商人的诱力，促进了白种人的向前移殖。②

但是，对美国经济和文化的形成与兴盛作出了重大贡献的印第安人，却被排斥在这一区域经济发展的主流之外，并被视为国家的敌人。尽管在这一过程中，除了那些提倡灭绝印第安人的无情的"现实主义者"外，也有为印第安人的教育和同化而工作的传教士和人道主义者，以及一些愿意印第安人留在原居住地生活的皮毛商，甚至杰弗逊、门罗和亚当斯等美国总统也颁布过一些保护法令……但组织人口迁徙或大规模的强迫驱逐，仍为其最显著的基调。在区域经济与民族共同体差异性存在状态中，不管印第安人怎样想，移民开发者总是不断地把印第安人往西赶，用各种手段强迫他们接受剥夺他们土地的条约。更糟的是，直到今天这些条约的内容仍未达到，而给了印第安人深重的痛苦与幻灭。

到了19世纪中叶，对印第安人的消灭、驱逐逐步转变为隔离与孤立。

---

① 参见马戎编《西方民族社会学的理论与方法》，天津人民出版社，1997，第63页。
② 〔美〕福克讷：《美国经济史》上卷，王锟译，商务印书馆，1989，第128页。

矿业边疆的推进和运输网的扩展，使美国再次面对反复出现的印第安人问题。从1834年美国政府把过去购买的路易斯安那地区的西部，划为印第安人的永久居住地开始，1850～1880年，建立了至今尚存的200多个印第安人保留地。通过一系列法令和法庭判决，印第安人被迫将土地割让给白人殖民者，仅"保留"小块土地供自己使用。印第安人从其主权地位，跌落为受监护的民族。即便是印第安人在保留地的主权，也在1834年就受到了侵犯。这一进程在美国内战以后的年代中得到加速。残酷无情的联邦官员，对待在白人垂涎的高地草原和山谷中游徙狩猎的印第安人的举措，使西部陷入了战争状态，直到印第安人的精神和力量都被压垮，而进入保留地为止。1871年，美国国会最终通过了一项法令，终止了与印第安人交易时的条约使用，任何印第安部落均不"被承认或被认为是一个美国可与之订立条约的独立国家、部落或势力"①。在与强大的政治、军事力量的相互扭合中，伴随于1867年联合太平洋铁路的修筑，而开始的职业猎手对野牛的消灭，显示出了更具根本性的意义，它彻底断绝了印第安人的生计来源：1878年，西部大草原南面的野牛群已经灭绝，北部的野牛群也在1883年被消灭，该年一个博物馆的远征队在寻找标本时，在整个西部只找到不足200头野牛，到1903年则减少到34头。失去生活所依的印第安人沦为政府的监护对象，被迫接受奴隶的命运，也就不足为奇了。

种族隔离的恶果，促使美国从19世纪80年代开始，转向使印第安人"美国化"的强制认同过程。开始于1879年的联邦教育，以寄宿学校的形式，差不多破坏了印第安人的家庭体系；并展开了对印第安人文化破坏性的协调攻击；而这一转向的最后一步，则是以授予每个印第安人一个农场的经济举措，把个人主义的原则引入土地所有制。渴望土地的边疆居民看到，分割保留地能为白人移民提供数千亩土地；而一些印第安人的朋友和东部的人道主义者，则以为个人占有土地可以解决种族问题。这样，这两股不可思议的背道而驰的力量，合力促成了划分部落土地的迅速发展。作为印第安人多年朋友的马萨诸塞州参议员、参议院印第安委员会主席亨利·L. 达维斯，起草了单独占有土地的法案。这项重要的法案授权总统划

---

① 参见〔美〕雷·艾伦·比林顿《向西部扩张：美国边疆史》下册，周小松等译，商务印书馆，1991，第329页。

分任何部落的土地，分给每户家长 160 英亩土地，分给单身男人、妇女和儿童的土地则少于此数。分出的土地先由政府托管 25 年，这被视为防止未受培养的土著立即出卖其土地的必要办法。所有接受赠地的人都将成为美国公民。划分以后的保留地的多余土地则由政府出售，其收入用作印第安人教育的信托基金。但是，这一出于良好意愿的法案，也丝毫未能阻挡印第安人经济毁灭的厄运。在 1887 年达维斯法案通过时，印第安人拥有14000 万英亩土地，而在 45 年内，只剩下了 4800 万英亩，且其中多是不毛之地或是因过度放牧而退化的土地。据 20 世纪 20 年代的调查，只有2% 的印第安人年收入超过 500 美元；死亡率和婴儿死亡率奇高；住房条件简陋；卫生条件缺乏，肺结核与气管炎流行；饮食粗劣；尚未消失的保留地成了孩子们在寄宿学校外的唯一避难所；等等。可见，这种快速的强制认同，并未完成印第安人的美国化转变，而是使其横遭灭顶之灾。

直到 20 年代以后，人们才逐渐意识到，美国印第安人与白人的相处并存将是长期的，而响起了文化多元主义的呼声，及其一些政策举措的实施。但是，区域经济与民族共同体发展不一致的严酷现实，仍使许多人在内心毫不犹豫地认为，印第安人今后的唯一希望，就是完全融入美国的经济、政治、社会及文化生活。面对这一严酷的现实，印第安人 1961 年在芝加哥，举行了一次由 90 个部落 450 名代表参加的会议。会议认为：印第安人遭受了禁锢、不正常的影响、不正当的压力、使人产生迷惘、挫折、沮丧的政策；提出了"所有人都具有保持其精神的和文化的价值的天赋权力，自由地实施这些价值观对任何人的正常发展都是必需的"纲领，这种以文化多元主义为基点的努力，要求更高程度的相互宽容与同情，对弥合区域经济过程中的民族差异，发挥了积极的影响。美国本土上的印第安人，曾从 1492 年的 80 万～90 万，剧减到 1950 年的 40 万，到 1990 年，有510 个印第安部落居住在 278 个保留地中，其人口也上升到了 200 万。但毋庸置疑的是，在他们的面前，要实现不同民族在区域经济中的共同富裕，尚有极为漫长而崎岖的道路①。

---

① 参见马戎编《西方民族社会学的理论与方法》，天津人民出版社，1997，第 42～49 页；〔美〕雷·艾伦·比林顿《向西部扩张——美国边疆史》下册，周小松等译，商务印书馆，1991，第 308～331 页；陈庆德《民族经济学》，云南人民出版社，1994，第 12、89 页。

可以说，美国以鲜血、财富和人类尊严的代价，摧毁了边疆拓展中的"印第安障碍"。实际上，在白人入侵者破坏之前，印第安人的历史已在美洲展示了另一种成熟的社会存在。或许只在工艺技术上，他们与征服者比可能稍逊一筹，但无论是在园艺、服饰标准还是在更具总体性的社会生活水平上，他们并不比征服者逊色。以至美国学者作出这样的反思：印第安人文化具有许多可钦可点之处；美国的现代进程实际上消灭了一种曾作出伟大贡献的历史文化，造成这一悲剧的缘由之一，就是其欧洲祖先的民族优越感太强，未能善待他者的文化。"种族歧视的观念支配着数百年来印第安人和白人的关系，至今仍使白人不能清醒认识"①。

美国经济的成长，展现了区域经济与民族共同体差异性存在的实质内容。透过这一特定过程中时断时续的民族冲突、同化与融合，我们既可以看到大规模的种族驱逐、隔离和分层，也可以看到宽容、同情的文化多元主义的理想和社会现象，它们在不同的历史时期交替出现乃至相互扭合，都无一不在强调着区域经济发展中民族差异的基本事实。这或许可以加深我们对区域经济和民族经济在经济过程中的不平等和贫困问题的理解。这些问题，严重地损害了不同民族国家的经济成长，使一些少数民族陷于灭绝的厄运。

区域经济和民族经济共同体差异性存在状态，呈现出一系列的差距类型。

首先，它表现为一种区域差距。经济过程中的区域差距，并非现代社会的产物，而是一个久远的历史存在。但是，正是现代社会使这一差距类型空前突出，并赋予其强烈的民族性。在世界范围内，南北经济区域的对峙，实际上就是支配民族与被支配民族经济利益对立的一个表现形式。在一国范围内，它亦分出了主体民族的经济发达区域和若干少数民族聚居的经济落后区域的差别。这种饱含着民族背景的区域差距及其发展的严重不平衡状况，已成为制约一国经济乃至全球经济的首要难题。

其次，民族经济发展的特殊性，更重要的是反映在，同一区域内不同民族在同一经济过程的参与方式和地位的区别上。以往的区域经济过程，

① 〔美〕雷·艾伦·比林顿：《向西部扩张——美国边疆史》上册，周小松等译，商务印书馆，1991，第29、42页。

大都是以某一民族作为该区域经济活动的主导者，而其他民族或是被排除在主流之外，或是仅仅作为一个被动的参与者；而当主导民族来自域外时，就往往使区域经济的利益具有外溢的性质。区域经济的兴盛与民族经济体的贫困以日见强烈的反差共存一体，最后形成区域经济过程的根本性障碍。

最后，差异性存在状态中的民族特殊性，以利益在不同民族之间的不平等分配为核心。这表明，仅从区域的角度来考虑经济问题，不能使经济利益自动而均衡地分配于不同的民族共同体，在同一区域内，处于不同经济文化类型的不同民族，难以在区域的同一经济过程中，实现各民族的共同繁荣和进步。

对区域经济发展中民族差异的解释，主要形成了两个模式。

一是扩散模式。这种模式寄托于工业化，来实现国民经济的兴盛与社会变革。从而，国民经济的转型由 3 个重要阶段组成。第一阶段是前工业化阶段，在此，核心地区与边缘地区之间存在着事实上的隔绝，处于不同地区的民族群体在经济、文化和社会组织方面均存在着显著的不同；第二阶段是作为工业化的结果而出现的，它导致了"中心－边缘互动"的增加，而"互动将导致共同体的出现"，即处于主导地位的核心地区所建立的社会结构，经过一定时期会扩散到边缘地区，而以国家统一体的发展，带动各民族群体进入第三个阶段，即各地区富裕程度的平等，文化差异失去社会意义，全国性的政党以及一定的民主程序，将成为政治活动所依托的基本形式，等等。尽管在发展的一定时期，存在着地区性的阶梯等差情况，但该模式认为，工业化必然包括了从角色扮演及功能扩散，到出现特殊的社会角色和功能等变迁，即工业化的结构分化。面对面的互动，日益为个人化程度很低的社会关系所取代；先天的社会身份与后天所获得的社会身份相比，其重要性已发生跌落；个人从传统的社区约束中解放，产生出"行为中心化"价值；等等。这说明，现代社会系统的功能性需求，会导致既存社会结构的崩溃，而这种变化的含义之一，在于工业化使得原先被排斥在外的群体得以进入社会。

这些论说表明，扩散模式不仅在某种意义上具有进化论的特征，而且受到了经济学历来所恪守的传统信条的影响：贫困源于经济的落后，依凭于国民生产总值的增长，将会解决贫困的问题。这样，该模式的一大弊端，便是回避了在经济增长过程中，不同的民族或个人究竟得到了什么，得到了多少的问题。经济增长并非给不同的民族共同体带来同样的利益，而以地域平均值为基点的、用以衡量特定地区经济水平和发展状况的统计指标体系，往往掩盖了不同民族之间的结构差别，抹杀了经济利益分布的不平衡性。

在以民族为基点对经济过程的合理性提出价值判断时，就可看到，只要经济活动及其利益分配集中于某些机构、某些组织或某一民族集团，区域的经济过程，并不总是能发生空间的整体效应；也不意味着，区域内的各民族共同体能普遍获得同等的经济利益。在现代社会的发展进程中，固然可在区域性的统计资料上看到新式产业的兴建、国民经济指标的增长等，但这种区域经济的增长，总是伴随着把各土著群体或少数民族，排除在主流经济过程之外的内容，最终形成了今日一小部分地域控制全球，一小部分民族掠夺绝大部分民族的世界格局。

与此截然相反的另一解释，是内部殖民地模式。对工业化过程中核心－边缘地区日益频繁的接触所带来的大规模的社会混乱错位，及其对边缘地区文化分离意识的强化的关注，使该模式一般否定了工业化将导致民族共同富裕的观点。它认为，工业化在一国空间上的不平衡，造就了民族群体相对的富裕与贫困，作为最初相当偶然的优劣格局的结果，权力和资源在两大群体间作了不平等的配置。形成了支配群体对被支配群体，核心地区对边缘地区的政治上的统治和物质上的剥削。即便在核心地区表现出多样化工业结构的特征后，边缘地区仍是依附性的，是对前者的补充，其结果便会持续甚至加剧经济不平等。

这一模式主要基于现实状况的启发。列宁在 1899 年写成的《俄国资本主义的发展》，首先使用了内部殖民主义的概念；安东尼奥·格雷姆兹（A. Gramsci）在 20 世纪 50 年代对意大利南部地区的研究中，也使用了相似的概念；此后，在拉丁美洲社会学家对美洲印第安地区的研究中，这一概念得到了更为广泛而持续的运用。在区域经济中的民族差异基础上，这一模式揭示了一个可能的事实：当主导性群体或核心区域试图通过制度化的努力，来稳定和垄断自己的优势地位时，作为对这种不平等统治的反应，处于劣势的群体或边缘地区，可能会以自己的文化与核心群体的文化平等甚至更优越的断言，来进行社会动员而努力维护自身，进而促使他们相信自己的独立性并追求独立。从而形成经济一体化进程中的民族冲突和分离化倾向。

如以大不列颠群岛 16~20 世纪的历程来看，自中世纪早期开始，不列颠群岛便连续不断地由许多独立的文化群体所居住，到了 20 世纪，这些岛屿上的大多数居民，如早期表现为独立文化群体的匹克特人、弗里西亚人、盎格鲁人、撒克逊人、丹尼人、诺曼人等，都已在历史过程中融为一体而自称为英国人；然而，与此同时，凯尔特人群体中的许多人在不列颠群岛的一些地区，仍始终声称自己是"凯尔特文化"而非"不列颠文化"，在宣称独立民族身份的基础上，形成了要求自决的政治运动。同样还有爱尔兰人的问题，虽然南爱尔兰在 1921 年终于从英联合王国中分离出来，但北爱尔兰的问题仍一直缠绕至今。与此相类似，在比利时，有讲荷兰语的佛拉芒人试图与讲法语的瓦隆人平分秋色的问题；在西班牙，有以巴斯克和加泰罗尼亚为代表的民族主义对抗；在德国，有德籍波兰人的问题；此外，法国南部的奥希坦人地区，意大利的南方各省和科西嘉岛及撒丁岛，加拿大的魁北克，美国的印第安人保留地、黑人区和有色族裔社区等，都在不同程度上提示着，区域经济过程中的民族特殊性问题。

正是区域经济与民族共同体在同一经济过程中的巨大差异，使人类尽管已经变得依赖于经济上的全球一体化，但仍不愿在政治范围内放弃民族的独立，并以在文化领域内自身特点的保持作为共同体团结的凝固剂，来对抗全球范围的民族压迫和剥削。当代世界格局中的一个显著特征，是民族融合与冲突的并立，其融合主要表现为跨国层次上日益显著的一体化：经济上的互相依赖，文化上的趋同倾向和政治上的无世界政府的国际治理和国际体制，如经济发展中的南北对话，资源、环境和冲突的广泛的国际性对话与协调，等等。其冲突则在两个层次上表现出来，一是以国家为单位的全球性的对立与冲突；一是亚国层次上同样显著的分裂化，尤其体现为突破国界的地方性经济区域兴起并冲击有关国家的全国性控制体制，国内民族、宗教和地区的冲突加剧，分离主义运动泛化等，并提出了全球经济中的"第三世界"问题。

"第三世界"问题的提出，是具有划时代意义的事件，它标志着占世界人口 3/4 的受压迫者心灵意识中希望与目标的苏醒，也可以说，是人类对自身生存意义和发展方式合理性反思的觉醒。"所谓第三世界，既不是一组国家，也不是一组统计标准，而是一组关系———一种支配宗主国中心与依附的外缘地区之间的不平等关系"①。这表明，当今把世界各民族联为一体的全球经济体系，是建立在民族不平等的基础上的。那些在不平等条件下参与并形成全球性市场经济的民族共同体，构成了第三世界的实体存在。今天，第三世界已囊括了整个拉丁美洲，除南非以外的整个非洲和除日本、以色列以外的整个亚洲，从而也成为一个全球体系。具有深刻意义的是，人类认同的局限性目前正使第三世界所独具的条件和制度，向第一世界内部广泛蔓延。在当代先进工业社会的发达国家中，至今仍存有不同的民族身份和支持民族政治的社会基础，保障民族经济发展权益和平等的呼声在第一世界内部的迸发，表明"内部殖民地"在其体内的存在，经历着与第三世界同样的"欠发达遭遇"。内部殖民地模式的意义，在于它强调了在各民族之间和民族国家内部，"不平等及其加剧的趋势成为对发展的限制与障碍的复合体，因此，迫切需要扭转这一趋势，创造更大的平等，作为加速发展的一个条件"②。

面对区域经济与民族共同体差异性存在的问题，形成了当代多种不同的国家政治实践：有的以一个民族的统治为基础；有的建立在否认民族区分的基础上；有的试图把民族性限定在无政治意义的纯文化层面上；也有的在承认民族差别的基础上，程度不同地以实现各民族的和解与平等为目标。应该看到，人们之所以接受其作为国家这个更大的政治整体内的一个少数群体的地位，主要原因便在于，国家对经济持续增长及其所有成员不平等地位得到改善的许诺。当这种许诺未能兑现时，现代民族国家的全部合法性便受到质疑。无论在何种情况下，只要区域经济过程中民族不平等

---

① 〔美〕斯塔夫里亚诺斯：《全球分裂：第三世界的历史进程》上册，迟越等译，商务印书馆，1993，第 17 页。

② 〔瑞典〕冈纳·缪尔达尔：《世界贫困的挑战——世界反贫困大纲》，顾朝阳等译，北京经济学院出版社，1991，第 44 页。

问题得不到切实的解决，它都会以各种不同的，甚至是最极端的形式获得表现，成为经济过程的根本性障碍，以至引起政治动荡。如传统上是统一集权国家的西班牙，在 1978 年只能以宪法承认，各民族和各地区有组成自治共同体的权利，以 17 个共同体的形式变成了一个自治制国家；曾一度试图把民族性限定在无政治意义的纯文化层面上的苏联，在 20 世纪 90 年代遭遇了解体；在某种程度上以否认民族区分为基础的南斯拉夫，也以激烈的民族冲突瓦解为不同的国家，等等。

上述两种模式对区域经济与民族共同体差异性存在状态的解释和趋势预测截然不同，但各自又都具有潜在的经验研究的解释力。这表明，民族经济问题的复杂性，决非以一种单一的模式可以解决。区域经济和民族经济的差异性存在状态，作为现代社会进程的一个历史遗产，形成了当今世界经济中的一个普遍存在。这应使我们对以民族为基点来审视区域经济过程，有更深刻的认识。若对此的重要性没有清醒的认识，并且不能在经济过程的实践中对这一状况作出实质性的改善，人们的努力只能是事倍功半。

三　区域性民族分工与交换利益的差异

任何一个民族发展的本质性基础，在于其如何把对自然资源的开发利用，转化为现实的经济实力。这样，给予人们最直接的一个表面感受便是：不同民族基于对特定区域资源优势的开发活动，将获得最为有效的成果。

然而，在现代经济体系中，各民族共同体的经济过程，已突破了孤立封闭的区域局限，和整个世界的生产发生了实际的联系，并且可能有力量来利用这种全面的生产，从而提出了区域性民族分工问题。因此，一个民族在特定区域所进行的资源开发，在很大程度上，已不再是单纯地为了自身的直接需要，而是广泛地与其他地区、其他民族和其他国家进行资源交换，来获取经济实力和利益。现实经济格局中的交换体系，由此成为影响区域性民族分工发挥其效能的一个重要参数。

16 世纪时，阿姆斯特朗和海尔斯就提出，生活在不同环境的人们生产着不同的产品，若相互交换其多余的部分，可使双方获益。之后许多不同的人都曾论及于此。在英国早期的商业文献中，1701 年问世的《东印度贸易之考察》，也把国际贸易视为用较之国内生产为少的劳动数量，获得货物的一种方法。甚至休谟、斯密等人也曾综合、强调和用实例说明过这个主题，提出自由的交换将使所有商品在绝对劳动成本最低的地方生产。直到 1808 年，托伦斯才在经济分析技术的意义上，把该主题命名为"比较成本"定理。而李嘉图则在 1817 年出版的《政治经济学及赋税原理》中，精心阐述并最终确立了这一定理①。

李嘉图对此定理最简洁的表达是：假设生产既定年需求量的葡萄酒和呢绒，葡萄牙分别需要 80 和 90 人一年的劳动；英国分别需要 120 和 100 人一年的劳动。这样，葡萄牙将因专门生产葡萄酒交换呢绒而获利，英国则因专门生产呢绒交换葡萄酒而获利。这种分工和交换"最有效地利用自然所赋予的各种特殊力量，它使劳动得到最有效和最经济的分配；同时，由于增加生产总额，它使人们得到好处，并以利害关系和相互交往的共同纽带把文明世界各民族结合成一个统一的社会"②。

比较成本说的一个基本贡献，就是加强了这样一个真理：地区间的交换可以为之提供它所不能生产的或只能用更高的成本生产的商品。它突出说明了两种可能性：第一，对生产水平高的经济体来说，即使输入的商品在本经济体能够以比其他经济体更低的成本生产，仍可在交换中获利；第二，即使生产水平处于绝对劣势的经济体，也可以用劣势较小的产品交换而获利。而这两种可能性，是通过市场的运作机理来表达的。在市场条件下，它通过利益驱动实现优化资源配置的功能。

这一阐述得到了广泛的认同，并成为区域专业分工和国际贸易理论与实践的重要准则。然而，人们在很大程度上，忽视了这一简洁表达中的丰富内涵以及该定理运作的基本前提，而肤浅地认为，无论是谁，只要实行区域专业分工并进入市场交换网络，就必然获得最大利益。因此有必要把

① 〔美〕约瑟夫·熊彼特：《经济分析史》第 1 卷，朱泱等译，商务印书馆，1991，第 545、552、553 页；〔美〕约瑟夫·熊彼特：《经济分析史》第 2 卷，朱泱等译，商务印书馆，1992，第 352 页。

② 《李嘉图著作和通信集》第 1 卷，郭大力、王亚南译，商务印书馆，1997，第 113 页。

区域性民族分工中的交换体系问题作一具体分析（见表 16-1）。

表 16-1　区域交换中单位产品的劳动量比较

甲地乙地甲对乙的相对利益		
产品 A	90 小时	100 小时
1.1 倍		
产品 B	80 小时	120 小时
1.5 倍		
区内交换单位比率：		
产品 A：产品 B	1：1.1	1：0.8
产品 B：产品 A	1：0.9	1：1.2

　　表 16-1 的抽象比较表明，区域性民族分工以比较成本来获取的发展利益，必须以交换为前提。交换条件的变化可能产生与该命题截然相反的结果。

　　第一，两地的两种产品交换有两个极限：如乙地一单位的产品 A 可交换甲地 1.2 个单位或 0.8 个单位的产品 B。在前一条件下，所有交换利益全归乙地，而对甲地则如无交换存在；在后一条件下则相反。在这两个极限内的任何交换比率，均会对双方带来不等的利益。而一旦加入交易行为的考虑，浮动于极限之间的交换比率是不确定的。因此，区域性民族分工所获取的利益，是受交换条件影响的一个变量。

　　第二，以比较成本说为核心的区域分工理论，蕴含着劳动力和资本相对不流动的假设。它是以生产要素的相对不流动性而导致的利润不平等化，作为其发生作用的必要而充分的条件的。这样，在国际交换中引出了国际价值问题，在一国范围内，也会产生价值决定的地区差异，区域分工在以比较成本说来获取利益的问题，必须考虑价值转变的模式。而市场理论分析的基本前提，是产品的商品形式普遍化、劳动力的商品形式普遍化和资本的竞争普遍化，它是建立在生产要素充分流动性的基础上的。因此，在一个完全的市场分析模型中，所要求的区域分工的绝对最佳条件，不是要甲地专业生产 B 产品而乙地专业生产 A 产品，而是要乙地的人把他们的资本带到甲地去生产两种产品，才能以最低的劳动成本获取最大的效益。然而，如果因各种社会条件的制约，使这种生产要素的流动表现为片面的流动，即只有资金的流出，而无利益的流回。必然的结果，只能是区域经济差距的进一步扩大。如据2000多个相关数据的综合性分析表明，中国大陆在1981～1985年的四年中，东部经济发达区域和西部少数民族聚居区经济差距的扩大，等于前30年的总和①。人均国民收入的相对差异系数，1952～1965年曾一度由1.71缩小为1.39，1970年回升到1.63，1975年扩大到1.81，1980年为1.83，1988年为1.90，进入90年代后，仍保持了1.8的差距高位②。这种相对和绝对差距上的强烈反差，使西部少数民族地区的贫困现象格外引人注目。在90年代初期，中国8000万贫困人口有50%以上集中在西部少数民族地区，贫困发生率为48.1%，贫困县的分布构成为68.4%。同时，在区域分工的基础上，如果因其他种种条件，所获的利益不能在甲乙之间进行平等的分配，区域分工获取利益的最佳状态，就必须依据交换条件的差异，而作出重新说明。

第三，区域分工是从不平等交换中获取利益的。假设乙地年劳动总量为1000小时，A产品消费量为5单位，它以500小时的劳动生产其消费的A产品，以500小时生产所需的B产品（500∶120＝4.2单位），或在交换使双方均能获利的条件下再生产500小时的A产品与甲地交换5单位的B产品。这样，从使用价值的角度看，区域交换比体内生产多获得0.8个单位的B产品；但从劳动交换的角度看，这5个单位的B产品，却是乙地用500小时的劳动与甲地400小时的劳动相交换而得到的。这种"不平等"的交换，实质上所反映的，是实际生产率水平的不平衡。在此限度内，这种"不平等"是可接受的；在社会必要劳动这一市场内在的统一标准下，这种"不平等"也是合理的。而当落后的经济体取得生产率的实际进展时，比较利益也会随之发生变动。但是，若交换条件把区域分工导向先进地区在可以取得生产率最大增长的领域实行专业化，而落后地区只限于在生产率增长极为有限的部门实行专业化，那么，区域分工只能在差距加速扩大的形式中获取利益，这就严重背离了人作为一个类而存在的本质含意。

---

① 郭凡生、王伟：《贫困与发展》，浙江人民出版社，1988。
② 魏后凯：《论我国区际收入差异的变动格局》，《经济研究》1992年第4期。

应该看到，一旦拒绝按社会必要劳动这一共同标准，来降低不同"生产要素"中的一切成本，就会使它失去比较生产率的任何手段，就会偏离人们正是依凭生产力来构筑自身存在的本质性基础；而如果仅限于以区域分工在不平等的交换体系中获取比较利益的范围，那么，归根结底我们只能说，人们学会了赚钱，但还没有学会创造财富。在直接的现实实践中，其极端的形式也非但不能优化资源配置，反而会以重复建设、经济同构等资源浪费的途径，对经济过程造成严重的损害。因此，必须提出改变不平等的交换体系的根本性要求。只有设置合理的交换条件，才能协调不同民族经济体之间的利益差距，并使之趋向统一性；也才能在经济过程中，真正实现区域分工优化资源配置的功能。

但是，改变不平等的交换体系，并非能一蹴而就，因为它是经济过程现实关系的一个综合反映，其改变也必然只能由经济过程内在机制的长期作用而逐渐演化。因此，在现存的交换条件下，处于不利的交换条件下的民族的生存问题，不能仅仅基于资源优势的基点来确定选择。它必须在一定程度上，把发展的重心确立在那些有最大进展可能的生产部门，即便考虑到资源优势基础或自然劳动生产率的差异，也应在一定程度内，依据交换条件的利弊要求，以高附加值的资源开发方式，去获得更大的交换利益，来加速缩小不同民族之间的差距。

区域性民族分工在既定的交换体系和条件中的运作机理表明，仅以比较成本说，是不可能完全阐释区域性民族分工与交换利益差异的关系问题的。只有把充分理解人的类本质的存在与现实运行中的可行性选择结合起来，才能在理论和实践上，使民族差异性存在的问题得到最为有效的实现。

这里，我们将再次回到对经济民族学基本精神的理解。如果说，这一把经济置于一个极为广阔而深远的视野进行观察而提出的问题，是对整个社会科学提出的挑战；是对自19世纪以来，以自我为中心说的历史认识观支配整个社会科学的那一套话语机制，进行根本性质疑的产物；也是在对人类所形成的与自身类本质实现要求相背离的，分离性的现实发展方式反思过程中所得到的一个硕果。如果它要对人类历史作出整体性的说明，并据此作出未来的展望，要使自己成为一个从总体结构上，考察满足社会物质需要的结构化"经济"活动的科学。那么，经济民族学必须把其研究扩展到人类经济的全过程；必须从社会总体性的角度，对不同民族在现实政治经济格局中的差异性存在问题，给予充分的关注。尽管人们仍依据 19 世纪人类学的特点，普遍把人类学看成专门进行原始社会研究的"贵族学科"，但自 20 世纪以来，整个人类学无论是其理论工具还是其研究范围，都已发生了重大的变化和扩展，经济民族学正是在这种变化和扩展的加速过程中形成的。经济民族学理论工具的发展和分析范畴的拓展已充分表明，它绝非仅仅是经济民族史的阐述。在世纪之交的今天，它也面临着两种选择：或者在保守中退回到其起步的旧有理论体系中，而丧失其发展的活力；或者在研究的拓展中，进一步培育其独特的理论视野，而真正成为社会科学所聚焦的核心。

参考文献

A. R. 拉德克利夫－布朗：《安达曼岛人》，梁粤译，广西师范大学出版社，
2005。

A. R. 拉德克利夫－布朗：《社会人类学方法》，夏建中译，山东人民出版
社，1997。

A. R. 拉德克利夫－布朗：《原始社会的结构与功能》，潘蛟等译，中央民
族大学出版社，1999。

A. 费德尔斯、C. 萨尔瓦多利：《非洲的狩猎采集民族》，《世界民族》1983
年第 6 期。

A. 哈耶克：《个人主义与经济秩序》，贾湛等译，北京经济学院出版社，1991。

C. A. 格雷戈里：《礼物与商品》，杜杉杉等译，云南大学出版社，2001。

D. 梅多斯等：《增长的极限》，于树生译，商务印书馆，1984。

E. F. 舒马赫：《小的是美好的》，虞鸿钧等译，商务印书馆，1984。

E. 弗洛姆：《健全的社会》，孙恺祥译，贵州人民出版社，1994。

E. 弗洛姆：《占有还是生存》，关山译，三联书店，1989。

J. 哈贝马斯：《公共领域的结构转型》，曹卫东等译，学林出版社，1999。

J. 哈贝马斯：《后民族结构》，曹卫东译，上海人民出版社，2002。

J. 哈贝马斯：《交往行动理论》第 1～2 卷，洪佩郁等译，重庆出版社，1994。

J. 哈贝马斯：《交往与社会进化》，张博树译，重庆出版社，1989。

R·柯林斯：《哲学的社会学——一种全球的学术变迁理论》，吴琼等译，
新华出版社，2004。

R. D. C. 布莱克等编《经济学的边际革命》，于树生译，商务印书馆，1987。

R. J. 约翰斯顿：《哲学与人文地理学》，蔡运龙等译，商务印书馆，2001。

T. 帕森斯：《社会行动的结构》，张明德等译，译林出版社，2003。

《东华录》卷30。

《汉书》卷24，上。

《黄爵滋奏疏、许乃济奏疏合刊》，中华书局，1959。

《列宁选集》第2卷，人民出版社，1995。

《论语·述而篇》。

《马克思恩格斯全集》第12卷，人民出版社，1962。

《马克思恩格斯全集》第13卷，人民出版社，1962。

《马克思恩格斯全集》第19卷，人民出版社，1964。

《马克思恩格斯全集》第1卷，人民出版社，1956。

《马克思恩格斯全集》第22卷，人民出版社，1965。

《马克思恩格斯全集》第3卷，人民出版社，1960。

《马克思恩格斯全集》第42卷，人民出版社，1979。

《马克思恩格斯全集》第46卷（上、下），人民出版社，1980。

《马克思恩格斯选集》第1~4卷，人民出版社，1975。

《孟子·梁惠王》上。

《荣格文集》，冯川等译，改革出版社，1997。

《史记·平准书·西南夷传》。

《斯大林全集》第2卷，人民出版社，1953。

《唐会要·市》卷86。

《希罗多德历史》上册，王以铸译，商务印书馆，1985。

《续通考·钱币考》

《盐铁论·通有篇》。

《易·系辞下》。

《元史·赛典赤瞻思丁传·刘正传·成宗本纪》。

阿·汤因比：《历史研究》（下），曹未风等译，上海人民出版社，1997。

阿·汤因比：《人类与大地母亲》，徐波等译，上海人民出版社，1992。

阿·汤因比：《文明经受着考验》，沈辉等译，浙江人民出版社，1988。

阿尔弗雷德·舒茨:《社会实在问题》,霍桂桓等译,华夏出版社,2001。

阿兰·巴纳德:《人类学历史与理论》,王建民等译,华夏出版社,2006。

阿瑟·刘易斯:《增长与波动》,梁小民译,华夏出版社,1987。

埃德蒙·利奇:《文化与交流》,卢德平译,华夏出版社,1991。

埃德蒙德·胡塞尔:《经验与判断》,邓晓芒等译,三联书店,1999。

埃里·凯杜里:《民族主义》,张明明译,中央编译出版社,2002。

埃文思 – 普里查德:《努尔人——对尼罗河畔一个人群的生活方式和政治
    制度的描述》,褚建芳等译,华夏出版社,2002。

艾尔弗雷德·W.克罗斯比:《生态扩张主义》,许友民等译,辽宁教育出
    版社,2001。

爱德华·W.萨义德:《东方学》,王宇根译,三联书店,1999。

爱德华·W.萨义德:《文化与帝国主义》,李琨译,三联书店,2003。

爱弥尔·涂尔干:《社会学方法的规则》,胡伟译,华夏出版社,1999。

爱弥尔·涂尔干:《宗教生活的基本形式》,渠东、汲喆译,上海人民出版
    社,2006。

爱弥尔·涂尔干、马塞尔·莫斯:《原始分类》,汲喆译,上海人民出版社,
    2000。

安东尼·吉登斯:《民族—国家与暴力》,胡宗泽等译,三联书店,1998。

安东尼·吉登斯:《社会的构成》,李康等译,三联书店,1998。

安东尼·吉登斯:《资本主义与现代社会理论——对马克思、涂尔干和韦
    伯著作的分析》,郭忠华等译,上海译文出版社,2007。

安东尼奥·葛兰西:《狱中札记》,曹雷雨等译,中国社会科学出版社,2000。

安格斯·麦迪森:《中国经济的长远未来》,楚序平等译,新华出版社,1999。

鲍葵桑:《关于国家的哲学理论》,汪淑钧译,商务印书馆,1995。

彼德·布劳:《社会生活中的交换与权力》,孙非等译,华夏出版社,1987。

陈庆德:《发展经济学的一支独特源流》,《学习与探索》1989年第6期。

陈庆德:《发展人类学引论》,云南大学出版社,2001。

陈庆德:《封建依附关系新探》,《思想战线》1991年第1期。

陈庆德:《海外华人经济与传统社会组织》,《华侨华人历史研究》1992年
    第1期。

陈庆德：《民族经济学》，云南人民出版社，1994。

陈庆德：《人类经济发展中的民族同化与认同》，《民族研究》1995 年第
　　1 期。

陈庆德：《资源配置与制度变迁：人类学视野中的多民族经济共生形态》，
　　云南大学出版社，2007。

崔明德：《中国古代和亲通史》，人民出版社，2007。

大林太良：《东南亚的狩猎民族》，《世界民族》1990 年第 5 期。

大卫·格雷伯：《债》，孙碳等译，中信出版社，2012。

丹尼尔·W. 布罗姆利：《经济利益与经济制度——公共政策的理论基础》，
　　陈郁等译，上海三联书店，1996。

丹尼尔·贝尔：《资本主义文化矛盾》，赵一凡等译，三联书店，1989。

道格拉斯·C. 诺思：《经济史中的结构与变迁》，陈郁等译，三联书店，1991。

道格拉斯·凯尔纳等：《后现代理论》，张志斌译，中央编译出版社，1999。

董正华：《小农制与东亚现代化模式》，《战略与管理》1995 年第 1 期。

厄内斯特·盖尔纳：《民族与民族主义》，韩红译，中央编译出版社，2002。

恩格斯：《自然辩证法》，人民出版社，1972。

恩斯特·卡西尔：《人文科学的逻辑》，沉晖等译，中国人民大学出版社，2004。

凡勃伦：《有闲阶级论》，蔡受百译，商务印书馆，1981。

费尔南·布罗代尔：《15 至 18 世纪的物质文明、经济与资本主义》第 1 ~
　　3 卷，顾良等译，三联书店，1993。

费尔南迪·德·索绪尔：《普通语言学教程》，高名凯译，商务印书馆，1999。

费雷德里克·巴特：《斯瓦特巴坦人的政治过程》，黄建生译，上海人民出
　　版社，2005。

弗雷德里克·巴特等：《人类学的四大传统——英国、德国、法国和美国
　　的人类学》，高丙中等译，商务印书馆，2008。

费孝通：《费孝通学术论著自选集》，北京师范学院出版社，1992。

费正清编《剑桥中国晚清史》上、下卷，中国社会科学院历史研究所编译
　　室译，中国社会科学出版社，1985。

弗兰克·H. 奈特：《风险、不确定性与利润》，安佳译，商务印书馆，2006。

弗朗索瓦·佩鲁：《新发展观》，张宁等译，华夏出版社，1987。

弗里德里希·李斯特:《政治经济学的国民体系》,陈万熙译,商务印书馆,1961。

福克讷:《美国经济史》上、下卷,王锟译,商务印书馆,1989。

傅筑夫:《中国封建社会经济史》第1卷,人民出版社,1981。

冈纳·缪尔达尔:《世界贫困的挑战——世界反贫困大纲》,顾朝阳等译,北京经济学院出版社,1991。

冈纳·缪尔达尔:《亚洲的戏剧——对一些国家贫困问题的研究》,谭力文等译,北京经济学院出版社,1992。

高宣扬:《当代社会理论》,中国人民大学出版社,2005。

格雷戈里·贝特森:《纳文》,李霞译,商务印书馆,2008。

郭凡生、王伟:《贫困与发展》,浙江人民出版社,1988。

国家统计局综合司:《全国各省、自治区、直辖市历史统计资料汇编1949~1989》,中国统计出版社,1990。

哈罗德·K. 施奈德:《经济发展与人类学》,《民族译丛》1993年第6期。

郝时远:《Ethnos（民族）和 Ethnic group（族群）的早期含义与应用》,《民族研究》2002年第4期。

郝时远:《当代台湾的"原住民"与民族问题》,《民族研究》2003年第3期。

郝时远:《对西方学界有关族群（Ethnic Group）释义的辨析》,《广西民族学院学报》2002年第4期。

郝时远:《中文语境中的"族群"及其应用泛化的检讨》,《思想战线》2002年第5期。

郝时远:《重读斯大林民族（НАЦИЯ）定义——读书笔记之二苏联民族国家体系的构建与斯大林对民族定义的再阐释》,《世界民族》2003年第5期。

郝时远:《重读斯大林民族（НАЦИЯ）定义——读书笔记之一斯大林民族定义及其理论来源》,《世界民族》2003年第4期。

何大明主编《高山峡谷人地复合系统的演进——独龙族近期社会、经济和环境的综合调查及协调发展研究》,云南民族出版社,1995

赫伯特·马尔库塞:《单向度的人——发达工业社会意识形态研究》,张峰等译，重庆出版社，1988。

赫尔曼·海因里希·戈森：《人类交换规律与人类行为准则的发展》，陈秀山译，商务印书馆，1997。

赫舍尔：《人是谁》，隗仁莲译，贵州人民出版社，1994。

亨德里克·威廉·房龙：《人类的家园》，何兆武等译，河北教育出版社，2004。

亨利·哈里斯：《细胞的起源》，朱玉贤译，三联书店，2001。

亨利·威廉·斯皮格尔：《经济思想的成长》上、下册，晏智杰等译，中国社会科学出版社，1999。

胡鞍钢：《中国经济增长的现状、短期前景及长期趋势》，《战略与管理》1999 年第 2 期。

黄淑娉、龚佩华：《文化人类学理论方法研究》，广东高等教育出版社，1996。

霍利斯·B. 钱纳里等：《工业化和经济增长的比较研究》，吴奇等译，上海三联书店，1989。

贾丁斯：《环境伦理学》，林官明等译，北京大学出版社，2002。

贾雷德·戴蒙德：《枪炮、病菌与钢铁》，谢延光译，上海译文出版社，2000。

江应樑：《摆夷的经济生活》，清华印书馆，1950。

江应樑：《江应樑民族研究文集》，民族出版社，1992。

杰弗里·巴勒克拉夫：《当代史导论》，张广勇等译，上海社会科学院出版社，1996。

金·希尔、玛格达莱娜·乌尔塔多：《美洲的狩猎采集民族》，《世界民族》1991 年第 2 期。

卡洛·M. 奇波拉主编《欧洲经济史》，贝昱译，商务印书馆，1989，第 2 卷。

凯蒂·加德纳等：《人类学、发展与后现代挑战》，张有春译，中国人民大学出版社，2008。

康熙《楚雄府志》。

克莱夫·庞廷：《绿色世界史》，王毅等译，上海人民出版社，2002。

克利福德·格尔兹：《文化的解释》，纳日碧力戈等译，上海人民出版社，1999。

克罗德·列维—施特劳斯：《结构人类学》，谢维扬等译，上海译文出版社，1995。

孔经纬:《东北经济史》, 四川人民出版社, 1986。

莱因哈德·泽尔腾:《有限理性与经济行为》,《南开管理评论》, 2004 年第 2 期。

雷·艾伦·比林顿:《向西部扩张:美国边疆史》上、下册, 周小松等译, 商务印书馆, 1991。

雷蒙德·弗士:《人文类型》, 费孝通译, 商务印书馆, 1991。

李嘉图:《李嘉图著作和通信集》第 1 卷, 郭大力、王亚南译, 商务印书馆, 1997。

李泽厚:《美学三书》, 安徽文艺出版社, 1999。

理查德·坎蒂隆:《商业性质概论》, 余永定等译, 商务印书馆, 1986。

理查德·斯威德伯格:《经济社会学原理》, 周长城等译, 中国人民大学出版社, 2005。

栗本慎一郎:《经济人类学》, 王名等译, 商务印书馆, 1997。

梁方仲:《中国历代户口、田地、田赋统计》, 上海人民出版社, 1980。

林耀华:《民族学通论》, 中央民族大学出版社, 1997。

刘禾:《理论与历史 东方与西方》,《读书》1996 年第 8 期。

刘易斯·托马斯:《细胞生命的礼赞》, 李绍明译, 湖南科学技术出版社, 2001。

龙登高:《宋代城乡市场等级网络分析》,《宋代经济史研究》, 云南大学出版社, 1994。

龙登高:《宋代东南市场研究》, 云南大学出版社, 1994。

卢卡奇:《关于社会存在的本体论》上、下卷, 白锡堃、张西平、李秋零等译, 重庆出版社, 1993。

鲁思·华莱士、艾莉森·沃尔夫:《当代社会学理论——对古典理论的扩展》, 刘少杰译, 中国人民大学出版社, 2008。

露丝·本尼迪克特:《文化模式》, 何锡章等译, 华夏出版社, 1987。

罗伯特·F. 墨菲:《文化与社会人类学引论》, 王卓君等译, 商务印书馆, 1991。

罗康隆:《族际关系论》, 贵州民族出版社, 1998。

麻秀荣、那晓波:《清代鄂温克族对外交换的发展及其影响》,《中国边疆史地研究》2008 年第 4 期。

马伯煌:《历史的峰谷和走向》, 云南人民出版社, 1990。

马长寿：《凉山罗彝考察报告》上、下册，巴蜀书社，2006。

马克·布洛赫：《历史学家的技艺》，张和声等译，上海社会科学院出版社，1992。

马克思：《1844 年经济学—哲学手稿》，刘丕坤译，人民出版社，1985。

马克思：《资本论》第 1~3 卷，人民出版社，1975。

马克斯·韦伯：《经济与社会》上、下卷，林荣远译，商务印书馆，1997。

马克斯·韦伯：《社会科学方法论》，杨富斌译，华夏出版社，1999。

马克斯·韦伯：《新教伦理与资本主义精神》，于晓等译，三联书店，1987。

马林诺夫斯基：《科学的文化理论》，黄建波等译，中央民族大学出版社，1999。

马林诺夫斯基：《西太平洋的航海者》，梁永佳等译，华夏出版社，2002

马戎：《重建中华民族多元一体格局的新的历史条件》，《北京大学学报》1989 年第 4 期。

马戎主编《西方民族社会学的理论与方法》，天津人民出版社，1997。

马塞尔·莫斯：《礼物》，汲喆译，上海人民出版社，2002。

马文·哈里斯：《好吃：食物与文化之谜》，叶舒宪等译，山东画报出版社，2001。

马文·哈里斯：《文化的起源》，黄晴译，华夏出版社，1988。

马文·哈里斯：《文化唯物主义》，张海洋等译，华夏出版社，1989。

马歇尔·萨林斯：《石器时代经济学》，张经纬等译，三联书店，2009，

马歇尔·萨林斯：《甜蜜的悲哀》，王铭铭等译，三联书店，2000。

马歇尔·萨林斯：《文化与实践理性》，赵丙祥译，上海人民出版社，2002。

马曜等：《西双版纳份地制与西周井田制比较研究》，云南人民出版社，1989。

迈克·费瑟斯通：《消费文化与后现代主义》，刘精明译，译林出版社，2000。

迈克尔·波伦：《植物的欲望：植物眼中的世界》，王毅译，上海人民出版社，2005。

迈克尔·布若威：《制造同意——垄断资本主义劳动过程的变迁》，李荣荣译，商务印书馆，2008。

迈克尔·马尔凯：《科学与知识社会学》，林聚任等译，东方出版社，2001。

麦克尔·赫兹菲尔德：《什么是人类常识》，刘珩等译，华夏出版社，2005。

麦特·里德雷:《美德的起源:人类本能与协作的进化》,刘珩译,中央编译出版社,2004。

米歇尔·福柯:《词与物——人文科学考古学》,莫伟民译,上海三联书店,2001。

米歇尔·福柯:《性史》,张廷琛等译,上海科学技术文献出版社,1989。

民族问题五种丛书云南省编辑委员会编《独龙族社会历史调查》(1~2)云南民族出版社,1981,1985。

民族问题五种丛书云南省编辑委员会编《独龙族简史》,云南民族出版社,1986。

莫里斯·布洛克:《马克思主义与人类学》,冯利等译,华夏出版社,1988。

纳日碧力戈:《现代背景下的族群建构》,云南教育出版社,2000。

娜斯:《当欲望遭遇植物》,《读书》2002年第12期。

尼尔·斯梅尔瑟:《经济社会学》,方明等译,华夏出版社,1989。

诺尔曼·布朗:《生与死的对抗》,冯川等译,贵州人民出版社,1994。

彭信威:《中国货币史》,上海人民出版社,1958。

彭泽益:《清初四榷关地点和贸易量的考察》,《社会科学战线》1984年第4期。

彭泽益主编《中国社会经济变迁》,中国财政经济出版社,1990。

皮埃尔·布迪厄:《实践感》,蒋梓骅译,译林出版社,2003。

皮埃尔·布迪厄:《实践与反思》,李猛等译,中央编译出版社,1998。

皮特·J.鲍勒:《进化思想史》,田洺译,江西教育出版社,1999。

齐美尔:《货币哲学》,陈戎女等译,华夏出版社,2002。

齐美尔:《社会是如何可能的》,林荣远编译,广西师范大学出版社,2002。

千家驹、郭彦岗:《中国货币发展简史和表解》,人民出版社,1982。

乔纳森·特纳:《社会学理论的结构》上、下册,邱奇泽等译,华夏出版社,2001。

乔纳森·特尼鲍姆:《世界金融体系崩溃的历史进程》,《战略与管理》1998年第3期。

乔治·E.马尔库斯、米开尔·M.J.费彻尔:《作为文化批评的人类学》,王铭铭等译,三联书店,1998。

乔治·瑞泽尔:《后现代社会理论》,谢中立等译,华夏出版社,2003。

琼·罗宾逊等:《现代经济学导论》,陈彪如译,商务印书馆,1982

让·鲍德里亚:《符号政治经济学批判》,夏莹译,南京大学出版社,2009。

让·鲍德里亚:《生产之镜》,仰海峰译,中央编译出版社,2005。

让·鲍德里亚:《物体系》,林志明译,上海人民出版社,2001。

让·鲍德里亚:《象征交换与死亡》,车槿山译,译林出版社,2006。

让·鲍德里亚:《消费社会》,刘成富等译,南京大学出版社,2001。

任乃强:《任乃强民族研究文集》,民族出版社,1990。

若盎·塞尔维埃:《民族学》,王光译,商务印书馆,1996。

萨米尔·阿明:《不平等的发展》,高铦译,商务印书馆,1990。

萨特:《存在与虚无》,陈宣良等译,三联书店,1987。

师范:《滇系》。

施坚雅主编《中华帝国晚期的城市》,叶光庭等译,中华书局,2000。

史蒂文·瓦戈:《社会变迁》,王晓黎译,北京大学出版社,2007。

思拉恩·埃格特森:《经济行为与制度》,吴经邦等译,商务印书馆,2004。

思拉恩·埃格特森:《新制度经济学》,吴经邦等译,商务印书馆,1996。

斯蒂芬·杰·古尔德:《生命的壮阔》,范昱峰译,三联书店,2001。

斯蒂芬·杰·古尔德:《自达尔文以来——自然史深思录》,田洺译,三联
　　书店,1997。

斯塔夫里亚·诺斯:《全球分裂:第三世界的历史进程》上、下册,迟越
　　等译,商务印书馆,1993。

苏布拉塔·加塔克等:《农业与经济发展》,吴伟东等译,华夏出版社,1987。

檀萃:《滇海虞衡志》。

汤姆·R. 伯恩斯等:《结构主义的视野:经济与社会的变迁》,周长城等
　　译,社会科学文献出版社,2000。

唐纳德·L. 哈迪斯蒂:《生态人类学》,郭凡等译,文物出版社,2002。

唐纳德·沃斯特:《自然的经济体系》,侯文惠译,商务印书馆,1999。

田汝康:《芒市边民的摆》,云南人民出版社,2008。

托达罗:《第三世界的经济发展》,于同申等译,中国人民大学出版社,1989。

万俊人:《生态伦理学三题》,《新华文摘》2003 年第 6 期。

汪敬虞：《从棉纺织品的贸易看中国资本主义的产生》，《中国社会经济史研究》1986 年第 1 期。

王建民：《中国民族学史》，云南教育出版社，1997。

王明珂：《游牧者的抉择》，广西师范大学出版社，2008。

王诺：《"生态整体主义"辩》，《读书》2004 年第 2 期。

王亚南：《中国半封建半殖民地经济形态研究》，人民出版社，1957。

王逸舟：《民族主义概念的现代思考》，《战略与管理》1994 年第 3 期。

王政等编《社会性别研究选译》，三联书店，1998。

王筑生主编《人类学与西南民族》，云南大学出版社，1998。

魏后凯：《论我国区际收入差异的变动格局》，《经济研究》1992 年第 4 期。

文森特·莫斯可：《传播：在政治和经济的张力下——传播政治经济学》，胡正荣等译，华夏出版社，2000。

吴承明：《市场·近代化·经济史论》，云南大学出版社，1996。

吴承明：《中国资本主义与国内市场》，中国社会科学出版社，1985。

武建国：《唐代市场管理制度研究》，《中国经济史研究》，云南大学出版社，1990。

西奥多·舒尔茨：《改造传统农业》，梁小民译，商务印书馆，1987。

西格蒙德·弗洛伊德：《精神分析引论》，高觉敷译，商务印书馆，1986。

西格蒙德·弗洛伊德：《图腾与禁忌》，杨庸一译，中国民间文艺出版社，1986。

西格蒙德·弗洛伊德：《文明及其缺憾》，傅雅芳等译，安徽文艺出版社，1987。

西格蒙德·弗洛伊德：《性爱与文明》，滕守尧译，安徽文艺出版社，1987。

西蒙·库兹涅茨：《现代经济增长》，戴睿等译，北京经济学院出版社，1988。

夏建中：《文化人类学理论学派——文化研究的历史》，中国人民大学出版社，1997。

谢和耐：《中国社会史》，耿升译，江苏人民出版社，1995。

约瑟夫·熊彼特：《经济发展理论》，何畏等译，商务印书馆，1991。

约瑟夫·熊彼特：《经济分析史》第 1～3 卷，朱泱等译，商务印书馆，1991、1992、1994。

徐爱国：《人类要吃饭，小鸟要歌唱》，《中外法学》2002 年第 1 期。

徐嵩龄编《环境伦理学进展评论与阐释》，社会科学文献出版社，1999。

徐友渔：《学术、思想与人生》，《开放时代》1998 年第 4 期。

许宝强等编《发展的幻象》，中央编译出版社，2001。

许涤新、吴承明主编《中国资本主义发展史》第 1 卷，人民出版社，1985。

雅克·阿塔利：《噪音：音乐的政治经济学》，宋素凤等译，上海人民出版社，2000。

亚当·斯密：《国民财富的性质和原因的研究》上卷，郭大力、王亚南译，商务印书馆，1972。

亚瑟·L. 斯廷施凯姆：《比较经济社会学》，杨小东译，浙江人民出版社，1987。

杨寿川编著《贝币研究》，云南大学出版社，1997。

伊曼纽尔·沃勒斯坦：《所知世界的终结——二十一世纪的社会科学》，冯炳昆译，社会科学文献出版社，2003。

伊曼纽尔·沃勒斯坦：《现代世界体系》第 1～3 卷，罗荣渠、庞卓恒等译，高等教育出版社，1998。

尤瓦尔·赫拉利：《人类简史：从动物到上帝》，林俊宏译，中信出版社，2017。

约翰·R. 霍尔、玛丽·乔·尼兹：《文化：社会学的视野》，周晓红等译，商务印书馆，2002。

约翰·赫伊津哈：《游戏的人》，傅存良译，中国美术学院出版社，1998。

约翰·罗尔斯：《政治自由主义》，万俊人译，译林出版社，2000。

约翰·伊特韦尔等编《新帕尔格雷夫经济学大辞典》第 1～4 卷，经济科学出版社，1996。

云南省编辑组：《傣族社会历史调查》1～5 辑，云南人民出版社，1983。

云南省历史研究所民族研究室编《云南省怒江独龙族社会调查材料之七》，1964。

詹姆斯·C. 斯科特：《国家的视角——那些试图改善人类状况的项目是如何失败的》，王晓毅译，社会科学文献出版社，2012。

詹姆斯·C. 斯科特：《农民的道义经济学：东南亚的反叛与生存》，程立显等译，译林出版社，2001。

詹姆斯·克利福德、乔治·E. 马库斯编《写文化——民族志的诗学与政

　　治学》，高丙中等译，商务印书馆，2006。

张铠：《晚明中国市场与世界市场》，《中国史研究》1988 年第 3 期。

张培刚：《农业与工业化》，华中工学院出版社，1984。

张同铸主编《非洲经济社会发展战略问题研究》，人民出版社 1992。

张仲礼主编《中国近代经济史论著选译》，上海社会科学院出版社，1987。

章建刚等：《艺术化生存——中西审美文化比较》，四川人民出版社，1997。

郑宇：《箐口村哈尼族社会生活中的仪式与交换》，云南人民出版社，2009。

中国社会科学杂志社编《社会转型：多文化多民族社会》，社会科学文献
　　出版社，2000。

周荣鑫译《狩猎—采集民族》（上），《世界民族》1987 年第 3 期。

周旭芳：《"族" 的神话——对一个山区社区移民氏族的文化人类学考察》，
　　《战略与管理》1995 年第 1 期。

庄孔韶：《人类学通论》，山西教育出版社，2007。

A. B. Weiner, *Inalienable Possessions*：*The Paradox of Keeping-While Giving*,
　　California：University of California Press，1992.

Brook field H.，Padoch C, *Appreciating agrodirversity*：*A look at Dynamism and
　　Diversity of Indigenous Farming Practice*, Environment, Vol. 36, No. 5, 1994.

Clammer, J.（edt）1987, *Beyond the New Economic Anthropology*. Hong Kong：
　　Macmillan Press.

Cook, S. 1966, *The Obsolete "Anti Market" Mentality*：*A Critique of the Sub-
　　stantivist Approach to Economic Anthropology*. in *American Anthropolo-
　　gist*. V. 68. pp. 323 – 345.

——1969, *The Anti Market Mentality Re ~ Examined*：*A Further Critique of the
　　Substantivist Approach to Economic Anthropology*. in *South ~ western Journal
　　of Anthropology*. V. 5. pp. 378 – 406.

Cunnigham, W · [1890], 1910, *The Growth of English Industry and Com-
　　merce During the Early and Middle Ages*. London：Cambridge University
　　Press.

Dalton, G. 1969, *Theoretical Issues in Economic Anthropology*. Current Anthro-
　　pology. V. 10（1）.

——1981, *Comment, on* "*Symposium*: *Economic Anthropology and History*: *The Work of Karl Polanyi*" . in Dalton, G. (ed.) *Research in Economic Anthropology*. Greenwich, Conn: JAI Press. V. 4. pp. 69 – 94.

Douglas, M. , Isherwood, B. [1979], 1996, *The World of Goods ~ Towards an anthropology of consumption*. London, New York: Routledge.

D. White, *Mathematical Anthropology*. in J. Honigman (ed.), *Handbook of Social and Cultural Anthropology*, Chicago: Rand McNally and Co, 1973.

Evans-Pritchard, E. E. . 1940, *The Nuer*. in *The Political Institution of a Nilotic People*. Oxford: Clarendon Press.

——1976, *Witchcraft, Oracles, and Magic among the Azande*. Oxford: Claredon Press.

Firth, R. 1959, *Economics of the Zealand Maori*. Wellington, New Zealand: Government Printer.

——1975, *Primitive Polynesian Economy*. London: Routledge and Kegan Pault.

Godelier, M. [1984] 1988, Translated by Thom, M. *The Mental and the Material*. London · New York: Verso.

Gregory, C. A. Altman, J. C. 1989, *Observing the Economy*. London, New York: Routledge.

Griffen, K. and Gurley, J. 1985, *Radical Analysis of Imperialism, The Third World and The Transition to Socialism*: *A Survey Article*. in *Journal of Economic Literature*. V. 23. pp. 1089 – 1143.

Halperin, R. H. 1988, *Economies across Cultures*: *Towards a Comparative Science of the Economy*. New York: St. Martin's Press.

Herskovits, M. J. 1952, *Economic Anthropology*: *A Study in Comparative Economic*. New York: Alfred A. Knopf.

Hill, P. 1986, *Development Economics on Trial*: *The Anthropological Case for a Prosecution*. Cambridge: CambridgeUniversity Press.

Hoben, A. 1982, *Anthropologists and Development*. in *Annual Review of Anthropology*. V, 11. pp. 349 – 375.

in *The Journal of Asian Studies*. V. 24. (1 – 3).

Johnson, A. 1980, *The Limits of Formalism in Agricultural Decision Research.* in Barlett, P. F. (ed.) *Agricultural Decision Making: Anthropological Contributions to Rural Development.* New York: Academic Press.

Kaplan, D. 1968, *The Formal——Substantive Controversy in Economic Anthropology: Some Reflection on its Wider Implications.* in Southwestern *Journal of Anthropology.* V. 24. pp. 228 – 247.

Knight, F. H. 1941, *Anthropology and Economics.* in *Journal of Political Economy.* V. 49. pp. 241 – 268.

Malinowski, B. 1935, *Coral Gardens and Their Magic: A Study of the Methods of aTillingthe Soil and of Agricultural Rites in the Trobriand Islands.* London: Allen & Unwin.

Martin, J. F. 1983, *Optimal Foraging Theory: A Review of Some Models and Their Applications.* in *American Anthropologist.* V. 85. pp. 612 – 629.

Narotzky, S. 1997, *New Directions In Economic Anthroplogy.* Pluto Press.

Nash, J. 1981, *Ethnographic Aspeccts of The World Capitalist Systerm.* in *Annural Review of Anthropology.* V. 10. pp. 393 – 423.

New York: Free Press.

Ortiz, S. (ed.) 1983, *Economic Anthropology: Topics and Theories.* Lanham, MD: University Press of America and Society for Economic Anthropology.

O. Werner,, Schoepfle, G. M. 1987, *Systematic Fieldwork.* London: Sage.

Parsons. T, Smelser, N. J. 1984, *Economy and Society——A Study in Integration of Economic and Social Theory.* London, Boston, Melbourne and Henley: Routledge and Kegan Paul Press.

Pearson, H. W. (ed.) 1977, The Livelihood of Man. New York: Academic Press.

Plattner, S. (ed.) 1989, *Economic Anthropology.* California: StanfordUniversity Press.

Polanyi, K. 1944, *The Great Transformation.* New York: Holt, Rinehart & Winston.

Polanyi, K., Arensberg, C. M. and Pearson, H. W. (ed.) 1957, *Trade and*

Market in the Early Empires . New York: The Free Press of Glencoe.

Postan, M. M. 1970, *Facts and Relevance: Essays on Historical Method.* Cambridge: CambridgeUniversity Press.

P. Willis, *Learning to Labour: How Working Class Kids Get Working Class Jobs*, Westmead, Farnborough: Saxon House, 1977.

Redfield, R. 1960, *The Little Community/Peasant Society and Culture* . Chicago · London: The University of Chicago Press.

Reyes-Garcia. V, etc, 2008, *Ethnobotanical Knowledge and Crop Diversity in Swidden Fields A Study in a Native Amazonian Society*, *Human Ecology*, Vol. 36, No. 4.

R. R. Wilk and L. Cliggett, *Economic and Culture. Foundations of Economic Anthropology*, Colorado: Westview Press, 2007.

Sahlins, M. 1974, *Stone Age Economics.* London: Tavistock Publication Limited.

——1976, *Culture and Practical Reason.* Chicago: University ofChicago Press.

Salisbury, R. F. 1969, *Formal Analysis in Anthropological Economics: The RosselIsland Case.* in Irabuchler and H. G. Nutini (ed.) *Game Theory in Behavioral Sciences.* Pittsburgh, PA: PittsburghUniversity Press. pp. 75 – 93.

Salmon, M. H. 1978, *What Can Systems Theory Do for Archaeology ?* inAmerican Antiquity. V. 43. pp. 174 – 381.

Schneider, H. K. 1974, *Economic Man: The Anthropology of Economics.*

Skinner, G. W. 1964, *Marketing and Social Structure in Rural China.*

Snyder, S. *Quest for the Sacred in Northern Puget Sound: An Interpretation of Potlatch.* in *Ethnology*V. 14 (2) .

Sweet, L. E. 1965, *Camel Raiding of North Arabian Bedouin: A Mechanism of Ecological Adaptation.* in Aemerican Anthropologist. V. 67. pp. 1132 – 1150.

跋

　　我曾于1994年出版《民族经济学》，为突出民族学/人类学的学科基类，2001年出版《经济人类学》，得到学界的关注，次年便第二次印刷；2012年的修订版，完善了该学科的分析范畴，对生产、交换、分配、消费各环节的分析，覆盖了经济的全过程。作者的学术宗旨，在于以富于启迪性和讨论性的问题提出，在公共话语空间的质疑或责难中，激发人们的选择潜能、打通人们多样性选择的路径、拓展人们的选择空间。而当我们看到，"民族"作为人类社会一个悠远的存在，当今竟成为全球聚焦之热点，充分展现了民族问题的复杂性和紧迫性。故而在此前基础上进行增补和修改，以"经济民族学"命名，意在强调以"民族"为本体的研究基点。在结构与内容上，以新增的导论对作者的学术旨趣和基点转换，作了更明晰的说明，并对原"理论工具"的多章，进行了调整与修改。在分析范畴篇特增加一章，以对现代社会再认识与发展反思的基本内容，厘清整个分析话语的现实基础和理论平台。杜星梅参与了本章的写作，并以她博士论文的研究，充实了交换、经济行为等章的内容。罗康隆则独力贡献了"民族生境与文化"一章。一个研究成果的持续修改，实质上反映出作者对学科理论理解和问题意识的深化。愿此新书能为人们再现理论探索的活力。

陈庆德　戊戌年岁末于天水嘉园

图书在版编目（CIP）数据

经济民族学／陈庆德等著. -- 北京：社会科学文献出版社，2019.8
（经济民族学研究丛书）
ISBN 978 - 7 - 5201 - 4871 - 9

Ⅰ.①经… Ⅱ.①陈… Ⅲ.①民族经济学 Ⅳ.
①F063.6

中国版本图书馆 CIP 数据核字（2019）第 095313 号

经济民族学研究丛书
经济民族学

著 者／陈庆德 杜星梅 等

出 版 人／谢寿光
组稿编辑／宋月华 周志静
责任编辑／周志宽 周志静

出 版／社会科学文献出版社·人文分社（010）59367215
地址：北京市北三环中路甲 29 号院华龙大厦 邮编：100029
网址：www. ssap. com. cn
发 行／市场营销中心（010）59367081 59367083
印 装／三河市龙林印务有限公司

规 格／开 本：787mm × 1092mm 1/16
印 张：30 字 数：475 千字
版 次／2019 年 8 月第 1 版 2019 年 8 月第 1 次印刷
书 号／ISBN 978 - 7 - 5201 - 4871 - 9
定 价／248.00 元